FRIDTJOF NANSEN
UNTER ROBBEN
UND EISBÄREN

Deutsche Übersetzung von Julius Sandmeier, zuerst bei Brockhaus (Leipzig 1926).
Parallel zu dieser Reprint-Ausgabe erscheint auch eine neu gesetzte Leseausgabe in der Schriftenreihe „Nimmertal
75" mit einem Vorwort von Tobias Wimbauer

1. Auflage dieser Ausgabe: 2018
© 2018 Tobias Wimbauer, Nimmertal 75, 58091 Hagen
www.wimbauer-buchversand.de

Unter Robben und Eisbären

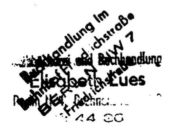

Frithjof Nansen.

FRIDTJOF NANSEN

Unter Robben und Eisbären

Meine ersten Erlebnisse im Eismeer

✳

Mit einem Jugendbildnis
in Kupferdruck, 83 Abbildungen
und 7 Karten nach Zeichnungen
des Verfassers

LEIPZIG / F. A. BROCKHAUS / 1926

Deutsch von J. Sandmeier
Einband, Schutzumschlag und Vorsatz nach Entwürfen
von Georg Baus, Leipzig

Vorwort zur deutschen Ausgabe.

Dieser Bericht über „meine ersten Erlebnisse im Eismeer" ist
zum großen Teil eine Wiedergabe des Tagebuchs, das der
damals — 1882 — noch sehr junge Verfasser geführt hat. Er
schildert den Eindruck, den die Welt dort oben im Norden und das
neue Leben im Eis unter Robben und Eisbären auf das jugendlich
empfängliche Gemüt machte. Die Schilderungen, die Beobachtungen
und Schlüsse des eifrigen, aber noch unerfahrenen Naturforschers
werden vervollständigt durch die Ergebnisse und Erfahrungen, die
der Verfasser im Laufe seines Lebens durch viele Untersuchungen
in denselben Gegenden gewonnen hat.

Auf diese Weise wird der Leser hoffentlich nicht nur ein rei-
cheres Bild der Natur und des Lebens im Norden empfangen,
auch das Verständnis für die dort herrschenden Verhältnisse wird
in besserem Einklang stehen mit dem Wissen der Gegenwart.

Diese erste Reise war die Folge eines glücklichen Zufalls;
sie sollte für die spätere Lebensarbeit des Verfassers entscheidend
werden.

Der Anblick der damals noch nicht erforschten Ostküste von
Grönland gab den Anlaß zur Reise des Verfassers über das
grönländische Inlandeis im Jahre 1888, die Beobachtung der
mächtigen Eisdrift aus dem unbekannten Meer im Norden der
grönländischen Ostküste führte zur Reise der „Fram" über das
Polarmeer in den Jahren 1893 bis 1896. Darüber hinaus ist zu
beachten, daß die mancherlei wissenschaftlichen Beobachtungen auf der
ersten Eismeerreise sich gerade auf jenen Wissensgebieten bewegten,
auf die sich die spätere Tätigkeit des Verfassers hauptsächlich erstreckte; sie gaben Anregungen und führten zu Problemen, die den
reifern Mann nicht ruhen ließen, bis er sie näher erforscht hatte.
Einmal war es das Tierleben, dem der spätere Zoologe Jahre

v

seines Lebens opferte, zum andern das Meer, seine Strö=
mungen, seine physikalischen Verhältnisse und die Eisdrift; an
ihnen stellte der Meeresforscher später eingehende Untersuchungen
an, die in umfangreichen wissenschaftlichen Veröffentlichungen be=
schrieben sind.

Dieses Buch ist also nicht nur eine Beschreibung jener ersten
Reise und ihrer Ergebnisse, es versucht auch die Anschauungen über
Erscheinungen und Verhältnisse in jener Eiswelt darzustellen, zu
denen die Forschung eines ganzen Lebens geführt hat.

Die Abbildungen hat der Verfasser nach eigenen Skizzen ge=
zeichnet, die entstanden sind auf jener ersten Reise im Jahre 1882,
auf dem Weg nach Grönland 1888 und auf der Framfahrt 1893
bis 1896.

Lysaker, 24. Oktober 1925.

Fridtjof Nansen.

Inhalt.

Seite

Vorwort V

Erstes Kapitel. Nach Norden 1

Zweites Kapitel. Das Treibeis und der Polarstrom 25

Drittes Kapitel. Die Sattelrobbe 38

    Der westliche Stamm 56

    Der östliche Stamm 61

    Der mittlere Stamm 64

Viertes Kapitel. Auf der Suche nach dem Jungenfang 72

Fünftes Kapitel. Wo mag der Jungenfang sein? 97

Sechstes Kapitel. Des Rätsels Lösung 121

Siebentes Kapitel. Der Jungenfang 142

Achtes Kapitel. Nach Norden auf der Suche nach Robbenmännchen und
wieder nach Süden 156

Neuntes Kapitel. Entenwale. Südlich um Island zur Dänemarkstraße . 175

Zehntes Kapitel. Die Klappmütze 200

Elftes Kapitel. Auf der Klappmützenjagd 225

Zwölftes Kapitel. Noch mehr Klappmützen 250

Dreizehntes Kapitel. Der Eisbär 274

Vierzehntes Kapitel. Im Eise fest. Bärenjagden 294

Fünfzehntes Kapitel. Immer noch im Eise fest. Noch mehr Bären . . 321

Sechzehntes Kapitel. Die Eisdrift und die Strömungen in der Dänemarkstraße 348

Siebzehntes Kapitel. Heimwärts 357

Register 363

Abbildungen.

Jugendbildnis des Verfassers (Kupferdruck) . . . . Titelbild

„Viking" 1

Axel Krefting, Kapitän des „Viking", geb. 7. März 1850 3

Die Verstärkungen im Bug eines Robbenfangschiffes 5

Tölpel oder Janfangent 9

„Der Wasserfall stürzt herein" 11

Seite

Eissturmvögel 13
Elfenbeinmöwen 19
Stapel von zusammengeschobenem Eis 25
Süßwassersee auf dem Treibeis 29
Sattelrobbe. Männchen, im Begriff ins Wasser zu gehen 38
Sattelrobbe. 1 und 2 Weibchen, 3 junges Männchen, ungefähr 4 Jahre alt,
    4 altes Männchen 39
Sattelrobbenweibchen mit Jungen 47
Sattelrobbe greift einen Tintenfisch an 51
Der unheimliche Feind der Robben, der Speckhauer 55
Auf dem Ausguck nach Robben 72
Nacht im Treibeis 79
Klappmützenweibchen (ungefähr 4 Jahre alt) mit Jungem 81
Wake im Treibeis, wo das „Tellereis" sich soeben bildet 87
Junges mit Schnee bedecktes Eis 93
Alte Torosse, vom warmen Meerwasser ausgehöhlt 97
Durch dichtes Eis 101
Toroß aus Meereis, von der warmen See ausgehöhlt 111
Luftspiegelung 115
Fell, Rumpf und Vorderflossen einer ausgewachsenen Klappmütze 119
„Tellereis" 121
Teiste 123
Sattelrobbe auf der Wanderung 125
Das Fell wird ins Boot gebracht 135
Junges einer Sattelrobbe 142
Mann in voller Ausrüstung für den Jungrobbenschlag, mit Robbenhacke,
    Flensmesser, Wetzstahl und Zugtert 143
Auf der Jagd nach „Robbenmännchen" 156
Spitzbergen in Sicht 160
Krabbentaucher 161
Spitzschnäbelige Alke (Trottellummen) 163
Algen (Diatomeen), die an der Unterseite des Treibeises wachsen 165
Das „Abfleischen" 168
Das „Abspecken" 169
Der Entenwal schlug mit dem Schwanz „ins Wasser, daß der Schaum hoch
    über das Boot spritzte" 175
Bottle-nose oder Entenwal (Hyperoodon rostratus) 179
Entenwale 183
Junge Sattelrobben, im Alter von einem Jahr und von einem Monat, auf
    einem Eisstreifen 187
Westmanna-Inseln und Eyjafjalla-Jökull . . . . 192 und 193
Snäfells-Jökull 197
Erwachsenes Klappmützenmännchen 201
Erwachsenes Klappmützenweibchen 203
Klappmütze beim Erbeuten von Bergilten 205
Kopf eines Klappmützenmännchens mit aufgeblasener Haube 207

Seite

Zwei bis zweieinhalb Monate alte Klappmützenferkel 213
Zwei bis zweieinhalb Monate alte Klappmützenferkel 221
Jagd auf Klappmützen 225
Angriff eines Haubenkerls. 235
Ein Eishai erbeutet eine junge Robbe 237
Der Rachen eines Eishais 241
Fang eines Eishais 243
Im Nebel auf der Suche nach Klappmützen 250
Auf Klappmützenjagd 257
An Bord mit einer schönen Bootslast. 259
Vorwärts gegen die Klappmützen 261
Wir brechen uns einen Weg durch das Eis 265
Auf dem Ausguck 274
Ein junger Eisbär beschleicht ein schlafendes Klappmützenjunges 277
Ein altes Eisbärenmännchen 287
„Wir warteten mit dem Schießen gern solange wie möglich". 294
„— als er auf der andern Seite der Wake aufs Eis kroch — —" . . . 297
„— — setzte sich auf sein Hinterteil; es war ihm deutlich anzusehen, daß er
    sich seinen ‚Operationsplan‘ zurechtlegte — —" 303
„Er nahm die Sache mit vollkommener Ruhe" 305
Kapitän Krefting und der Verfasser bei dem erlegten Bären 307
Die Mannschaft des „Viking", Kapitän Krefting im Vordergrund 313
„— — sie hatten uns bereits wahrgenommen — —" 315
„Da blieb es stehen . . . duckte sich wie eine Katze zusammen und kam auf
    uns zugeschlichen" 317
Die durch Luftspiegelung erhöhte Bergkette auf der Ostküste von Grönland . 321
Kapitän Krefting und der Verfasser bei einem großen Bären 325
Luftspiegelung 327
Der am 10. Juli 1882 besuchte Eisberg 331
Die Ostküste von Grönland, in der Nähe der Schreckensbucht, südlich von
    67° nördlicher Breite 332
Die Ostküste von Grönland, in der Nähe der Schreckensbucht, südlich von
    67° nördlicher Breite 333
Überragende Kanten an den Schollen, durch das erwärmte Oberflächenwasser
    unterhöhlt 338
„— — schwamm zu einer niedrigern Stelle, wo ich hinaufgelangen konnte" 339
„— — ich stand da und schwankte, um das Gleichgewicht zu halten . . . da
    tauchte das mächtige Bärenhaupt auf" 341
„Ich ließ ihn ruhig zu dem jenseitigen Rand hinüberschwimmen . . ." . . . 344
„Seemeile um Seemeile legten wir zurück . . .". 345
Am Rande des Treibeises in der Dänemarkstraße 348
Der „Viking" am Außenrand des Treibeises 357

Karten.

Seite

Die Strömungen im Norwegischen Meer und die durchschnittliche Ausdehnung
  des Eises im März und im April 27

Die Verbreitung der Sattelrobbe und ihre Wanderungen zu den Wurfplätzen 43

Die Lage des Jungenfangs in verschiedenen Jahren zwischen 1846 und 1914 147

„Vikings“ Weg und Drift mit dem Eis in der Dänemarkstraße. Mai—Juli
  1882 227

Tiefenverhältnisse in der Dänemarkstraße 352

Die mutmaßliche Strömung in der Dänemarkstraße 353

Die Reise des „Viking“ im Norwegischen Meer und im nördlichen Atlantischen Ozean vom 12. März bis 26. Juli 1882 . . . . . . 370 und 371

„Biking."

Erstes Kapitel.

Nach Norden.

Welch ein wunderbares Märchen der Natur ist doch der Frühling für den jungen Menschen — dieses Erwachen nach dem langen Winter.

Zu sehen, wie die schneefreien Stellen mit jedem Tag sich ausdehnen — den Geruch von feuchter Erde und springenden Knospen zu spüren — das befreite Jubeln der überschäumenden Frühlingsbäche zu hören.

Und dann die ersten Leberblümchen auf dem braunen Waldboden — und die Lerche unterm freien Himmel — und die Drossel und das Rotkehlchen im dämmerigen Abend.

Aber am schönsten ist die weiße, sanfte Birke mit ihrem grünen Schleier, der wie ein leuchtendes Lächeln ist.

Welch ein unersetzlicher Verlust, ein solches Märchen aus seinem jungen Leben verlieren zu müssen — — —

Das empfand der Zwanzigjährige, der auf Deck des „Biking" stand, als dieser die Anker lichtete und am Sonnabend, 11. März 1882, frühmorgens den Hafen von Arendal verließ.

Die Seeleute sandten der schlafenden Stadt ein kräftiges Hurra zu. Da und dort am Lande wurde ein Hut geschwungen, ein Fenster wurde einen Spalt weit geöffnet, und es winkte jemand mit einem Taschentuch.

Der „Viking" steuerte durch den Sund hinaus an den Leucht= türmen von Torungene vorbei, gerade als die Sonne aufging.

Wehmütig blickte der junge Mann zurück zu den Inseln und Landzungen und Höhenzügen, die in den Strahlen der Sonne golden aufleuchteten — — —

Der erste Frühling, in dem er sich nicht zwischen Holmen und Schären herumtreiben und die Zugvögel begrüßen durfte, in dem er nicht im großen Wald den Birkhahn kollern und den Kuckuck rufen hören sollte.

Ihm war, als blute es in seiner Brust.

Aber vor ihm lockte ein neues, noch größeres Märchen: das Meer — und dann weit droben im Norden die Eiswelt.

Für ihn wie für den „Viking" sollte es die erste große Fahrt ins Eismeer werden.

Nach vielem Schwanken hatte er sich endlich für das Studium der Zoologie entschlossen — warum? Wohl hauptsächlich, weil er ein leidenschaftlicher Jäger und Fischer war, ein Waldmensch, und weil er in jugendlicher Unerfahrenheit glaubte, ein solches Studium bringe ein beständiges Leben im Freien mit sich, zum Unterschied vom Studium der Physik und der Chemie, zu dem er sich eigentlich am meisten hingezogen fühlte.

Dann hatte er sich eines Tags plötzlich in den Kopf gesetzt, er wolle seine zoologischen Studien damit beginnen, daß er das Tier= leben und die Naturverhältnisse des Eismeers studiere. Warum die jungen Kräfte gerade dort im Norden erprobt werden sollten, war unklar; wahrscheinlich waren es die Jagd und das Abenteuer, die ihn lockten. Mit wissenschaftlichen Kenntnissen besonders gut ausgerüstet war er noch nicht; aber als Schütze und Jäger besaß er eine gewisse Übung.

Er erkundigte sich nach den Robbenfängern und erfuhr, daß der junge schneidige Kapitän Axel Krefting unter den Eismeer= fahrern als einer der tüchtigsten und vom Glück am meisten be= günstigten, aber auch als einer der waghalsigsten galt. Er wandte sich an ihn. Ja, Krefting war bereit, den jungen Mann mitzu= nehmen. Aber da er in diesem Jahr ein neues Schiff aus Arendal

Axel Krefting, Kapitän des „Viking", geb. 7. März 1850.

führen sollte, mußte auch die Erlaubnis der Reederei Smith &
Thommesen eingeholt werden. Durch einen alten Familienfreund,
der in Arendal wohnte, wurde die Anfrage an die Reederei ver=
mittelt, worauf umgehend die telegraphische Antwort eintraf, die
Reederei gebe mit Vergnügen ihre Zustimmung.

So kam es, daß dieser junge Mann an Bord des „Viking" als

Fahrgast aufgenommen wurde und achtern an Backbord eine
Kammer angewiesen erhielt. Die Kammer des Kapitäns befand
sich gerade gegenüber an Steuerbord.

Viele Jahre sind seit jenem Märzmorgen hingegangen. Der
Zwanzigjährige ist der „ältere Mann" geworden, der nun diese
Berichte schreibt.

Es ging aufs Meer hinaus. Unser erstes Ziel war, so schnell
wie möglich das Eis im Meer bei Jan Mayen zu erreichen, um den
sogenannten „Jungenfang" in jenen Gegenden zu betreiben, wo
die grönländischen oder Sattelrobben, wie die Robbenfänger sie
nennen, sich zu Hunderttausenden auf dem Treibeis versammeln,
um ihre Jungen zur Welt zu bringen.

Wir waren spät daran; die anderen norwegischen Robbenfang=
schiffe waren bereits eine oder zwei Wochen vor uns ausgefahren.
Es galt aus Segeln und Maschine alles herauszuholen, um das
Versäumte einzubringen. Und wir machten denn auch eine Fahrt,
die nichts zu wünschen übrigließ.

Der Tag war schön und der Abend sternenklar, während
wir Lindesnes umsegelten und uns weiter und weiter vom Land
entfernten.

Auch am nächsten Tag hatten wir keinen besonders starken
Wind, aber die See war doch ziemlich bewegt, offenbar von einem
vorausgegangenen Sturm. Am Nachmittag wurde in der Kurs=
richtung ein Wrack gesichtet. Mit einem Satz war ich an Deck.

Wir steuerten gerade darauf zu. Alle waren sehr gespannt,
ob Leute an Bord seien. Bald glaubten wir Menschen zu sehen,
bald wieder schien es dem einen oder andern, es seien nur Mast=
stumpen und Rauchkappen.

Endlich waren wir an der Seite des Wracks. Es war eine ver=
lassene Bark; am Heck stand „Loyal, Grimstad". Sie war mit
Grubenhölzern beladen, soviel wir durch die offenen Luken und
das zertrümmerte Deck sehen konnten.

Der Rumpf war überall leck; das Wasser spülte an den Seiten=
wänden aus und ein, während das Schiff im Seegang auf und
nieder stampfte. Es schwamm auf der Ladung. Der Großmast und
der Besanmast waren gekappt, der Fockmast stand noch. Das
Marssegel hing in Fetzen an der Rahe. Ein Riemen war an den

Stumpen des Be=
ſanmaſtes oben auf
dem Kajütendach
feſtgebunden, er
hatte wohl als
Notſignal dienen
ſollen. Zwei Boote
ſtanden unverſehrt
auf dem Deck des
Vorſchiffes, die
Mannſchaft war
wahrſcheinlich
von einem Schiff
geborgen worden,
oder aber die
Sturzſeen hatten
ſie über Bord
geſpült.

Die Verſtärkungen im Bug eines Robbenfangſchiffes.
Zeichnung in „Shillings Magaſinet" 1861, freundlichſt überlaſſen von
Fabrittus og Sönner.

Ein unheim=
licher Anblick iſt ſolch ein Wrack; man weiß nicht, welche Leiden
ſich darauf abgeſpielt haben mögen.

Es lohnte ſich nicht, das Wrack nach Stavanger zu bugſieren,
wir mußten uns beeilen, zum Jungenfang zu kommen. Da der
Wind aufgefriſcht hatte, ſetzten wir mehr Segel, und die Maſchine
durfte ruhen, zur großen Freude der Heizer, die zum erſtenmal auf
See waren und bei der ſchweren Dünung und der vierziggradigen
Hitze im Maſchinenraum ſich nicht recht wohl fühlten.

* *
*

Der „Viking" war ein als Bark getakeltes Robbenfangſchiff
von ungefähr 620 Regiſtertonnen brutto und hatte eine Hilfs=
maſchine von 90 nominellen Pferdekräften. Er war vor kurzem in
Arendal auf der eigenen Werft der Reederei Smith & Thommeſen
gebaut worden.

Ein Robbenfangſchiff ſoll von vornherein eigens für die
Schiffahrt im Treibeis gebaut ſein und ſoll der unſanften Bean=
ſpruchung gewachſen ſein, der es ausgeſetzt wird. Die Spanten
liegen dichter, und das Bauholz iſt meiſt ſchwerer als auf einem
gewöhnlichen Seeſchiff, ebenſo die Decksbalken des Oberdecks und

des Zwiſchendecks. Auf dem „Viking" waren die Spanten haupt=
ſächlich aus Föhrenholz, im Bug aus Eiche; ihre Dicke betrug un=
gefähr 9 Zoll oben und verſtärkte ſich bis zu 20 Zoll unten am
Kielſchwein.

Außen auf der Schiffshaut — ein gutes Stück über der Waſſer=
linie bis viele Fuß darunter — befindet ſich eine beſondere Haut,
die Eishaut, ungefähr drei Zoll dicke Planken aus Greenheart oder
harter Eiche. Der „Viking" hatte eine doppelte Haut aus vier Zoll
dicken Föhrenplanken und eine Eishaut aus Greenheart, die vorn
viereinhalb Zoll dick war und nach achtern bis auf zweieinhalb
Zoll ſchwächer wurde.

Die Fähigkeit des Schiffes, ſich durch das Eis Bahn zu brechen,
hängt — abgeſehen von der Maſchinenkraft und der Manövrier=
fähigkeit — auch noch zum großen Teil von der Form und Stärke
des Buges ab. Am günſtigſten iſt es, wenn er ſchräg überhängend
iſt, ſo daß das Schiff beim Rammen aufs Eis hinaufrennt und
dieſes unter ſich hinunterdrückt. Iſt der Bug ſenkrecht, wird ſich
das Schiff leicht zwiſchen den Schollen verteilen und kann ſich nicht
ſo gut durch das Eis Bahn brechen.

Der Bug muß ſelbſtverſtändlich beſonders ſtark ſein. Er hat
meiſt mehrere ſtarke Stemmbalken hintereinander, die durch innere
Verſteifungen gut verſpreizt ſind, ſchwere Eichenknie und dicke Pitch=
pinebalken. Die Stärke des Holzes im Bug des „Viking" betrug
ungefähr ſechs Fuß. Außerdem hatte er vorn einen dicken Eiſen=
ſteven; quer über den Bug — von hoch über der Waſſerlinie bis
tief darunter — war das Ganze mit ſtarken Eiſenſchienen verbolzt,
die ſich zu beiden Seiten mehrere Fuß weit nach hinten zu er=
ſtreckten.

Der verwundbarſte Teil eines Robbenfangſchiffes iſt die
Schraube, die, wenn die Maſchine in Betrieb iſt, bei dichtem Eis
durch Schläge gegen die mächtigen Eisſchollen beſchädigt werden
kann. Die neuen Robbenfangdampfer ſind deshalb ſo eingerichtet,
daß ſie im Bedarfsfall die Schraube auf hoher See auswechſeln
können. Die Schraube liegt zu dieſem Zwecke in einem Stahl=
rahmen; ſie kann von der Welle abgehoben und mit dem Rahmen
durch einen Schraubenbrunnen hochgehißt werden, worauf man
eine neue Schraube in den Rahmen einſetzen und durch den Brunnen
wieder hinunterlaſſen kann. Ein Zapfen an der vordern Kante der
Schraubennabe paßt in eine Fuge der Schraubenwelle; dadurch

wird die Schraube mit dieser angetrieben, wenn der Rahmen fest=
gehalten wird. Der „Biking" besaß einen solchen Schraubenbrunnen.

Es ist nicht zu vermeiden, daß die Schraube bei der Fahrt
durch Eis oft gegen Eisstücke schlägt. Ist die Scholle groß und
schwer und schlägt der Schraubenflügel mit großer Gewalt an,
dann ist es wichtig, daß der Flügel nicht zu stark ist, denn sonst
kann es vorkommen, daß die Schraubenwelle sich verdreht, sich
verbiegt oder auch bricht; eine solche Welle kann man auf hoher
See unmöglich mehr instand setzen. Ebensowenig darf sich der
Schraubenflügel verbiegen, da dieser sonst bei der Umdrehung leicht
gegen den Rahmen schlägt und es dann nicht mehr möglich ist, ihn
auszuwechseln, weil man den Rahmen mit der Schraube nicht
mehr hochbringt.

Wenn es schon schief geht, ist es am besten, daß der Schrauben=
flügel nicht zu stark ist und eher abbricht, ohne sich zu verbiegen
und ohne die Welle zu stark zu beanspruchen. Aus diesem Grund
sind die Schrauben für Robbenfangdampfer aus Gußeisen. Solche
Schrauben sind ein wenig dicker als Stahlschrauben und geben
eine etwas geringere Geschwindigkeit, dafür aber kann man sie
sicherer auswechseln.

Die Schrauben haben nur zwei Flügel. Während des Segelns,
wenn die Maschine nicht in Betrieb ist, wird die Schraube so ein=
gestellt, daß die Flügel senkrecht im Brunnen stehen und sich mit
dem Schraubensteven decken; auf diese Weise hemmen sie die Fahrt
am wenigsten, und außerdem kann auch das Eis sie dann nicht be=
schädigen.

Der „Biking" war, wie gesagt, neu gebaut; er hatte eine stär=
kere Maschine erhalten, als die anderen norwegischen Robbenfang=
schiffe sie damals besaßen.

Ihrer Bestimmung gemäß haben diese Schiffe stets eine große
Mannschaft, in der Regel einige fünfzig Mann; auf dem „Biking"
waren wir mit Kapitän und Fahrgast 62 Mann.

*   *
*

Wir hatten mehrere Tage guten Wind und segelten mit allem
Tuch, das wir nur besaßen.

Meer, Meer, nur Meer, rollende Wellenrücken. Das ist also
„das freie, das mächtige Meer". Ja, mächtig, überwältigend ist
es zweifellos in seiner unendlichen Einförmigkeit. Aber die

Freiheit? Ach ja, man möchte so gern bewundern, möchte sich von
der frischen salzigen Größe erheben lassen — wären nur nicht diese
unablässig und unerbittlich rollenden Wasserberge, durch die
man ein so widerliches Gefühl der Übelkeit bekommt.

Ich stand an Deck und sah einer Schar Delphine (Lagenorhynchus acutus) zu, die uns lange zur Seite folgte. Wie beneidens-
wert heimisch sie sich in den Wellen tummelten. Blitzschnell schossen
sie am Schiff vorbei, einer nach dem andern tauchte auf, um
wieder in den Wellenberg hinunterzuschießen, während es blaugrün
glitzerte, wenn sie verschwanden. Herrgott, die hatten mit keinen
Gefühlen der Übelkeit zu kämpfen!

Und hinter uns, über dem Kielwasser, folgten die Stummelmöwen in ihrem leichten, anmutigen Flug, mit der weißen Brust,
dem blauen Rücken und den schwarzen Flügelspitzen; ein einzelnes
junges Tier unter ihnen hatte auch eine schwarze Schwanzspitze
und einen schwarzen Streifen über den Rücken hin bis zu den
Flügelspitzen hinaus.

So oft von Deck aus etwas hinausgeworfen wurde, flatterten
und schossen sie pfeilschnell in unser Kielwasser hinab und blieben
für eine Weile weg. Dann kamen sie wieder und schwebten uns
nach, ohne die Schwingen zu rühren, bald in der Höhe mit dem
Besantopp, bald in gleicher Höhe mit uns, die wir auf dem
Achterdeck standen. Alke und Krabbentaucher sausten ab und zu
mit ihren raschen Flügelschlägen am Schiff vorbei oder lagen auf
dem Wasser.

Weit draußen schwebte schräg in der Luft ein mächtiger Tölpel
(Sula bassana), der Janfangent der Seeleute, auf langen, steifen
Schwingen über den Wellenköpfen dahin.

In der Nacht zum vierten Tag (Dienstag, 14. März) stieg der
Wind zu einer steifen Brise aus Südwest an. Die See wuchs und
schlug von allen Seiten über. Es gab keine trockene Stelle mehr an
Deck oder achtern auf dem Halbdeck.

Als ich morgens in der Koje lag und las, hörte ich ein Krachen
und dann Lärmen und Rufen draußen auf Deck. Ich fuhr in die
Kleider und begab mich hinaus. Die Großrahe war unter dem
schweren Segeldruck gebrochen. Krefting segelt gern mit vollen
Segeln. Sie waren gerade im Begriff, die Stücke der Rahe zu
bergen.

Ein erfrischender Anblick war es: die mächtigen blaugrünen

Tölpel oder Janfangent.

Wasserberge mit weißen schäumenden Kämmen, die über uns herein-gerollt kamen und das Deck überfluteten — die sorglosen Matrosen in Wasserstiefeln und Ölzeug, die ruhig an der Rahe weiterschafften, als sei dies eine alltägliche Arbeit — und dort — dort war ein neuer Gast. Der Eissturmvogel folgte uns. Auf steifen Schwingen schwebten diese Vögel an den Wogenkämmen empor und in die Wellentäler hinab, immer im gleichen Abstand vom Wasser, weite Strecken — dann ein Schwung rundherum, und höher hinauf ging's in die Luft, einige lautlose Flügelschläge, dann wieder ein Zurückschweben, wieder rundherum, und auf steifen Flügeln über der Wasserfläche weiter vorwärts — stets in Bewegung, niemals anhaltend. Sturm ist ihr Element — stumm, lautlos kommen sie aus einer neuen Welt — der erste Gruß aus dem Nördlichen Eismeer, dem der Eismeerfahrer begegnet.

Wenn es auch dem Kapitän nicht leicht fiel, die Segelfläche zu verkleinern, mußte er dies jetzt jedoch tun, sollten wir nicht Boote verlieren und uns die Deckfenster von den Wellen einschlagen lassen. Mächtig stampfte das Schiff in der schweren See.

Unentwegt aber ging es weiter durch die Schaumwirbel, dem
Norden zu.

Auf allen Seiten nur blaugraues, wogendes Wasser — steigende
und sinkende Berge mit weißen Schaumköpfen, die in endloser
Reihe über die unendliche blauweiße Ebene hinrollen. — Niedrige
blaugraue Luft mit jagenden Wolken.

Rücken auf Rücken rollt einher, steigt höher empor, zerbirst in
weißen Schaum, rollt weiter. Durch den Widerstand des Schiffes
gereizt halten die Wellen eine Sekunde an — überschlagen sich
— welch wunderschöne tiefgrüne Farbe in ihrer Brust, die sich über=
wölbt — und stürzen dann in grünweißem Wasserfall über den
dunklen Schiffskörper hinab.

Hier haben die Vorfahren Tausende von Jahren hindurch, Ge=
schlecht auf Geschlecht, das gleiche Leben geführt im gleichen
Kampf mit diesem ungeheueren, wechselnden Spiel der Urmächte
und haben die Lebensrechte unseres Volkes aufgebaut.

Aber das Meer — gleich unberührt von Mut wie von Feig=
heit — wogte und wogt seinen ewigen Rhythmus durch die Zeiten,
die gingen, und durch die Zeiten, die kommen — bis alles einstmals
in tausend Millionen Jahren in der ewigen Kälte erstarrt.

*   *   *

Im Laufe des Abends nahm die Brise an Heftigkeit zu und
schlug nach Westen um — der Seegang wuchs.

Schwarze Nacht ringsum. Aus der Dunkelheit heraus kamen
schäumend die weißen Kämme der Sturzseen von Luv auf uns zu;
sie stiegen, barsten und wälzten sich mit donnerndem Brüllen über die
Reling herein — ein Wasserfall von Meerleuchten sprühte über
das Deck hin, und der Gischt erhob sich in die Luft wie eine Funken=
garbe, während wir in das schwarze Unbekannte hineinfuhren.

Wie wir so achtern auf dem Halbdeck standen, rief der Kapitän
neben mir: „Aufgepaßt!"

Ich sah luvwärts etwas Dunkles über mir und konnte mich
gerade noch an die Besanwanten festklammern, als eine See
hereinbrach und uns von Deck aufhob, so daß wir mit den Armen
an den Wanten über den Wassern hingen.

Die Wasser stürzten weiter über die Deckfenster und über die
Leute am Ruder.

Der Kapitän brüllte noch: „Ruder los!", als der Mann am

„Der Wafferfall ftürzt herein."

Ruder in Lee mit einem Sah in das Leeboot hinausfprang, das in den Davits hing, während der Mann in Luv fich feftkrallte, fo gut er konnte, und das Rad pfeifend herumfaufte.

Hätte er verfucht es feftzuhalten, wäre er vielleicht als Fleifch= klumpen auf Deck gefchleudert worden. Ein Glück war es auch, daß die See, die das Boot füllte, ihn nicht mit fich riß.

Als der Kapitän ihn um diefer Dummheit willen fchalt, grinfte er nur.

Für das junge, unerfahrene Gemüt war dies eine neue Seite des Dafeins, das Leben der fahrenden Gefchlechter von den Wi= kingern bis zu den Seeleuten und Fängern unferer Zeit. Lachender Wagemut durch Sturm und Gifcht.

Am fünften Tag (15. März) herrfchte immer noch eine fteife Brife mit ftändigen Brechern über Vor= und Mittfchiff, aber achtern auf dem Halbdeck konnte man fich einigermaßen trocken halten.

Ich ftehe da, blicke über die wogende Ebene der endlofen Reihe jagender Schaumpferde hin mit ihren fliegenden weißen Mähnen und folge den ewigen Wellenrücken, die weit aus dem

Westen heranrollen, steigen, gipfeln, in weißen Kämmen brechen, versinken und wieder steigen, unermüdlich und ohne Ende, — dann sich über die Luvreling hereinwölben und in grünweißem Wasserfall über das Deck stürzen, hinunter nach Lee. Die Wassermassen wälzen sich mit dem Rollen des Schiffes vor und zurück und reißen alles mit sich, was lose ist, bis sie einen Weg durch die Speigatten finden. Dann bricht eine neue Sturzsee herein.

Der Küchenjunge kommt durch die Türe am Halbdeck heraus; er ist achtern beim Steward gewesen, um die Küche zu versorgen, und hat beide Arme voll. Er bleibt ein wenig stehen und wartet, bis das ärgste Wasser nach der letzten Sturzsee abgeflossen ist.

Dann läuft er über das Deck, um die Treppe vorn zu erreichen, bevor der nächste Schwall kommt; aber dort erhebt sich eine neue See, der Wasserfall stürzt herein. Der Junge rennt ums Leben zum Fockmast hin, wird aber zu Boden geschlagen und saust mit den Wassermassen kopfüber wie ein Kleiderbündel nach Lee hinunter, während er noch krampfhaft versucht, die letzten Reste seiner kostbaren Last zu retten — die Seeleute brüllen vor Lachen. An der Reling in Lee faßt er Anker, kommt wieder auf die Beine und versucht ein paar von den Schiffszwiebacken zu retten, die umherschwimmen. Wie er so umherhüpft und immer wieder hingeworfen wird, gleicht er einer ins Wasser getauchten Krähe.

Aber draußen, hinter uns im Kielwasser, gibt es jetzt ein reiches Gastmahl für die Eissturmvögel, die sich in großer Aufregung herabstürzen und bis aufs Blut um die verlorenen, durch die Speigatten hinausgespülten Lebensmittel kämpfen.

Der Eissturmvögel sind immer mehr geworden. Einige Alte schießen jetzt auch dann und wann an uns vorbei; sie haben es eilig in diesem Wind. Die Möwen werden immer seltener.

Am sechsten Tag (Donnerstag, 16. März, —4° in der Luft) bekamen wir leichtes Schneetreiben. Der Wind hatte nachgelassen und war nach Norden umgeschlagen, so daß wir gerade Gegenwind hatten. Am Morgen machten wir Dampf auf und fuhren den ganzen Tag mit Dampf.

Die Stummelmöwen waren jetzt ganz verschwunden; wir sahen nur noch Eissturmvögel in allen Abarten, von den älteren mit weißer Brust und grauem Rücken bis zu den jüngeren, die ganz grau waren.

Eisfturmvögel.

Der Eissturmvogel oder Seepferd (Fulmarus glacialis) gehört zu den Ozeanfliegern und ist aus der gleichen Familie (Procellariidac) wie der Albatros.

Unaufhörlich und unermüdlich schweben diese Vögel in ihrem lautlosen Flug um uns herum; niemals sah jemand sie rasten. Für den jungen wissensdurstigen Naturforscher war dieser Flug ein neues Rätsel, über das er immer und. immer wieder nachdachte. Allen erlernten Gesetzen der Physik schien es zu widersprechen, daß ein Vogel auf starren Schwingen dahingleiten konnte, ohne einen Muskel zu rühren, vorwärts, vorwärts! Ja, daß er auch noch schneller fliegen konnte, ohne zu sinken, sondern im Gegenteil dabei sogar noch stieg! Das war gegen das Gesetz der Schwerkraft. Dieses Rätsel vermochte er nicht zu lösen.

Später im Leben bin ich zu dem Ergebnis gekommen, daß die Fähigkeit dieses Vogels, auf unbeweglichen Schwingen zu schweben, auf seiner genauen Kenntnis der aufsteigenden Luftströmungen beruht.

Wenn die Luft über die unebene Erdoberfläche hinstreicht oder über eine gewellte Wasserfläche, so bilden sich Wirbel mit auf- und niedersteigenden Luftströmungen. Stets sinkt und steigt die gleiche Menge Luft; aber die hinaufgetriebene Luft hat eine größere Geschwindigkeit als die herabsinkende, sie hat deshalb eine größere

lebendige Kraft, wie wir es in der Phyſik nennen. Dieſe iſt im=
ſtande, einen Vogel, der ſich ihrer zu bedienen weiß, in der Schwebe
zu erhalten und ihn ſogar weiterzuführen, wenn der Vogel die
Schwingen ſo ſtellt, daß er ſozuſagen ſtändig über dieſe aufſteigende
Luft hinabgleitet. Soweit ich es verſtehen kann, muß dies auch die
Erklärung ſein für den Flug der Eisſturmvögel über die Wellen=
rücken hinauf und den Wellentälern entlang. Wenn man ſie und
die Möwen an der Seite des Schiffes genau beobachtet, wird man
bemerken, daß es gewiſſe Stellen gibt, wo die Vögel ſich beſonders
leicht im Schwebeflug zu halten vermögen; dies iſt gerade dort
der Fall, wo man ſtarke aufſteigende Luftſtrömungen voraus=
ſetzen darf, wie zum Beiſpiel an der Luvſeite des Hecks, während
ſie, wenn ſie an andere Stellen kommen, wie zum Beiſpiel in Lee
des Schiffsrumpfs, unbedingt die Schwingen gebrauchen müſſen.

Das für mich wertvollſte Erlebnis dieſer Zeit war ſicherlich
jenes, das ich im Tagebuch an dieſem ſechſten Tag aufgezeichnet
finde: „Alle Anzeichen der Seekrankheit verſchwunden. Befinden
ausgezeichnet.“ Ich feierte dies auch, indem ich bis 3 Uhr nachts
aufblieb, holländiſchen Tabak aus einer langen Pfeife rauchte und
dazu einen deutſchen Räuberroman las.

Tags darauf (17. März) dampften wir immer noch im gleichen
Wetter weiter. Die Temperatur ſank ein wenig, es waren am
Morgen —5°; aber das Waſſer war noch warmes Waſſer aus dem
Atlantiſchen Ozean; es hatte an der Oberfläche 5°.

Am Mittag waren wir auf 65° 55′ nördlicher Breite und 1° 14′
weſtlicher Länge, alſo ungefähr auf der gleichen Höhe mit dem
nördlichen Teil von Island. Eisſturmvögel ſahen wir jetzt in
großen Mengen; aber das war auch ſo ungefähr das einzige Leben
rings um uns.

In dieſen Tagen wurden Waren an die Leute verkauft. Viele
von ihnen beſitzen, wenn ſie an Bord kommen, nicht viel mehr an
Kleidern und anderen notwendigen Dingen, als was ſie auf
dem Leib tragen. Allerdings pflegen ſie vor der Abreiſe einen
Vorſchuß für die Ausrüſtung zu erhalten, aber der wird verjubelt;
denn verjubeln, das müſſen ſie, ſolange ſie an Land ſind. Deshalb
müſſen ſie jetzt das Notwendigſte an Ausrüſtungsſtücken kaufen,
die zu dieſem Zweck auf Rechnung des Schiffs an Bord genommen
worden waren.

Den einen Tag wurden Anzüge, Wollſchlüpfer (die ſogenannten

„Lausnetze"), Wollzeug, Segeltuch für Überziehkleider, Wasser=
stiefel usw. verkauft. Die Leute kamen der Reihe nach und wählten
sich aus, was sie brauchten. Was sie entnahmen, wurde aufgeschrieben
und später von ihrer Heuer abgezogen. Am nächsten Tag wurden
Tabak, Seife und Stiefelleder auf die gleiche Weise verkauft.

Das waren die Vorbereitungen zu dem neuen Abenteuerleben
dort oben in Eis und Kälte; ich verfolgte sie mit lebhaftem
Interesse. Die Vorbereitungen zu Jagd= und Fischfahrten sind
wie ein erwartungsvolles Präludium, das schon einen Teil der
Freude enthält. Sie gewähren einen Ausblick auf das, was kom=
men soll.

Überziehkleider aus Segeltuch mußte auch ich mir beschaffen;
ich ließ sie mir vom Segelmacher nähen. Sie dienten nicht so
sehr als Schutz gegen die Kälte, sondern mehr gegen das Geschmier
von Speck und Blut, und sie erzählten von Jagd= und Fangerleb=
nissen.

Im übrigen kam jetzt das Leben an Bord nach und nach in
seinen regelmäßigen Gang. Des Fanges halber führen, wie schon
erwähnt, diese Eismeerschiffe eine große Mannschaft; wir waren
unser 62 Mann.

Der Kapitän, zwei Steuerleute, zwei Maschinisten, der Steward
und der Fahrgast hatten ihre Kammern achtern unter dem Halb=
deck. Der Rest der Mannschaft, einige fünfzig Mann, hielt sich in
dem großen Mannschaftsraum vorn auf, wo längs der beiden
Seiten ihre Kojen in zwei übereinanderliegenden Reihen unter=
gebracht waren.

Zog man die Leute ab, die nicht regelmäßig Wache an Deck
hatten, wie der Koch und der Küchenjunge, der Zimmermann, der
Segelmacher, der Bootsmann usw., so war trotzdem für die
Wachen an Deck, die nach allgemeinem Schiffsbrauch jede vierte
Stunde wechselten, mehr Mannschaft zur Verfügung, als zur Be=
dienung des Schiffes, zum Setzen der Segel, für Ausguck und
Ruder notwendig war.

Es herrscht deshalb an Bord dieser Schiffe, wenn kein Fang
betrieben wird, meist ein faules Leben, und es ist schwer, die Leute
zu beschäftigen.

Besonders wenn es an Deck kalt und widerwärtig war, wollten
sie sich gern drüben und in den Mannschaftsraum hinunterschleichen,
wo sie beieinandersaßen und rauchten und schwatzten oder auf dem

Herd brieten. Kapitän und Steuermann hatten ihre liebe Not
damit, die Leute zu ſuchen und ſie wieder an Deck zu jagen; dabei
ging es oft heiß zu, ſowohl mit Worten als auch mit ſchlagenderen
Argumenten.

Da der „Viking“ ein neues Schiff war, gab es ziemlich viel
Bootsmanns= und gewöhnliche Matroſenarbeit; dadurch war ein
Teil der Mannſchaft ſtändig beſchäftigt, zum mindeſten vorläufig.
Fendermatten und andere Matten wurden geflochten, Blöcke her=
gerichtet, Tauenden geſplißt uſw. Der Zimmermann und der
Schreiner hatten Arbeit genug mit der Herſtellung von Röſterwerk
und andern kleinen Dingen verſchiedener Art.

Von einem andern Eismeerſchiffer jener Zeit wurde übrigens
erzählt, er habe die freie Zeit der Leute auf vernünftige Art aus=
zunützen gewußt. Er hatte ſich daheim ein eigenes Haus gebaut
und Material zu allen möglichen Schreinerarbeiten für das Haus
an Bord genommen, zu Türen, zu Schnitzwerk an Altanen und
ähnlichem; als Mannſchaft muſterte er möglichſt viele des Schrei=
nerns kundige Leute an, ſo viele er nur finden konnte; dann wurde
an Bord während der ganzen Eismeerfahrt, wenn kein Fang war,
für ſein Haus daheim in Sandefjord gearbeitet, das mit ſeinem
reichen Schnitzwerk an den Altanen ſicherlich bis auf den heutigen
Tag ſichtbare Spuren jener „Heimarbeit“ auf dem Eismeer trägt.

Die lebhafteſte Tätigkeit an Bord entfaltete ſich beim Setzen
der Marsſegel. Da eine ſo große Mannſchaft vorhanden iſt,
haben die Eismeerſchiffe meiſt einfache, patentgereffte Marsſegel,
die von Deck aus geſetzt werden können und dabei mehr Kraft als
Seemannſchaft verlangen. Das Marsfall wird an Oberdeck längs
geſchoren, und dann holt die ganze Wache daran. Oft ſind es
zwanzig Mann in einer Reihe, die zur Melodie irgendeines Liedes
daran ziehen, meiſtens nach dem Lied:

Und die zuerſt im Tanze ſchritt,
das war die Jungfer Hanſen,
tra=la=la=la, tra=la=la=la, tra=la=la=la, ohoi.

Luſtig und taktfeſt trampeln ſie über das lange Deck hin,
während die Marsſegel geſtreckt werden. Sollen aber die Bram=
ſegel geſetzt werden, dann müſſen ein paar Matroſen hinauf, um die
Segel loszumachen.

Bei der Ablöſung der Wache gibt es vorn im Mannſchaftsraum
ſtets ein großes Getöſe. Die Freiwache wird mit einem ſo

fürchterlichen, langgedehnten Geheul geweckt, daß der des Treibens Ungewohnte glauben muß, es gehe etwas ganz Entsetzliches vor sich. Dann taumeln die Schlaftrunkenen aus den Kojen und fahren in ihre Kleider; dabei herrscht da unten großer Tumult und ein lebhaftes Durcheinander von Menschen.

Dann wird gegessen. Der Koch hat das Essen auf dem Herd bereit, und es wird ausgeteilt. Zu essen gibt es genug, und die Leute lassen sich's gutgehen; aber bei dem angenehmen Leben und dem vielen Essen werden sie auf einer solchen Fahrt nur immer dicker und dicker.

Mir wurde die Zeit nicht lang; es gab in diesem neuen See= mannsleben ständig viel zu sehen und zu lernen. Kam dann der Abend herbei, so war es überaus gemütlich, aus der Kälte und der Dunkelheit droben in die behagliche, erhellte Kajüte zu kommen, wo ein warmes Abendessen wartete. Der Kapitän und ich hielten eine vergnügte Mahlzeit, und ich hörte mit großer Be= gierde zu, wenn er von Fang und Jagd und dem Leben oben im Norden erzählte; kamen danach die Steuerleute und der Steward herein, so lauschte ich ihren Gesprächen über alles, was sich in früheren Jahren ereignet hatte, über Schiffe und Schiffer und besonders über unsere Fangaussichten.

Endlich, am achten Tag (Sonnabend, 18. März) sollte das Merkwürdige geschehen. Um 8 Uhr morgens war die Temperatur des Wassers auf 2° gesunken. Gegen Mittag waren wir auf 68° 16' nördl. Br. und 4° 43' westl. L. gekommen. Wir konnten jetzt nicht mehr weit vom Eise entfernt sein.

Gegen Abend wurde denn auch das erste Eis gemeldet. Ich stürzte an Deck hinauf, sah aber in der Dunkelheit vorerst nichts. Doch, dort schoß etwas Weißes aus all dem Schwarzen heraus. Es wuchs und wuchs, wurde immer weißer, ganz leuchtend weiß auf der nachtschwarzen Fläche — es war die erste Eisscholle. Sie war von den ungeheueren Eisfeldern hergekommen, die sich, wie ich ja wußte, dort im Norden in der Polarnacht unter Nordlicht und Sternen ausdehnten. Es durchfuhr mich wie ein Stoß. Warum? Ich hatte wohl schon viele ebenso große Eisschollen gesehen, und es war nicht das geringste Merkwürdige daran gewesen. Aber hier war eben doch die Schwelle zu einer neuen, unbekannten Welt, die von der ganzen Phantasie und Abenteuerlust eines jugendlichen Gemütes verklärt wurde.

Dort war noch eine Scholle, viele Schollen. Weiß schossen sie
aus der Dunkelheit auf uns zu, glitten mit einem glucksenden, knir=
schenden Laut, der von dem Auf= und Abwiegen in der See her=
rührte, an uns vorüber, und weiß verschwanden sie wieder hinter
uns. Dann und wann stieß das Schiff gegen eine Scholle, so daß
es bebte.

Aber was bedeutete dieser eigentümliche knirschende, rauschende
Ton dort im Norden? Und diese unheimliche Beleuchtung? Ja,
diese Beleuchtung! Jetzt erst sah ich sie deutlich. Im Süden war
der Himmel von einem gleichmäßigen dunklen Wolkenschleier über=
zogen, aber im Norden war der Wolkenschleier von unten her
durch einen weißen Schimmer beleuchtet, der sich von Norden bis
nach Westen erstreckte. Am stärksten war er unten am Horizont,
er reichte jedoch bis ganz zum Zenit hinauf.

Es war der Widerschein der weißen Eisfelder auf der Wolken=
schicht darüber, und das Geräusch kam von dem Wellenschlag an
der Eiskante und von den Schollen, die in der Dünung aneinander=
rieben.

Mehr sah ich noch nicht, aber wir kamen ständig näher. Das
Licht wurde stärker, die treibenden Schollen ringsum wurden zahl=
reicher. Dann stieß das Schiff ab und zu gegen eine größere
Scholle; diese stellte sich senkrecht auf und wurde von dem starken
Bug zur Seite geschleudert. Bisweilen waren die Stöße so heftig,
daß das ganze Schiff erzitterte; man bekam gleichsam einen Ruck
nach vorn und konnte nicht mehr im Zweifel darüber sein, daß
man hier etwas Neuem entgegenging.

Ich hatte viel über diese Eiswelt gelesen, und die Phantasie
hatte sich viele Bilder von ihr und von der ersten Begegnung hier
ausgemalt — nur das nicht. Die wildesten Formen, mit turm=
hohen Eisbergen, aus den übertriebensten Reiseschilderungen
konnten kaum einen solchen Eindruck machen wie diese Nacht mit
dem unheimlichen Licht im Norden und dem gespensterhaft knir=
schenden Geräusch und den einzelnen Eisschollen auf der nacht=
schwarzen Wasserfläche. Und dann — später — leuchtete das Nord=
licht hinter dem nach und nach verschwindenden Wolkenschleier auf.

Der Kapitän wollte nicht in der Nacht ins Eis gehen und hielt
sich deshalb am Rand in nordöstlicher Richtung; aber die Stöße,
die das Schiff erhielt, während ich in der Kajüte saß und las,
gemahnten ständig daran, daß das Eis nicht fern war.

Elfenbeinmöwen.

Als ich am nächsten Morgen herauskam, es war Sonntag, 19. März, waren wir im Eis (in 69° 52′ nördl. Br. und 4° 50′ westl. L., —1°).

Welch ein Anblick! Blendend weiß, mit Neuschnee bedeckt, erstreckte sich die Eisfläche nach allen Seiten. Nicht ein einziger dunkler Fleck ringsum, nur Weiß und Weiß, so daß man die Augen fast nicht offen halten konnte und nur einen schmalen Spalt zwischen den Lidern zu öffnen vermochte. Und über allem ein klarer Winterhimmel, hell und blau.

Hatten sich die Augen an das blendende Weiß gewöhnt, so sah man, daß es auch Öffnungen darin gab; aber die Schollen lagen so dicht aneinander, daß sie beim ersten Augenblick und aus einiger Entfernung wie eine zusammenhängende Fläche aussahen.

Aber dort kommen einige weiße Vögel herangesegelt, blendend weiß wie der Schnee und etwas größer als eine Stummelmöwe (Larus tridactylus). Wie sie so durch die blaue Luft heranschwebten und in der Sonne schimmerten, glaubte ich nie etwas so Schönes gesehen zu haben. Es war die Elfenbeinmöwe (Pagophila eburnea), die ich jetzt zum erstenmal sah, deren es aber

2*

später noch viele geben sollte. Ihr Federkleid ist, wenn sie aus=
gewachsen ist, ganz weiß, ohne eine dunkle Feder. Das einzige
Dunkle an ihr sind Füße und Augen, die schwarz sind, und dann der
Schnabel, der ebenfalls schwärzlich ist. Rund um die Augen hat sie
einen wunderbar karminroten Ring, den man nur in der Nähe
sehen kann, der sie aber noch schöner macht. Die jungen Vögel tragen
im ersten Jahr ein über und über schwarzgesprenkeltes Federkleid.
Diese Flecken verschwinden mit dem Heranwachsen nach und nach.

Der bezeichnende Name der Engländer für diesen Vogel ist
Elfenbeinmöwe (ivory gull), aber unser norwegischer Name Eis=
möwe[1] ist vielleicht ebenso treffend, denn im ureigentlichen Sinne
ist er ein Vogel des Eises. Ebenso wie sein Gewand weißer ist
als das irgendeines andern Vogels, gibt es wohl auch kaum
einen typischern Bewohner des Eises — es sei denn die Rosen=
möwe, aber diese Art ist sehr selten.

Die Elfenbeinmöwe trifft man fast nie außerhalb der Eis=
gegenden an, dort aber lebt sie fast überall. Während der Fram=
Expedition fanden wir sie im Sommer über dem ganzen Polar=
meer bis zu 85° nördl. Br., und manchmal geht sie gewiß noch
weiter nach Norden. Sie streift umher, teils einzeln, teils in
größeren und kleineren Scharen. Und kaum hat man einen Bären,
einen Seehund oder ein Walroß auf dem Eis erlegt, so hört man
auch schon ihren hitzigen Schrei in der Luft. Sie stürzt sich auf das
erlegte Tier herab und beginnt ohne weiteres darauf loszuhacken.
Steht man jedoch zu nahe oder ist man im Begriff, das Tier ab=
zuhäuten, so läßt sie sich dicht daneben aufs Eis nieder, und bald
hat man eine ganze Versammlung dieser Vögel rings um sich, die
ungeduldig darauf warten, daß man seiner Wege geht und ihnen
den Kadaver überläßt. Dauert es zu lange, so rücken sie näher
und fangen vielleicht schon an, auf der einen Seite auf den Kada=
ver einzuhacken, während man noch auf der andern Seite beschäftigt
ist. Ja, ich habe oft erlebt, daß, während ich dastand und flenste,
sie ganz nahe heran und mir zwischen die Beine kamen und die
Sped= und Fleischbrocken, die vom Flensmesser herunterfielen,
aufschnappten.

Ist es nicht traurig, daran zu denken, welche Enttäuschungen

---

[1] In Deutschland bezeichnet man mit Eismöwe die Taucher= oder Bürger=
meistermöwe (Larus glaucus).　　　　　　　　Der Übersetzer.

einem die Natur bereiten kann? Wer von allen denen, die diesen
schönen Vogel zum erstenmal sehen, würde ahnen, daß er ein so
gieriger, aufdringlicher Aasvogel ist, schlimmer als ein Geier
der Wüste? Verfolgt man seinen leichten Flug am blauen Himmel
und wird die Seele durch seine reine Weiße, die so herrlich mit der
Umwelt zusammenklingt, von einer Stimmung der Harmonie und
der Unschuld erfüllt, so wird man häßlich aus dem Traum ge=
rüttelt, wenn er mit seinen heiseren zornigen Schreien plötzlich
aufs Eis herabschießt, um Fleisch und Sped hinunterzuschlingen.

Den größten Teil des Jahres muß die Elfenbeinmöve von
Krusten= und andern Tieren leben, die sie im Meer zwischen
den Eisschollen findet. Sobald sie aber kann, nimmt sie alles an
Sped, Fleisch und Blut, das Eisbären, Füchse und Menschen ihr
von ihrer Beute überlassen.

Weshalb sie ihre weiße Farbe erhalten hat, vermag ich nicht
mit Sicherheit zu sagen. Wohl hauptsächlich als Schutz gegen ihre
Feinde, die sie dadurch auf dem Eis nicht so leicht entdecken; aber
sie hat nicht viele Feinde. Der wichtigste ist wohl der Fuchs, der
sie vielleicht besonders auf ihren Brutplätzen heimsucht, und die
Bürgermeistermöve, die vielleicht die Jungen raubt, manchmal auch
ein umherschweifender Falke, doch dies ist selten.

Sie brütet tief drinnen im Eismeer, am liebsten auf niedrigen,
einsamen Inseln und Landzungen, bisweilen auch auf den Absätzen
an höheren Bergwänden. Ihre wenigen Eier legt sie in ein sehr
primitives Nest, das meist nur in einer kleinen Erhöhung aus
Moos besteht. Es sind nicht sehr viele Brutplätze bekannt. Man
hat solche auf der Nordostseite von Spitzbergen und auf Inseln
östlich davon, namentlich auf König=Karl=Land, gefunden. Einige
Brutplätze hat man auf Franz=Joseph=Land beobachtet, ebenso
in Nordgrönland, auf Grinnelland und auf den Parry=Inseln.

Beständig unterwegs waren Eissturmvögel und auch Stummel=
möwen, die jetzt wiedergekommen waren; sie schwebten über dem
Eise hin und her. In den Waken zwischen den Schollen lagen
kleine Scharen von Alken und Krabbentauchern, und da und dort,
ziemlich vereinzelt, einige Lummen. Sie alle sind auf den Vogel=
bergen von Jan Mayen, auf der Ostseite von Grönland, auf Spitz=
bergen und auf der Bäreninsel daheim, wo sie zu Tausenden und
aber Tausenden an den Absätzen der lotrechten Felswände brüten.
Von diesen Brutplätzen fliegen sie alle paar Tage Hunderte von

Kilometern aufs Meer hinaus, um ihre Nahrung zu suchen, meist
Krustentiere, die in den Waken im Eis oder im Wasser zwischen den
Eisschollen, ganz draußen am Rande des Treibeises, leben. Haben
sie genug gefressen, dann erhebt sich eine Schar nach der andern
und fliegt in gerader Linie zu ihrem Vogelberg zurück. Das
geht in brausender Fahrt; sie kennen die Richtung aufs Haar
genau. Zu höchst oben fliegen die kleinen Krabbentaucher, so hoch,
daß man sie kaum noch erspähen kann, aber man hört schon von
weitem das Pfeifen ihres scharfen Flugs durch die Luft.

Auch ein paar Schneesperlinge sah ich. Sie kamen munter
dahergeflogen, ließen sich dicht neben dem Schiff auf das Eis
nieder, hüpften über den Schnee dahin und flatterten dann wieder
davon. Sie schienen ebenso vergnügt und zufrieden zu sein wie die
Spatzen, die daheim auf dem Hofplatz umherhüpfen, obwohl sie
sich wohl eigentlich weit weg verirrt hatten von jenen Gegenden,
wo sie daheim waren; vielleicht waren sie aber auch auf der Wan=
derung nach der Ostküste von Grönland.

＊   ＊
＊

Es galt nun, sich so rasch wie möglich bereitzumachen, um die
Robben im Eis zu suchen.

Mit Hilfe von Holzversteifungen und Ketten hatten wir unsere
gebrochene Großrahe geschient und zusammengezurrt und hatten
sie am Sonntag wieder an ihren Platz gehißt. Am Abend wurde
auch die Tonne im Großtopp gehißt.

Die Tonne ist der wichtigste Teil eines Fangschiffes. Von dort
wird Ausguck danach gehalten, wo man das offenste Wasser durch
das Eis hat und am besten vorwärtskommt, und von dort aus
wird mit einem langen Fernrohr über die treibenden Eisfelder nach
Robben ausgespäht oder — was meistens das gleiche ist — nach
anderen Schiffen, von denen man annehmen kann, daß sie beim
Robbenfang liegen. Von dieser Tonne aus werden darum die
Bewegungen des Schiffes und der Boote im Eis und beim
Robbenfang geleitet. Sie ist sozusagen der führende Kopf des
Schiffes.

Während des Fanges oder sonst, wenn es sich um Wichtiges
handelt, ist meistens der Kapitän selbst in der Tonne; dort hält
er sich dann oft unausgesetzt, Wache um Wache auf. Außer ihm

haben meistens nur die Steuerleute Übung genug im Gebrauch des Fernglases, so daß man nur ihnen diesen verantwortungsvollen Ausguckposten anvertrauen kann.

Die Tonne ist ungefähr $1^1/_2$ Meter hoch und so geräumig, daß zur Not zwei Mann darin stehen können. An der hintern Seite des Mastes führt eine Leiter, Jakobsleiter genannt, vom Mars zur Tonne hinauf. Die Tonne hat unten im Boden eine Klappe, durch die man hineinkriecht. Innen befindet sich eine kleine Sitzbank. Oben ist ein Schutzschirm aus Segeltuch angebracht, den man am obern Rand der Tonne entlang verschieben kann, um den Kopf gegen den scharfen Wind zu schützen. Man kann sich auf diese Weise da oben in der Luft ziemlich warm und behaglich einrichten. Außen um den obern Rand der Tonne läuft ein weiter Eisenring als eine Art Geländer; auf ihn stützt man das Fernrohr (Abb. S. 72).

Unser alter Steuermann ging auf Deck umher und schüttelte den Kopf, während die Tonne gehißt wurde. Solch einen Un=verstand, die Tonne an einem Sonntag zu hissen, hatte er noch nie erlebt. „Mit dieser Tonne werden wir niemals Glück haben", versicherte er.

Mit seinem ehrwürdigen Bart sah er genau so aus, wie man sich einen Robbenfänger vom alten rechten Schlag vorstellt. Früher war er Schiffer hier auf dem Eismeer gewesen und hatte oft viel Glück gehabt. Aber er hatte eine Schwäche für Branntwein, wie sie seinerzeit unter den Schiffern nicht ungewöhnlich war. Eines Jahres geschah es, daß sein Schiff mitten in den Jungenfang hineintrieb, während er betrunken auf dem Boden der Kajüte lag, und dort blieb er denn auch liegen, während die Leute zum Fang aufs Eis gingen. Von da ab bekam er kein Schiff mehr zu führen, und jetzt fuhr er als Steuermann unter Krefting. Aber Branntwein, Gottesfurcht und Aberglauben wohnten bei diesen alten Burschen oft dicht beieinander.

Das Eis war verhältnismäßig jung — die Schollen waren nicht viel stärker als ein halbes Meter und lagen so weit verstreut, daß wir mit Segelkraft allein nach Norden vordringen konnten. Aber schließlich wurde das Eis zu schwer. Wir mußten den Kurs ändern und drehten für die Nacht bei, während Dampf auf=gemacht wurde. Wir wollten uns der Maschine in der ersten Morgendämmerung bedienen, um mit voller Fahrt in östlicher Richtung vorzustoßen.

Wir mußten versuchen, in nördlicher oder in nordöstlicher Richtung längs der Eiskante oder am besten ein wenig im Eis vorwärtszukommen, um die Robben oder den Jungenfang, wie man es nennt, aufzusuchen.

Um dem Leser eine bessere Vorstellung zu geben, worum es sich bei diesem Aufsuchen handelt, lasse ich zunächst eine Schilderung des Eises, seiner Bildung und seiner Drift und dann eine Beschreibung der Robben und des Jungenfangs folgen.

Stapel von zusammengeschobenem Eis. April 1882.

Zweites Kapitel

Das Treibeis und der Polarstrom.

Über den Ursprung, die Bildung und die Wanderung des Treibeises hatten wir damals, im Jahr 1882, noch sehr mangelhafte Vorstellungen. Erst nach der Framfahrt in den Jahren 1893—1896 haben wir etwas vollständigere Kenntnisse über seine ganze Lebensgeschichte gewonnen.

Das Treibeis bildet sich auf der See im Nordpolarmeer und im Nördlichen Eismeer; es befindet sich in ständiger Wanderung über diese Meeresgegenden und schmilzt wieder in der See. Große Mengen Treibeis werden durch Wind und Strömung von dem Meer nördlich von Sibirien, der Beringstraße und Alaska über das Meer nördlich von Franz-Joseph-Land, Spitzbergen und beim Nordpol gefrachtet. Sie kommen auf diese Weise nach Süden in die Öffnung zwischen Grönland und Spitzbergen und treiben, vom Ostgrönländischen Polarstrom mitgeführt, an Jan Mayen vorbei, vor allem zwischen dieser Insel und der Ostküste von Grönland.

Auf diesen südlicheren Breitengraden wird es im Sommer für das Eis nach und nach zu warm, und es schmilzt immer mehr und mehr zusammen, je weiter südlich es kommt. Der Eisstrom wird immer schmäler.

Er geht durch die Dänemarkstraße zwischen Grönland und Island weiter. Hier begegnet er dem wärmern Wasser des Atlantischen Ozeans; der Polarstrom wird schmäler, die Eismasse wird kleiner und verliert längs der Ostküste Südgrönlands immer mehr an Breite.

Der letzte Rest dieses Treibeises biegt um das Kap Farvell herum und wandert in west- und nordwestlicher Richtung an der Westküste von Südgrönland entlang.

Die Eismassen vor der Ostküste Grönlands wechseln im Laufe des Jahres auffallend stark an Breite und Ausdehnung, besonders im nördlichen Teil, im Meere zwischen Spitzbergen und Island, wo sie sehr ausgedehnt sind und sich im Spätwinter und im Frühjahr weit nach Osten hin erstrecken. Dies kommt daher, daß sich im Laufe des Winters über großen Teilen dieses Meeres viel neues Eis bildet. Aber im Sommer schmilzt dieses Eis wieder, ebenso wie ein großer Teil des von Norden her kommenden Eises, und die Eisgrenze zieht sich weit nach Westen zurück.

Auf dieser ganzen langen Reise, durch fünf, sechs Jahre hindurch, vom Sibirischen Meer und den Gegenden nördlich der Beringstraße und Alaska bis nach der Südspitze Grönlands ist das Treibeis ständigen Veränderungen unterworfen. Es bildet sich, es wächst, es birst, es wird von Wind und Strömung aufgetürmt und es nimmt ab und verschwindet.

Diese Eismassen werden draußen auf dem Meer gebildet, gleichgültig ob dort die Tiefe groß oder gering ist; das Eis, das vom Land oder aus der Nähe der Küsten kommt, ist nicht der Rede wert.

Wirkliche Eisberge, das heißt aus Eis, das von Gletschern stammt, gibt es im ganzen Nordpolarmeer so gut wie keine. Diese trifft man erst vor der Ostküste von Grönland, wo die riesigen Gletscher, die als Ausläufer des großen Inlandeises sich vorschieben, sie ins Meer kalben.

Auch von den Gletschern auf Spitzbergen, Franz-Joseph-Land und Nowaja Semlja werden Eisberge gebildet; aber diese sind nicht groß und werden in der Regel außerhalb der Gewässer dieser

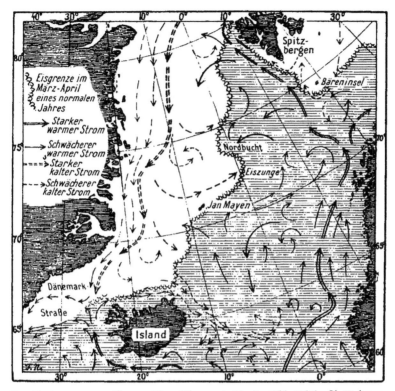

Die Strömungen im Norwegischen Meer und die durchschnittliche Ausdehnung
des Eises im März und im April.

Länder nicht angetroffen. Es ist selten, daß sie in die Eismassen
des Ostgrönländischen Polarstroms hineingeraten.

Auch Flußeis findet man verhältnismäßig wenig im Polar=
meer. Zwar werden jeden Sommer große Mengen Eis von den
sibirischen Flüssen ins Meer hinausgetragen, aber sie sind doch ge=
ring im Vergleich mit der ungeheuern Ausdehnung des Polareises.
Außerdem schmilzt ein großer Teil des Flußeises im Sommer in
dem Meer nahe der Küste Sibiriens, wo das offene Wasser oft
einen breiten Gürtel um das Land bildet.

Wenn der Herbst sich nähert und die Sonne tiefer am Himmel
steht, bedeckt sich das Meer in diesen nördlichen Gegenden auch
überall dort, wo es noch offen ist, mit Eis. Und je mehr die

Sonne sinkt und die Dunkelheit über diese unermeßlichen Meeres=
weiten hereinbricht und sich langsam zur langen, klaren Polarnacht
verdichtet, um so mehr strahlt die Oberfläche dieses eisbedeckten
Meeres unablässig Wärme in den Weltenraum aus, und die Eis=
bildung macht dann rasche Fortschritte. Aber die auf Waken und
offenen Stellen neugebildete Eisdecke zerbirst wieder durch Wind
und Gezeitenströmung, zerbricht zu Schollen, die unter gewaltigem
Druck zu Packungen und Anhäufungen zusammengepreßt und auf=
einandergetürmt werden, während zu anderen Zeiten und an anderen
Orten sich im Eis große offene Stellen und Waken, gleich offenen
Seen, bilden. Das offene Wasser bedeckt sich sofort wieder mit
dickem Neueis, das an einem Tag oder in einer Nacht um
viele Zentimeter wachsen und schon nach wenigen Stunden einen
Menschen tragen kann.

Immer wieder zerbirst dieses Eis und wird wieder von neuem
aufgetürmt; neues offenes Wasser bildet sich, das sich wiederum
mit Eis bedeckt, und so geht es fort und fort, Tag für Tag,
Woche für Woche, den ganzen Winter hindurch.

Manchmal ist es lange Zeit hindurch windstill; dann hat
das neue Eis, das sich auf den großen offenen Stellen gebildet
hat, Zeit, zu dicken und starken Eisflächen anzuwachsen, die sich
bei der nächsten Pressung nicht so leicht zertrümmern lassen.

Während dieses alles vor sich geht, befinden sich die Eismassen
auf ständiger Wanderung, und in vielen Windungen wandern sie
langsam, Monat auf Monat, Jahr auf Jahr, quer über das
Polarmeer hin.

Im Winter treibt der Wind den Schnee über die Eisflächen.
Überall, wo sich Unebenheiten durch Pressungen und Anstape=
lungen gebildet haben, bleibt er liegen und wird nach und nach
vom Wind zusammengepreßt und hart. Auf diese Weise versucht
der Schnee diese Rücken und hochgepreßten Eisstücke auszuebnen.
Da aber in der kalten Luft nur wenig Schnee fällt, erreicht er nicht
sehr viel; denn auch die Schneestürme sind drinnen auf dem Polar=
meer weder sehr stark noch sehr häufig. An den Randgebieten da=
gegen fällt mehr Schnee, und es gibt dort mehr Wind.

Im Sommer scheint die Sonne auf die Oberfläche des Eises
und taut zuerst den Schnee weg und dann große Teile des Eises
selbst, nicht am wenigsten an den emporgetürmten Pressungen
und Stapeln, die dadurch kleiner und abgerundeter werden.

Süßwassersee auf dem Treibeis.

Nach einer Photographie von der Dänemarkstraße während der Drift im Juli 1882.

Durch die niedrige Temperatur jedoch, die das Eis in den
tieferen Schichten lange behält, kann sich an der Unterseite immer
noch neues Eis bilden und dies kann sich bis in den Sommer hin=
ein so fortsetzen. Schon früh im Herbst wird es wieder kalt, das
Schmelzen der Oberfläche hört auf, und die Kälte beginnt wieder
ins Eis hinunterzudringen, das im Laufe des Winters aufs neue
an Dicke zunimmt.

Wind und Strömung arbeiten ständig am Eis, zerbrechen es
in große Schollen und türmen es zu Pressungen auf. Neue Waken
und offene Stellen entstehen, die sich wieder mit Eis bedecken;
so geht es Winter für Winter.

Es ist eine allgemein verbreitete Auffassung, die auch von her=
vorragenden Männern der Wissenschaft geteilt wird, daß das
Schmelzen des Eises wesentlich der Wärme zuzuschreiben sei, die
von dem darunter befindlichen Wasser herstammt.

Allein schon aus der Tatsache, daß das Eis auch auf südlicheren
Breiten, wie bei Jan Mayen, den Winter hindurch bis tief ins
Frühjahr hinein an Dicke und Ausdehnung zunimmt und nur im
Sommer wirklich schmilzt, kann darauf geschlossen werden, daß hier
ein Mißverständnis vorliegt. Wäre die Wärme des darunter
befindlichen Wassers die Ursache des Schmelzens, so müßte doch im
Sommer wie im Winter an der untern Seite des Eises ein Schmel=
zen stattfinden; denn wäre es nicht die Wärme der Sonnenstrah=
lung im Sommer, die das Eis schmilzt und das Wasser erwärmt,
dann müßte das Wasser ja auch im Winter warm genug sein, um
das Eis zum Schmelzen zu bringen.

Es verhält sich indessen so, daß das Eis mit der Polarströmung
treibt und die Temperatur in der obern Wasserschicht dieser Strö=
mung, bis hinunter in eine Tiefe von 80 bis 100 Meter, nahe
dem Gefrierpunkt ist. Deshalb kann von unten her dem Eis
unmöglich irgendeine nennenswerte Wärme zugeführt werden, mit
Ausnahme an den äußeren Rändern des Treibeises, wo dieses
über wärmere Wasserschichten hinausgeführt wird.

Im großen und ganzen ist, sowohl im Polarmeer als auch
in südlicheren Breiten, vor der Ostküste Grönlands, die Eisschmelze
im Sommer fast ausschließlich der Wärme zuzuschreiben, welche die
Sonne direkt ausstrahlt, zum Teil auf die Oberfläche des Eises,
zum Teil auf die Oberfläche des Wassers in den offenen Stellen
zwischen den Eisschollen, so daß die oberste Wasserschicht erwärmt

wird und am Eise zehrt. Dies wird auffallend deutlich durch die Art, in der sich tiefe Einschnitte im Eis gerade in der Wasserlinie bilden und die Schollen mit weit hinausragenden „Füßen" unter ihr vorgreifen. Dagegen schmilzt das Eis in der Regel an der Unterseite nicht nennenswert, ja, wie schon erwähnt, können sich hier sogar noch eine Zeitlang in den Sommer hinein neue Eisschichten bilden.

Nur dort, wo die obere Wasserschicht von der Sonnenstrahlung tiefer hinab erwärmt werden kann, als das Eis hinunterreicht, so daß erwärmtes Wasser unter die dünneren Schollen gelangt, können diese auch von unten her etwas abgeschmolzen werden. Außerdem kann dies auch dort vorkommen, wo das Eis von den Winden in das wärmere Wasser des Atlantischen Ozeans hinausgetrieben wird.

Durch das Schmelzen des Schnees auf der Oberfläche des Eises und durch das Schmelzen der oberen Eisschichten bilden sich große Seen von fast süßem Wasser auf den Flächen. Hier holen sich die Eismeerfahrer ihr Wasser zum Kochen und zum Trinken und auch für die Maschinen, wenn sie für diese nicht Meerwasser verwenden.

Auf die oben beschriebene Art, Gefrieren an der Unterseite im Winter und Frühling und Schmelzen an der Oberfläche in jedem Sommer, führt das Eis Jahr für Jahr sein Leben. Man wird deshalb in den unendlichen wandernden Eisfeldern Schollen jeden Alters miteinander vermischt antreffen, vom neugefrorenen Eis auf den Waken an, das vielleicht erst einige Zentimeter dick ist und kaum einen Menschen zu tragen vermag, bis zu den mehrere Jahre alten riesigen Schollen und den mächtigen Eispressungen, die oft bis zu 5 und 6, ja ganz selten einmal vielleicht auch bis zu 8 oder 9 Meter über das Wasser hinausragen und die bis zu 50 und 60, ja bisweilen zu 70, vielleicht 80 Meter unter das Wasser hinabreichen.

Je älter das Eis im nördlichen Polarmeer ist, desto dicker wird es. Fast möchte ich glauben, daß es allein durch Gefrieren, ohne daß die Schollen zusammengepreßt oder übereinandergeschoben werden, nach drei bis vier Jahren eine Dicke von 3 Meter, vielleicht sogar noch mehr erreichen kann. Aber nicht alle flachen Schollen des gewöhnlichen Polareises sind so dick, da die meisten jünger sind. Andererseits bestehen viele Schollen aus zusammengeschobenem Eis und können in diesem Falle viel dicker sein.

Nach und nach, wenn das Eis in die Meeresöffnung zwischen Spitzbergen und Grönland und weiter nach Süden hinuntergelangt, wird es nach Westen an die Küste von Grönland getrieben. Die Erdumdrehung ist die Ursache, daß alle Strömungen auf der nördlichen Halbkugel nach rechts ausbiegen, und zwar um so stärker, je weiter nördlich man kommt. Darum wandert das Polareis auf seiner Drift nach Süden in einem breiten Gürtel an den grön-ländischen Küstenbänken entlang.

Aber außer diesem Eis, das von Norden herkommt, bilden sich in dem Gebiet zwischen Spitzbergen, Island und Grönland während des Winters und bis tief hinein in den Frühling große Massen von Eis, die das Meer östlich des eigentlichen Polareis-randes oft in weiter Ausdehnung bedecken.

Das Meer friert hier leicht zu, weil es im Herbst oft mit einer dünnen Schicht Wasser von geringem Salzgehalt bedeckt ist, das zum großen Teil durch das Schmelzen des Eises während des Sommers entstanden ist.

Da dieses Schmelzwasser, selbst nahe dem Gefrierpunkt, so leicht ist, daß es sich über dem schweren, salzigern Wasser hält, wird diese oft dünne Oberflächenschicht bei stillem Wetter rasch abgekühlt, und es bedarf dann keines sehr großen Frostes mehr, damit sich Eis bildet. Kommt noch ein stärkerer Schneefall hinzu, dann geht die Eisbildung besonders rasch vor sich.

Dieses Eis wächst gewöhnlich schnell; es zerbirst in größere und kleinere Schollen, wird zu Pressungen und kleinen Hügeln zu-sammengeschoben, öffnet sich wieder, gefriert usw., ähnlich wie das Polareis weiter im Norden. Aber es ist dünner, die Anhäufungen sind kleiner, und da die Schollen so jung sind, sind sie nicht so häufig geborsten und übereinandergeschoben. Sie sind deshalb flacher als die echten Polarschollen, die meist mehr oder minder bucklig sind, größere oder kleinere Uneben-heiten zeigen und durch die Wärme der Sommersonne abgerundet sind.

Auf dieses Wintereis im Meer von Jan Mayen kommen die Sattelrobben im Frühling, um ihre Jungen zu werfen. In diesem Eis sind deshalb die Robbenfänger im März, April und Mai anzutreffen, und dorthin versuchten wir uns mit dem „Viking" durchzupflügen, um diesen Wurfplatz oder den Jungenfang, wie er genannt wird, aufzusuchen.

Selbstverständlich kann man in diesem Eis dann und wann auch ältere Schollen und Pressungen finden, die aus höheren Breiten gekommen sind. Aber das echte Polareis, die eigent= lichen Kerntruppen des Polarstroms, trifft man erst weiter drin= nen gegen die Ostküste Grönlands zu in größeren Massen an. Mit diesem mächtigen Eis werden wir später in der Dänemarkstraße auf der Jagd nach der Klappmütze Bekanntschaft machen. Denn dort, so weit im Süden, sind die jungen leichteren Truppen, die einjährigen Rekruten, im Kampf gegen die Wärme des Südens nach und nach bereits wieder zusammengeschmolzen, während die Kerntruppen, die großen Schollen und die aufgetürmten Eis= stapel oder Torosse, wie sie auch genannt werden, noch standhalten.

Bei der Bildung des jüngern Eises am äußern Rand des Polarstroms, im Meere zwischen Spitzbergen, Jan Mayen und Island, spricht ein neuer Umstand mit, der weiter oben im Polar= meer keine Rolle spielt. Das ist der Seegang, der von dem offenen Meer hereingerollt kommt und der nach und nach von den Schol= len entkräftet wird, bis er zum Schluß, ein Stück weit hinter der Eiskante, nicht mehr zu verspüren ist. Dieses Rollen zerbricht das Eis zu Schollen.

Gelangt man tief hinein, wo die Wellen keine Gewalt mehr haben so sind die Schollen oft riesengroß, vielleicht kilometerlang; die Robbenfänger nennen es „ungebrochenes Eis".

Aber je weiter man an den äußern Rand, an den Gürtel gegen das offene Meer zu kommt, desto kleiner werden meistens die Schollen. Hier draußen werden sie zerbrochen und durch den ein= dringenden Wellenschlag aneinander zu einer Eissulze verrieben, die das Meer oft riesige Strecken weit bedeckt, wenn der Wellen= schlag darauf eindringt. Diese Sulze dämpft die Bewegung des Meeres und schützt, je breiter der Gürtel wird, das Eis dahinter gegen den Angriff. Im Winter oder im Frühling, wenn es kalt ist, erstarrt diese Sulze wieder zu einer festen Decke, sowie die See sich beruhigt.

Man darf sich den Rand der treibenden Eismassen nicht als eine gerade Linie vorstellen, obwohl er allerdings da und dort gerade verlaufen kann. Wenn Wind und Seegang darauf stehen und das Eis dicht zusammenpacken, ist es in der Tat für die Schiffe schwierig, ins Eis einzudringen. Ist es jedoch windstill oder steht der Wind vom Eis her, so löst sich der Rand; Spitzen von

Eisschollen züngeln in die See hinaus, und dazwischen entstehen tiefe Buchten. Oft bilden sich drinnen im Eis lange Waken und offene Stellen, und die Spitzen reißen sich manchmal völlig los und treiben ins Meer hinaus als getrennte Eisfelder oder „Streifen", die häufig aus kleinen Schollen bestehen und nach und nach von der Dünung zerbrochen und zu Brei zerrieben werden. In all diese Buchten und Waken hinein und zwischen diesen Eiszungen hindurch bricht sich der Robbenfänger seinen Weg, um die Robben aufzusuchen.

Das Wasser ist in diesen Buchten und Waken meist kalt, nahe dem Gefrierpunkt. Wenn die Temperatur der Luft unter den Gefrierpunkt sinkt und es einigermaßen windstill ist, wird sich deshalb leicht neues Eis bilden, das rasch an Dicke zunimmt, besonders wenn ein wenig Schnee ins Wasser fällt. Eine der Ursachen für diese rasche Neubildung des Eises kann auch darin bestehen, daß die See hier mit einer dünnen, auf dem schweren und kalten Meereswasser schwimmenden Schicht süßeren Wassers bedeckt ist. Die Temperatur des schwerern, salzigen Wassers beträgt meist um —1^1/$_2$°, und durch die Abkühlung an diesem Salzwasser gefriert das Oberflächenwasser, das einen höhern Gefrierpunkt hat, sobald es zur Ruhe kommt und nicht mehr von der Dünung gestört wird. Dieses Eis nennen die Robbenfänger gern „Buchteis".

Da die Wasserfläche in der Nähe des Eisrandes fast niemals ganz ruhig ist, sondern stets eine kleine Wellenbewegung zeigt, kann die neue Eisrinde nicht in ungeteiltem Zusammenhang verbleiben, sondern wird in kleine, dünne Scheiben zerbrochen, die durch die Reibung aneinander zu kleinen „Tellern" abgerundet werden. Rings an den Rändern dieser Teller bildet sich eine weiße hochstehende Kante von feinbröseligem Eis, das durch dieses Aneinanderreiben entstanden ist (s. die Abbildung S. 121)

Je dicker und stärker diese Teller werden, je mehr Bewegung sie also ertragen, ohne zu zerbrechen, desto mehr gefrieren sie zu großen Scheiben zusammen, die in der gleichen Art wie die kleineren Scheiben abgerundet werden und weiße hochstehende Kanten erhalten. Sie gleichen größeren Tellern mit einem Muster aus kleineren, weißen Ringen, die von den ursprünglichen „Tellern" herstammen.

Dieses ist das „Tellereis", auch „Pfannkucheneis" genannt,

da diese runden Scheiben eine gewisse Ähnlichkeit mit Pfannkuchen haben[1].

Aber schließlich werden die Scheiben so dick, daß sie zu einer festen Decke zusammenfrieren, die von der schwachen Wellenbewegung nicht mehr zerbrochen werden kann. Nun erblickt man eine merkwürdig aussehende Fläche, grünlich blaugrau wie alles neugebildete Eis, jedoch mit einem Muster von runden weißen Ringen an den Rändern all der ursprünglichen kleinen und größeren Teller, so daß das Ganze wie ein mit runden Fliesen belegter Boden aussieht.

Das neugebildete grünblaue oder graublaue Buchteis wird bald vom nächsten Schneefall wie das andere Eis mit Schnee bedeckt. Hat es dann Zeit, zu wachsen und dicker zu werden, ohne daß der Seegang es wieder zertrümmert und zerkleinert, so bildet es einen Teil jener treibenden Eismassen, die die Robben besonders gern aufsuchen, um dort ihre Jungen zu werfen.

Dieses ganze Eis, das sich während des Winters und des Frühlings im Meer zwischen Spitzbergen und Island bildet, schmilzt im Sommer, im Juni, Juli, August und September, wieder weg, in jener Zeit, in der auch viel des von Norden herkommenden Polareises selbst schmilzt.

Zum großen Teil ist die Bildung dieser Massen neuen Eises im Winter und Frühling und ihr Schmelzen während des Sommers die Ursache für den großen alljährlichen Unterschied in der Ausdehnung des Treibeises in dem Meer zwischen Spitzbergen und Jan Mayen und auch zwischen dieser Insel und Island.

Bekannte Meeresforscher haben die Ansicht vertreten, das Schmelzen der großen Eismassen bewirke in diesem Meer eine starke Abkühlung seiner Wasserschichten und diesem Vorgang sei große Bedeutung für die Dynamik des ganzen Weltmeeres beizulegen als dem wichtigsten Faktor für die Entstehung der großen Meeresströmungen, wie zum Beispiel des sogenannten „Golfstroms" im Norwegischen Meer.

---

[1] Man hat die Anschauung vertreten, daß diese kleinen Eisscheiben in einer gewissen Tiefe des Meeres sich bilden und dann plötzlich an der Oberfläche auftauchen (sogenanntes Grundeis, vgl. Prof. Edlund und Aug. Quennerstedt). Auf das Unmögliche dieser Annahme werde ich in diesem Buch an anderer Stelle zurückkommen.

Das ist zum großen Teil ein Irrtum. Da diese Eismassen im gleichen Meer gefrieren und schmelzen, kann das zusammengefaßte Resultat unmöglich eine Abkühlung der Wassermassen bewirken.

Es ist selbstverständlich, daß durch das Schmelzen des Eises während des Sommers viel Wärme gebunden und dadurch die Erwärmung der Meeresoberfläche und der Luft über dem Meer durch die Sonnenstrahlung in starkem Maße verringert wird. Aber durch Gefrieren des gleichen Eises während des Winters und Frühlings wird die gleiche Wärmemenge wieder frei, und im selben Maße wird auch die Abkühlung der Meeresoberfläche und der Luft darüber geringer sein.

Nordöstlich von Jan Mayen bildet das Treibeis im Frühjahr oft eine große Zunge in der Richtung nach Osten, die zum großen Teil aus jüngerm Eis vom Winter oder vom gleichen Frühling her besteht; die Robbenfänger nennen es meistens einfach die „Zunge". Sie entsteht offenbar durch eine Abzweigung des Polarstroms, der hier in östlicher Richtung verläuft.

Im Meer zwischen Jan Mayen und Spitzbergen ist nämlich eine große Wirbelbewegung, oder es sind vielleicht im wesentlichen zwei Wirbel (s. die Karte S. 27). Im östlichen Teil dieses Meeres, westlich der Bäreninsel und Spitzbergens, geht der warme Strom des Atlantischen Ozeans nach Norden, und von dort biegen die Wassermassen nach Westen um, meist auf ungefähr 74° und 75° nördl. Br. und 77° und 78° nördl. Br.

Im westlichen Teil dieses Meers, längs Grönland, geht der Polarstrom nach Süden; zwischen Jan Mayen und 73° nördl. Br. biegt ein Zweig davon nach Osten ab und nimmt an der großen Wirbelbewegung teil. Dieser Stromzweig führt selbstverständlich das Eis gern zu einer Spitze hinaus, während der wärmere, von Osten kommende Stromarm im Norden eine Bucht bildet.

Diese Bucht nennen die Robbenfänger „Nordbucht" oder auch „Buchteisbucht", weil das Eis, das man dort antrifft, meistens neues Eis, Buchteis, und nicht älteres Eis ist.

Die Form und Ausdehnung der Zunge und der Bucht kann von einem Jahr zum andern sehr wechseln, wohl hauptsächlich infolge der wechselnden Windverhältnisse.

In manchen Jahren, besonders wenn große Eismassen sich weit nach Osten erstrecken, hat es den Anschein, als seien Zunge

und Nordbucht nur wenig ausgeprägt, vielleicht hauptsächlich des=
halb, weil die Eismassen dann auch über die Bucht hinausgetrieben
worden sind.

In das Herz dieser großen Eiszunge bringt nach der Meinung
der Robbenfänger die Sattelrobbe am liebsten ein, um dort auf
dem Eis in Frieden ihre Jungen zu werfen und zu säugen.

Auch im Meer südwestlich von Jan Mayen sind wahrscheinlich
große Wirbelströmungen, und es ist möglich, daß auch hier Arme
vom Polarstrom abzweigen, die dann nach Südosten zu, vielleicht
hauptsächlich nahe 69° nördl. Br., Zungen bilden.

In manchen Jahren, wenn es verhältnismäßig wenig Eis gibt
und die Eisgrenze weit im Westen liegt, kann man den großen
Wurfplatz der Sattelrobbe in dieser Gegend, südwestlich von Jan
Mayen, finden.

Sattelrobbe. Männchen, im Begriff ins Wasser zu gehen.

Drittes Kapitel

Die Sattelrobbe.

Die Sattel= oder grönländische Robbe (Phoca groenlandica O. Fabr.) ist eine mittelgroße Robbenart. Das ausgewachsene Männchen ist 1,6 bis 1,9 Meter lang, es ist grauweiß; der vorderste Teil des Kopfes ist schwarz, und zu beiden Seiten des Körpers hat es einen länglichen, schwarzen, sattelähnlichen oder harfenähnlichen Fleck, weshalb die Fänger es Sattelrobbe nennen. Die Engländer und Neufundländer nennen es „Saddle=back" oder „Harp=Seal", die Dänen auf Grönland nennen es „Svart=side", Schwarz=Seite. Auch auf der obern Seite des Schwanzes hat es oft einen kleinen schwarzen Fleck (s. die Abbildung Nr. 4, S. 39).

Das erwachsene Weibchen ist etwas kleiner als das Männchen. Es hat ebenfalls eine weißliche Grundfarbe und dunkle Fleck ähnlich wie das Männchen. Frühere Autoren haben betont, das Weibchen habe keinen dunklen Sattelfleck auf dem Rücken und keinen dunklen Kopf. Dieser merkwürdige Irrtum scheint sich in der Literatur festgesetzt zu haben. Die Sattelflecke des Weibchens können ebenso schwarz sein wie die des Männchens, häufig aber

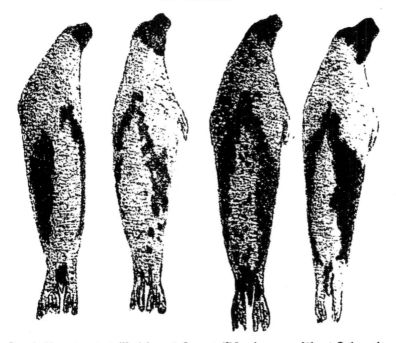

Sattelrobbe.   1 und 2 Weibchen, 3 Junges Männchen, ungefähr 4 Jahre alt,
4 Altes Männchen.

sind sie etwas grauer und weniger zusammenhängend oder sind
mehr in kleinere Flecke aufgeteilt (s. die obige Abbildung Nr. 1
und 2).

Der Kopf des erwachsenen Weibchens ist dunkler als der
Körper; mit Ausnahme einzelner schwarzer Flecke (s. die Abbildung
S. 47) ist er aber meistens heller als der Kopf des Männchens. Bei
einigen Weibchen kann auch der ganze Kopf ziemlich dunkel sein.

Die dunklen oder schwarzen Felder auf Rücken und Kopf
können bei Männchen und Weibchen in der Form sehr verschieden
sein.

Die Sattelrobbe bringt im Jahr e i n Junges zur Welt. Zwil=
linge sind eine große Ausnahme, wenn sie überhaupt vorkommen;
die Eskimos, mit denen ich auf Grönland sprach, schienen keinen
solchen Fall zu kennen. Als wir uns einmal darüber unterhielten,
daß die Frauen in Europa Zwillinge, ja sogar Drillinge be=
kommen könnten, lachte eine Eskimofrau höhnisch und sagte: „Die

Europäerinnen sind wie die Hündinnen, die Menschen (d. h. die Eskimos) und die Robben bekommen nur e i n Junges."

Die neugeborenen Jungen der Sattelrobbe sind 0,6 bis 0,7 Meter lang, haben also reichlich ein Drittel der Länge der Mutter und sind sehr fett, mit einer dicken Speckschicht unter dem Fell. Sie kommen auf dem Treibeis mit einem schönen weißen, langhaarigen, weichen Wollpelz zur Welt. Die Länge der Haare auf dem Rücken und an den Seiten beträgt ungefähr 3—4 Zentimeter.

Solange das Junge dieses Wollkleid hat, geht es nicht freiwillig ins Wasser und ist eine leichte Beute für den Robbenfänger, der auf dem Eis zu ihm hingeht und es mit seiner Hacke auf den Kopf schlägt.

Gerät es durch einen unglücklichen Zufall ins Wasser, z. B. wenn das Eis birst oder die Scholle von einer Woge überspült wird, dann kann es sich nur schwer retten und kann umkommen, wenn ihm die Mutter nicht wieder aufs Eis hinaufhilft. Die Mutter „versucht dann mit dem Jungen zwischen den Vorderflossen zu schwimmen oder es vor sich herzuschieben und es mit der Schnauze nach vorn zu werfen".

Carroll, der über den Robbenfang bei Neufundland geschrieben hat, erzählt, daß bei Sturm auf dem Treibeis und bei schwerem Seegang Tausende von Jungen vernichtet werden können. Er hat oft gesehen, wie die Mütter in der schweren See aufs Eis gesprungen sind und ihre Jungen von den Schollen ins Wasser heruntergezogen haben, um sie außer Gefahr zu bringen. Das gleiche haben mir auch norwegische Robbenfänger von der Sattelrobbe im Jan-Mayen-Meer erzählt.

Die Jungen werden ungefähr drei Wochen lang von der Mutter gesäugt. Sie legt sich zu diesem Zweck auf die Seite. Man sagt, daß sie gewöhnlich zweimal am Tag bei dem Jungen auf der Scholle ist und es trinken läßt, meistens am Morgen und am Abend, während sie tagsüber sich im Wasser aufhält, wahrscheinlich um Nahrung zu suchen. Die Jungen liegen dann allein auf dem Eis und schreien oft nach der Mutter. Das Geschrei der Tausenden von Jungen auf dem Wurfplatz, wo jede einzelne Scholle viele Tiere trägt, kann man schon kilometerweit hören, besonders wenn man das Ohr dem Eis nähert.

Es kommt vor, daß die Mutter versucht, die Jungen gegen

die Robbenfänger zu verteidigen; dabei wird sie leicht mit der Robbenhade erschlagen.

Solange die Jungen gesäugt werden, nehmen sie rasch an Größe und Dicke zu. Man rechnet meist, daß der Sped von sieben bis zehn Jungen eine Tonne Tran ergibt.

Sind die Jungen vierzehn bis achtzehn Tage alt, so fangen sie an, ihr Wollkleid zu verlieren. Die Wolle fällt büschelweise ab, zuerst an den Hinterflossen und am Kopf, dann am Bauch und den Vorderflossen und zuletzt auf dem Rücken.

Der Haarwechsel dauert acht bis zehn Tage, und längstens vier Wochen nach der Geburt ist das Wollkleid ganz verschwunden. Die Jungen haben dann ihr geflecktes Jugendkleid aus glatten, glänzenden Deckhaaren erhalten. Die Grundfarbe ist ein helles Silbergrau, und am ganzen Körper, namentlich an den Seiten entlang, sind mehr oder minder dunkle Flecken verstreut (s. die Abbildung S. 187). Helligkeit der Grundfarbe wie auch Größe und Anzahl der Flecken können bei den verschiedenen Tieren wechseln. Der Rücken ist meistens etwas dunkler und einheitlicher in der Farbe als die Flanken; die Bauchseite ist am hellsten, fast weißlich, kann jedoch einzelne ziemlich große dunkle Flecken aufweisen.

Für die Robbenfänger ist es von großer Bedeutung, daß sie zum Jungenfang kommen, ehe noch die Jungen das Wollkleid verloren haben. Dann sind sie leicht zu schlagen, denn sie liegen gern dicht beieinander auf dem Eis. Außerdem sind die Felle etwas wertvoller, solange das Haar noch festsitzt und der Wechsel noch nicht begonnen hat. Dann war das Fell bis zu ein paar Kronen mehr wert, der Preis drehte sich meistens um sechs bis sieben englische Schilling für das Fell.

Wenn die Jungen das Haar wechseln, werden sie von den Müttern verlassen. Sie bekommen nun einige Tage nichts zu fressen, da sie noch nicht ins Wasser gehen können, und nehmen daher stark ab. Ist aber der Haarwechsel beendet, so ist das Tier so weit entwickelt, daß es seine Nahrung im Meer selbst suchen kann. Es ist dann ungefähr ein Meter lang.

In den ersten Tagen fällt ihm das Schwimmen und Tauchen nicht leicht, und bald kehrt es wieder aufs Eis zurück. Aber nach kurzer Zeit fühlt es sich im Wasser daheim. Selbst dann sind die Jungen manchmal noch so zahm, daß man sie auf dem Eis erschlagen kann, besonders an ruhigen, sonnigen Tagen. In der

Regel aber sind sie doch bereits so scheu geworden, daß man sie schießen muß.

Anfangs leben sie hauptsächlich von kleinen Krustentieren (zum Teil Schizopoden), wovon es in den oberen Schichten des Meeres Unmengen gibt; ich habe die Magen von Jungen in diesem Alter mit solchen Tieren vollgestopft gefunden. Später im Sommer fressen sie auch Fische, hauptsächlich den Polardorsch (Gadus saida) und den Kapelan (Mallotus villosus), im übrigen alle Fische, deren sie habhaft werden können, ebenso wie die ausgewachsenen Robben.

Das fleckige Jugendkleid behält die Sattelrobbe ein paar Jahre. Während dieser Zeit nimmt die Anzahl der Flecke bei jedem alljährlichen Haarwechsel ab, bis die Männchen und die Weibchen, wahrscheinlich im Alter von drei Jahren, allmählich ihren mehr einfarbigen, grauweißen Pelz bekommen und bis die dunklen Felder auf Rücken und Kopf sich zu entwickeln anfangen, was vielleicht beim Männchen früher als beim Weibchen der Fall ist.

Man hat behauptet, die jungen Robben seien bereits im ersten Jahr nach der Geburt zur Fortpflanzung reif. Dies will mir zweifelhaft scheinen. Dagegen halte ich es für möglich, daß sie mit zwei Jahren fortpflanzungsfähig sind.

Die Sattelrobbe ist unter den Robben einer der allertüchtigsten Schwimmer und kommt am weitesten umher.

Sie lebt draußen auf dem Treibeis, ohne an eine Küste oder ein Land gebunden zu sein, und ist im ganzen Eismeer nörd= lich des Atlantischen Ozeans verbreitet, vom St.=Lorenz=Busen, Neufundland, der Hudsonbai und dem östlichen Teil der Kana= dischen Arktischen Inseln (ungefähr ab 95° westl. L.) im Westen über die Davisstraße, das nördliche Norwegische Meer, die Barentssee bis zum Karischen Meer im Osten. Es ist fraglich, ob sie in der Regel weiter nach Osten vordringt als bis zur Tschel= juskin=Halbinsel im Norden Sibiriens. Im Meer nördlich von Kanada, westlich von 95° westl. L., scheint sie ebenfalls nicht regelmäßig vorzukommen, auch nicht im Beringmeer.

Sie hält sich meistens auf dem Treibeis in der Nähe des Eis= randes auf, wo zwischen den Schollen genügend offenes Wasser ist, und verschwindet vom Eis, sobald dies dichter wird. Man trifft sie deshalb niemals tiefer drinnen im dichten Treibeis an, das vom offenen Wasser weit entfernt ist.

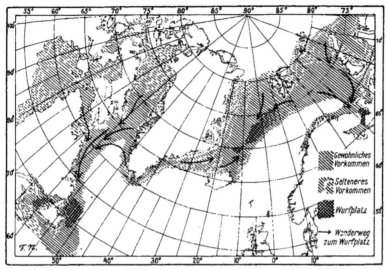

Die Verbreitung der Sattelrobbe und ihre Wanderungen zu den Wurfplätzen.

Sie macht sich keine Luftlöcher ins feste Eis wie mehrere andere Robbenarten (z. B. namentlich die Ringelrobbe und der bärtige Seehund), sondern liegt meistens am Rande der Eisschollen, von wo aus sie augenblicklich ins Wasser hinuntertauchen kann, sowie Gefahr droht.

Russischen Quellen zufolge sollen sich die Sattelrobben im Weißen Meer während der Wurfzeit mit ihren Jungen mitten auf die großen Eisschollen legen, wo sie Löcher im Eis haben, durch die sie auf= und untertauchen können.

Nach Carroll soll die Robbe auf den Wurfplätzen bei Neu= funbland Löcher im Eis offen halten, durch die sie heraufkommen und wieder hinuntertauchen kann. Dies kann jedoch nur bis zu einem gewissen Grad der Fall sein, denn auf dem Wurfplatz im Meer von Jan Mayen ist es erwiesenermaßen vorgekommen, z. B. im Jahr 1882, daß die Robbe „eingefroren" wird, d. h. durch das zusammengefrorene Eis vom Wasser abgeschnitten wurde und sie nicht mehr hinabgelangen konnte und die alten Weibchen dann genau wie die Jungen auf dem Eis mit Hacken erschlagen wurden. Carroll erwähnt auch selbst, daß die Robbe bei Neufundland „ein= geschlossen" werden kann („embayed"), so daß sie nicht mehr ins Wasser gelangt. Dies geschieht dadurch, daß das Eis „zusammen=

gepreßt" wird, am ehesten aber wohl, wenn es auch zu gleicher Zeit
zusammengefriert; in diesem Fall kann es vorkommen, daß die
Tiere sich auf eine lange Wanderung über das Eis begeben, um
wieder offenes Wasser zu erreichen[1].

Da die Sattelrobbe das dichte Eis scheut, bringt sie nicht so
weit nach Norden in das Polareis vor, wie die Ringelrobbe oder
„Snadd" (Phoca hispida) und der bärtige Seehund oder Blau=
robbe (Erignathus barbatus). Die nördlichsten Gegenden, wo man
die Sattelrobbe angetroffen hat, sind, soviel ich weiß, Smithsund
und Kennedykanal gewesen, wo Bessels sie im Jahr 1871—72
und Greely sie am 10. August 1881 auf 81° 30' nördl. Br. ge=
sehen hat, und auf der Nordwestküste von Franz=Joseph=Land
auf ungefähr 81° 20' nördl. Br., wo ich sie im Jahr 1895 sah.

Zu gewissen Zeiten des Jahrs kann sie auch weit außerhalb
der Treibeisgegend vorkommen; so besucht sie zum Beispiel jedes
Jahr die Nordküste von Norwegen, wo man sie Russenrobbe nennt;
in einzelnen Jahren, wie 1902 und 1903, trat sie dort in großen
Massen auf. An die Westküste Südgrönlands, weit außerhalb
des eigentlichen Bereichs des Treibeises, kommt sie jedes Jahr
regelmäßig in großen Mengen.

Es ist vorgekommen, daß einzelne Sattelrobben weit herunter
nach Süden bis in die Nordsee gelangt sind oder sogar die britischen
Küsten und den Kanal erreicht haben; auch längs der Ostküste von
Amerika hat man sie bis hinunter nach New Jersey vereinzelt an=
getroffen.

Merkwürdig sind die langen Wanderungen, die diese Robbe
jedes Jahr unternimmt. Zum Teil scheint die Länge dieser Wan=
derung mit den Eisverhältnissen zusammenzuhängen. Wenn zum
Beispiel in den Jahren 1902 und 1903 plötzlich, gegen alle Ge=
wohnheit, große Mengen dieser Robben nach Nordnorwegen
kamen, so waren offenbar die ungewöhnlichen Eisverhältnisse in
der Barentssee die Ursache.

---

[1] William S. Bruce (Proceedings of the Royal Physical Society of Edin-
burgh, Bd. XIV, S. 82, 1899) sagt, Dr. Koettlitz habe auf einer Schlittenfahrt
längs der Küste von Franz=Joseph=Land eine Sattelrobbe geschossen, die bei
ihrem „Winterloch" auf dem Eis lag. Ich möchte fast glauben, daß dies ein Miß=
verständnis ist. Soviel ich weiß, hat man nirgends beobachtet, daß diese Robben=
art Winterlöcher offen hält oder überhaupt tiefer drinnen auf dichtem oder festem
Eis lebt, wo solche Löcher notwendig wären.

Die Gründe für die jährlichen Wanderungen scheinen im wesentlichen die vier folgenden zu sein: 1. das Aufsuchen der Wurfplätze auf dem Eis, wo die Jungen im Frühjahr geboren werden, 2. die Paarung, 3. der Haarwechsel, und 4. das Aufsuchen der für die Ernährung günstigsten Meeresgegenden.

Die drei ersten Gründe, das Werfen, die Paarung und der Haarwechsel, folgen zeitlich unmittelbar aufeinander und spielen sich deshalb auf der gleichen großen Wanderung im Frühjahr ab.

Im Februar oder März — dies ist in den verschiedenen Gegenden etwas verschieden — versammeln sich die Sattelrobben in großen Scharen, Hunderttausende und mehr, auf bestimmten großen Wurfplätzen auf dem Eis.

Die Weibchen kommen hierher, um ihre Jungen zur Welt zu bringen. Die Männchen kommen wegen der Paarung, und merkwürdigerweise findet sich auch eine große Menge junger Robben ein, die noch nicht fortpflanzungsfähig sein können. Sie sind wahrscheinlich von dem allgemeinen Strom mitgerissen, die Robbe ist ja ein merkwürdig geselliges Tier.

Die Jungen werden auf mittelbicken, mit Schnee bedeckten Eisschollen geboren. Von den Jungen und ihrer Ernährung ist bereits gesprochen worden.

Nach den Aussagen der Robbenfänger findet die Paarung auf dem Eise statt, gleich nachdem die Weibchen die Jungen verlassen haben, also ungefähr drei bis vier Wochen nach deren Geburt. Ich selbst kann mich nicht aus eigener Beobachtung darüber aussprechen. Es ist behauptet worden, das Weibchen lasse sich auch befruchten, ehe das Junge es verlassen hat. In der Regel scheint sich das Männchen nur mit einem Weibchen abzugeben.

Das Weibchen ist demnach ungefähr elf Monate trächtig. Drei Keimlinge, die man in Sattelrobben bei Suffertoppen, an der Westküste von Grönland, am 20. August 1898 gefunden hat, waren 6—7 Zentimeter lang. Am 30. August war ein Keimling vom gleichen Ort 8 Zentimeter lang, und einer, den man im gleichen Jahr am 4. September entnommen hatte, maß 11 Zentimeter.

Im Oktober 1888 sah ich bei Godthab auf der Westküste von Grönland viele erwachsene Sattelrobben, die mit dem Netz gefangen worden waren. Die meisten Weibchen waren trächtig, und die Keimlinge waren größer als die vorher erwähnten, wechselten aber ein wenig in ihren Maßen. Leider sind die Keimlinge, die ich damals aufbewahrte, später verlorengegangen, und ich besitze keine Aufzeichnungen über ihre Länge.

Es scheint merkwürdig, daß die Keimlinge so spät im Jahr noch nicht größer sind, da die Paarung doch im April stattfindet. Die Keimlinge, die am 20. August nicht länger als 6—7 Zentimeter waren, sind also ungefähr 4 Monate alt gewesen, so daß die Keimlinge in sieben weiteren Monaten der Schwangerschaft noch zu einer Länge von 60 oder 70 Zentimeter heranwachsen müssen. Es hat fast den Anschein, als gebe es in der ersten Entwicklungszeit des Keimlings eine Art Ruhezustand.

Wenn die Paarung vorüber ist, verstreuen sich die Robben und verlassen die Wurfplätze. Die Männchen und Weibchen trennen sich jetzt voneinander und halten sich zum großen Teil den Rest des Jahres in gesonderten Herden auf, um sich dann im nächsten Jahr wieder auf dem Wurfplatz zu treffen. Auch die Jungrobben leben gern in eignen Herden für sich.

Verlassen die Robben den Wurfplatz und ziehen an den Rand des Treibeises hinaus, dann schließen sie sich bald zu Herden zusammen. Die Jungen bleiben gleich für sich, meistens auf dem äußersten Eise, den sogenannten Streifen, wo sie im Wasser reichlich Krustentiere finden.

Die erwachsenen Männchen (die Robbenmännchen, wie die Fänger sie nennen) bilden große Herden mit Tausenden von Tieren; in diesen können sich aber auch Weibchen und junge Robben befinden.

Sie schwimmen mit großer Geschwindigkeit und eng beieinander. Wenn sie alle auf einmal an der Oberfläche auftauchen, entstehen richtige Wellen wie vor dem Bug eines Dampfschiffs. Sie tummeln sich, drehen sich rundherum und schwimmen auf dem Rücken. Einige springen manchmal aus dem Wasser heraus. Dann plötzlich taucht der ganze Schwarm auf einmal unter. Stets sind sie in Bewegung, und im Gegensatz zu anderen Robbenarten bleiben sie fast nie ruhig an der gleichen Stelle; wenn sie auf der Wanderung sind, ist es auch vom Boot aus schwer, auf Schußnähe an sie heranzukommen.

Die Isländer meinen, daß die einzelnen Rudel dieser Robben, die sie „Meer-Robbe" oder „Bade-Sel" nennen, beim Schwimmen ein Dreieck zu bilden pflegen, an der Spitze eine alte Robbe,

Sattelrobbenweibchen mit Jungen.

der „Robbenkönig", deſſen Bewegungen die anderen immer ſofort folgen. Ich wage nichts Beſtimmtes darüber zu ſagen.

Jetzt beginnt der Haarwechſel der erwachſenen Robben, der einen Monat dauert, meiſtens bis Ende Mai. In dieſer Zeit legen ſich die Robben aufs Eis und gehen nicht ſo gern ins Waſſer wie ſonſt, beſonders wenn ſie in der Sonne trocken geworden ſind. Sie liegen dann da, ſcheuern ſich auf den Schollen und ſonnen ſich.

Die Herden der Robbenmännchen erſtrecken ſich dann oft über viele Kilometer, und die Robben liegen ſo dicht beieinander auf den Schollen, daß man zwiſchen den einzelnen Rücken nur wenig von dem Eis ſieht. Von weitem erſcheint die ganze Herde wie ein zuſammenhängendes Stück dunkles Land, das mitten in dem weißen Eis ringsum herausragt.

In dieſer Zeit kann man leichter auf Schußweite an ſie herankommen als ſonſt; aber ſelbſt dann iſt das Tier achtſam und ſcheu. Immer wieder hebt es den Kopf und blickt umher, und der Jäger muß ſich vorſichtig heranpirſchen und hinter den Eishöckern Deckung ſuchen. Das Knallen der Schüſſe erſchreckt ſie nicht ſo ſehr wie eine Robbe, die, durch eine Kugel verwundet, ſich auf dem Eis wälzt und ſich ins Waſſer ſtürzt; dann flüchtet meiſt der ihr zunächſtliegende Teil der Herde ihr nach. Es gilt darum, ſo ſicher in den Kopf zu treffen, daß das Tier ſofort mauſetot baliegt, namentlich bei den erſten Schüſſen; es iſt beſſer, einmal fehlzuſchießen, als ein Tier weidwund zu machen. Iſt die Herde ein paarmal gejagt worden, ſo kann man meiſt nicht mehr zum Schuß herankommen. Kann man ſich jedoch auf die Herde einſchießen, ſo daß rings um einen tote Robben liegen, dann bleiben die anderen Tiere ruhiger, da ſie ſehen, daß die toten, die der drohenden Gefahr am nächſten ſind, ſich nicht rühren.

Sowohl während des Haarwechſels als auch in der Wurfzeit nehmen die erwachſenen Tiere nur wenig Nahrung zu ſich und magern deshalb ſtark ab.

Im März und Anfang April wird die Sattelrobbe, wenn ſie im Waſſer erlegt worden iſt, und zwar ſo, daß ein Halsſchuß die Luftröhre mit Blut verſchließt, meiſtens ſchwimmen, jedenfalls einige Minuten lang, bis man ſie mit der Hacke herausziehen kann, Ende Mai und im Juni geht ſie dagegen meiſt ſofort unter.

Der Speck der Robbe bildet über dem ganzen Körper eine

zusammenhängende dicke Schicht unter dem Fell und geht mit
der Decke herunter, wenn man das Tier abhäutet. Bei fetten
ausgewachsenen Robben kann diese Speckschicht 5—6 Zentimeter
dick sein, während sie bei einer magern Robbe knapp 2 Zenti=
meter beträgt.

Im März, in der Zeit, in der die Sattelrobbe zum Wurfplatz
wandert, ist sie gut bei Speck. Das erwachsene Männchen liefert
dann 50—80 oder 90 Kilo Speck, während das Weibchen weniger
hat, 50—60 Kilo. Nach dem April sind an einem erwachsenen
Tier wohl selten mehr als 30—40 Kilo Speck.

Man rechnet damit, daß Anfang April durchschnittlich zwei
bis drei erwachsene Robben eine Tonne Tran ergeben, während
man gegen Ende Mai oder im Juni, nach dem Haarwechsel der
Alten, durchschnittlich sieben bis acht erwachsene Robben braucht,
um die gleiche Menge zu erhalten.

Nach beendetem Haarwechsel verteilen sich die großen Robben=
herden in kleineren Gruppen über das ganze Eismeer, um die für
die Nahrung besten Gegenden aufzusuchen. Meistens leben die
Herden verstreut im Treibeis. Die Nahrung der Robbe besteht
dort zum großen Teil aus jenen kleinen Krustentieren verschiedener
Art, deren es oft große Mengen gibt. Sie fressen auch Flossen=
füßer, Walfischaas (Clione borealis), und andere kleine Tiere,
die im Meer herumschwimmen. Wo diese in Massen vorkommen,
ist der Magen der Robben damit vollgestopft.

Im übrigen will die Sattelrobbe gern Fische haben, die sie
draußen auf dem Meer fängt. Sie folgt den Fischen aber auch
an die Küsten und kommt aus diesem Grund jährlich an mehrere
Küsten der nördlichen Meere. Sie frißt gern Kapelane, Heringe
und Dorsche verschiedener Art, unter anderm den Polardorsch,
Bergilte (Sebastes norwegicus) und andere Fische wie Heilbutte
und ähnliche, wenn sie ihrer habhaft werden kann. Sie frißt
auch oft Tintenfische.

Die Sattelrobbe ist, wie gesagt, ein ungewöhnlich kräftiger
Schwimmer, und die Eskimos haben mir erzählt, daß sie ein er=
wachsenes Männchen, das zum Angriff übergeht, was selten vor=
kommt, auf Grund seiner Schnelligkeit und seiner Behendigkeit
für die gefährlichste unter den Robben ansehen.

Sie soll in fast unglaubliche Tiefen hinuntertauchen können.
So wurden bei Röbö in Helgeland in einer Tiefe von 100 Faden

(190 Meter) mehrere Tiere im Netz gefangen, und bei Vardö
soll (nach Robert Collett) eine Sattelrobbe sogar in einer Tiefe
von 150 Faden (280 Meter) am Angelhaken gefangen worden
sein. Es erscheint unfaßbar, daß ein durch die Lunge atmendes
Säugetier, das von der Oberfläche des Meers in die Tiefe kommt,
den Druck einer solchen Tiefe auszuhalten vermag, denn es steht
in diesem Fall unter einem Druck von 28 Atmosphären. Es be=
darf unter anderm einer kräftigen Muskulatur, um Nase und
Maul so fest verschließen zu können, daß das Wasser nicht in die
Lungen hineingepreßt wird.

Im Wasser bewegt sich die Robbe durch eine kräftige,
wridende Seitwärtsbewegung des Hinterkörpers vorwärts. Sie hält
dabei die Hinterflossen vertikal ausgebreitet und bildet sich auf
diese Weise einen wunderbaren Propellerapparat. Die Vorder=
flossen werden zur Vorwärtsbewegung nicht gebraucht, sondern
dienen zur Erhaltung des Gleichgewichts und zur Steuerung. Die
Geschwindigkeit, die dieses Tier im Wasser erreichen kann, ist fast
unglaublich. Wenn es unter einem vorbeischießt, erscheint es wie
ein Schatten oder Strich.

Auf dem Eis dagegen bewegt sich die Sattelrobbe nur mit
Schwierigkeit. Die rückwärtigen Gliedmaßen, die Hinterflossen,
können nicht nach vorn gestellt werden. Das Tier kommt auf
dem Eis deshalb in der Weise vom Fleck, daß es den Rücken
krümmt, den Hinterkörper anzieht und sich dann wieder aus=
streckt, so daß der Vorderkörper vorgeschoben wird, während der
Hinterkörper sich mit den hinteren Gliedmaßen gegen das Eis
stemmt.

Durch rasche Wiederholung dieser Bewegung kommt das Tier
in einer Wellenbewegung oder in einer Art Wellengalopp ziem=
lich rasch von der Stelle, jedoch nicht rascher, als daß ein Mann es
einholen kann.

Es haben Zweifel darüber bestanden, ob es bei dieser Be=
wegung mit den Vorderflossen nachhilft oder ob diese nach hinten,
dicht am Körper gehalten werden. Ich habe oft gesehen, wie ein
Tier sich mit den Vorderflossen am Eis festhielt, um sich vorwärts=
zuschieben, und an der Spur einer Robbe, die sich über die Eis=
schollen hin bewegt hat, erkennt man auch häufig, daß sie die Vorder=
flossen benutzt hat. Wenn die Robbe am Rande einer Scholle liegt
und sich bereitmacht, ins Wasser hinunterzutauchen, wird man oft

Sattelrobbe greift einen Tintenfisch an.

sehen, wie sie die Vorderflossen nach vorn legt, um am Eis einen Halt zu haben.

Springt sie vom Wasser aufs Eis hinauf, so faßt sie oft mit den Vorderflossen zu, um an der Eiskante nachzuhelfen.

Carroll erzählt, daß die Robben bei Neufundland, wenn sie durch das Dichtwerden des Eises „eingesperrt" werden, so daß sie nicht ins Wasser können, sich in gerader Linie auf die Wanderung über das Eis zum offenen Wasser hin begeben, und er meint, daß sie dieses sogar auf eine Entfernung von über fünfzig Seemeilen wittern können. Man kann sehen, wie sie den Hals strecken und wie sie winden, sagt er. Ich hege meine Zweifel über diese Beobachtung und möchte lieber glauben, daß der dunkle Himmel über dem offenen Wasser ihnen stets ein guter Wegweiser ist, und den kann man auf weite Entfernungen sehen.

Sie wandern am liebsten während der Nacht, und Carroll sagt, sie können bei einigermaßen guten Eisverhältnissen und in kalten Nächten in der Stunde durchschnittlich eine Seemeile zurücklegen.

Er hat solche wandernden Robben geschossen, von deren blutigen Vorderflossen Haut und Haare abgewetzt waren.

Ich habe von keinen solchen langen Wanderungen der Robben über das Eis im Jan=Mayen=Meer gehört. Sicherlich werden sie solche Wanderungen nicht unternehmen, solange die Mütter säugen, da diese die Jungen in dieser Zeit nicht verlassen. Auch wird das Eis in jenen Gewässern nur äußerst selten so lange dicht und unzerbrochen sein, daß dies notwendig werden sollte.

Die Sattelrobbe schläft auf dem Eis. Dieser Schlaf ist eigentümlich; in Zwischenräumen von wenigen Minuten öffnet sie die Augen, hebt den Kopf und blickt um sich — dann schläft sie wieder weiter. Es ist möglich, daß dies ganz automatisch und unbewußt geschieht; sobald sie jedoch eine Gefahr erblickt, ist sie auch schon im selben Augenblick ganz wach. Wenn viele Robben beieinander sind, wie es oft der Fall ist, scheinen einzelne unter ihnen die Wache zu übernehmen; es wird behauptet, daß dies meist Weibchen seien.

Die Tiere können unzweifelhaft auch im Wasser schlafen; in jener Zeit jedoch, in der die Robbe mager ist, mag dies seine Schwierigkeiten haben, da sie dann gezwungen ist, sich ständig zu bewegen, um nicht zu sinken.

Auf dem Eis liegt die Sattelrobbe oft lange Zeit ruhig,

namentlich während des Haarwechsels, und sie scheint eine un=
glaubliche Fähigkeit zu besitzen, tagelang zu faulenzen.

Eines ist äußerst merkwürdig: selbst wenn Robben, sowohl die
Sattelrobbe als auch andere Robbenarten, lange auf dem Eis und
ungefähr an der gleichen Stelle gelegen haben, ist doch keine
Vertiefung in das Eis geschmolzen. Dabei sind sie warmblütige
Tiere, mit ungefähr der gleichen Bluttemperatur wie wir Menschen.
Ich maß einmal die Temperatur der Klappmütze und fand, daß
sie zwischen 36,8 und 37,4° schwankte. Wenn ein gewöhnliches
Landtier so lange auf dem Eis läge, würde es eine tiefe Mulde
hineinschmelzen.

Offenbar wirkt die dicke Speckschicht unter der Haut isolierend
und schützt das Tier davor, daß es durch ein Schmelzen des Schnees
und Eises an Wärme verliert. Das Fell und die äußere Speck=
schicht nehmen fast die gleiche Temperatur an wie die Umgebung.

Viel munterer und ausgelassener als auf dem Eise sind die
Robben im Wasser, wo sie oft spielen und sich lustig umher=
tummeln. Sie können sich mit dem halben Körper aus dem
Wasser aufrichten, ungefähr so, wie wenn wir „wassertreten" —
manchmal springen sie ganz aus dem Wasser heraus, tanzen
rundherum, tauchen unter und werfen die Hinterflossen mit lautem
Platschen hoch hinauf, bald drehen sie sich auf den Rücken, bald
wieder auf den Bauch und scheinen überhaupt äußerst vergnügt
zu sein.

Der unvergleichlich schlimmste Feind der Sattelrobbe ist der
Mensch. Bei der Raubjagd auf die Robbe, namentlich auf den
Wurfplätzen, wurde seit Jahren mindestens eine Million jährlich
vernichtet; ihre Anzahl hat sich stark verringert, und die Aus=
beute des Fanges sowohl bei Neufundland als auch im Jan=
Mayen=Meer nahm deshalb immer mehr ab, wenn auch nicht so
rasch, wie man hätte erwarten können. Es ist möglich, daß die
Anzahl der Robben in dem Meer zwischen Island, Grönland und
Spitzbergen in den letzten Jahren wieder etwas zugenommen hat,
da seit Beginn dieses Jahrhunderts, zum mindesten beim Jungen=
fang, bedeutend weniger Tiere dieser Robbenart getötet worden
sind.

Nächst dem Menschen sind der Eisbär und der „Speckhauer"
oder Schwertwal (Orca gladiator) die gefährlichsten Feinde dieser
Robbe. Der Eisbär schleicht sich auf dem Eis an sie heran, meist

wenn sie schläft, nimmt jedoch meistens die jungen Tiere. Im Wasser kann er sich ihrer nicht bemächtigen, es sei denn, daß er vom Eis auf sie hinunterspringt.

Im Wasser ist der Schwertwal um so gefährlicher; vor ihm kann sich selbst ein so glänzender Schwimmer wie diese Robbe nicht retten. Die Robben fürchten deshalb diesen Feind ungeheuer; sie flüchten sofort aufs Eis hinauf, wenn er im Gewässer ist, und gehen nicht mehr ins Wasser, solange er sich in der Nähe aufhält.

Carroll erzählt, daß er sich einmal auf einer Scholle befunden habe, auf die sich Robben, von Schwertwalen und Haien (Eis=haien?) verfolgt, flüchteten, und er war genötigt, auf die Unge=heuer zu schießen, um sie fernzuhalten. Die Robben „suchen zwischen den Beinen der Menschen Schutz". Es kann auch vor=kommen, daß sie in die Boote springen, um sich zu retten. Arme Tiere, sie wissen ja nicht, daß die Menschen noch schlimmer sind als die Speckhauer und die Haie.

Carroll erzählt auch, er habe gesehen, wie Schwertwale und Haie aus dem Wasser heraufschossen und Robben, die auf einzelnen Schollen lagen, raubten. Die Schwertwale legen sich auf die eine Kante der Scholle und drücken sie hinunter, so daß die Robbe zu ihnen ins Wasser hinuntergleiten muß, um dort in Stücke gerissen zu werden.

Ich habe auch davon gehört, daß Schwertwale versuchen, Robben, die am Rande von Eisschollen liegen, mit dem Schwanz vom Eis herunterzufegen.

Nach den Angaben der Eskimos soll es sogar vorkommen, daß ein oder mehrere Schwertwale von unten her gegen die Eis=scholle stoßen, um sie zu zerbrechen, oder daß sie die Scholle um=stürzen, damit die Robbe ins Wasser muß.

Daß die Sattelrobbe auch vom Eishai verfolgt wird, be=weisen Teile von Robben, namentlich von Jungen, die man in seinem Magen findet.

Es ist mir unfaßlich, wie es diesen trägen, schläfrigen Fischen gelingen kann, eine lebende Robbe zu fangen, und ich möchte fast glauben, daß dies nur dann möglich ist, wenn die Robbe schlafend im Wasser liegt oder wenn sie durch irgendeinen Zufall dem scheußlichen Ungeheuer geradeswegs in den Rachen gerät. Man muß ja wohl annehmen, daß jene Haie, von denen Carroll erzählt und die der Robben wegen auf die Schollen hinaufspringen, eben=

Der unheimliche Feind der Robben, der Speckhauer.

falls Eishaie sind, aber ich kann mir nur schwer vorstellen, wie das zugehen soll. Ich habe jedenfalls nie etwas Derartiges gesehen. Dagegen kann es, wie ich weiß, vorkommen, daß die Eishaie sich dort, wo die Kadaver von abgespeckten Robben auf den Schollen liegen, am Eisrand aus dem Wasser aufrichten.

Außer dem Speck ist auch das Fell der Sattelrobbe wertvoll. Es wird meistens gegerbt und zu Leder verarbeitet. Von den Eskimos wird es sehr geschätzt, denn es ist zäher, widerstandsfähiger und wasserdichter als das Fell der Klappmütze und der Ringelrobbe. Sie verwenden es deshalb hauptsächlich als Bezug für ihre Kajake und für ihre wasserdichten Seekleider.

Es scheint, als könne man drei Stämme der Sattelrobbe unterscheiden: einen westlichen Stamm in der Davisstraße bis ganz nach Süden, bis nach Neufundland und dem St.=Lorenz=Busen, und nördlich bis zur Baffinbai; einen mittlern Stamm im Meer zwischen Spitzbergen, Grönland, Island und Jan Mayen; und einen östlichen Stamm in der Barentssee, im Weißen Meer und im Karischen Meer.

Jeder dieser Stämme hat seine eigenen Wurfplätze auf dem Eis, wohin die Tiere jedes Jahr wandern, um ihre Jungen zur Welt zu bringen. Es läßt sich nicht genau sagen, wie scharf diese Stämme sich voneinander unterscheiden und ob sie sich bis zu einem gewissen Grad dadurch miteinander vermischen, daß einzelne Robben aus der einen Gegend in die andere geraten. Aber im großen und ganzen scheinen die Stämme ziemlich scharf getrennt zu sein. Unter anderm dürfte auch der Umstand, daß sie verschiedene Wurfzeiten haben, darauf hindeuten.

Der westliche Stamm.

Der westliche Stamm, der einen großen Teil des Jahrs in der Davisstraße und auf dem Treibeis längs den Küsten von Labrador und Baffinland und zum Teil auch in der Hudson= und in der Baffinbai bis hinauf zum Smithsund lebt, sucht zeitig im Frühjahr das Treibeis nordöstlich von Neufundland auf, um dort im März seine Jungen zu werfen.

Schon im Herbst beginnen die Robbenmassen an der Westseite der Davisstraße entlang nach Süden zu ziehen.

An der Küste von Labrador bewegt sich der Zug zu Anfang

des Winters vorbei, ehe das Eis sich bildet; er hält sich gern dicht unter Land. „Zuerst kommen die kleinen Herden von einem halben Dutzend bis zu zwanzig oder mehr Tieren, bald folgen die größern Herden, die an Größe und Häufigkeit zunehmen, und nach wenigen Tagen bilden sie einen zusammenhängenden Strom, der das Meer erfüllt, so weit das Auge reicht. Mit der Strömung treibend, kommen sie rasch vorwärts, und in einer knappen Woche ist die ganze Menge vorbeigezogen." Es heißt, daß die Robben auf diesem Zug den Schwärmen des „white-fish" (ist das der Kapelan?) oft bis ganz in die Buchten hinein folgen.

Im November erreichen die Robbenzüge die Belle-Isle-Straße, und viele von ihnen wandern durch diese in den St.-Lorenz-Busen, während der größte Teil seinen Weg an der Ostküste von Neufundland entlang nach Südosten bis ungefähr zur Mündung der Trinitybai fortsetzt; dort verläßt er die Küste und sucht die Großen Fischbänke auf, die er Ende Dezember erreicht.

Hier halten sich die Tiere reichlich einen Monat auf, und hierher kommt auch ein Teil jener Robben, die in die Belle-Isle-Straße gezogen und der Westküste von Neufundland gefolgt sind.

In der ersten Hälfte des Februar ziehen die erwachsenen Robben wieder von den Großen Bänken fort, nach Norden zu dem Treibeis nordöstlich von Neufundland, wo sie Ende Februar aufs Eis gehen, um ihre Jungen zu werfen. Ein Teil der jungen Robben bleibt noch einige Zeit auf den Bänken zurück.

Ein Teil jener Robbenscharen, die in den St.-Lorenz-Busen wandern, breitet sich hier aus und kommt sogar bis an die Mündung des St.-Lorenz-Stroms. Während ihrer Wanderung an der Küste entlang, vom November bis Ende Dezember, werden die Tiere mit Netzen gefangen.

Beim Herannahen der Wurfzeit versammeln sich diese Robben auf dem Treibeis in der Bucht östlich von Anticosti, zwischen den Magdalena-Inseln und der Belle-Isle-Straße, wo die Jungen im März geboren werden. Hier werden die Robben erlegt.

Gegen Ende des Frühlings, Ende April und im Mai, zeigt sich die Robbe wieder in der Nähe des Landes, zieht dann aber weiter und verläßt die Straße in nördlicher Richtung.

Sicher sind es nicht nur kleine Mengen von Robben, die sich im Winter im St.-Lorenz-Busen aufhalten und dort auf dem Eis werfen. Nach der offiziellen kanadischen Statistik wurden

zum Beispiel in den Jahren zwischen 1874 und 1883 jähr=
lich durchschnittlich 23 630 Robben in dieser Bucht erlegt; offen=
bar waren es hauptsächlich Sattelrobben.

Aber die großen und wichtigen Wurfplätze befinden sich im
Treibeis nordöstlich von Neufundland.

Die Menge und die Ausdehnung dieses Eises, das mit dem
Labradorstrom nach Süden kommt, können von einem Jahr
zum andern sehr wechseln und sind in großem Maße von den
Windverhältnissen abhängig. Daher wechselt auch die Lage der
großen Wurfplätze sehr.

In einzelnen Jahren, wenn das Eis sich weit hinaus erstreckt,
müssen die Robben weit ins Meer hinausgehen, in anderen Jahren
können sie näher der Küste liegen. Ich möchte jedoch glauben,
daß sie fast immer innerhalb des Steilhangs jener breiten, der
Küste vorgelagerten Bank liegen, die sich mit Tiefen bis zu 300
und 350 Meter von Neufundland in nordöstlicher Richtung er=
streckt. Die Drift des Eises geht nämlich über der Bank lang=
samer vor sich als außerhalb des Steilhangs, wo die Strö=
mung stärker ist.

Die Robben suchen am liebsten die größeren Schollen drinnen
im Treibeis auf; deshalb haben die Robbenfänger oft große
Mühe, die Tiere aufzufinden und sich bis zu ihnen vorzuarbeiten.
Häufig müssen die Fänger weite Strecken über das Eis zurücklegen,
um zu den Robben zu gelangen.

Jedes Jahr kommt es vor, daß mehrere Schiffe die Robben
nicht finden, oder jedenfalls nur wenige erlegen können. In ein=
zelnen Jahren ist das Eis so fest zusammengefroren, daß kein
Schiff sich den Weg bis zum Jungenfang bahnen kann.

Ungeheuere Mengen von Robben versammeln sich hier auf
dem Eis, bis zu vielen Hunderttausenden, ja Millionen. Im ver=
gangenen Jahrhundert wurden bei diesem Robbenfang in einzelnen
Jahren über 500 000 Stück erlegt, und die einzelnen Schiffe
konnten auf einer Reise je 24 000 bis 26 000 Robben erbeuten, ja
den Berichten zufolge brachte ein Schiff („Neptune") 42 000 Rob=
ben auf einer Fahrt (im Jahr 1884) heim. Aber die Schiffe haben
zu diesem Zweck eine besonders große Mannschaft. „Neptune",
465 Tonnen (netto?), hatte 299 Mann, andere Schiffe zählten
über 300 Mann.

Die Schiffe können oft zwei Fahrten machen: das erstemal

beladen sie sich voll mit der Beute des Jungenfangs, fahren zurück und löschen das Schiff an Land, dann fahren sie wieder hinauf und können jetzt den Ertrag von eineinhalb= bis zweitausend alten Robben und darüber aufnehmen.

Nach dem Gesetz dürfen Segelschiffe sich nicht vor dem 1. März und Dampfer nicht vor dem 10. März auf den Robbenfang be=geben.

Die Robbe wirft ihre Jungen meistens in der ersten Hälfte des März, gewöhnlich zwischen 5. und 10. März. Die Jungen liegen bis in den April hinein auf dem Eis, dann gehen sie ins Wasser und können sich selbst ernähren. Es gilt deshalb, so früh zu kommen, daß man die Jungen schlagen kann, während sie noch auf dem Eis liegen und am leichtesten erlegt werden können.

Wenn die Paarung stattgefunden hat, Anfang April, be=ginnen die Robben sich wieder zu verstreuen.

Es wird berichtet, daß die alten Robben zum großen Teil auch während des Haarwechsels sich in diesem Eis aufhalten und im Mai dann in zahllosen Scharen wieder nach Norden ziehen, angeblich weit hinaus ins Meer, um dem starken Labradorstrom in der Nähe der Küste zu entgehen. Sie teilen sich jetzt in kleinere und größere Herden im Treibeis in der Davisstraße und nach Norden zu. Ein Teil von ihnen wandert offenbar in die Hudsonstraße und Hudsonbai, ein anderer Teil zieht hinüber an die Westküste von Grönland.

In die südlichen Gegenden der Westküste von Grönland kommen die Robben meistens Mitte oder Ende Mai. Um diese Zeit sind die alten Tiere stark abgemagert, da sie in der Wurfzeit, der Paarungszeit und während des Haarwechsels nur wenig Nah=rung zu sich nehmen. Ihre Ankunft an der Westküste von Grön=land fällt mit dem großen Zug des Kapelans zusammen, von dem sie leben.

Die Robben kommen zuerst an den südlichsten Teil der West=küste, den Distrikt Julianehåb, und einige Tage später weiter nach Norden. Es scheint, daß sie von draußen kommen, von der Davisstraße, und sie ziehen längs der Küste nach Norden.

Sie halten sich hier bis Ende Juli auf und verschwinden dann wieder; die Eskimos sagen, sie ziehen nach Westen. Die Robben kommen und gehen gleichzeitig mit dem Kapelan. Sie scheinen von der südlichen Westküste meistens einige Tage früher zu verschwinden

als weiter oben im Norden. So sollen sie aus der Diskobucht
nach Mitte Juli oder Anfang August fortziehen. Hier findet sich
der Kapelan meistens Mitte Juli in großen Mengen ein und mit
ihm auch große Herden Sattelrobben.

Im Herbst, in der zweiten Hälfte des September, kommen
viele dieser Robben wieder unter die Westküste von Grönland;
sie sind um diese Zeit sehr fett. Die Estimos fangen sie hauptsächlich im Oktober und November, sowohl mit dem Netz als auch
mit der Harpune. Es wird behauptet, daß auch in dieser Zeit die
Robbe zuerst ganz unten im Süden unter Land kommt und längs
der Küste nach Norden zieht.

Während des Winters, vom November ab, werden sie meistens
nach und nach seltener, halten sich aber doch mehr oder minder
unter Land bis zum Februar oder März, wo sie wieder fortziehen
— die Estimos sagen nach Westen —, offenbar, um nach Süden
zu ihren Wurfplätzen zu wandern. Auf dieser Wanderung folgen
sie wahrscheinlich der Treibeiskante an der Westseite der Davisstraße. Es heißt, daß die Weibchen als erste verschwinden.

Ende Mai kommen die großen Züge zurück. Es wird behauptet, daß einige der Robben die Küste von Grönland spät,
erst im März, verlassen, und da es vorgekommen sein soll, daß man
Weibchen einige Tage später mit Milch in den Eutern an der Küste
gefunden hat, so hat man angenommen (vgl. Fabricius), ihr
Wurfplatz könne nicht sehr weit entfernt liegen. Das Wahrscheinlichste ist wohl, daß diese Weibchen durch einen unglücklichen Zufall ihre Jungen verloren haben.

Wir haben gesehen, daß ein Teil der Sattelrobben auf dem
Eis im St.-Lorenz-Busen wirft. Es ist denkbar, daß dies außer
auf den großen Wurfplätzen nordöstlich von Neufundland auch
an anderen solchen kleineren Wurfplätzen im Treibeis weiter nördlich geschieht.

Bei Grönland hält sich die Sattelrobbe meist im Süden an der
Westküste auf. Sie ist das wichtigste Jagdtier der Estimos.
Außer Speck und Fleisch liefert sie ihnen, wie schon erwähnt, die
Haut zum Kajakbezug und zu wasserdichten Seekleidern.

Nach der Berechnung Dr. Rinks (1857) wurden von den
Estimos jährlich längs der Westküste von Grönland zwischen
30 000 bis 36 000 dieser Robben erbeutet, davon nur 3000 an der
nördlichen Westküste.

Aber das sind ja kleine Mengen im Vergleich zu denen, die
von den Europäern und Amerikanern auf den großen Fangfeldern
erlegt werden, wodurch die Zahl der Robben wesentlich verringert
wird. Wie wir gesehen haben, können mit einem einzigen Schiff bei
Neufundland in wenigen Wochen mehr Robben erbeutet werden,
als alle Eskimos auf Grönland miteinander in einem ganzen Jahr
fangen. Für die Eskimobevölkerung auf Grönland ist diese Robbe
nahezu eine Lebensbedingung, während ihr Fang für die euro=
päischen und amerikanischen Völker von verhältnismäßig geringer
Bedeutung ist.

Auch an der Ostküste von Grönland kommt die Sattelrobbe
im Süden vor, wenn auch anscheinend nicht in so großen Massen.
Es liegen Aufzeichnungen vor, daß man sie sowohl im Früh=
ling, im April, als auch im Sommer, im Juli, dort gesehen hat.
Möglicherweise gehören auch diese Robben zu dem westlichen
Stamm, der den Wurfplatz bei Neufundland aufsucht.

Bei Angmagsalik auf ungefähr 65° 40′ nördl. Br. ist die Robbe
allgemein verbreitet. Sie soll dort im Juni und Juli scharenweise
vom Norden her kommen und bis tief in den Herbst hinein bleiben.
Nach anderen Angaben kommt sie zweimal im Jahre dorthin,
im Juli und im September. Im Juli kommen sowohl Junge wie
Alte von draußen herein. Im September kommen sie in Herden
und sollen nach Aussage der Eskimos nach Süden ziehen. Es
ist wohl am wahrscheinlichsten, daß diese Robben zu dem mittlern
Stamm gehören, der den Wurfplatz im Jan=Mayen=Meer auf=
sucht.

Der östliche Stamm.

Der östliche Stamm der Sattelrobbe, der in der Barentssee
und zum Teil im Karischen Meer lebt, hat seinen Wurfplatz im
äußern Teil des Weißen Meers, nahe des Mesengolfs und süd=
westlich bei der Einfahrt ins Weiße Meer. Dieser Stamm bevor=
zugt also ebenfalls den südlichsten Teil des großen Gebiets.

Im Spätherbst findet eine große Wanderung der Robben nach
Süden statt. Einigen russischen Quellen zufolge beginnen die
Tiere bereits Anfang November im Weißen Meer sich zu ver=
sammeln, nach anderen kommt die Robbe erst Anfang und Mitte
Dezember. Die Herden kommen längs der Küste sowohl von Osten
aus der Gegend von Nowaja Semlja als auch von Norden über

die Barentsee gezogen. Sie setzen sich aus alten und jungen Tieren zusammen.

Es scheint nicht, daß die Sattelrobbe sich in dieser Gegend nur wegen der Fortpflanzung versammelt; wahrscheinlich kommt sie auch wegen der großen Mengen Polardorsche, die im Spätherbst und Winter das Weiße Meer aufsuchen. Das mag auch die Erklärung dafür sein, daß die Robbe schon so früh kommt, lange ehe die Jungen geboren werden sollen. Wenn sich in gewissen Teilen des Weißen Meers große Mengen des Polardorsches zeigen, nimmt die Bevölkerung das für ein Zeichen, daß es einen guten Robbenfang geben wird. Es ist hier also ähnlich wie bei Neufundland, wo die Robben zuerst nach Süden zu den Großen Fischbänken gehen, ehe sie die Wurfplätze auf dem Treibeis aufsuchen.

Es ist zu beachten, daß gleichzeitig mit diesen Mengen von Robben, die sich in der Nähe des Wurfplatzes im Weißen Meer versammeln, außerdem bedeutende Mengen Robben in andere Gegenden auf der Südseite der Barentsee kommen, wie zum Beispiel an die Murmanküste im Dezember und Januar (namentlich war dies im Jahr 1902 der Fall), und oft auch im Februar und März. So sind viele Jahre hindurch viele Robben von Januar bis April zur Fischerhalbinsel gekommen.

Die Leute dort meinen, daß die Robben aus dem Norden, von Spitzbergen, kommen. Es sollen viele trächtige Weibchen unter ihnen sein. Auch neugeborene Junge hat man auf dem Strand gefunden; ob sie aber gerade dieser Robbenart angehört haben, ist wohl nicht sicher. Die Herden können bisweilen das Eis große Strecken weit bedecken, „so weit das Auge reicht", heißt es in einem Bericht.

Nach russischen Mitteilungen soll die Sattelrobbe sich auch im Spätherbst und im Winter in der Tscheschkajabucht, östlich der Halbinsel Kanin, versammeln.

In der Zeit zwischen Mitte Februar und Ende März werden die Jungen auf dem Eis geboren. Auf dem Wurfplatz finden sich auch die Männchen ein, zur Paarung, die ungefähr drei Wochen, nachdem die Jungen geboren sind, stattfindet. Einer russischen Quelle (Smirnow) zufolge wurde die früheste Paarung am 10. März beobachtet. Nach der Paarung kommt der Haarwechsel, der von Anfang oder Mitte April bis Mitte Mai dauern kann.

Von Anfang und Mitte April meist bis gegen Mitte Mai ziehen

die Robben in großen Mengen wieder aus dem Weißen Meer hinaus, nach Norden. Gewöhnlich wandern zuerst die Jungen fort, dann die älteren und dann die ausgewachsenen Tiere.

Ein Teil der Robben zieht in nordwestlicher Richtung am Eis vor der Murmanküste entlang zur Fischerhalbinsel und weiter zum Varangerfjord und nach Ostfinmark, wo sie hauptsächlich in der Zeit von April (oder sogar März) bis Juni vorkommen, dann verschwinden sie wieder. Nach Ostfinmark kommen sie gewöhnlich gleichzeitig mit den Kapelanschwärmen, die, gefolgt von einer Menge von Dorschen, sich hier der Küste nähern.

Zum großen Teil sind es die im gleichen Jahr im Weißen Meer geborenen Jungen, die hierherkommen. Aber es ist nicht möglich, scharf zwischen diesem von Osten kommenden Frühlingszug und dem vorher erwähnten Winterzug zu unterscheiden, von dem die Fischer glauben, daß er aus dem Norden komme. In einzelnen Jahren zieht die Robbe auch weiter nach Westen an der Finmarkküste entlang, wo die „Russenrobbe", wie sie genannt wird, bei den Fischern sehr gefürchtet ist, weil sie angeblich unter den Fischen große Verheerungen anrichtet. Namentlich im Winter und Frühling 1902 und 1903 waren große Schwärme dieser Robben bis hinunter an die Küste von Vesterålen und Helgeland gekommen, und in jenen Jahren war das Meer „ganz leer von Fischen". Diese Robbenherden bestanden zu einem großen Teil aus Jungrobben vom letzten Frühjahr, es waren jedoch auch viele ältere Robben und erwachsene Männchen unter ihnen.

Nach den spärlichen geschichtlichen Aufzeichnungen zu urteilen, scheint es im übrigen eine große Seltenheit zu sein, daß an der Küste von Norwegen die Sattelrobbe so weit nach Süden kommt.

Der größte Teil der Robben, die im April und Mai aus dem Weißen Meer kommen, wandert am Eisrand entlang in nordöstlicher Richtung, und je nachdem sich die Eisgrenze nach Norden und Osten zurückzieht, folgen ihr die Robbenmengen bis zu den Küsten von Nowaja Semlja und nördlich nach Franz-Joseph-Land und Spitzbergen und zum Teil auch ins Karische Meer hinein.

Im Sommer und zu Anfang des Herbstes sind sie aus dem südlichen Teil der Barentssee fast ganz verschwunden, und man trifft nur noch einzelne Exemplare im Weißen Meer an oder längs der Murmanküste oder an der Nordküste von Rußland gegen Nowaja Semlja.

Die Zahl der Robben, die sich im Frühling auf dem Wurf=
platz im Weißen Meer versammeln, ist bedeutend kleiner als jene,
die man auf den Wurfplätzen bei Neufundland und im Jan=
Mayen=Meer antrifft. Im Vergleich mit den Fängen auf diesen
Wurfplätzen ist die Anzahl der von den Russen im äußern Teil
und in der Mündung des Weißen Meeres jährlich erbeuteten
Robben sehr gering. Es kann sich dabei jährlich um 20 000 bis
30 000 Robben handeln.

Der mittlere Stamm.

Der mittlere Stamm der Sattelrobbe, der sich auf dem Treib=
eis aufhält, meistens in dem Meer zwischen Spitzbergen, der Bären=
insel, Grönland, Island und Jan Mayen, interessiert uns hier am
meisten. In der Regel hat er seinen jährlichen großen Wurf=
platz nordöstlich von Jan Mayen, seltener südlich oder südwestlich
davon.

Es scheint, daß der größte Teil dieser Robben in Herden von
Nordosten längs dem Eisrand zum Wurfplatz zieht. Aber große
Mengen kommen offenbar auch von Süden und Südwesten, von
dem Meer bei Island und vielleicht von dem Treibeis draußen
vor der Ostküste von Grönland noch weiter im Süden.

Es sind gewöhnlich Hunderttausende von Robben, die sich auf
diesem Wurfplatz versammeln. Außer den trächtigen Weibchen
kommen auch die Männchen, offenbar der Paarung wegen, und,
merkwürdig genug, kommen auch viele einjährige Robben, die
noch nicht fortpflanzungsfähig sein können.

In jenen Jahren, in denen die sogenannte „Eiszunge" (s. die
Karte S. 27) gut entwickelt ist, suchen die Robben, wie schon er=
wähnt, gern diese auf. Im Zentrum dieser Zunge, in ziemlicher Ent=
fernung vom äußern Rand des Treibeises, gehen die Weibchen
ungefähr ab Mitte März auf die Schollen hinauf. Sie wählen
mitteldickes, mit Schnee bedecktes Eis, das von Sturm und See=
gang nicht so leicht zertrümmert und zersplittert wird und wo das
Junge auf dem Schnee weich liegt. Die Schollen sind meistens
ungefähr ein Meter dick. Die Robben wählen nicht gern älteres,
dickeres und unebeneres Eis, auf das sie schwerer hinaufkommen
und das sich leichter schließt. Es ist auch nur eine Ausnahme,
wenn sie ihre Jungen auf schneefreiem, neugebildetem Eis, dem
sogenannten Buchteis, werfen.

Die Zeit, in der die Jungen geboren werden, dauert von Mitte März bis Anfang April. Sie werden also drei bis vier Wochen später als die meisten Jungen im Weißen Meer geboren und einen halben Monat später als jene bei Neufundland.

Der Wurfplatz dieser Sattelrobbe im Jan=Mayen=Meer und seine Lage sollen in einem eigenen Kapitel über den „Jungen= fang" (7. Kapitel) besprochen werden, ich will deshalb hier nicht näher auf dieses Thema eingehen.

Werden die Robben in der Zeit, da die trächtigen Weibchen an= fangen sich aufs Eis zu legen, von Robbenfängern aufgeschreckt, so kann es vorkommen, daß die Tiere wieder ins Wasser gehen und eine andere Stelle aufsuchen. Der Jungenfang wird auf diese Weise zersprengt, und die Anzahl der erbeuteten jungen Tiere ist dann geringer.

Dies war unter anderm auch der Grund, weshalb im Jahr 1876 zwischen jenen Nationen, die den Fang bei Jan Mayen be= trieben, ein internationales Abkommen getroffen wurde. Man setzte dabei fest, daß der Fang von Sattelrobben und Klappmützen in der Gegend zwischen 67° und 75° nördl. Br. und zwischen 5° östl. L. und 17° westl. L. nicht vor dem 3. April beginnen darf.

Diese Übereinkunft hat also nicht so sehr zur Folge, daß die Robbe geschont, als daß ein größerer Fang dieser Tiere gesichert wird, da die Robbe nun Zeit hat, sich in Frieden auf dem Eis zu versammeln und ihre Jungen zu gebären. Man konnte um so mehr Tiere erschlagen, wenn das Schlachten erst nach dem 3. April be= gann.

In den letzten Tagen des April beginnen die Robbenmassen im „Jan=Mayen=Fang" sich wieder zu zerstreuen. Die Jungen dieses Jahres ziehen in Scharen an den äußern Eisrand hinaus, wo es für sie genug Krustentiere im Wasser gibt, und sie gehen gern dort auf das dünne Eis hinauf, das oft in Streifen aus dem mehr zusammenhängenden Eisrand hinauszüngelt. Die Robben= fänger nennen sie deshalb „Streifen=Junge".

Der größte Teil der erwachsenen Robben zieht längs dem Eis= rand in nord= und nordöstlicher Richtung; ein Teil aber zieht nach Süden in das Meer südwestlich von Jan Mayen, und viele von diesen besuchen jeden Frühling und Vorsommer die Fischbänke vor der Küste von Island.

An der Nordküste von Island scheint diese Robbenart ganz

allgemein vorgekommen zu sein, namentlich vor der Mitte des vorigen Jahrhunderts. Seit jener Zeit soll sie nach und nach seltener geworden sein; man bringt dies in Verbindung mit den großen Fängen im Jan-Mayen-Meer. Nach den verschiedenen Aufzeichnungen zu schließen kamen sie im Frühling in ganz großen Mengen oft bis an die Küste und in die Fjorde hinein; schon von Ende April an bis Juni, manchmal bis Juli. Im übrigen treten sie auch im Winter an der Küste auf und zeigen sich meistens schon im Herbst, im November oder noch früher. Es heißt, daß die trächtigen Weibchen die Küste frühzeitig im März verlassen und Mitte April zurückkommen[1].

Ende April und im Mai, wenn die Robbe vom Wurfplatz fort-gezogen ist, beginnt der Haarwechsel, und die erwachsenen Robben versammeln sich dann in großen Mengen auf dem Eis. In dieser Zeit sind, wie schon erwähnt, namentlich die sogenannten „Robben-männchen"-Herden Gegenstand der Jagd. Man darf aber diese Bezeichnung nicht so verstehen, als bestünde diese Schar nur aus „Robbenmännchen", selbstverständlich können auch hier Weibchen darunter sein und auch ein Teil Jungrobben, die sogenannten „Grauhündinnen", wie sie der Norweger nennt.

Ist der Haarwechsel vorbei, dann verteilen sich die Robben in kleineren Herden über das Treibeis in diesem ganzen großen Meeresgebiet östlich der Ostküste Grönlands — von Island und der Dänemarkstraße und weiter südlich bis nach Norden gegen Spitzbergen zu und wahrscheinlich auch in die Barentssee hinein —; in diesen Gegenden leben sie den größten Teil des Jahres, bis sie sich im kommenden Frühjahr wieder beim Wurfplatz ver-sammeln.

Ende Mai und im Juni ist die Robbe so mager geworden, daß sich ihr Fang weniger lohnt, um so mehr als sie dann auch mehr verstreut vorkommt und scheu ist. Im Laufe des Herbstes nimmt sie wieder an Fett zu.

Daß die Robbe dieses mittlern Stammes auch die Barents-see aufsucht, jedenfalls deren westlichen Teil, ist wie gesagt wahrscheinlich. Auf dem Eis zwischen Spitzbergen und der Bären-insel trifft man bisweilen ziemlich viele Sattelrobben an, und da

---

[1] Vergl. B. Saemundsson: Oplysninger om Grønlandssælens Optræden ved Island i ældre og nyere Tider. Norsk Fiskeritidende 1903, 7. Heft.

man dort auch Klappmützen gefunden hat, die es in der Barents=
see nicht gibt, kann man darauf schließen, daß auch die ersteren
oft aus dem Westen kommen.

Im Speck von alten Robben, die im Jan=Mayen=Meer er=
legt wurden, hat man manchmal große Schrotkörner gefunden,
die nicht gegossen, sondern aus Bleistäben geschnitten waren. Die
Robbenfänger in diesen Gegenden verwenden jedoch überhaupt
kein Schrot bei der Jagd auf die Robben. Es wäre interessant
zu erfahren, wo solches Schrot benutzt wird. Sollten diese Schrot=
körner vielleicht von den Russen am Weißen Meer oder an der
Nordküste Rußlands stammen? In diesem Fall müßten jene Robben
von dort gekommen sein.

Aber es ist ja auch möglich, daß die Schrotkörner von Island
oder von den Eskimos an der Westküste Grönlands stammen,
oder von Leuten auf Labrador oder Neufundland, wenn dort über=
haupt diese Art Schrot verwendet wird.

* *
*

Es ist schwer zu verstehen, warum die Sattelrobbe jedes Jahr
ihre langen Wanderungen zu den Wurfplätzen unternimmt, um
ihre Jungen dort auf dem Eis zu werfen. Man sollte glauben,
daß sich auch in jenen Gegenden, wo sie sich meistens aufhält,
sicheres Eis zu diesem Zwecke finden sollte.

Für Robben z. B., die aus dem Norden der Westküste Grön=
lands und von der Baffinbai zu den Wurfplätzen bei Neu=
fundland, südlich von 50° nördl. Br., ziehen, bedeutet das eine
Reise von 2000 bis 3000 Kilometer und einen ebenso langen
Rückweg.

Die Wanderwege zu den Wurfplätzen der Robben im Jan=
Mayen=Meer und im Weißen Meer sind nicht so lang, aber auch
hier können Hin= und Rückweg zusammen über ein paar tausend
Kilometer lang sein.

Es ist kaum anzunehmen, daß die Robben so weit ziehen, um
ihren Feinden in der Zeit zu entgehen, in der sie damit beschäftigt
sind, ihre Jungen zu säugen und sich zu paaren. Dem Schwertwal,
ihrem gefährlichsten Feind nächst dem Menschen, sind sie auf dem
Weg zu den Wurfplätzen, z. B. im Jan=Mayen=Meer und bei

5*

Neufundland, kaum weniger ausgesetzt als dort, wo sie sich sonst
aufhalten, und Eisbären sind meistens mehr als genug da, z. B..
beim Jungenfang im Jan=Mayen=Meer.

Sollten sie vielleicht um der Nahrung willen diese Wurfplätze
in bestimmten Gegenden aufsuchen? Wegen der erwachsenen Rob=
ben kann dies jedoch kaum der Fall sein, da diese in der Wurf=
zeit, in der Paarungszeit und während des Haarwechsels nur
wenig Nahrung zu sich nehmen.

Allerdings suchen, wie wir gesehen haben, große Scharen von
Robben die Großen Fischbänke südlich von Neufundland vor der
Wurfzeit auf, und in das Weiße Meer kommen einige Monate
vor der Wurfzeit viele Robben im Gefolge der Polardorsch=
schwärme. Aber in beide Gegenden ziehen außerdem noch viele
Robben von weit her direkt zu den Wurfplätzen, und in der
Nähe des Jungenfangs im Jan=Mayen=Meer ist kein besonderer
Fischreichtum für die erwachsenen Robben anzutreffen. Um eine
solche Gegend zu erreichen, müßten sie ganz nach Island hin=
unter; der größte Teil der Robben aber kommt ja aus dem
Nordosten zu den Wurfplätzen.

Es ist aber wahrscheinlich, daß die neugeborenen Robben in der
Nähe der Wurfplätze besonders leicht große Mengen von pela=
gischen Krustentieren und anderen Kleintieren finden, die sie in der
ersten wichtigen Zeit brauchen, nachdem sie ins Wasser gegangen
sind und sich selbst ernähren müssen. Auffälligerweise finden sich
nun gerade im Frühling, im April und Mai, in den oberen
Wasserschichten des Meeres nahe den Wurfplätzen der Robben
im Jan = Mayen = Meer sowohl und östlich von Neufundland
als auch im Weißen Meer große Mengen derartiger Tiere
ebenso wie auch die kleinen Pflanzen (Algen), von denen diese
leben.

Das Polarwasser, das mit dem Polarstrom nach Süden ge=
führt wird, enthält viele für das Pflanzenleben unentbehrliche
Stoffe, die unter anderm mit dem Wasser der Ströme aus Sibirien
und Kanada ins Meer getragen und möglicherweise auch durch be=
sondere Vorgänge im Polarwasser angehäuft werden, ohne daß
eine Verwendung für sie besteht. Denn im innern Polarmeer, das
ganz mit Eis bedeckt ist, gibt es kein nennenswertes Pflanzenleben,
weil der größte Teil des Sonnenlichts von dem dicken Eis absor=
biert wird, ehe es ins Wasser hinuntergelangen kann. Und ohne

Sonnenlicht kein Pflanzenleben, ohne Pflanzenleben kein Tier=
leben[1].

Gelangt aber dieses Polarwasser an den äußern Rand des
Treibeises, wo es im Frühjahr durch das Verschwinden der Eis=
decke dem Sonnenlicht ausgesetzt ist und das Wasser zugleich durch
die Vermischung mit dem Wasser aus dem Atlantischen Ozean ein
wenig erwärmt wird, so tritt ein überwältigendes Aufblühen des
Pflanzenlebens in den oberen Wasserschichten des Meers ein. Meist
sind es kleine mikroskopische Algen verschiedener Arten, namentlich
Diatomeen, die das Wasser ganz braun oder grünlichbraun färben.

Von diesen Pflanzen leben wieder viele Kleintiere, besonders
kleine freischwimmende Krustentiere, die sich hier in großen Mengen
entwickeln. Es gibt so viele Tiere und Pflanzen im Wasser, daß
ein feines Schleppnetz in wenigen Minuten damit angefüllt ist.
Von diesen Krustentieren nun leben die Robbenjungen („Streifen=
Jungen") die erste Zeit, im April und Mai, und dieses pelagische
Pflanzen= und Tierleben (Plankton) hat gerade dann seine jähr=
liche große Blütezeit in den Gegenden des Jan=Mayen=Meers, wo
die Sattelrobbe ihre Wurfplätze aufsucht.

Wie bereits gesagt, herrschen hier große Wirbelbewegungen
im Meer, und es werden große Mengen Polarwasser aus dem
Eis herausgetragen und mit dem Wasser des Atlantischen Ozeans
vermischt. Wenn nun das Sonnenlicht außerhalb des Eisrandes
in Wirkung tritt, ergeben sich besonders günstige Bedingungen
für die Entwicklung des Planktonlebens. Wir haben ja auch ge=
sehen, daß die Jungen, sobald sie ins Wasser gehen, den Rand des
Eises und die „Streifen" davor aufsuchen.

Östlich von Neufundland sind ähnliche Verhältnisse. Die
Wassermassen, die vom Labradorstrom mitgeführt werden, stammen
von dem im Winter mit Eis bedeckten Meer im Norden und von
den eisbedeckten Sunden zwischen den Inseln nördlich von Kanada.

Auch dieses Wasser bietet, wenn es von der Eisdecke befreit
ist und östlich und nordöstlich von Neufundland mit dem Wasser

---

[1] Man hört bisweilen Leute, sogar erfahrene Polarfahrer, von dem reichen
Tierleben unter dem Eis im Nordpolarmeer sprechen, das sogar so reich sein soll,
daß die Menschen davon leben könnten, wenn sie die Krustentiere mit Netzen fangen
würden. Dies ist ein Irrtum. Es gibt ein reiches Pflanzen= und Tierleben in
den Gewässern am äußern Rande des Polarmeers und des Treibeises, wo viel
offenes Wasser ist; aber im Innern sind die Gewässer dieses Meeres nahezu eine „Wüste"

des Atlantischen Ozeans vermischt wird, unter der Sonne des Früh-
jahrs günstige Bedingungen für ein reiches Aufblühen des Planktonlebens (des Pflanzen= und Tierlebens) längs der Außenseite
des Polarstroms[1]. Da die Sonne auf dieser südlichern Breite
höher steht, wird die Blütezeit hier früher fallen als in der Nähe
von Jan Mayen; das stimmt damit überein, daß hier auch die
Wurfzeit der Robbe früher eintritt.

Dem Weißen Meer werden im Frühling statt des Polar=
wassers große Mengen Schmelzwasser aus den Flüssen zugeführt,
das gerade die für das Pflanzenleben des Meeres unentbehrlichen
Stoffe enthält. Darum entwickelt sich im Frühling das Plankton
in diesen Gewässern sehr stark. Und da die Schneeschmelze auf
dem russischen Festland früher einsetzt als die Schnee= und Eis=
schmelze im Polarstrom bei Jan Mayen, so ist es nicht verwunder=
lich, daß auch die Blütezeit des Planktons und infolgedessen auch
der Wurf der Robben hier früher eintritt.

Wenn dieser Erklärungsversuch richtig ist, unternehmen also
die Sattelrobben diese langen Wanderungen, damit die Jungen
in den ersten grundlegenden Monaten ihres Lebens besonders
gute Lebensbedingungen haben. Dies hat Ähnlichkeit mit den
Wanderungen vieler anderen Tiere, wie z. B. der Fische zu den
Laichplätzen, der Zugvögel nach Norden zu den Brutplätzen usw.

Um zum Jungenfang hinzufinden, der ja meistens weiter
drinnen im Treibeis liegt, ist es für die Robbenfänger wichtig, so
zeitig im März an den Rand des Eises zu kommen, daß sie die
Robben noch im Wasser ziehen sehen können. Die Richtung, die
die Robbenherden einhalten, kann ihnen dann den Weg weisen.
Es gilt, wenn möglich nördlich der „Eiszunge" in die Nordbucht zu
kommen; denn diese durchqueren die Robben meistens, wenn sie sich
längs dem Eise nordöstlich auf dem Weg zur „Zunge" befinden.

Aber das Ganze ist durchaus keine so einfache Sache, wie es
auf dem Papier scheinen mag. Das Eismeer ist groß, und ein

---

[1] Es ist das gleiche fruchtbare Wasser, das die Neufundland=Bänke erreicht und das, wie ich glauben möchte, den Fischreichtum dort bedingt, indem es
der Fischbrut besonders günstige, für ihre Entwicklung bedeutungsvolle Ernährungs-
verhältnisse gewährt. Das dürfte auch der Grund sein, weshalb der Dorsch
gerade diese Bänke zum Laichen wählt.

Jahr gleicht nicht dem andern. Das Eis kann sich sehr verschieden bilden, und die Lage des Jungenfangfeldes kann mit den Jahren sehr wechseln. Auch kann man sich nicht immer auf die Richtung des Robbenzugs im Wasser verlassen. Außerdem kann das Eis dicht und ein Vordringen bis dorthin, wo die Robbe aufs Eis gegangen ist, sehr schwierig sein. Von den vielen Schiffen, die jedes Jahr zum Jungenfang hinauffahren, ist es deshalb öfter nur einer kleinen Anzahl gelungen, zu den Fangfeldern vorzudringen.

Ein vom Glück begünstigter Eismeerfahrer kam wohl in den meisten Jahren zum Jungenfang; dies war wie eine Probe auf den Mann. Aber es gab viele Pechvögel, die ein Jahr nach dem andern nicht an die Fangfelder kamen, und da der Wurfplatz dieser Robbe örtlich eng begrenzt ist, erbeuteten diese Schiffe in der Regel keine weißen Jungen.

Auf dem Ausguck nach Robben.

Viertes Kapitel

Auf der Suche nach dem Jungenfang.

Jn den folgenden Wochen waren wir auf einer rastlosen Jagd
hin und her längs dem Eisrand und in das Eis hinein, um
den Jungenfang zu finden.

Es handelt sich hier für den Eismeerfahrer nicht nur um
den Verdienst, sondern wohl ebensosehr um die Ehre. Man läßt
es sich gefallen, wenn gar keiner das Fangfeld findet; wenn ihn
aber die anderen finden, während man selbst irregegangen ist, so
wird dies als eine nicht wieder gutzumachende Niederlage an-
gesehen.

Auf dieser Suche wird ebensosehr nach Schiffen ausgeschaut
wie nach den Robben selbst.

Wenn die Herden auf dem Eis liegen, kann man sie bei
klarem Wetter von der Tonne aus mit dem Fernrohr auf eine
Entfernung bis zu 22 Kilometer sehen. Aber die Mastspitzen und
noch mehr den Rauch eines Schiffes kann man selbstverständlich

72

viel weiter sehen, und wenn man Schiffe weit drinnen im Eis beigedreht findet, so ist es höchstwahrscheinlich, daß man dort die Robben antrifft.

Montag, 20. März (0° bis —2° in der Luft), glaubten wir auf 70° 20' nördl. Br. und 3° 47' westl. L. zu sein, das sind ungefähr 250 Kilometer Ostsüdost von Jan Mayen.

Am Vormittag fuhren wir durch eine große Eiszunge. Ich konnte vom Topp aus keine Öffnung in der Eismasse sehen: schimmernd weiß war alles, wohin auch das Auge blickte. Wir fuhren den ganzen Tag unter Dampf und erreichten endlich offeneres Wasser.

Gegen Abend bekamen wir ein Schiff in Sicht. Es war der „Jason" aus Sandefjord, der stillag, um auf uns zu warten.

Kapitän Maurits Jacobsen kam an Bord. Er war nicht früher ans Eis gekommen als wir, obwohl er Sandefjord schon am 4. März verlassen hatte. Auch der „Jason" war neu gebaut und befand sich auf seiner ersten Reise. Mit diesem Schiff und mit dem gleichen Kapitän begab ich mich sechs Jahre später an die Ostküste von Grönland, um das Inlandeis zu überqueren.

Gegen Abend sank das Barometer gewaltig (733,5 Millimeter, 8 Uhr), der Wind war in die ungünstige Richtung, von Osten nach Nordosten, umgeschlagen und nahm rasch an Stärke zu. Es sah nach Sturm aus.

Der Kapitän änderte den Kurs, um wieder ins Eis einzudringen. Dies war vielleicht eine Waghalsigkeit, aber in der offenen See wären wir zu stark abgetrieben.

Noch waren wir nicht weit gekommen, als es schon losbrach. Der Sturm heulte im Takelwerk und warf sich Stoß um Stoß auf das Schiff. Ein Segel nach dem andern wurde geborgen, schließlich hatten wir nur noch die Masten.

Und dann wälzte sich die See herein.

Der Steuermann fühlte sich nicht recht behaglich; er ging an Deck auf und ab, schüttelte seinen graubärtigen Kopf und sagte nur immer wieder:

„Das geht niemals gut! — Das geht niemals gut! — Das ist eine schlimme Fahrt."

Aber wir stampften weiter, stießen gegen das Eis, wurden von Scholle zu Scholle geschleudert; in der Dunkelheit fand das Schiff den Weg meistens selber.

Am schlimmsten war der Seegang, der böse zunahm. Die Schollen prallten aneinander und richteten sich auf.

Durch das Krachen und Lärmen hindurch ertönten die Kommandorufe, denen flink gehorcht wurde. Alle Mann waren auf Deck; drunten war es jetzt nicht sehr angenehm.

Weiter ging es durchs Eis. Die Schollen wurden umgestürzt, zertrümmert, hinuntergedrückt, zur Seite geworfen. Nichts widerstand.

Da erhob sich ein Toroß, groß und weiß, in der Dunkelheit, gerade in unserm Kurs. Er drohte an der einen Schiffsseite Davits und Takelwerk wegzufegen und wollte soeben das vorderste Backbordboot mit sich reißen.

„Hart Backbord!" das Ruder. Das Boot wurde auf Deck geborgen, und wir glitten vorbei.

Dann türmt sich in Luv eine See auf. Das Schiff erhält einen gewaltigen Stoß. Ein Krach! Es legt sich über; ein neuer Krach! Die Schanzkleidpforte wird auf Deck geschleudert. Das Schanzkleid ist auf beiden Seiten eingedrückt.

Aber je tiefer wir ins Eis hineinkommen, desto mehr nimmt der Seegang ab und beruhigt sich der Lärm; nur der Sturm heult schlimmer denn zuvor durch die Wanten.

Wir hatten ein Wagestück gemacht, waren jedoch gut durchgekommen und lagen nun sicher im Eis, „wie das Kind in der Wiege".

Immer noch nahm der Sturm zu, im Schiffsjournal wurde er Orkan genannt.

Ich blieb die ganze Nacht hindurch auf und las und hörte es droben pfeifen und heulen. Dann und wann stieß eine Scholle an die Bordwand. Die Schauerlichkeit des ganzen Eismeers lag darin. Aber wie behaglich war es, in einer warmen Kajüte mit einem unterhaltenden Buch unter dem Lampenlicht zu sitzen, während der Sturm draußen machtlos tobte und zerrte.

Gegen Morgen begann das Barometer wieder zu steigen — es war bis auf 727,7 Millimeter gefallen — und stieg nun langsam mit dem Abziehen des Unwetters.

Am Tag darauf sagte der Kapitän, seit 1874 — wenn ich mich recht erinnere — habe er keinen solchen Sturm auf dem Eismeer erlebt.

Als ich am nächsten Morgen (Dienstag, 21. März, ungefähr 70° 51′ nördl. Br. 5° 36′ westl. L.) an Deck kam, war ein sonnen-

heller Tag. Weiß lag das Eis rings um uns. Das zerbrochene
Schanzkleid grinste den Tag an und erinnerte an eine stürmische
Nacht. Immer noch blies eine steife Brise.

Dies war wirklich eine Probe vom Leben auf dem Eismeer
gewesen, solche Kämpfe mit dem Eis gehören zum Alltäglichen.
Es ist, wie einer der Leute, der mit dem alten Svend Foyn ge=
fahren war, von damals erzählte, als sie auf dem Eis saßen:

„Hinein ging's — tiefer und tiefer, Buchteis und Torosse,
verloren den Kranbalken in Lee, der Kapitän stand selber an
Deck, sagte kein Wort."

Meistens geht es gut, aber manchmal auch nicht.

Es war ein wenig kälter geworden, —3° in der Luft, und im
Wasser waren —1,5°, nahe dem Gefrierpunkt des Meerwassers.

Wir fuhren diesen ganzen Tag und auch noch einen guten
Teil des nächsten Tags durch Eis (22. März, ungefähr 71° 19'
nördl. Br., 3° 8' westl. L., Wind Nordnordwest); aber am Nach=
mittag kamen wir wieder in offenes Wasser hinaus, auf dem da
und dort einige Schollen trieben. Drinnen im Eis war die
Lufttemperatur auf —7° gesunken, aber hier draußen über dem
Wasser wurde es wieder etwas wärmer.

Auch das Wasser wurde wärmer, sobald wir uns von der
Eiskante entfernten, bis zu +0,8°, in größerer Nähe des Eises
—0,6° und —1,2°.

Immer noch waren wir zu weit im Süden, um den „Jungen=
fang" finden zu können. Wir hielten deshalb in nordöstlicher Rich=
tung am Eis entlang, bald durch Eiszungen, bald in offenem
Wasser.

Bisweilen kamen wir auch in schwereres Packeis, wo wir
uns weiterstaken mußten, fast ohne vom Fleck zu kommen; dann
wurde es wieder freier.

Unablässig suchte das Fernrohr oben von der Tonne aus
das Eis ab, teils nach Robben, teils nach Schiffen, die möglicher=
weise schon im Fangfeld lagen.

Auf Deck hielt man ständig Ausguck nach Robben im Wasser.
Besonders wichtig ist es, Herden von Robben zu sehen, denn diese
befinden sich meist auf dem Zug zu jenem Platz, wo sie aufs Eis
gehen, um die Jungen zu werfen, und die Robbenfänger folgen
ihnen dann in der gleichen Richtung nach.

Ein Segler in Ostsüdost! Er liegt in entgegengesetzter

Richtung am Wind und fährt unter Segel und Dampf. Dann macht er einen Schlag, wahrscheinlich, um zu sehen, wer wir seien, dann wieder einen Schlag und setzt hierauf den Kurs nach Westen fort. Es ist einer von den Engländern; sollte es „Eric" mit Kapitän Walker sein, einer von den tüchtigsten, oder ist es vielleicht die „Hope"? Aber warum in aller Welt fährt er nach Westen?

Eine andere Bark lag in Luv im Nordwesten, vielleicht „Albert" aus Tönsberg.

Die ganze Mannschaft bekam jetzt Flensmesser und Wetzstähle ausgeliefert. Neben der Robbenhacke, mit der die Robbenjungen erschlagen werden, ist das Flensmesser die wichtigste Waffe des Robbenschlägers beim Jungenfang. Es ist meistens flach und breit, einem gewöhnlichen Brotmesser nicht unähnlich. Alle Mann schleifen sorgfältig ihre Messer am Schleifstein, dann werden diese mit einem guten Stahl gewetzt; auch während des Flensens schär-fen die Leute ihre Messer beständig mit dem Wetzstahl, ähnlich wie die Schnitter es mit den Sensen tun. Es ist wichtig, daß das Messer stets scharf ist, damit man blitzschnell abhäuten und mit möglichst viel Robben an einem Tag fertig werden kann.

Nun müssen auch noch Holzscheiden für die Messer verfertigt werden, damit man diese ohne Gefahr zusammen mit dem Wetz-stahl an einem um den Leib geschlungenen Tauende tragen kann.

In der Steuermannskajüte finden ständig „Akkedierungen" statt zwischen dem Kapitän und den Steuerleuten darüber, welcher Kurs gehalten werden soll.

„Liegt die Robbe östlich oder westlich?[1]" Sollen wir den Kurs südwestlich längs dem Eise in der Richtung auf Jan Mayen legen, oder sollen wir in nordwestlicher Richtung weiterfahren?

Es ist ja stets gut, wenn man weit nach Norden kommt und die Robbe im Wasser „strömen" sieht. Aber wir hätten doch auch gern gewußt, wo wir waren; seit vielen Tagen hatten wir keine Ortsbestimmung mehr gemacht.

Vorläufig herrscht Einigkeit darüber, daß wir unverändert

---

[1] Die Robbenfänger sprechen meistens nur von östlich oder westlich längs dem Rande des Eises, sowohl hier im Jan-Mayen-Meer als auch in der Däne-markstraße. Es sollte ja eigentlich nordöstlich oder südwestlich heißen, aber sie rechnen mit dem Osten und Westen des Kompasses, und hier im Jan-Mayen-Gebiet hat der Kompaß zweieinhalb Striche, in der Dänemarkstraße mehr als vier Striche Mißweisung.

weiterfahren, auf jeden Fall bis 74° nördl. Br., und da der Wind abgefallen ist, müssen wir früh am nächsten Morgen den Kessel heizen; man darf nicht an Kohle sparen, wenn es den Jungenfang gilt.

Ist es möglich, daß eines der anderen Schiffe ihn bereits gefunden hat? Das ist kaum anzunehmen. Wir fangen an zu glauben, daß wir zu den ersten gehören. Mehrere gute Schiffe hatten wir gesehen, unter ihnen eins der flinksten unter den Engländern, und der „Jason" war ja wohl auch kein schlechter Segler und war doch nicht weitergekommen als wir, obwohl er eine Woche früher von daheim ausgefahren war.

Und das Schiff, das wir jetzt in Luv hatten, war vielleicht der „Isbjönn"; der hatte Tönsberg am 28. Februar verlassen und hatte einen sehr tüchtigen Kapitän.

Der Jungenfang ist der Mittelpunkt, um den sich das ganze Dasein dreht, Tag und Nacht. Man hatte alle möglichen Gefühle und Ahnungen und Anzeichen dafür, in welcher Richtung das Fangfeld lag. Aber vielleicht war es von dem letzten Sturm zersprengt worden?

Während man in den Nächten segelte, glaubte man alle Augenblicke das Geschrei der jungen Robben draußen auf dem Eis zu hören — nichts als Einbildung.

Die Nächte waren jetzt im März noch dunkel; aber wir hatten eine Hilfe am Mond.

Eines Abends, Donnerstag, 23. März (—1°, Wind Südsüdost), klarte es auf.

Ein neues Abenteuer: im Mondenschein durch diese Eiswelt zu fahren. Die weißen, glitzernden Eisschollen, das schwarze Meer, die glänzende Scheibe des Mondes, die Sterne — und über allem die ewige Stille.

Dann steigt der Tag mit Sonnenschein herauf, es kommt Südwind, und mit allen Segeln durchschneiden wir mit einer Geschwindigkeit von 12 Seemeilen das ruhige Wasser zwischen den Schollen, die zur Seite spritzen oder unter dem Bug zersplittert werden.

Heute endlich, 24. März (steife Brise aus Süd und Südost), bekamen wir einige gute Sonnenhöhen; wir sind auf 72° 18' nördl. Br. und 3° 28' östl. L. Wir können den nordöstlichen Kurs noch beibehalten.

Es ist nicht besonders kalt, die Temperatur hält sich meist ein oder zwei Grad unter Null.

Sonnabendmorgen, 25. März (Starker Wind aus Ost und dann Westsüdwest), kommen wir in ein Gebiet mit Buchteis, das wohl ein halbes Meter dick ist; es konnte sich vor noch nicht sehr langer Zeit gebildet haben, die Schollen lagen mit den Rändern dicht aneinander, als hätte die See das Eis erst vor kurzem aufge= brochen. Sie waren mit einer dicken Schneeschicht bedeckt, und man sah nur wenig Pressungen. Es hatte den Anschein, als sei hier offenes Wasser gewesen, ehe sich dieses Eis darübergelegt hatte, durch das wir uns nun den ganzen Tag in nördlicher Richtung durcharbeiteten.

Die Ungeduld stieg mit jeder Stunde, je näher wir dem 3. April kamen, an dem der Fang nach dem Gesetz beginnt[1].

„Sollen wir in der gleichen Richtung weiterfahren? Wo war dieses Jahr die Nordbucht? Gab es dieses Jahr überhaupt eine Nordbucht oder war vielleicht die jetzt mit Buchteis bedeckte Gegend, die wir durchquert hatten, die Nordbucht? Gab es dieses Jahr ‚Ost=Robben‘ oder ‚West=Robben‘?“

Immer und immer wieder die gleichen Fragen, die sich mit jedem Tag häufiger wiederholten. Nur über eins waren sich alle einig: es ist eine verfluchte Sache, wenn man nicht so früh kommt, daß man die Robbe noch im Wasser sieht.

Während der Kapitän und ich nach dem Mittagessen in der Kajüte eine friedliche Pfeife rauchten, hörten wir das Wort „Robbe“ von dem Mann am Ruder oben auf dem Achterdeck über unseren Köpfen.

Sofort waren wir an Deck, denn das wirkt wie ein Zauber= wort. Zu spät! Der Mann hatte eine Robbe im Kielwasser gesehen; er war aber nicht eismeerbefahren und konnte nicht sagen, was für eine Art er gesehen hatte, ob es ein Männchen oder ein Weibchen gewesen war. Die richtigen Robbenfänger sehen den Unterschied gleich und wenn auch nur der Kopf auftaucht, auch bei den Sattelrobben. „Das Weibchen hat einen spitzern Kopf“, auch ist er meist heller.

Wir kehrten wieder zu unseren Pfeifen und zum Sofa zurück.

---

[1] Wie bereits im dritten Kapitel (S. 65) erwähnt, hatte die Robbe bis zum 3. April Schonzeit.

Nacht im Treibeis.
Nach einer Skizze vom März 1882.

Dann hörten wir wiederum etwas von Robben da oben, und jetzt kam ein Mann herunter mit der Nachricht, auf Backbordbug liege ein Klappmützenweibchen auf dem Eis.

Da rannten wir hinauf, und dort — auf einer Scholle, ein paar hundert Meter von uns entfernt — lag die erste Robbe, die ich hier auf dem Eis zu sehen bekam.

Sofort wurde gestoppt. — Groß und fett und ganz merk= würdig rund war sie, wie sie so ruhig dalag und uns anglotzte.

Jetzt streckte ein Männchen den großen Kopf bei der Scholle aus dem Wasser, leicht kenntlich an der Haube über der Schnauze.

Ein zweiter Kavalier zeigte sich in einiger Entfernung, in ehr= erbietigem Abstand von seinem größern und stärkern Nebenbuhler. Bald ging er aufs Eis hinauf und näherte sich nach und nach mit ein paar vorsichtigen Bewegungen dem Weibchen.

Die Leute meinten, das Weibchen habe offenbar schon ge= worfen und das Junge verlassen; denn es hatte ein Senkkreuz.

Jetzt hatten die Leute wieder einige Robben im Kielwasser gesehen, aber auch dieses Mal wußten sie nicht, was für eine Art es gewesen war.

Später am Nachmittag wurde eine ganze Familie von Klapp= mützen gesichtet: Weibchen, Junges und Männchen. Und an einer andern Stelle noch eine Familie.

Wieder wurde beratschlagt. Es waren dies gute Anzeichen. Die Klappmütze pflege stets in der Nähe des Jungenfangs zu liegen, hieß es. Meistens östlich davon, in der Entfernung von einer Seemeile, wurde behauptet. In dem und dem Jahr sei sie ja allerdings im Süden gelegen — ja, auch in einem andern Jahr —, aber da habe dies seine guten Gründe gehabt. Da= mals mußte die Sattelrobbe, nachdem sie zu „nisten" be= gonnen hatte, weiter an den Rand des Eises ziehen; es wurde so kalt, daß sie beinahe eingefroren wäre (das heißt die Waken drohten zuzufrieren, so daß sie nicht mehr ins Wasser hätte gehen können).

Es herrschte schließlich Einigkeit darüber, daß man während der Nacht stilliegen und abwarten sollte, ob man bei Tag hier in der Nähe noch mehr Anzeichen für Robben entdecken könne.

Wir glaubten jetzt, auf ungefähr 74° nördlich zu sein.

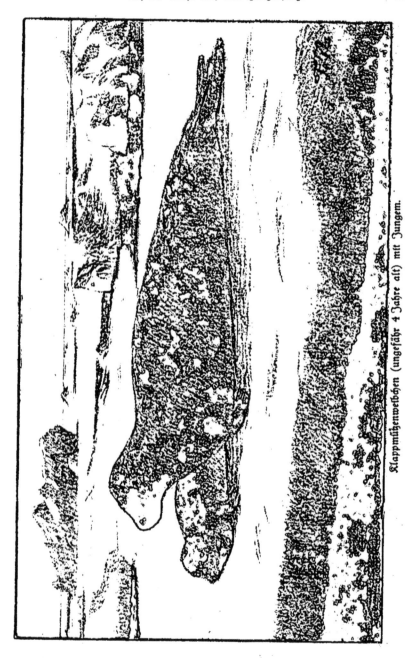

Klappmützenweibchen (ungefähr 4 Jahre alt) mit Jungem.

Der folgende Tag, Sonntag, 26. März, brach an. Aber etwas
Neues, das mehr Aufklärung hätte geben können, sahen wir
nicht, nur die Spuren eines Eisbären, der in der Nacht ganz nahe
am Schiff gewesen war. Ein Mann hatte geglaubt, ihn im
Dunkeln zu sehen, jedoch nichts gesagt, da er fürchtete, es sei
Einbildung. Schändlich!

Der Kurs wurde durch das gleiche Buchteis in nordöstlicher
Richtung fortgesetzt.

Das Wetter war schön geworden. Am Abend zuvor hatten
wir eine südwestliche Brise gehabt, die aber in östlichen Wind umgeschlagen war. Temperatur —3°.

Am Vormittag klarte es so weit auf, daß wir eine Längen-
beobachtung erhielten, jedoch keine Mittagshöhe. Durch Berechnung mit der Breite des Bestecks (74° nördlich) ergab die
Beobachtung ungefähr 9° östl. L.!

War das möglich? Das Eis pflegte sich doch niemals so weit
nach Osten zu erstrecken, und so weit östlich hatte man die Jungen
noch nie gefunden. Das Chronometer mußte vollkommen verrückt
geworden sein.

Neue Beratungen in der Steuermannskajüte am Nachmittag.
Lag die Robbe östlich oder westlich? Aller Wahrscheinlichkeit nach
westlich: am wahrscheinlichsten westlich der Stelle, wo wir die
Klappmütze gesehen hatten; und dennoch — wenn sie nun weiter
östlich lag, und wir nach Westen fuhren, das wäre doch verflucht
ärgerlich.

Andererseits, wenn wir nach Osten gingen und die Robbe im
Westen lag, würden wir sie nicht mehr vor dem 3. April, wo der
Fang losging, erreichen. Hier war guter Rat teuer.

Da kam der zweite Steuermann, Oran, ruhig herein. Er
lächelte pfiffig und sagte: „Jetzt will ich euch was Neues sagen:
es liegen zwei Segler in Lee."

Das war eine neue Hoffnung. Alle Mann begaben sich an
Deck, um sie zu sehen. Jetzt konnten wir doch jedenfalls erfahren,
wo wir waren.

Mit Dampf und Segel fuhren wir nordwärts, um sie einzuholen, während einige Mann aufenterten, um zu sehen, was
für Schiffe es seien.

Das näherliegende von den beiden hatte doppelte Marsrahen.
Unter den Norwegern hatte kein anderes Schiff als die „Vega"

diese Takelung[1]. Und bei den Engländern war nur „Labrador" so getakelt; dieses letztere Schiff aber hatte das Eismeer in dieser Gegend in den letzten Jahren nicht mehr befahren.

Bald stellte das Schiff sich als die „Vega" heraus, und end= lich, gegen 10 Uhr abends, lagen wir bei ihr. Der Kapitän begab sich an Bord hinüber, um neue Nachrichten zu erhalten.

Es war die gleiche „Vega", mit der Nordenskiöld drei Jahre vorher die Nordostpassage gemacht hatte. Sie nahm sich gut aus, wie sie so dalag mit ihrer hohen, schlanken Takelung und sich dunkel vom bewölkten Himmel abhob, an dem gerade der Mond durchbrach.

Während ich dastand und das berühmte Schiff betrachtete, mußte ich über alle die Bemerkungen lächeln, die unsere Leute machten:

„Die hat eine lange Reise gemacht!" „Die ist auf vielen Fahrten gewesen!" „Jungens, das wäre lustig gewesen, wenn wir in Neapel mit dabei gewesen wären. Ich kenne einen, ja, du weißt, den Gabriel, er lag dort mit einem Schiff, als sie kam. Aber so eine Begrüßung mit Feuerwerk und Böllern hatte er noch nie gesehen."

Es waren wohl lange Beratungen mit Kapitän Markussen an Bord der „Vega"; unser Kapitän kam erst bei Morgengrauen zurück.

Unsere Längenbestimmung vom Tag zuvor war also doch richtig gewesen. Auf der „Vega" hatten sie die gleiche Observation, ebenso auf der „Capella", mit der sie kurz vorher zusammen= gewesen waren. „Capella" und „Vega" hatten jede ihr Klapp= mützenjunges erbeutet, da sie sich östlich von 5° östl. L. befunden hatten, der Ostgrenze des Schongebiets der Robbe bis zum 3. April.

Montag, 27. März (—1° bis 0°), bekamen wir gute Höhen= beobachtungen, die 74° 50′ nördlich und 8° 20′ östlich ergaben.

Wir segelten mit guter Fahrt nach Norden; es blies eine recht steife Brise aus Südosten. Die „Vega" segelte besser als der „Viking", sie holte uns auf und übernahm die Führung. Es war

---

[1] „Vega" und „Capella" gehörten einer schwedischen Reederei in Göteborg; da sie jedoch jedes Jahr in Norwegen aufgelegt und auch dort ausgerüstet wur= den und sowohl norwegische Kapitäne wie Mannschaften hatten, wurden sie zu den „Norwegern" gezählt.

beabsichtigt, die „Nordbucht“ weiter nördlich zu suchen, obwohl
wir schon nördlicher waren, als man jemals einen „Jungenfang“
gefunden hatte, soweit die Leute sich erinnern konnten.

Das andere Schiff, das wir gesehen hatten, stellte sich als
„Nova Zembla“ heraus, ein schottischer Robbenfänger aus Dundee.
Er kam mit Segeln und Dampf hinter uns her.

Tatsächlich bog der Eisrand immer mehr in nordwestlicher
Richtung um; aber wir wußten nicht bestimmt, ob es die „Nordbucht“
war. Die Temperatur im Wasser betrug gegen Mittag —1,5°,
um 2 Uhr —1,3°, um 4 Uhr nachmittags —1,2°; alle Messungen
waren in offenem Wasser vorgenommen worden, auf dem einzelne
treibende Eisstücke schwammen.

Ich stieg in die Tonne hinauf, um das Eis anzusehen.
Während ich dort oben war, setzte eine gewaltige Bö ein. Sie
ging so heftig, daß einem die Luft um die Ohren sauste und das
Schiff sich auf die Seite legte. Wir hatten Bramsegel und alle
Segel gesetzt und konnten sie nicht bergen. Mast und Tonne
schwankten heftig. Die Marssegel begannen zu schlagen, als das
Schiff in den Wind schoß, und der Mast bebte wie ein Rohr. Die
„Vega“ lag hart über, die „Nova Zembla“ ebenfalls. Alle
Schiffe mußten nun abfallen.

Der Kapitän war um die Großrahe besorgt, die sich so stark
nach oben bog, daß sie wie ein Bogen aussah, und er glaubte
fast, daß sie mit der ganzen Takelage herunterkommen würde.

Ich saß oben in der Tonne und dachte an nichts Schlimmes,
und der Kapitän ahnte nicht, daß ich dort oben war. Markussen,
der uns von der „Vega“ aus zugesehen hatte, erzählte später, er
habe in seinem Leben keine solche Fahrt gesehen.

Als ich hinunterkletterte, ging ein beißend kalter Wind, und es
war, als hätte ich keine Kleider am Leibe. Als ich an die Marsrahe kam, waren die Finger wie abgestorben. Sie waren steif
wie Rinde, und man wird glauben, daß ich mich beeilte, sie wieder
warm zu bekommen. Der Kapitän erschrak sehr, als er mich
die Wanten herunterkommen sah.

Gegen Abend kam die „Nova Zembla“ an uns heran, und
Kapitän Guy besuchte uns an Bord. Selbstverständlich wurde
beratschlagt, was man tun sollte und in welcher Richtung man den
Jungenfang am ehesten finden könnte.

Der Schotte war ziemlich bedrückt. Er fand die Aussichten für

den Jungenfang sehr schlecht, da die Zeit bereits so weit vor=
geschritten war; und wenn er dieses Jahr keinen Fang machte,
so würde er sein Schiff verlieren, sagte er, es war also wirklich
nicht leicht für ihn. Nach und nach jedoch wurde er wieder mun=
terer und erzählte von seinen Erfahrungen und Abenteuern in der
Davisstraße und Baffinbai, wo er auf den Walfang zu gehen
pflegte.

Dort gab es Robben, die er „ground seal" (bärtigen See=
hund) nannte, und andere, die er „floe seal" nannte[1]; diese legen
die Jungen in Gänge unter dem Schnee auf das Eis, meistens
auf den größten Eisstapeln; dicht daneben hat die Mutter ihr
Loch, wo sie auf= und niedertauchen kann. Es ist wahrscheinlich
die Ringelrobbe (Phoca hispida).

Der Eskimo hockt sich mit bereitgehaltener kurzer Harpune
neben das Loch, und sowie die Mutter die Schnauze heraufschiebt,
stößt er zu und zieht das Tier herauf. So fängt er auch die
Jungen unter dem Schnee.

Kapitän Guy hatte den Eisbären auf die gleiche Art an den
Robbenlöchern lauern sehen. Er liegt flach auf dem Eis beim
Loch, die Tatzen schlagbereit, und kaum taucht der Robbenkopf
auf, schlägt er auch schon zu.

Guy hatte auch gesehen, wie der Bär mit den Robbenjungen
spielte, wenn es ihrer viele gab, wie beim Jungenfang. Er beißt
dann, wenn es ihn so gelüstet, ein Stück aus dem einen Tier
heraus und schleudert es wieder weg, ohne es zu töten. Dann
macht er es mit dem nächsten ebenso.

Manchmal wirft er sie hoch in die Luft und fängt sie mit dem
Maul wieder auf, er schlägt dann nach ihnen, daß sie über das
Eis kollern. Das gleiche tut er mit einer andern Robbe. Es ist, wie
wenn die Katze mit der Maus spielt. Sind die Robben jedoch spär=
licher anzutreffen, so läßt er sich keine Zeit zu solchen Spielereien,
sondern verschlingt sie sofort.

Oft treffen die Leute dort im Westen auch auf Walrosse, und
an manchen Plätzen waren oft viele beieinander.

Guy erzählte viel vom Walfang. Man fängt nur den Grön=
landwal; von diesem gibt es noch einige westlich in der Baffinbai
und im Lancastersund.

---

[1] Die schottischen Robbenfänger nennen die Ringelrobbe meistens floe-rat.

Man harpuniert sie stets von den Ruderbooten aus. Sie liegen oft in Kleineis, und man rudert leise an sie heran und schießt die Harpune aus einer kleinen Kanone vorn vom Bug des Bootes aus ab.

Wenn der Wal von der Harpune getroffen wird, schießt er meistens in die Tiefe und kann eine halbe Stunde unter Wasser bleiben; er ist aber dann bald erschöpft, so daß das Boot, wenn er aufsteigt, seitlich herankommen kann. Er wird hierauf mit einer langen Lanze getötet. Manchmal kann es aber auch zwei und drei Stunden dauern, bis man ihn abtun kann.

Wenn es nicht größere Tiere sind, mit etwa 3½ Meter langen Barten, muß man vier bis fünf Wale auf einer Fahrt erlegen, soll sich das Unternehmen lohnen; aber das gelingt selten. Im vergangenen Jahr hatte Guy nur zwei Wale erbeutet.

An einem guten Wal ist viel Speck, ungefähr achtzehn bis zwanzig Tonnen und sogar mehr, aber trotzdem sind die Barten das Wertvollste; sie wiegen bis zu eineinhalb Tonnen und können bei einem großen Wal einen Wert bis zu mehreren tausend Pfund Sterling erreichen.

Guy traf dort im Westen häufig Narwale und versprach mir ein Skelett von einem solchen, wenn ich ihm nach Dundee schreiben würde.

Im Lauf des Tages hatten wir mehrere Robben gesehen, meistens im Wasser, sowohl Klappmützen als auch Sattelrobben; wir lagen deshalb während der dunklen Nacht beigedreht, um uns am nächsten Morgen bei Tageslicht besser orientieren zu können.

Früh am nächsten Morgen, Dienstag, 28. März (—1° bis —8°), machten wir mit Segel und Dampf gute Fahrt. Der Wind war östlich, und wir drangen so tief wie möglich nach Westen ins Eis ein. Die beiden anderen Schiffe konnten uns nur schwer im Kielwasser folgen, wir hatten die stärkere Maschine.

Dann trafen wir auf schwierigeres Eis und bekamen überdies noch Nebel. Den Rest des Tags lagen wir bald des Nebels wegen still, bald kamen wir wieder ein wenig vom Fleck. Aber wir sahen im Lauf des Tags mehrere Robben im Wasser.

Die Kapitäne Markussen und Guy kamen wieder an Bord, und neue Beratungen wurden abgehalten.

Einigkeit schien darüber zu herrschen, daß die Fangfelder — oder zum mindesten ein Fangfeld — im Westen oder im Süd=

Wake im Treibeis, wo das „Tellereis" sich soeben bildet.
Skizze vom 28. März 1882.

westen lagen; denn es waren ziemlich viel Robben im Wasser, und sie machten den Eindruck, als überlegten sie sich, ob sie aufs Eis gehen sollten.

Es mußte hier offenes Wasser gewesen sein, als die Hauptmasse der Robben durchzog; diese lag nun vielleicht unten im Südwesten.

Nachzügler hatten vielleicht oben im Norden oder nordwestlich von uns ein „Fangfeld" gebildet, da das Eis unterdessen zusammengefroren war und sie nicht mehr zu der eigentlichen großen Masse gelangen konnten.

Man war sich darüber einig, daß man, wenn nur irgend möglich, nach Westen vordringen mußte; allein in dieser Richtung war das Eis zu stark.

Am Abend bekamen wir im Süden fünf Segler zu Gesicht. Es fängt hier nun an belebt zu werden.

* *

*

An diesem Tag nahm ich mehrere Messungen der Temperatur des Meeres in verschiedenen Tiefen vor; ich fand sie ziemlich merkwürdig. Um 1 Uhr nachmittags stellte ich fest:

an der Oberfläche		—1,6°
bei 10 Faden	(19 Meter)	—1,7°
„ 20 „	(38 „)	—1,9°
„ 30 „	(56 „)	—1,6°
„ 50 „	(94 „)	—1,3°

Die Temperatur der Luft betrug —0,6°. In der Nacht war es kälter gewesen, —4° um Mitternacht. Überall auf dem Wasser zwischen den Schollen schwammen die kleinen dünnen „Teller" von neugebildetem Eis, was darauf deutete, daß das Wasser sich schon früher am Tage mit Eis bedeckt gehabt hatte, die Eisrinde jedoch von der Bewegung des Wassers in diese kleinen runden Scheiben zerbrochen worden war.

Um 8 Uhr abends maß ich wieder einige Wassertemperaturen, kam jedoch nicht tiefer als 10 Faden, da das Schiff zu starke Fahrt hatte. Ich fand:

          an der Oberfläche   —1,8°
          bei 10 Faden (19 Meter)   —1,9°.

Die Luft hatte eine Temperatur von —8°, und das Wasser hatte wieder begonnen, sich mit Eis zu bedecken.

In meinem Tagebuch betonte ich bereits damals, daß diese Messungen den Anschauungen über die Bildung des Eises im Meere, die damals unter Geographen und Physikern ganz allgemein waren und sich, wie wir jetzt hinzufügen können, zum Teil noch bis auf den heutigen Tag erhalten haben, „vollkommen widersprechen müssen".

Der schwedische Physiker Professor E. Edlund hatte die Theorie aufgestellt, das Meereis, namentlich draußen auf dem Meer in großer Entfernung vom Land, bilde sich in der Regel nicht an der Oberfläche des Wassers, sondern in einer gewissen Tiefe, und diese Tiefe sei draußen über der Tiefsee ziemlich beträchtlich, jedenfalls über 100 Fuß (31 Meter)[1].

Gewöhnliches salziges Meereswasser hat bekanntlich die Eigenschaft, sich bei Abkühlung bis zu einer Temperatur, die unter seinem Gefrierpunkt liegt, ständig zusammenzuziehen. Meereswasser mit ungefähr 35 Tausendteilen Salzgehalt, wie es in den nördlichen Meeren vorherrscht, gefriert bei einer Temperatur von ungefähr —1,9°, erreicht aber seine größte Dichte bei —3,5°, wenn es so stark abgekühlt werden kann, ohne zu gefrieren. Der Unterschied in der Dichte bei diesen beiden Temperaturen ist jedoch gering und beträgt nur eine Einheit im fünften Dezimal des spezifischen Gewichts.

---

[1] E. Edlund: Über die Bildung des Eises im Meere. Poggendorffs Annalen der Physik und Chemie, Bd. 121, 1864, S. 549. Vgl. auch O. Krümmel: Handbuch der Ozeanographie, 1907, Bd. I, S. 499.

Als Folge dieser Zusammenziehung wird das Wasser an der Oberfläche des Meeres, im selben Maße wie es abkühlt, ständig schwerer als die darunter befindliche wärmere Wasserschicht, vorausgesetzt, daß die Schichten ungefähr den gleichen Salzgehalt haben. Das Oberflächenwasser muß deshalb ständig sinken und dem von unten aufsteigenden wärmern Wasser Platz machen. Mit der Abkühlung setzt sich dieser Prozeß fort, bis die Temperatur in allen Schichten (soweit der Salzgehalt der gleiche ist) nahe an den Gefrierpunkt des Meerwassers gesunken ist.

So weit ist die Überlegung richtig und entspricht, wie wir später durch genaue Messungen festgestellt haben, den wirklichen Vorgängen im Meer.

Edlund meinte nun aber, daß — da das Meerwasser sich selbst bei starker Abkühlung nur schwer zu Eis kristallisiert, wenn es nicht mit festen Körpern in Berührung kommt oder mit Eis, das sich bereits gebildet hat — bei starker Abkühlung das Wasser auf offener Meeresfläche dort, wo sich nicht bereits Eis gebildet hat, in der Regel unterkühlt (d. h. bis unter seinen Gefrierpunkt abgekühlt) werden würde, ohne zu gefrieren. Es würde dann sinken und durch neues Wasser von unten her ersetzt werden, das auch unterkühlt würde und sinke, und so weiter. Auf diese Weise würden sich in der Tiefe große Mengen von unterkühltem Wasser ansammeln, das dann plötzlich aus irgendeinem Grunde gefriere und dabei runde Scheiben wie „Teller" bilde oder sogar wie „Faßböden". Diese würden an die Oberfläche schießen und in kurzer Zeit die ganze Wasserfläche bedecken. Das sei das gleiche, was die Fischer an der norwegischen Küste „Grundeis" nennen.

Edlund dachte offenbar, das sinkende unterkühlte Wasser gefriere dadurch plötzlich, daß es gegen den Grund stoße, daher der Name „Grundeis". Aber von den Verhältnissen draußen über der Tiefsee konnte er dies schwerlich annehmen; er sagt nur, daß dieses Eis sich in großer Tiefe bilden müsse.

Die Richtigkeit dieser Theorie schien durch die Erfahrungen der Fischer an der schwedischen und norwegischen Küste bestätigt zu werden. Diese wollen oft gesehen haben, wie solche Scheiben aus der Tiefe auftauchten und plötzlich die ganze See rings um sie bedeckten, so daß die Boote in diesem „Grundeis" steckenblieben. Auf dem Eismeer schien offenbar das Buchteis oder Pfannkucheneis auf diese Weise zu entstehen (vgl. Quennerstedt, 1867), obwohl

Scoresby schon 1820 eine richtige Erklärung für die Entstehung dieses Eises gegeben hatte.

Das erste, was einem bei dieser Erklärung ganz unwahrscheinlich vorkommen muß, ist, daß das in der Tiefe gebildete Eis die Form solcher äußerst dünnen, vollkommen flachen Scheiben annehmen soll, geradeso wie das Eis, das sich an der Wasseroberfläche gebildet hat. Es ist doch nicht gut denkbar, daß dieses unterkühlte Wasser auch in der Tiefe längs einer Fläche gefrieren sollte?

Freilich kann es sein, daß, wie Edlund betont, das Wasser, wenn es zu gefrieren anfängt, kleine feine Blätter bildet; aber das sind Kristalle, und es wird sich wohl niemand ausdenken können, auf welche Weise diese bis zu der Größe von Tellern oder Fußböden anwachsen sollten? Weit eher müßten doch die Kristalle im unterkühlten Wasser in der Tiefe zu verschiedenen Formen zusammenschießen.

Schon aus diesem Grund erscheint die ganze Theorie äußerst unwahrscheinlich. Die oben angegebenen Messungen der vertikalen Temperaturunterschiede in den Wasserschichten, die vorgenommen wurden, während sich das typische Buchteis, mit dünnen „Tellerchen", an der Oberfläche bildete — und noch mehr eine spätere Temperaturreihe vom 23. April sind ein direkter Gegenbeweis. Keine dieser Temperaturen zeigt eine Andeutung von einer Unterkühlung. Eine Temperatur von —1,9° bei 20 Faden Tiefe liegt sehr nahe dem Gefrierpunkt des Wassers mit über 34 oder fast 35 Tausendteilen Salzgehalt, und es ist mit Sicherheit anzunehmen, daß das Wasser in dieser Tiefe den genannten Salzgehalt hatte[1]. Die Temperatur —1,7° bei 10 Faden lag ein wenig über dem Gefrierpunkt des Wassers in dieser Tiefe, der ungefähr um —1,8° oder etwas darunter gelegen sein mußte. Und zwischen —1,7 und —1,8° lag der Gefrierpunkt für das Oberflächenwasser mit ungefähr 32 bis 33 Tausendteilen Salzgehalt.

Die „Tellerchen" konnten sich nicht unter der Oberfläche gebildet haben, sondern sind auf dieser selbst entstanden, und die runde Form hatten sie durch die gegenseitige Reibung in der schwachen Wellenbewegung erhalten.

---

[1] Die verschiedenen in Glasröhren eingeschmolzenen Wasserproben, die ich mit heimbrachte, mußten jemand andern zur nähern Untersuchung überlassen werden; leider wurden jedoch diese Untersuchungen niemals ausgeführt.

Ich muß hier hinzufügen, daß ich seit jener Zeit Hunderte, wenn nicht gar Tausende von Messungen der Temperatur und des Salzgehalts der kalten Wasserschichten in verschiedenen Gegenden des Eismeers und Polarmeers gemacht habe, während die Oberfläche stark abgekühlt wurde; aber nicht ein einziges Mal habe ich unterkühltes Wasser gefunden. Ich glaube deshalb nicht, daß dies, unter gewöhnlichen Verhältnissen, jemals im Meer entstehen kann.

Von wesentlicher Bedeutung für die Eisbildung, sowohl auf dem Eismeer als auch an unseren Küsten und in unseren Fjorden, ist, daß die obere Wasserschicht in diesen Gegenden in der Regel — jedenfalls bevor das Wasser durch die Eisbildung salziger geworden ist — weniger salzig ist als das darunter befindliche Wasser und daß, selbst wenn das Wasser an der Oberfläche auch noch so sehr unter den Gefrierpunkt abgekühlt werden könnte, es doch im allgemeinen nicht schwerer werden kann als das Wasser darunter.

Aber wenn auch das Meereswasser in allen Tiefen gleich salzig wäre, so würde doch eine Eisbildung in sinkendem Wasser in der Tiefe dadurch außerordentlich erschwert werden, daß die Temperatur des sinkenden Wassers durch die Zusammenpressung unter dem erhöhten Druck steigen würde, während gleichzeitig sein Gefrierpunkt bei zunehmendem Druck sinken würde.

Allerdings habe ich die Bildung von Eis unter der Wasseroberfläche beobachtet; aber dies ging auf eine ganz andere Art vor sich. Das war dort der Fall, wo eine Schicht von fast süßem Wasser (Flußwasser oder durch Schmelzen des Treibeises im Sommer entstandenes Wasser) auf kaltem Eismeerwasser von einer Temperatur unter —1° oder —1,5° schwamm. An der Berührungsfläche mit diesem untern kalten Wasser wird das Süßwasser bis zu seinem Gefrierpunkt abgekühlt und wird zu Eis, das in Form von Eisnadeln (jedoch nicht in Scheiben) aufsteigt und sich an der Oberfläche des süßen Wassers ansammelt, wo die Temperatur vielleicht ein oder zwei Grad über dem Gefrierpunkt liegt.

Am folgenden Tag (29. März) lagen wir fast immer still; es war unsichtiges Wetter (mit —6°, schwacher Wind von Süden,

Osten und Nordwesten); das Eis war schwer, und Eisbrei lag zwischen den Schollen.

Als wir das Schiff verließen und auf dem Eis nach der Scheibe schossen, sollte ich erfahren, wie heimtückisch dieser Brei ist. Es war nicht leicht, den Unterschied zwischen Eis und Eisbrei zu erkennen, und ehe man sich's versah, konnte man bis an die Hüften zwischen den Schollen versinken.

Mit Krefting und Markussen war ich an Bord des schottischen Robbenfängers; dort fand wiederum eine Beratung statt. Wir wurden gastfrei aufgenommen. Sowie man an Bord von Schiffen anderer Nationen kommt, findet man dort ein anderes Gepräge. Hier war trotz aller Dürftigkeit etwas von der britischen anheimelnden Gemütlichkeit, namentlich am offenen Kaminfeuer, das ein wenig nach Kohlen roch und das die Briten nicht gern entbehren. Das Mittagessen war britisch solid: Roastbeef (selbstverständlich) und schwerer englischer Pudding, der lange vorhält. Mit Ochsenfleisch hat es auf dem Eismeer übrigens keine Schwierigkeit; das führen die Robbenfänger von daheim mit, sie nehmen es frischgeschlachtet an Bord und hängen es sofort im Takelwerk auf; dort hält es sich in der bakterienfreien Luft auf der ganzen Reise frisch.

Während der Nacht lagen wir ganz still, und am folgenden Tag (30. März, Obs. 75° 23' nördl. Br., 5° 40' östl. L., —8°, schwacher Wind aus Nordwesten) kamen die fünf anderen Schiffe, die wir gesichtet hatten, ziemlich nahe heran. Es waren „Albert", mit Kapitän Bernt Iversen, „Hekla" mit Kapitän Hansen, „Geysir" mit Kapitän Ole Iversen, „Hårdråde" mit Kapitän Castberg und „Kap Nord" mit Kapitän Gullik Jensen; sie alle gehörten zu den tüchtigsten Robbenfängern.

Wir dampften zu ihnen hin, um Neues zu erfahren. Als wir an „Hekla" vorbeifuhren, kam Kapitän Hansen zu uns an Bord; auch Guy und Markussen kamen herüber und ein Mann von dem eine Seemeile weiter zurückliegenden „Hårdråde".

Große Beratung in der Kajüte. Hansen ist bereits längere Zeit auf dieser Breite gewesen. Iversen mit „Albert" hatte oben im Norden, in ziemlich ausgedehntem Eis, 20 bis 30 Klappmützenfamilien gesehen.

Alle waren der Meinung, im Westen müsse ein Fangfeld sein, vielleicht gar nicht so weit von der Stelle entfernt, wo wir uns befanden, denn die Klappmütze liege fast immer nordöstlich des

Junges mit Schnee bedecktes Eis.
Skizze vom März 1882.

Fangfelds, hieß es jetzt. Die Schwierigkeit bestand nur darin, daß das Eis zu dicht war und man befürchten mußte, eingeschlossen zu werden.

Es wurde deshalb bestimmt, zu versuchen, in freies Wasser zu kommen und dann nordwestwärts zu fahren. Dort gab es viel blaue Luft und wahrscheinlich offenes Wasser. Vielleicht konnten wir von dort aus zu den Robben gelangen.

Wir dampften nach Osten zu offenem Wasser, blieben aber schließlich stecken und lagen in der Nacht still. Es wurde kälter; tagsüber waren —8° gemessen worden, am Abend sank die Temperatur auf —13°.

Am nächsten Tag (31. März, Obs. 75° 17' nördl. Br. und Obs. 6° 30' östl. L., —13°, Westwind) kam auch „Hårdråde" bis zu uns vor, während „Geysir" zurückblieb.

Castberg und sein Sohn Ludwig, Gun, Hansen und Markussen kommen morgens an Bord. Wiederum Beratung. Einige meinen, die anderen Schiffe hätten das Fangfeld bereits erreicht, andere meinen, dies sei nicht der Fall. Alle erkennen die Möglichkeit an, daß vielleicht niemand dort ist, und alle meinen immer noch, daß die Robben in westlicher Richtung liegen, daß aber auch im

Norden oder Nordwesten ein kleines Feld von Robben sein könne;
die Robben, die im Westen lägen, seien eingefroren, das sei ganz
gewiß[1].

Einige meinen, daß die anderen Schiffe möglicherweise vom
Süden her an das Fangfeld herangekommen sind. Andere glauben, daß wir uns jetzt im Zentrum der „Zunge" befänden, folglich nicht mehr weit von den Robben entfernt seien, und daß im
Norden offenes Wasser sei, worauf auch die blaue Luft schließen
lasse, die man dort ständig beobachten könne. Der einzige Einwand
könne sein, daß das Eis hier nicht so sei, wie es sein solle, denn
dies könne man ja nur Neueis nennen, da keine älteren Eisstapel
darin zu finden seien.

Sie alle wollen, daß der „Viking", der eine stärkere Maschine
hat als die anderen, vorangehen solle, damit sie aus dem Eis her-
auskommen und nicht festfrieren. Aber Krefting hat keine Lust
dazu, es koste zuviel Kohlen, das Eis sei zu dicht, meint er.

Kapitän Castberg erzählt, er sei in früheren Jahren mehrere
Male Robben begegnet, die vom Süden her zum Wurfplatz
kamen. Er kann aber nicht mit Sicherheit sagen, ob das nicht
Robben waren, die zuerst aus dem Norden gekommen, dann zu
weit nach Süden geraten und schließlich, da sie kein ihnen zu-
sagendes Eis gefunden hatten, wieder umgekehrt waren. Er glaubt
aber, daß es auch Robbenzüge gibt, die vom Süden her kommen,
da ein Teil davon gleich nach dem Jungenfang wieder dorthin
zurückkehrt, obgleich natürlich die Hauptmasse der Robben nordwärts wandert.

Krefting meint, die Robben, die nach Süden ziehen, wandern
später im Jahre auch noch nach Norden. Sie besuchen nur für eine
Weile die Fischbänke bei Island. Es gebe also nur einen einzigen
Zug von Robben zum Wurfplatz, und dieser komme ausschließlich
von Norden her.

Wir blieben tagsüber liegen. Ich vertrieb mir die Zeit mit
der Jagd auf Möwen und bekam ein tüchtiges Bad ab, als ich
fortging, um sie zu holen. Während ich auf dem Eisbrei von einer Scholle zur andern springe, versinke ich auf
einmal und kann nur dadurch, daß ich das Gewehr vor mir quer
über den Brei lege, wieder auf die feste Scholle kommen.

---

[1] Dies stellte sich auch als richtig heraus.

Dieses Eis mit dem Brei dazwischen ist ziemlich heimtückisch, und manchmal bekam einer unversehens ein kaltes Bad, oft bis unter die Arme; aber man arbeitete sich wieder heraus und lief weiter.

Es bleibt kalt, —12° bis —14°, mit Westwind. Das sieht schlecht aus für uns; jetzt friert das Eis zusammen.

Am Nachmittag begleitete ich den Kapitän an Bord von Castbergs Schiff. Wir blieben lange dort und redeten hin und her, selbstverständlich über den Robbenfang.

Castberg meint, daß die Robben zweimal im Jahr werfen. Er glaubt, daß auf diesem Fangfeld hier kaum acht Prozent weibliche Junge sind, und meint, daß die weiblichen Jungen im Herbst geboren werden.

Krefting ist der Ansicht, daß sie nur einmal werfen, denn die Engländer finden im Herbst in der Davisstraße nur Weibchen mit kleinen Keimlingen[1]. Sie tragen ungefähr ein Jahr lang, so glaubt er, und ihre Paarungszeit dauert bis zu einem Monat nach der Geburt der Jungen. Aber er hält es für möglich, daß die Robben, die weibliche Junge zur Welt bringen, an einen andern Platz gehen. Er meint auch, daß die weiblichen Jungen eine längere Entwicklungszeit haben und deshalb später geworfen werden. Kapitän Hansen versichert, daß er einmal auf ein Fangfeld gekommen sei, auf dem nur weibliche Junge gewesen seien.

Ich werfe die Frage ein, ob sie glauben, daß die Anzahl der Robben sich durch diese großen Beutezüge vermindere. Aber davon wollte Castberg nichts hören.

„Aber lieber Nansen, wie können Sie nur so fragen! Es gibt so viele Robben hier im Eismeer, mein Lieber, daß die Tiere, die wir Menschen erlegen können, gar keine Rolle spielen. Ich saß einmal während eines Fangs in der Tonne und sah von dort aus eine Robbe an der andern liegen, nach allen Seiten hin, soweit mein Fernrohr reichte, bis zum Horizont, und darüber hinaus waren es ihrer genau soviel. Ja, es war eine solche Menge von Robben, daß es viele Jahre gedauert haben würde, um sie alle auszurotten, selbst wenn sie keine Jungen bekommen hätten. Und genau so ist es mit

---

[1] Dies stimmt vollkommen mit den Beobachtungen überein, die ich selbst später gemacht habe. Ich fand im Oktober 1888 viele kleine Keimlinge in weiblichen Sattelrobben bei Godthåb an der Westküste von Grönland.

den Klappmützen; ich habe unendlich viele auf einmal gesehen, sie lagen wie Kaffeebohnen über all das Eis verstreut, und wir werden sie nie ausrotten können. Nein, lieber Freund, unser Herrgott hat die Robben geschaffen, damit wir sie erbeuten sollen. Und er wird schon dafür sorgen, daß sie nicht weniger werden."

Es ist das alte Lied, die Jäger wollen niemals zugeben, daß die Tiere, auf die sie Jagd machen, abnehmen, ob dies nun Robben oder Wale im Meer sind oder die Wildrenntiere an Land.

Im Lauf des Abends machten wir Besuch an Bord der „Vega". Unterdessen ging das Eis auf, so daß wir zum „Viking" zurückrudern mußten.

Alte Toroſſe, vom warmen Meerwaſſer ausgehöhlt.
Skizze vom 10. April 1882.

Fünftes Kapitel.

Wo mag der Jungenfang ſein?

Allmählich rückt der 3. April immer drohender heran, und obgleich wohl alle die Hoffnung aufgegeben haben, den Jungenfang noch vor dieſem Tag zu erreichen, möchte man doch einen
letzten Verſuch machen, um aus dem Eis herauszukommen, das
einen ſonſt leicht vier bis fünf Wochen feſthalten könnte.

Es wird kälter; jetzt, in der Nacht, hat es —16°. Gegen
Morgen fällt die Temperatur auf —18°. Es beſteht die Gefahr,
daß wir einfrieren. Auch der Wind läßt nach, und Krefting meint,
wir ſollten nun doch wohl verſuchen, herauszukommen.

Es wurde deshalb am Morgen (Sonnabend, 1. April) die Nachricht an die anderen Schiffe gegeben, ſie ſollten Mannſchaften ſen-
den, um das Schiff zu „ſpringen“, das heißt, daß die Leute
ſich zuerſt auf die eine Seite des Deckes ſtellen und dann auf die
andere hinüberſpringen und wieder zurück, in beſtimmten Zwiſchen-
räumen, um das Schiff zum Rollen zu bringen, ſo daß das Eis
ringsherum zerbrochen wird.

Wir beginnen uns durchzuſtoßen, jedoch mit geringer Hoffnung. Die Mannſchaften kommen an Bord, und es ſind jetzt an
hundert Mann auf Deck des „Viking“, die luſtig unter takt-
mäßigen Zurufen hin und her ſtampfen.

Das erstemal geht es über Erwarten gut. Caſtbergs Schiff „Hårdråde", das vergebens verſucht hat vorzudringen, laſſen wir mit Leichtigkeit zurück und gleiten ein gutes Stück weit von Wake zu Wake, bis wir wieder feſtſtecken. Nun ein Stück weit zu= rück, um Anlauf zu nehmen, dann wieder Volldampf voraus. Der „Viking" rammt, rennt auf das Eis hinauf und drückt es unter ſich hinunter; die Mannſchaften ſtürzen ſich mit aller Kraft gegen die Reling, erſt auf der einen Seite, dann auf der andern Seite, und ſchließlich muß das Eis nachgeben. Es zerſpringt, ſtellt ſich vor dem Bug ſenkrecht auf und wird zur Seite oder hinunter= gedrückt, und dann gleiten wir wieder ein langes Stück vorwärts.

Dann und wann ſchlägt die Schraube gegen die Eisſtücke, ſo daß die Maſchine faſt ſtehenbleibt und das ganze Schiff er= ſchüttert wird. Sie kann leicht abgeſchlagen werden, aber ſollte es wirklich ſo ſchlimm gehen, ſo haben wir ja eine Reſerveſchraube, wenngleich das Auswechſeln eine Verzögerung bedeutet.

Wir fahren weiter, denn wir wollen doch vorwärtskommen. Es geht auch ſo gut, daß der Abſtand von den anderen Schiffen immer größer und größer wird, obwohl uns dieſe doch in unſerm Kielwaſſer folgen können. Sie können nicht gleiche Fahrt wie wir machen, und die Mannſchaften müſſen zu ihnen zurückkehren. Zum Schluß verſchwinden ſie ganz unter dem Horizont. „Nova Zembla" iſt die einzige, die vorwärtskommt, und ſie überholt uns ſogar. Sie hat einen leichtern Weg gefunden.

Am Abend kommen wir aus dem dicken Eis heraus, in blaues Buchteis und endlich in freies Waſſer; wir richten jetzt den Kurs nach Süden. „Nova Zembla" verloren wir in der Dunkelheit aus den Augen, ſie ging vermutlich nordwärts.

Es war Vollmond und ſternenklar. Der Mondſchein glitzerte da und dort auf den Waken, weiße Schollen lagen im blauen Buchteis verſtreut. Der ganze Nordweſthimmel glühte in tiefem Purpurrot; der Horizont war übrigens gelblich weiß von dem Mondſchein, der von den in weiter Ferne liegenden Eisfeldern zurückgeſtrahlt wurde. Herrgott, daß man eine ſolche Nacht nicht auf dem Papier für immer feſthalten kann!

Der Kapitän ſtand auf dem Achterdeck und blickte in der Rich= tung zurück, aus der wir kamen.

„Dort im Weſten liegt der Jungenfang, und wir ſegeln von ihm fort", ſagte er wehmütig.

Er hatte das Gefühl, daß tief drinnen, dort in dem dichten Eis, das Fangfeld lag. Aber was follte er tun, um dorthin zu gelangen? Hier ftillzuliegen, mit der Ausficht feftzufrieren, fchien unfinnig. Da war es beffer, fich folange wie möglich am Rande des Eifes in Bewegung zu halten und die erfte günftige Gelegenheit auszunutzen, um dort einzudringen, wo es wünfchenswert erfchien.

Ja, ein großes Glücksfpiel ift es wahrlich, diefes Fängerleben. Erreicht man den Jungenfang, dann macht fich wenigftens, felbft bei einer mäßigen Beute, die Reife bezahlt, und gelingt es gar, das Schiff vollzubeladen, können Reeder und Kapitän ein Vermögen gewinnen und die Mannfchaft einen guten Verdienft.

Mancher Reeder, der bei der Ausreife des Schiffes vielleicht am Rande des Bankerotts ftand, war an dem Tag, da es vollbeladen aus dem Eismeer in den Hafen heimkehrte, ein vermögender Mann, während ein Verfehlen des Fangfeldes ein faft leeres Schiff zur Folge haben konnte, befonders früher, ehe der Klappmützenfang in der Dänemarkftraße begann; das bedeutete dann den Ruin für die Reeder — einen großen Verluft für den Kapitän — und für die Mannfchaft und die vielen Familien daheim einen kümmerlichen Verdienft, mit dem fie fich vielleicht fchwer genug durch den nächften Winter fchlagen konnten. Kein Wunder daher, daß auch für die Mannfchaft das ganze Wohl und Wehe davon abhängt, ob man den Jungenfang findet oder nicht. Es wird ja trotzdem, felbft im beften Fall, nicht übertrieben großartig mit dem Verdienft.

Das ganze Lohnfyftem für die Bemannung diefer Schiffe mag dem Uneingeweihten ziemlich verwickelt erfcheinen. Ein Sechftel des Wertes der gefamten Beute fällt der Mannfchaft zu. Diefe Summe muß man fich in ganze Mannsanteile geteilt vorftellen, die wiederum in Sechzehntel geteilt werden; mit diefen werden die Leute bezahlt, außerdem erhalten fie noch eine fefte Monatsheuer.

Ein gewöhnlicher Matrofe an Bord eines Robbenfängers erhielt in jener Zeit meiftens 20 Kronen im Monat und einen Anteil von fünf Sechzehntel; ein Schiffsjunge bekam nur ein oder zwei Sechzehntel. Die Schützen, deren gewöhnlich neun auf jedem Schiff waren (auf dem „Viking" waren zehn) erhielten zehn bis zwölf Sechzehntel, der Steuermann bekam fechzehn Sechzehntel

7*

(oder einen Mannsanteil), und der Führer erhielt 96 Sech=
zehntel (sechs Mannsanteile) vom Mannschaftsanteil am Fang
und außerdem die gleiche Summe von der Reederei. Er erhielt
also zwölf Mannsanteile außer seinem festen Gehalt.

Durch Zusammenlegung aller Sechzehntel der Mannschaft und
des Führers erhält man die Gesamtanzahl von Sechzehnteln;
den Wert eines Sechzehntels erhält man, indem man die Ge=
samtsumme des Fanganteils durch die oben erhaltene Anzahl
der Sechzehntel dividiert.

Wenn dieses Sechzehntel ungefähr 20 Kronen ausmachte,
was in einem durchschnittlichen Jahr gewöhnlich der Fall war, und
das Schiff fünf Monate unterwegs war, verdiente also ein Ma=
trose alles in allem auf der ganzen Fahrt 200 Kronen oder
40 Kronen im Monat.

Das war freilich nicht viel, wenn daheim Weib und Kind
warteten. Bei vollbeladenem Schiff konnte ja das Sechzehntel
auch etwas mehr betragen, aber ein wirklich großer Verdienst
wurde es keinesfalls, und unter Umständen, wenn das Schiff
kein Glück gehab' hatte, konnte er noch viel kleiner sein. Und
dennoch fahren Jahr für Jahr immer wieder die gleichen Männer
ins Eismeer hinauf.

*   *

*

Während der Nacht veränderten wir wieder den Kurs und
hielten nach Norden, um die Waken zu suchen, die, wie wir
glaubten, sich in jener Richtung durch das Eis erstrecken müßten,
in der wir am Tag zuvor blaue Luft gesehen hatten.

Am nächsten Vormittag (Sonntag, 2. April) kamen wieder
„Hårdråde", „Hella" und „Vega" in Sicht; sie waren ziem=
lich weit an den Rand des Eises hinausgekommen, lagen jetzt
aber fest und konnten nicht weiter. Wir sahen auch „Nova Zembla"
wieder; sie war weiter nördlich gewesen, hatte jedoch wahrscheinlich
nichts gefunden und hielt nun Kurs nach Südwesten. Auch wir
änderten den Kurs wieder nach Südwesten, da das Eis nordwärts
zu schwer zu sein schien.

Es wurde hier außerhalb des dichten Eises am Tage ein
wenig wärmer, —9° bis —10°, dazu hatten wir stärkern west=
lichen Wind.

Wir gehen den größten Teil des Tages durch blaues Buchteis

Durch dichtes Eis.

und offene Waken; zugleich versuchen wir, soweit wie möglich nach Westen vorzudringen.

Durch solches blaues, zähes Buchteis ist es fast am schwersten durchzukommen, selbst wenn es nicht dicker ist als 15 bis 20 Zentimeter.

Es ist merkwürdig, wie rasch sich solches Eis bilden kann, während 24 Stunden manchmal auf einer Fläche von Hunderten von Quadratmeilen. Als wir ins Eis gingen, war keine Spur von blauem Buchteis da, und während der letzten Tage hatte es die ganze Zeit so geschneit, daß man nur mit Mühe das Deck klar von Schnee halten konnte; dennoch ist hier blaues Buchteis ohne Schnee darauf, so weit der Blick reicht. Wahrscheinlich aber war der Schnee, der ins Wasser fiel, die Ursache, daß es so rasch entstand.

Dieses Eis mit allen den weißrandigen Tellerchen, aus denen es sich zusammensetzt, gleicht einem Boden aus runden Steinfliesen.

Am Nachmittag kamen wir wieder in schweres Eis und wurden festgepreßt. Es war merkwürdig zu sehen, wie die Eisschollen sich neben dem Schiff hochkant stellten und es zusammenpreßten, daß es in seinen Verbänden krachte.

Eine Stunde später wichen die Schollen wieder zurück und gaben Platz, so daß wir wieder vorwärtskommen konnten. Das Eismeerleben ist wechselvoll. Bald liegt man fest, bald ist man frei, bald hat man offenes Wasser, bald Eis, bald ist man guten Mutes, bald hält man das Spiel für verloren; an diesem Abend sah es besonders trüb aus. Hier ist nirgends eine Robbe zu sehen.

Heute nacht um 12 Uhr beginnt das Schlachten, das heißt für jene, die im Fangfeld liegen; sie haben ein wunderbares Wetter — klarsten Mondschein, aber 10° Kälte und wenig Wind, so daß das Eis wohl bald zusammenfrieren wird.

Montag, 3. April (Obs. 74° 6′ nördl. Br., Obs. 9° 30′ östl. L., —9°, klar, schwacher Wind Westsüdwest). Jetzt also soll der Jungenfang beginnen. Wir würden gern wissen, ob eines der Schiffe wirklich das Fangfeld gefunden hat; die Stimmung an Bord des „Viking" ist nicht sehr festlich.

Den ganzen Tag dampfen wir durch Buchten und Waken mit blauem Buchteis, schlängeln uns überall durch, wo es eine Möglichkeit gibt, in südwestlicher Richtung vorzudringen. Wir haben schönes sonniges Wetter.

Am Nachmittag liegen wir wieder fest. Die Schützen vertreiben sich die Zeit, indem sie auf die Scheibe schießen, um die Gewehre zu prüfen und sich einzuschießen. Wir kommen wieder frei und fahren weiter, aber nirgends ist eine Robbe zu sehen.

Am Abend kommt ein feuchter Wind mit Nebel auf (—7°), und die ganze Takelage bedeckt sich mit Reif. Merkwürdig ist es zu sehen, wie der Nebel sich über den Waken verfärbt; über dem dunklen Wasser wird er schwarz, fast wie der Rauch eines Dampfers, während der Nebel über den Schollen durch den Widerschein des weißen Eises erhellt wird.

Die Mannschaft hat die bisher aufrecht erhaltene Hoffnung, doch noch zum Jungenfang zu kommen, jetzt endgültig aufgegeben; aber sie tröstet sich damit, daß man es mit der Klappmütze wird wieder einholen können. Für die Leute hängt viel davon ab, denn mehr als die Hälfte ihres Verdienstes sollte ja eigentlich auf den Anteil am Fang treffen.

Am 4. April hatten wir den ganzen Tag Nebelwetter mit südwestlichem Wind (—5° gegen Mittag). Wir kamen ein Stück vorwärts, wurden jedoch am Nachmittag wieder eingeschlossen und lagen so die ganze Nacht.

Am nächsten Tag (Mittwoch, 5. April, —3°) wurde mir gesagt, auf dem Eis in einiger Entfernung vom Schiff sitze ein seltsamer Vogel. Ich zog los, schoß ihn und fand, daß es ein Geierfalke (Falco gyrfalco) war, der sich auf die Eisfelder so weit von allem Land weg verirrt hatte. Er lebt hier wohl von Seevögeln. Wir befanden uns auf ungefähr 78° 8' nördl. Br. und 10° 30' östl. L. Seiner dunklen Farbe nach zu urteilen war es sicher ein junger Vogel; er war nicht so weiß, wie der Geierfalke auf Island und besonders auf Grönland werden kann.

Das Eis ist sehr veränderlich. Den ganzen Tag war es so festgepackt, daß es über lange Strecken viele Schichten hoch auf= getürmt lag. Am Schiff, das ziemlich in die Höhe gehoben wurde, stand es senkrecht aufgerichtet. Eine halbe Stunde später lagen wir in klarem Wasser. Es scheint, als ob sich das Eis im Lauf des Tages mit den Gezeiten zweimal schließe und wieder öffne.

Am 6. April war Gründonnerstag (0°). Mit einem der Leute machte ich am Vormittag einen weiten Ausflug zur Möwen= jagd. Zum Schluß wollten wir auf einer Eisscholle über eine

Wale übersetzen, aber unser Ausflug dauerte länger, als wir er=
wartet hatten. Ich fiel ins Wasser und verlor die Hacke; wir
hatten jetzt nur noch eine Robbenhacke zum Rudern, und die
Scholle war gerade so groß, daß sie uns eben trug. Wir standen
bis an die Knöchel im Wasser und kamen nur langsam vorwärts,
aber endlich gelangten wir doch auch wieder „an Land".

Als wir zum Schiff zurückkamen, begegneten wir auf dem Eise
Karnevalsgestalten. Es waren die beiden Leute aus Holmestrand,
sie hatten Wollschlüpfer als Reithosen an den Beinen und aus=
gestopfte Bürgermeisterbäuche, dazu trugen sie Röcke mit langen
Schößen, hohe Zylinderhüte und weiße Knebelbärte. — Sie hatten
auf dem Schiff, während wir fort waren, allerlei Scherze ge=
trieben und hatten „Pferdemarkt" und vieles andere gespielt.

Am Abend waren der Kapitän und ich vorn im Mannschafts=
raum, wo große Heiterkeit herrschte. Schon den ganzen Abend
über wurde unter allen möglichen Scherzen das „Handschlagen"
betrieben. Es besteht darin, daß ein Mann gebückt mit den
Händen auf dem Rücken dasteht und einem andern, der ihm die
Augen zuhält, den Kopf in den Schoß legt. Während nun einer
nach dem andern ihm auf die Hände schlägt, soll er erraten, wer
geschlagen hat. Rät er den richtigen, muß dieser seinen Platz ein=
nehmen. Eigentlich soll natürlich mit der Hand geschlagen werden,
statt dessen aber benutzten die Leute Stiefel, Pantoffel, Holzpan=
toffel und einen alten Gummischuh, und es schien, daß sie beim
Zuschlagen ihre Kräfte nicht schonten. Trotzdem wurde die ganze
Sache unter viel Gelächter und Heiterkeit betrieben.

Die Tage wurden nun immer länger und länger; es wird
merkwürdig rasch hell. Die Nächte sind jetzt bald so hell wie eine
Sommernacht daheim. Der Horizont im Norden ist nach Sonnen=
untergang mit einem roten Schimmer überzogen, und auch der
Schnee trägt zur Erhöhung der Helligkeit bei.

Am Karfreitag lagen wir still (0° bis —4°, Wind aus Süd=
westen). Sonnabend abend (8. April) war wieder Werktag; man
merkte es an der größern Geschäftigkeit an Bord, obwohl es ja
überhaupt nicht viel zu tun gab und alle sehnsüchtig auf die Robben
warteten. Es wäre wirklich gut gewesen, wenn die Leute jetzt eine
richtige Arbeit bekommen hätten.

Das Barometer stand am Morgen schon tief, 745 Millimeter
gegen 8 Uhr, und sank im Lauf des Tages stark, die Temperatur

stieg; gegen 8 Uhr morgens waren es —5°, gegen Mittag 1° und gegen 8 Uhr abends 0°.

Am Morgen wehte bereits ein steifer Wind aus Südsüdwest. Er nahm im Lauf des Tages zu und wurde mehr westlich, bis gegen 7 Uhr ein „orkanartiger Sturm" aus Westsüdwest blies. Es pfiff und heulte im Takelwerk, und das ganze Schiff bebte; aber uns konnte ja hier in diesem sichern Eis nichts Schlimmes geschehen.

Aus den offenen Stellen wurde das Wasser wie Asche in die Luft gefegt, und diese offenen Stellen wurden immer größer und größer und immer zahlreicher — zu unserer lebhaften Freude, denn wir hatten nichts dagegen, von hier fortzukommen, wo wir vier Tage festgelegen hatten.

Die ganze Eismasse wurde nach Osten getrieben, mit einer Schnelligkeit, die sicher nicht gering war, denn in dem Wasser längs der Schiffswand brodelte es wie in einem Kielwasser.

Gegen 9 Uhr abends begann das Barometer wieder zu steigen; es war auf 737 Millimeter gesunken, der Sturm schlug nach West- nordwest um und ließ allmählich ein wenig nach, gleichzeitig sank die Temperatur wieder und hatte bald —6° erreicht. Im Eis war kein Seegang zu bemerken, demnach mußte nach Westen bis zum offenen Wasser sehr weit sein, wenn es dort überhaupt solches gab.

Die ständig westlichen Winde, die wir nun seit zehn Tagen (seit 30. März) gehabt hatten, hatten das Eis mit großer Geschwin- digkeit nach Osten getrieben. Ich merkte dies, so oft ich ein Netz draußen hatte, oder wenn ich die Temperaturen der Tiefe maß; die Leine mit dem Netz oder mit den Instrumenten zeigte immer stark nach Westen.

Drinnen im Eis kommt ein eigentlicher Sturm nur selten vor, da die Winde, namentlich südliche, stark abgeschwächt sind. Der Kapitän sagt, er habe oft Schiffe gesehen, die am Rande des Eises in Windstille gelegen hätten, während andere nur einige Kabellängen vom Eis entfernt eine gute Brise hatten.

Dies kommt wohl daher, daß die Luft über den Eisfeldern kalt und schwer ist und dort wie eine schützende Decke liegt, während die südlichen Winde leichtere, warme Luft mitführen, die über diese kalte, schwere Luftschicht hinaufsteigen muß und nicht bis an die Eisoberfläche hinunterdringen kann. Ich habe diese Erklärung schon damals für wahrscheinlich gehalten und habe

ihre Richtigkeit später durch viele Beobachtungen bestätigt ge=
funden; es ist dies ja eine allgemeine Erscheinung, der in der
Meteorologie große Tragweite zukommt.

Heute, am Abend des Ostersonnabend, erhält die Mannschaft
Extra=Verpflegung: Buttergrütze, soviel sie essen kann, Schiffsbier,
soviel sie haben will, und außerdem Grog.

Als diese Nachricht an Deck bekannt wurde, erklang vorn im
Schiff ein dreifaches Hurra, und später kam der Koch feierlich in
die Kajüte herein, um dem Kapitän im Namen der ganzen Mann=
schaft zu danken.

Später machten wir vorn, wo es sehr lustig herging, einen
Besuch; alle waren sehr „vergnügt". Sie spielten unentwegt
„Handschlagen" und verfolgten die Angelegenheit mit immer gleich
lebhaftem Interesse. Ab und zu sang dann einer ein Lied, auch
Reden waren am Abend gehalten worden, ehe wir gekommen
waren. Alle sahen vergnügt aus, sie hatten ihre enttäuschten Hoff=
nungen auf den Jungenfang für eine Weile vergessen. Es braucht
nicht viel, um diese kindlichen Gemüter zu erheitern.

An Deck war jetzt besseres Wetter. Der Sturm hatte sich
ziemlich beruhigt, der Abend war klar und hell. Heimlich wan=
derten die Gedanken über diese unendlichen Eisfelder zu den Früh=
lingsabenden in Norwegen.

Aber nein, es ist unangenehm kalt hier im Wind; da tut es
gut, in die warme Kajüte zu kommen. Dort saßen wir dann, jeder
mit seiner behaglichen Pfeife in seiner Sofaecke, die Beine auf dem
Tisch, und redeten von dem Leben daheim und der Frühjahrsjagd.

Jetzt streicht die Waldschnepfe über den Baumwipfeln am
Rande des Moores dahin. Wie friedlich und schön ist ein solcher
Frühlingsabend im Wald, und so weit von all dem entfernt plagt
man sich und seufzt darüber, ob man den Jungenfang wohl findet,
ein Gedanke, der wie ein Alp über dem ganzen Dasein lastet.

Dann kommt der Steward mit Gläsern und Flaschen und
heißem Wasser; auch wir müssen doch anläßlich des Feiertags
einen Grog haben.

Wir brauen unser Gemisch, stopfen eine neue Pfeife, und der
Kapitän erzählt von seinen vielen Erlebnissen zu Wasser und zu
Land und von dem Leben hier auf dem Eismeer.

Er war wohl ein gefährlicher Draufgänger gewesen, als er,
ein junger Bursche noch, zum erstenmal auf diese Fahrt ging,

Er avancierte bald zum Schützen und Steuermann und stand in dem Ruf, einer von den besten der jungen Leute zu sein; ein unruhiger unternehmender Wagehals war er sicher gewesen.

Da sollte die „Magdalena" einen neuen Kapitän bekommen. Der junge Krefting meldete sich für den Posten, obwohl er kaum Mitte der Zwanzig war und die Leute dies fast frech fanden. Aber Krefting ging zum Reeder in Tönsberg und brachte seine Sache vor. Als der Reeder meinte, Krefting sei doch wirklich noch zu jung, antwortete er, wenn nichts anders im Wege stünde, so sei dies ja ein Fehler, der sich mit den Jahren bessere.

Es endete damit, daß Krefting die „Magdalena" erhielt, und der Reeder hatte keine Ursache, dies zu bereuen. Der junge Draufgänger brachte sie Fahrt für Fahrt vollbeladen heim, und der Reeder stand sich mit jedem Jahr besser.

Aber beim Segeln und im Eis war er waghalsig, und das Schiff mußte in dieser Beziehung mancherlei aushalten.

Dann kam das Jahr, in dem die „Magdalena" so traurig leck wurde. Krefting hatte es auf der Klappmützenjagd bei Grönland bei schwerem Seegang mit dem Eis aufgenommen und hatte sein Schiff dabei wahrscheinlich gründlich zugerichtet; aber er hatte guten Fang und konnte das Schiff bis zum Sinken beladen.

Als sie damals wieder ins Meer hinauskamen, leckte die „Magdalena" unheimlich, und es kostete viel Mühe, sie schwimmend zu erhalten.

Die Mannschaft wurde dieses ewigen Pumpens, Tag und Nacht hindurch, müde, und als sie auf dem Heimweg in der Nähe von Island in geringer Entfernung eines der anderen Schiffe sahen, beschlossen sie, in die Boote zu gehen.

Eine Deputation, aus dem Bootsmann und einigen der Schützen bestehend, begab sich nach achtern in die Kajüte zum Kapitän, um im Namen der Mannschaft ihre Erklärung abzugeben: sie hätten nun Rat gehalten und seien darüber einig geworden, daß es nicht zu verantworten sei, länger an Bord dieses lecken Schiffes zu bleiben, das sie nicht schwimmend erhalten könnten, und sie hätten deshalb beschlossen, von Bord zu gehen.

Der Kapitän begab sich an Deck. Die Mannschaft stand an der Reling versammelt, ein Teil war schon oben in den Booten, bereit, sie hinunterzulassen. Zufälligerweise lag ein Zimmermannsbeil an Deck. Der Kapitän sagte:

„So, ihr wollt von Bord gehen; ja, ich werde euch helfen,
die Boote herunterzulassen", und damit ergriff er die Axt und ging
zu den Booten hin, um die Bootsfalls zu kappen. Aber da waren
die Burschen auf einmal rascher aus den Booten und wieder an
Deck, als sie hineingekommen waren.

Und nun hielt er ihnen eine Rede und sagte, daß sie doch wie
die Kinder seien. Hier hatten sie eine große und wertvolle
Last und die wollten sie verlassen, nur weil sie noch einige Tage
sich an den Pumpen plagen müßten. Aber das sei ein Übergang,
wie der Fuchs sagte, als ihm die Haut abgezogen wurde, und dann
würden sie einen Anteil bekommen, wie sie kaum je einen erhalten
hätten. Aber wenn sie nun das Schiff verließen, wie hoch
würde dann der Anteil sein? Er könne ihnen versichern, daß
er sehr viel kleiner wäre! Und wie würde dann die Heim=
kunft sein?

Die Leute blieben an Bord und pumpten weiter, und die
„Magdalena" erreichte den Heimathafen. Als sie in Tönsberg ein=
liefen, setzte Krefting das Schiff auf Grund; dort ließ er den Anker
fallen, und das Schiff sank, sowie die Leute zu pumpen aufhörten.
Aber es lag ja sicher, und wer sich jetzt freute, war natürlich die
Mannschaft, die einen großen Verdienst einsteckte, und der Reeder,
der ein Vermögen verdient hatte.

Im übrigen hatte die „Magdalena" keinen guten Bug für
das Eis; es war ein senkrechter Bug. Sie rannte daher nicht auf
die Schollen hinauf, und es strengte sie zu sehr an, wenn man mit
ihr rammte. Aber man mußte ja vorwärtskommen, wollte man
an die Robben heran.

Besonders schwierig war das schwere Eis unter der Küste
von Grönland in der Dänemarkstraße, wo die Klappmützen
lagen. Dort war das Eis unangenehmer und schlimmer, als die
Robbenfänger es aus dem Jan=Mayen=Meer von früher her
gewöhnt waren. Die anderen Schiffer waren vorsichtig und hiel=
ten sich dort zurück.

Krefting aber gab nicht nach; vorwärts kam er und Robben
erbeutete er, aber das Schiff war fast jedes Jahr leck wie ein
Sieb, wenn er damit heimkehrte. Der Reeder klagte ein wenig
über die vielen großen Reparaturen, aber andererseits verdiente
er auch gut, und er wollte um keinen Preis seinen draufgängerischen
Schiffer verlieren. Und jeden Winter wurde die „Magdalena"

überholt und verstärkt, so „daß sie jetzt eines der stärksten Schiffe ist, die hier auf dem Eismeer fahren", meinte Krefting.

Ja, ja, das Leben ist ein Kampf, nicht zum mindesten auf dem Eismeer, aber daheim wahrhaftig doch auch. Und dann deklamierte er seine Lieblingsgedichte von Braun, von verlassener Liebe und dem Schmerz des Lebens. — — —

Dann stießen wir an, und er sang auf schwedisch:

> Nein, es macht mir keine Freude,
> zu vertrinken einen Tag;
> doch mit frohen Freunden zechen,
> ist wohl etwas, was ich mag.

So ging der Abend hin, bis tief in die Nacht hinein, und dann legten wir uns schlafen.

Am ersten Osterfeiertag (9. April, Obs. 74° 2′ nördl. Br., Obs. 13° 30′ östl. L.) blies am Morgen noch ein steifer Wind aus Nordwesten, aber wir hatten schönen Sonnenschein und dreizehn Grad Kälte.

Es war abscheulich kalt in diesem Wind. Wir hatten übrigens auf der ganzen Reise nicht wesentlich tiefere Temperaturen, die niedrigste war wohl —18° in der Nacht zum 1. April. Aber es ist merkwürdig, wie man die Kälte hier auf dem Eismeer verspürt; das kommt wohl daher, daß es auf Deck stets weht und daß die Luft feucht ist. Sowie man nicht anders gekleidet ist als man vom Festland her gewohnt ist, fühlt man die Kälte durch und durch, und es ist fast, als ginge man nackt.

Er hatte recht, Krefting. Wenn er mich so dünn gekleidet an Deck sah, hieß es meistens: „Tut doch nicht so männlich und laßt euch blaufrieren. Sie taugen nichts, diese Landrattenfaxen, hier auf dem Eismeer."

Als man ihn daheim in Norwegen einmal fragte, wie kalt es auf dem Eismeer sein könne, antwortete er, daß es bis zu 10 und 15° Kälte sein dürften. Da fand die Landratte, daß dies doch nicht der Rede wert sei, in Kristiania könne es oft mindestens doppelt so kalt sein.

„Ja, mit den Graden, die ihr hier an Land habt, ja," sagte Krefting; „aber ihr müßt in Betracht ziehen, daß die Grade auf dem Eismeer mindestens viermal so groß sind."

Das Eis war jetzt offener geworden, und wir konnten endlich

Segel setzen. Das wurde mit Freuden getan. Erst die Unter=
segel, Großsegel und Fock, dann flogen die Stagsegel in die Höhe,
das Besansegel wurde gesetzt. Dann mußten die patentgerefften
Marssegel gesetzt werden; dreißig Mann holten an dem großen
Marsfall und trampelten taktfest auf dem Deck nach achtern zu der
lustigen Melodie:

> Und wer zuerst im Tanze schritt,
> das war die Jungfer Hansen,
> tra=la=la=la, tra=la=la=la, tra=la=la=la, ohoi usw.

Der steife Wind hat im Laufe des Vormittags ein wenig nach=
gelassen; wir mußten noch mehr Segel setzen. Also hinauf mit den
Jungens, um die Bramsegel loszumachen und dann Schoten und
Brassen steifzuhalten. Das war ein Leben und eine Lust; bald
hatten wir alles Tuch gesetzt, und hinaus ging es aus dem Eis.

Aber nun kam wieder die ewige Frage: wohin? In südwest=
licher oder nordöstlicher Richtung? Zunächst jedenfalls halten wir
nach Süden, aber in einer Stunde fassen wir vielleicht einen neuen
Entschluß.

Heute konnten endlich Breiten= und Längenbeobachtungen ge=
macht werden. In den letzten Tagen war der Himmel bewölkt
gewesen, so daß wir keine Mittagshöhen hatten nehmen können;
aber wir waren ja fast die ganze Zeit stillgelegen und konnten
also nicht weit nach Osten gekommen sein, meinten wir. Der
Kapitän vertrat allerdings die Ansicht, daß wir auf 10° oder auf
11° östl. L. seien, denn wir seien mit dem Eis stark abgetrieben,
sagte er. Aber das Entsetzen war groß, als die Länge ausgerechnet
wurde und es sich herausstellte, daß wir uns auf $13\frac{1}{2}$° östl. L. be=
fanden. Das Eis muß sich mit rasender Geschwindigkeit fort=
bewegt haben. Es war unerhört, daß es auf diesen Längen Eis
gab; das war ja mitten im „Golfstrom". Wir waren nun auf 74°
2' nördl. Br. und nicht mehr als ungefähr 90 Seemeilen von
der Bäreninsel entfernt.

Auch das Wasser war hier ganz warm, 1,5° an der Ober=
fläche, eine merkwürdig hohe Temperatur zwischen all diesen
Eismassen. Bald waren große Strecken mit zusammenhängendem
Eis bedeckt, bald gab es nur Eisstreifen und dazwischen wieder
ganz offenes Wasser.

Man konnte es diesem Eis ansehen, daß das Wasser warm
war, denn die Kanten waren abgerundet und die Schollen hatten

Toroß aus Meereis, von der warmen See ausgehöhlt.
Skizze vom 10. April 1882.

Löcher, so daß es aussah, als seien sie durch warmes Wasser von
unter her geschmolzen.

Als wir in etwas schwereres Packeis kamen, war das Wasser
an der Oberfläche selbstverständlich etwas kälter, trotzdem hatte
es immer noch fast 1° Wärme.

Auf diesem Packeis sahen wir ein Klappmützen=Ferkel (d. i.
eine junge Klappmütze). Das war die einzige Robbe, die wir
in dieser Gegend beobachtet.

Jetzt entdeckten wir zwei Schiffe mit beschlagenen Segeln,
ein paar Seemeilen innerhalb des Eisrandes. Das war doch wenig=
stens etwas. Was können Schiffe, die mit beschlagenen Segeln
stilliegen, da drinnen zu tun haben? Sollten sie beim Fang=
feld sein?

Jedenfalls war es der Mühe wert, sich mit ihnen in Ver=
bindung zu setzen; es wurde deshalb der Kurs ins Eis hinein
gehalten.

Wir kamen jetzt an ziemlich schweres Packeis, das einzige
Fangeis (d. i. Eis, von dem man annehmen kann, daß die Robbe
dort liegen wird), das wir bisher gesehen haben.

Die Torosse haben hier unter der Einwirkung des warmen
Wassers phantastische Formen angenommen. Man sieht tiefe
ultramarinblaue Höhlen mit Säulen und Tropfsteingebilden an
der Decke, Pilze mit dünnen Stielen und schweren Hüten, Schollen
mit lauter runden Löchern, usw. usw.

Das Eis wird dichter und schwerer, je tiefer wir eindringen.

Als wir uns den Weg durch das Packeis gebahnt hatten, ge=
langten wir wieder in zähes Buchteis, durch das man noch müh=
samer durchkommt. Die Temperatur im Wasser ist jetzt hier,
zwischen all dem Eis, auf —1,5° gesunken.

Wir halten die beiden Schiffe für „Magdalena" und „Jason".
Sie wenden uns das Heck zu, so daß sie schwer zu erkennen sind;
aber unsere Annahme stellt sich als richtig heraus. Das Auge
des Eismeerfahrers ist gewohnt, die Schiffe zu unterscheiden,
und er braucht nicht viel von der Takelung zu sehen, um sie zu er=
kennen; der Schornstein steht entweder nahe dem Großmast oder
mitten zwischen den Masten, oder der Schornstein ist schwarz oder
er ist gelb. Bald hat das Schiff doppelte Marsrahen, bald
streckt es die Nase hoch hinauf, bald das Heck, usw. usw.

Kurz nach Mitternacht kamen wir in die Nähe der Schiffe
und drehten für den Rest der Nacht bei. Hier sind größere
Waken, wo das Wasser sofort eine höhere Temperatur hat.
An der Oberfläche hat es ungefähr 0°.

Es ist schönes, klares Wetter, und die Nacht ist jetzt so hell,
daß ich deutlich Rumpf und Takelung, ja sogar das Tauwerk
in der Takelung der anderen Schiffe unterscheiden kann, obwohl
diese noch in ziemlicher Entfernung liegen. Die Sterne sind nach
und nach immer seltener geworden, und man kann jetzt nicht mehr
viele sehen. Der Nordhimmel ist wunderschön rötlich.

Am nächsten Morgen (10. April, ungefähr 73° 14' nördl.,
13° 24' östl., —7°, Wind aus Nordwest) kommen Kapitän Stökken
von der „Magdalena" und Kapitän Jacobsen vom „Jason" an
Bord. Sie lagen hier seit den letzten Tagen im März fest. Erst
gestern hatte das Eis angefangen aufzugehen. „Harald Hårfager"
mit Kapitän Grönwold liegt vermutlich zwölf Seemeilen weiter
nördlich fest, wo sie ihn verlassen hatten, ehe sie selbst stecken=
geblieben waren. Dort liegt wahrscheinlich auch „Isbjörn" —
das fängt ja an heiter zu werden. Jetzt wissen wir schon von
zwölf Schiffen, die nicht beim Fang sind.

Stökken glaubt, das Fangfeld sei hier im Südosten, — dies ist
eine ganz neue Ansicht; aber sie mag etwas für sich haben, denn
hier ist ja schönes Fangeis, und Jacobsen und Stökken glaubten
beide, am 3. April in dieser Richtung Rauchfahnen von Schiffen
im Eis gesehen zu haben.

Sie waren beide Ende März mit dem englischen Robben=

fangschiff „Polynia" in der Nähe von 0° Länge zusammen=
gewesen und waren dann bis zu 74° nördl. Br. hinaufgegangen;
sie hatten sowohl Robben als auch Eisbären gesehen, die in
nördlicher und nordöstlicher Richtung wanderten, aber Stötten
glaubte nicht an diese Anzeichen, er hatte sie schon mehrere Male
trügen sehen, sagte er[1].

Der Engländer war der Ansicht gewesen, das Fangfeld liege
auf 72° nördl. Br. und 2° westl. L., und er wollte absolut dort=
hin, als sie ihn verließen. Sie selbst waren auf 74° nördl. Br.
und 0° L. auf das Polareis selbst getroffen, wie sie es nannten,
Schollen blauen Eises, die so hoch wie ein Kajütentisch aus dem
Wasser herausragten mit scharfen Kanten, die noch niemals einen
Seegang erlebt hatten.

Alle sind darüber einig, daß dies das merkwürdigste Eis=
jahr ist, an das sie sich erinnern können. Svend Foyn hatte ge=
sagt, er habe einmal den Jungenfang näher bei Norwegen als
bei irgendeinem andern Land angetroffen[2].

Jacobsen erzählte, daß er mit „Jason" bei dem Sturm vom
20. zum 21. März das Eis verließ, da er nicht tiefer hineinzu=
gehen wagte. Er sagte, dies sei das Schlimmste gewesen, was
er je erlebt habe. Eine Eisscholle wurde mit einem Wellenberg
an die Schiffsseite geschleudert und zertrümmerte vier Planken
über der Eishaut. Merkwürdigerweise haben die anderen Schiffe
von diesem Sturm nicht so viel verspürt wie „Jason" und wir.
Sie waren wohl tiefer im Eis drinnen gewesen. Dagegen sprechen
sie alle von einem Sturm am 12. März.

Während wir am Morgen stillagen, versuchte ich Temperatur=
messungen mit dem Tiefseethermometer vorzunehmen, wir hatten
jedoch so starke Drift nach Osten, daß es nicht gelang. Obwohl
ich ein ganz schweres Senkblei daran hängte, lag die Leine
schräg im Wasser, und ich kam nicht tiefer hinunter als auf unge=
fähr 40 Meter, wo die Temperatur 1,9° betrug. An der Ober=

---

[1] Nach dem, was wir später erfuhren, ist es wohl möglich, daß die Robben,
die sie hier sahen, sich wirklich zum Wurfplatz begeben hatten, und daß dieser
irgendwo nördlich von ihnen lag.

[2] Das war wohl im Jahr 1858, als das Fangfeld auf 71° 20′ nördl. Br., 7° 49′
östl. L. lag am (3. April), nach Süden auf 70° 41′ nördl. Br. trieb (am
9. April) und Svend Foyn mit der Bark „Eliefer" in fünf Tagen 16400 Robben
erbeutete (vgl. die Karte S. 147).

fläche hatte das Wasser jetzt ebenfalls 1,9° Wärme. Wir treiben offenbar mit großer Geschwindigkeit nach Osten.

Drei Schiffe in einer Reihe nebeneinander, setzten wir den
Kurs in südöstlicher Richtung fort, um aus dem Eis herauszu-
gelangen; je weiter wir kamen, desto lockerer wurde das Eis. Es
bildete schmalere oder breitere Streifen mit vielen großen Torossen
dazwischen. Ich sah einen, der schätzungsweise 6 bis 7 Meter
hoch aus dem Wasser herausragte. Namentlich die vereinzelt
treibenden Schollen und Torosse hatten die seltsamsten Formen
und boten reiches Material für das Skizzenbuch.

Am Morgen erlebten wir eine starke Luftspiegelung, die wohl
durch den Unterschied in der Temperatur zwischen Luft- und
Wasseroberfläche in jener Gegend entstanden war. Die Eisschollen nahe dem Horizont schwebten scheinbar in der Luft.
„Jason" sah aus, als schwimme er in einem klaren See und
spiegle sich darin.

Die Luftspiegelung hielt den ganzen Tag an. Es war bewölkter Himmel, und der Horizont war auf allen Seiten dunkel.

Die Luftspiegelung hier war offenbar ganz ähnlicher Natur
wie jene, die man bisweilen in der Wüste sieht; sie entsteht dadurch, daß die Luft von der Wasseroberfläche erwärmt wird
und in einer dünnen Schicht dicht über dem Wasser wärmer ist
als weiter oben.

Die Temperatur der Luft schwankte an diesem Tag zwischen
—7,1° und —5,6°, während die Temperatur der Wasseroberfläche
vormittags um 9 Uhr 1,9°, um 6 Uhr nachmittags 4,5° und
8 Uhr abends 2° zeigte. Wir hatten mittelstarken Wind aus
Nordwest.

Die höheren Gegenstände, wie die hohen Torosse und die
Takelung eines Schiffes, ragen durch die dünne erwärmte Luftschicht
hindurch in die kältere Luft hinein, und vom Halbdeck des „Viking"
aus sah man sie direkt durch diese Luft hindurch, ohne daß die
Lichtstrahlen gebrochen wurden. Die Lichtstrahlen von den nied-
rigeren Gegenständen dagegen, wie von der Wasseroberfläche
nahe dem Horizont und den flachen Schollen, gehen zuerst durch
die wärmere Luftschicht und dann schräg hinauf durch die kälteren
Schichten und werden dadurch nach oben gebrochen, ehe sie das
Auge des Beobachters auf dem Halbdeck des „Viking" erreichen.
Dadurch wird der Horizont gesenkt, und es hat den Anschein, als

Luftfpiegelung.
Skizze vom 10. April 1882.

fei Luft oder offenes Waſſer zwiſchen dem Horizont und dem höhern Toroß oder der Schiffstakelung. Aber gleichzeitig kann man auch eine Art Spiegelbild jener höheren Gegenſtände in dieſem anſcheinend klaren Waſſer erblicken, da die von dieſen Gegenſtänden ausgehenden Strahlen ſchräg hinunter auf die wärmere Luftſchicht fallen, jedoch an der Grenze zwiſchen ihr und der kältern Schicht darüber auf das Auge des Beobachters total reflektiert werden. Infolgedeſſen erblickt der Beobachter ein Spiegelbild.

Gegen Mittag ſehen wir Klappmützen auf dem Eis, und endlich wurde die erſte Robbe geſchoſſen. Es war ein Klappmützen=Ferkel. Wie ſchön war es, als es ſo auf dem Schnee lag, fett und rund in ſeinem grauweißen Pelz, noch nicht mit Blut beſudelt!

Es wurde ein Boot hinuntergelaſſen. Alle beteiligten ſich daran, alle wollten irgend etwas tun, und der kleine Däne, der mit in das Boot kam, machte ſeiner Freude in einem lauten „Hurra, hurra!" Luft, als er auf die Scholle ſprang und das Tier bei den Hinterfloſſen anpackte; es war die erſte tote Robbe, die er ſah.

Das Tier wurde als Ganzes an Bord genommen, und jetzt fand der große Unterricht für alle „daeljerane" ſtatt, das ſind die Ärmſten, die noch nie auf dem Eismeer geweſen waren, wie z. B.

8*

der Unterzeichnete. Sie mußten das Abhäuten lernen; es ist selbst=
verständlich von größter Wichtigkeit, daß alle Mann es können,
sobald wir an das Fangfeld kommen und die Arbeit im Ernst be=
ginnt. Ein paar Leute durften sich daran versuchen und machten
natürlich alle Fehler, die man nur machen konnte.

Eine Robbe auf Fängerart abzuhäuten und abzuspecken ist
im übrigen eine einfache Sache, die in wenigen Minuten er=
ledigt werden kann. Die Speckschicht liegt unter der Haut und geht
beim Abziehen derselben mit, so daß man nur den Speck vom
Fleisch loszuschneiden braucht, und da die Robbe ungefähr die
Form einer riesigen Wurst hat, geht das rasch. Das Tier wird
auf den Rücken gelegt, und man zieht mit dem Flensmesser einen
Schnitt über die ganze Länge vom Kinn bis zum Schwanz, durch
Fell und Speck hindurch. Dann schneidet man das Fell mit
einigen Schnitten rings um den Kopf ab und zieht das Messer
ein paarmal zwischen Speck und Fleisch an beiden Seiten des
Tieres entlang durch. Hierauf führt man das Messer weiter zwi=
schen den Rippen und den Schulterblättern auf beiden Seiten, so
daß die letzteren samt den daransitzenden Vorderflossen mit dem
Fell sich lösen. Sodann schneidet man das Fell mit einigen
raschen Schnitten rund um die Hinterflossen los, so daß mit
einigen letzten Schnitten Fell und Speck sich vom Rücken lösen,
worauf man den Rumpf beiseite wälzt.

Nun macht man mit dem Messer ein Loch in das Fleisch des
einen Schulterblattes, um eine Handhabe zu erhalten; dann wird
das Schulterblatt aufgehoben und das Fell über den äußern Teil
der Flossen gezogen und mit einigen Schnitten rundherum ab=
geschnitten, die Flosse schlüpft durch das Loch hindurch und wird
weggeworfen. Das gleiche geschieht mit dem andern Schulterblatt
und der Flosse; nun ist das Abhäuten oder Abspecken beendet,
Haut und Speck werden in das Boot gebracht und an Bord ge=
schafft.

Bald hatten wir mehrere Klappmützen erlegt, vier Junge,
zwei Männchen mit Haube und ein Weibchen mit Milch in den
Zitzen. Die Jungen hatten noch die Nabelschnur und waren sicher=
lich nicht über acht Tage alt.

Zwei von ihnen, die ich maß, waren 1,10 und 1,12 Meter
lang. Das eine erwachsene Männchen maß 2,14 Meter von der
Schnauze bis zur Schwanzspitze.

Die Bluttemperatur betrug 36,8° (unkorrigiert)[1], war alſo
ſehr nahe der Temperatur des Menſchen. Bei einer ſpätern
Gelegenheit (am 17. April) maß ich ebenfalls die Bluttemperatur
bei einem ſoeben geſchoſſenen Klappmützen=Männchen und ſtellte
37,39° (unkorrigiert) feſt, alſo etwas mehr.

Am Abend waren wir draußen am Rande des Eiſes und
hielten den Kurs ſüdweſtlich dem Rande entlang, da wir glaubten,
daß jetzt weiter nordöſtlich nichts mehr zu erwarten ſein könnte.

Am 11. April (Obſ. 72° 14′ nördl., 9° 45′ öſtl., —5°, Wind
Nordnordweſt) hielten wir immer noch ſüdweſtlichen Kurs am
Rande des Eiſes entlang und verſuchten mehrere Male ins Eis
einzubringen, es war jedoch zu dicht. Schließlich waren wir ſo
weit nach Südweſt gekommen, daß man auch dort nichts mehr
erwarten durfte; außerdem hatte es den Anſchein, als wolle ſich
der Eisrand in der gleichen Richtung fortſetzen.

Der Kapitän begann nun ſtark daran zu zweifeln, ob es noch
der Mühe wert ſei, ſich herumzutreiben und weiterhin mit dieſer
Suche nach den Jungen Kohlen zu verbrauchen; er glaubte, die
Jungen ſeien natürlich ſchon längſt „geerntet“.

Aber es wäre doch auch zu ſonderbar geweſen, jetzt zur Jagd
auf die Klappmützen nach Grönland zu fahren, ohne zu wiſſen,
ob die Jungen gefunden worden waren oder nicht.

Er entſchließt ſich trotz allem, unter Segeln nach Oſten zurück=
zukreuzen; an Kohlen mußten wir ſoviel wie möglich ſparen.

Dieſe Kohlen ſind im übrigen eine ſtändige Sorge. Man
führt ja nur eine gewiſſe Menge mit ſich, die für die ganze
Reiſe ausreichen muß. Man darf ſie nicht zur Unzeit verbrauchen,
ſondern muß ſie ſparen, wo man nur kann, damit man genügend
hat, wenn man zum Fangfeld kommt; aber ebenſo gilt es, ſie
dort zu verwenden, wo man durch ein raſches Vorwärtskommen
etwas gewinnen kann.

Am Abend erlegten wir ein Klappmützen=Männchen. Es maß
2,39 Meter von der Schnauze bis zur Schwanzſpitze. Das war
wahrlich ein großes Tier. Im Magen fand ich u. a. die Gräten
eines größern Fiſches. Ich konnte die Art des Fiſches nicht

---

[1] Leider hatte ich das Thermometer nicht korrigieren können; aber es war
von dem Zootomiſchen Inſtitut der Univerſität Oslo und war wohl ein gutes
Thermometer.

bestimmen, aber jedenfalls ist dies ein sicheres Zeichen dafür, daß
es in dem Meer hier Fische gibt.

Ein paar Tage lang kreuzten wir nun am Rand des Eises
nach Osten und Norden, mit nordwestlichem und nördlichem Wind.
Am 12. April (Obf. 71° 28' nördl., Obf. 10° 0' östl., —5°
in der Luft, —0,1° im Wasser, Wind Nordwest) sehen wir die
„Magdalena“ den Kurs aus dem Eis heraus nach Südwesten
nehmen. Stötten hat wohl genug von diesem „Blindekuhspielen“
mit den Jungen und geht jetzt auf die Klappmützenjagd. Krefting überlegt sich sehr, ob er nicht das gleiche tun soll, behält
aber dann doch den Kurs bei. Wir waren jetzt weit im Süden
gewesen, befanden uns auf 71° 28' nördl. Br., und da wir in
dieser Richtung nichts mehr zu erwarten hatten, hielten wir wieder
nach Norden.

Ich kann an der Wassertemperatur merken, daß wir wieder
in die Nähe des „Golfstroms“ gekommen sind. Am 13. April
(Obf. 72° 11' nördl., 9° 19' östl., —6°, starker Wind aus Nordnordwest) um 2 Uhr nachmittags stellte ich 2,4° an der Wasseroberfläche fest und um 6 Uhr nachmittags des gleichen Tags 3°.
Man sieht es auch am Eis, daß das Wasser warm ist; die
Ränder der Schollen sind ganz rund und schwammig. Wir
sahen mehrere große Torosse, darunter einen, den der Kapitän
und ich auf 10 Meter Höhe über dem Wasser schätzten[1]. Er war
viereckig und bläulich, leidlich weiß. Es war wohl der größte,
den ich bis dahin gesehen hatte.

Wir sehen mehrere Schiffe, „Jason“ und vermutlich „Harald“.
Der Kapitän ist immer mehr im Zweifel darüber, was er tun
soll. Soll er noch mehr Zeit mit dieser Suche nach den Jungen
verlieren? Oder soll er nach Westen in die Dänemarkstraße
auf die Jagd nach Klappmützen gehen?

---

[1] Diese Schätzung dürfte ein wenig übertrieben sein, vielleicht ein paar
Meter zu hoch, wenn es ein Block aus Meereis war. Blöcke von Gletschereis
können selbstverständlich größer sein, aber es besteht wenig Wahrscheinlichkeit dafür,
daß man solches Kalbeis in dieser Gegend antrifft. Kalbeis von Spitzbergen oder
Franz-Joseph-Land treibt wohl kaum in dieser Richtung. Merkwürdig ist, daß
der Block im Tagebuch als „viereckig“ beschrieben wird, da die großen Torosse,
die aus Treibeis übereinandergehäuft werden, meistens unregelmäßige Formen
haben. Wenn sie kentern, kann man jedoch sehen, daß die untere Seite kompakter
ist und einfachere Formen hat.

Fell, Rumpf und Vorderflossen einer ausgewachsenen Klappmütze. Das Fell ist
schon bereitgelegt, um im Boot mitgenommen zu werden.

Am 14. April (—9°, starker Wind aus Nordnordost bis
Nordnordwest) sahen wir in Luv drei Schiffe am Rand des
Eises im Nordosten. Wir rechneten aus, daß wir uns ungefähr
auf 73° nördl. Br. und 11° östl. L. befanden. Wir nähern uns
den Schiffen mit einigen Schlägen und bekommen noch andere zu
sehen. Zuerst begegnen wir „Harald Hårfager"; Kapitän Grön=
vold kommt an Bord, und jetzt erfahren wir großartige Neuig=
keiten. Nicht ein einziges Fahrzeug ist im Fangfeld. Nur von
„Capella" weiß man es nicht sicher, denn mit Ausnahme von ihr
hat man alle anderen gesehen. Oben im Norden sahen wir ja
„Hårdråde" und „Nova Zembla" usw., und der Rest lag hier
im Süden.

Dann treffen wir die englische „Jan Mayen", die leck ist
wie ein Sieb; sie müssen Tag und Nacht pumpen, das Pump=
wasser gefriert auf Deck und hängt in langen Eiszapfen an den
Seiten herunter. Es sieht unheimlich aus.

Der Kapitän kommt an Bord, und auch Kapitän Deuchars
von der deutschen „Jan Mayen", die an unsere Seite gekommen
ist, besucht uns. Auch er ist Schotte und ist ein Freund Kreftings
von früheren Zeiten her; sie haben einander mehrere Male hier
auf dem Eismeer getroffen.

Jetzt ist wieder große Beratung in der Kajüte. Von allen
„Engländern" (d. h. Schotten) weiß man Bescheid. „Polynia"
hat man am längsten nicht mehr gesehen, seit dem 31. März; aber

sie sitzt wahrscheinlich im Westen im Eis fest, denn sie wollte doch bis auf 72° nördl. Br. und 2° westl. L. gehen, als „Jason" mit ihr zusammen war. Auch über die meisten Norweger wissen wir Bescheid. „Capella" ist jetzt, wie gesagt, die einzige, von der man fürchtet, daß sie das Fangfeld gefunden haben könnte.

Das sind erfreuliche Nachrichten. Jetzt können wir wieder von neuem anfangen, nach dem Fangfeld zu suchen. Es muß tief drinnen im Eis liegen, das ist sicher, denn jetzt sind wir doch am ganzen Eisrand entlang nach Norden und nach Süden gefahren, ohne eine Andeutung davon zu entdecken. Jetzt gilt es eben, sich, wo es auch sei, zum Fangfeld hinein Bahn zu brechen. Wir müssen wieder nach Norden und sehen, ob nicht dort eine Möglichkeit dafür ist.

„Tellereis." 18. April 1882.

Sechstes Kapitel

Des Rätsels Lösung.

Am 15. April (—6°, Wind Nordnordost) waren wir so weit nördlich gelangt, daß wir versuchten, in westlicher Richtung ins Eis einzudringen. Wir erbeuteten eine Klappmütze und das erste „Robbenmännchen". Robbenmännchen nennen die Fänger gewöhnlich die erwachsene Sattelrobbe. Die großen Herden der „Alt=Robben", auf die nach dem Jungenfang Jagd gemacht wird, bestehen meistens aus erwachsenen Männchen mit schwarzem Kopf und schwarzem „Sattel" auf dem Rücken.

Wir sehen jetzt Robbenherden im Wasser. Am Abend beginnt das Eis dichter zu werden, und es ist viel neues Buchteis zwischen den Schollen, das ein Vorwärtskommen erschwert. Es gefriert jetzt rasch. Schließlich konnten wir nicht mehr weiterkommen.

Es ist klares Wetter und ein schöner Sonnenuntergang. Solches Wetter ist am besten dazu geeignet, nach den Robben zu suchen. Gerade wenn die Sonne unter den Eisrand gesunken ist und der Nordwesthimmel gelbrot erglüht, ist die Luft am klarsten und der Horizont am schärfsten; dann hält man oben von der Tonne aus mit dem Fernglas fleißig Ausschau auf dem Eis, um Schiffe oder Rauch oder am liebsten die Robbe selbst zu entdecken. Aber es war nichts zu sehen, und wir lagen die Nacht hindurch still.

Am nächsten Vormittag, 16. April (Obf. 72° 45' nörblich und
10° öftlich, —6°, Winb Nordnordweft), machte ich einen Ausflug
aufs Eis und schoß Möwen, hauptfächlich Elfenbeinmöwen, und
erbeutete auch eine in dem schönen schwarzgesprenkelten Jugend=
kleid.

Auf dem Eis wurde ein Stück Treibholz gefunden. Es war
offenbar eine Kieferart, die wahrscheinlich mit dem „Golfftrom"
aus Amerika hierher getrieben wurde, dachte ich zuerft. Aber bei
genauerm Nachdenken schien es klar, daß dieses Holz mit dem
Eis aus Sibirien gekommen war, ebenso wie vieles anderes
Treibholz, das nach Grönland kommt.

Gerade das viele Treibholz vermittelte mir vielleicht vor allem
andern die sichere Überzeugung, daß vom Meer nördlich von
Sibirien quer über das Polarmeer eine ständige Drift des Eises
stattfindet, die hier vom oftgrönländischen Polarftrom fortgesetzt
wird. Ich gelangte ferner zu der Überzeugung, daß diese Eis=
brift zu einer Fahrt über dieses unbekannte Meer benutzt werden
könnte.

Gegen Abend verließen wir das Eis wieder und fuhren in
nordöstlicher Richtung durch locheres Eis, um weiter nördlich den
Versuch zu machen, in westlicher Richtung, tiefer einzudringen.
Aber trotz immer wiederholter Versuche geläng es nicht; das Eis
war zu dicht.

Am Abend war wieder klarer Sonnenuntergang, doch keine
Robbe weit und breit.

Die Nacht ist jetzt hell geworden. Die Sonne geht nach 9 Uhr
unter, und während sie im Norden unterhalb des Eisrandes nach
Often wandert, ist der Nordhimmel ein Strahlenmeer von Farben,
bald hell vom Widerschein des Eises, bald dunkler über dem
offenen Wasser, bald rot von der Sonnenglut, bald mehr gelblich,
wo das Rot sich mit dem Schneelicht vermischt. Am Himmel
schwammen unten ein paar Purpurwolken mit goldener Kante.
Höher oben ging fahles Grün in das blasse Blau des Äthers über.

Rings um uns treiben die weißen Schollen auf der glatten
dunklen Wasserfläche. In der Nähe zeigen sie vielerlei Formen
und Farben, bald ins Grüne spielend unten im Wasser, bald ins
Blaue spielend an Rändern und in Klüften; an einigen Stellen,
wo die See tiefe Höhlungen in die Blöcke hineingefressen hat,
zeigt das Eis Ultramarinfärbung.

Teiste.

Sie sind so unwirklich, so zart und rein, diese Farben.

Aber weiterhin sieht man nur die endlose weite Ebene von treibendem Eis — und draußen die endlose, dunkle Meeresfläche.

Eine vereinzelte Elfenbeinmöwe steuert mit leichtem Flügelschlag durch den großen hellen Raum, eine Bürgermeistermöwe schwebt in weiter Ferne, man hört den langgezogenen, wehmütigen Flötenton. Ein großer, schwarzer Robbenkopf taucht lautlos aus dem glänzenden Wasserspiegel auf und glotzt mit runden Augen das Schiff an; dann richtet sich die Schnauze in die Höhe, und das Tier gleitet ebenso lautlos wieder hinunter.

Hier ist das große Reich der Einsamkeit. Alles Menschenwerk verschwindet wie die offene Straße im Eis hinter unserm Schiff.

Montag vormittag, 17. April (Obs. 73° 25′ nördlich, 11° 20′ östlich, —6°, Wind Nordnordwest), wurde eine Schar „Robbenmännchen" auf dem Eis gemeldet; jetzt entstand Leben an Bord. Alle waren eifrig damit beschäftigt, sich für den „Fall" fertig zu machen. So heißt es, wenn die Leute zum Fang ausgeschickt werden. Flensmesser wurden gewetzt, Gewehre nachgesehen und geputzt, Patronen in Ordnung gebracht.

Aber dieses Mal blieb es nur bei den Vorbereitungen.

Es war die erste Herde Robben, die ich auf dem Eis sah. Sie lagen so dicht beieinander, daß sie von weitem wie eine einzige zusammenhängende dunkle Masse wirkten; man konnte fast glauben, schneefreies Land vor sich zu haben. Aber beim Näherkommen kann man jede einzelne Robbe unterscheiden; sie heben die Köpfe, sehen uns an und dann verschwinden sie im Wasser, erst eine nach der andern, dann viele zugleich — bald ist nichts mehr da.

Nun bekommen wir eine Robbenschar nach der andern im Wasser zu sehen. Überall herrschte Leben. Bald streckten sie die Köpfe dicht vor dem Bug heraus, schwammen eine Weile vor uns her, warfen sich im Wasser herum und starrten uns an, dann tauchten sie alle auf einmal wieder unter. Im Wasser wimmelt es überall von Robben, Schar auf Schar; alle wandern nordwärts.

Bald sahen wir eine neue Herde auf dem Eis, ebenso dicht wie die vorige. Es sah aus, als rage eine lange, flache, schwarze Insel zwischen den weißen Schollen aus dem Wasser heraus. Der Kapitän gab nur einen Schuß aus 500 Meter Entfernung auf sie ab, und sogleich stürzten sie alle ins Wasser.

Sattelrobbe auf der Wanderung.

Wir sahen jetzt mehrere Schiffe: „Harald", „Geysir" und „Morgenen"; einige von ihnen hatten „Fall". Es gab hier Robben; aber es waren bereits von mehreren Seiten Leute auf dem Eis hinter ihnen her. Wir fuhren weiter, ohne dieser Robben zu achten, es waren der Leute bereits mehr als genug.

Nachdem wir einige Klappmützen mitgenommen hatten, an denen wir ganz nahe vorbeigekommen waren, erblickten wir eine neue Schar von „Robbenmännchen" auf dem Eis, ein gutes Stück voraus. „Geysir" hatte sie offenbar eine Weile vor uns ge= sehen und dampfte nun mit voller Kraft darauflos.

Wir gaben Volldampf, denn nun handelt es sich darum, wer zuerst kommt. „Geysir" ist näher dort und fährt durch leichteres Eis, aber wir haben die stärkere Maschine.

Wir können die Robben von der Back aus wie einen schwarzen Streifen vor uns sehen, und da und dort zu beiden Seiten des Streifens schwarze Punkte. Zwei Schützen machen sich fertig, um aufs Eis zu gehen. Es herrscht große Spannung.

Nach und nach sehen wir, daß wir der „Geysir" vorkommen. Wir können den kleinen Kapitän Iversen oben in der Tonne er= kennen, sein Kopf ragt gerade noch über den Tonnenrand hinaus. Wir hören ihn schreien und kommandieren: „Hart Steuerbord!" „Recht so!" „Wieder hart Steuerbord!"

Er wird eifriger und eifriger und entert immer höher in der Tonne, um sich größer zu machen; er steht auf den seitlichen Klampen, zum Schluß steht er ganz auf dem Rand der Tonne und ruft und deutet zu den Männern am Ruder hinunter. Er ist ein Kerl, der Feuer im Leib hat, und ein verflucht guter Fänger.

Aber wir gleiten doch an ihm vorbei, und endlich sind wir so nahe, daß wir stoppen. Die beiden Schützen gehen aufs Eis. Vorsichtig kriechen sie hinter Stapeln und Erhebungen auf den Schollen vorwärts. Auf der Back ist große Versammlung, um zu beobachten, wie es geht. Man wagt nicht laut zu sprechen, sondern macht seine Witze nur im Flüsterton.

Allmählich kommen die Schützen näher. Unter den Robben entsteht Unruhe. Ein schwarzer Fleck nach dem andern verschwindet.

Jetzt sind nur noch fünf Robben da, aber diese liegen ruhiger. Die eine hebt von Zeit zu Zeit den Kopf, sie fühlt sich nicht ganz sicher, wahrscheinlich ist es der Wachtposten.

Jetzt können die Schützen nicht mehr weiter vordringen, es

gibt keine Deckung mehr. Die Entfernung ist zwar groß, aber sie müssen feuern. Sie heben die Gewehre, wir richten unsere Blicke auf die Robben. Es kracht, und alle fünf brausen ins Wasser.

Wir dampfen zur „Geysir" hinüber, die die Jagd aufgegeben hatte und stillag.

Kapitän Ole Iversen kommt an Bord, weiß jedoch nichts Neues zu erzählen. Er hatte acht Tage festgelegen, seit wir und die anderen Schiffe am 1. April ihn verlassen hatten; in dieser Zeit war er von 6° östl. L. und 75° nördl. Br. auf 12° östl. L. und 75° 25′ nördl. Br. abgetrieben worden. Endlich hatte sich das Eis auf seiner dem Festeis zugewendeten Seite losgerissen, und er war auf diesem Weg hinausgelangt. Er hatte gesehen, wie die anderen Schiffe vor ihm freikamen, und vermutete, daß diese weiter nördlich ins Eis gedrungen seien.

Es wird immer wahrscheinlicher, daß die anderen Schiffe das Fangfeld wirklich gefunden haben. Wir halten nach Norden, um sie zu suchen. „Geysir" folgt, wird jedoch bald von uns zurückgelassen.

Am 18. April (—9°, Brise aus Nordwest) kamen wir nördlich an eine Stelle, die wir für die „Nordbucht" oder „Buchteisbucht" hielten; wir rechneten, daß wir uns gegen Mittag ungefähr auf 73° 50′ nördl. Br. und 10° 10′ östl. L. befanden.

Wir fuhren weiter durch blaues Buchteis unnd „Tellereis" und kamen so weit, daß wir „Hårbråde" sahen, der im Eis lag und sich weiter vorwärts rammte. Dieses Schiff ist schon von weitem leicht erkennbar an seiner hohen Nase und seinem gen Himmel deutenden Bugspriet.

Wie mag der alte Castberg jetzt brummen! Er hat Leute aufs Eis hinausgeschickt, um eine Fahrrinne zu schneiden. Auch er kann also nicht den Jungenfang gefunden haben, und hier hat man anscheinend nichts mehr zu erwarten. Wir gingen wieder hinaus, nach Süden.

Es ist merkwürdig, welch jähe Übergänge es hier gibt: um 8 Uhr abends, in einigermaßen offenem Wasser, betrug die Temperatur im Wasser 2,9°, also eine reine „Golfstrom"-Temperatur in dieser Breite. Die Luft hatte abends um 10 Uhr —8°, ein paar Seemeilen weiter südwestlich war neues Buchteis, und die Temperatur im Wasser betrug —1,6°.

Am nächsten Tag (19. April, Obf. 73° 44′ nördlich, 11° östlich,

—8°, Brise aus Süden und Westen) waren „Morgenen" und die deutsche „Jan Mayen" in Sicht. Mittags kam die „Jan Mayen" an unsere Seite heran, und Krefting und ich gingen an Bord und blieben bis zum Abend.

Das Gespräch drehte sich selbstverständlich wieder um den Jungenfang und ob es Kohlen und Zeit lohne, noch länger danach zu suchen?

Dies schien zweifelhaft; es war jetzt schon spät im April, zugleich aber bestand auch die Befürchtung, daß die Schiffe im Norden im Fangfeld sein könnten.

Es wurde beschlossen, weiterhin längs dem Eisrand nach Südwesten zu halten, um dort, wenn möglich, eine bessere Stelle zu finden, wo man ins Eis eindringen und nach Norden fahren könnte.

Kapitän Deuchars erzählte von dem Leben in der Davisstraße und Baffinbai, von dem Walfang dort, von dem Lachsfang mit Netzen, von der Alk= und Entenjagd, von dem Eis dort und den Schiffsverlusten.

Dann sprachen wir vom Butzkopf, vom Walfang hier innerhalb des Eises unter der Ostküste von Grönland und von dem norwegischen Robbenfänger „Mjölner", der damals den Versuch machen wollte, den Wal vom Schiff aus mit einer Granatharpune zu schießen.

Von den Grönland=Walen, die früher in großen Mengen in dem Meer zwischen Spitzbergen und Grönland und bei Jan Mayen anzutreffen waren, gibt es jetzt nur noch ganz wenige Tiere; sie halten sich meist in dem offenen Wasser unter der Ostküste von Grönland auf der innern Seite des Treibeises auf. Ein paar der schottischen Walfänger begeben sich noch jedes Jahr im Juni dorthin, wenn sie mit dem Robbenfang fertig sind.

Im vergangenen Jahr war einer von ihnen, ich glaube, es war die „Hope", vierzehn Tage lang durch das Eis gegangen, ehe er an diese Landwake kam. Allerdings hatte er zwei Wale erbeutet.

Bei der Jagd mit den kleinen Ruderbooten auf solch einen großen Wal könne sich gar vieles ereignen, erzählte Deuchars. Hat der Harpunier einen Wal erlegt, erhält er eine Belohnung für die Harpune, die er mit der Kanone abschießt, außerdem aber auch noch eine Extrabelohnung für jede Handharpune, die er dem Tier beibringen konnte, nachdem diese erste Harpune saß. Es reizt ihn deshalb sehr, so nahe wie möglich an den Wal heranzukommen, ehe er schießt.

Eines Tags lag ein großer Wal im Wasser und schlief zwischen einigen kleinen verstreuten Schollen. Wie schon erwähnt, hält sich der Grönland=Wal am liebsten im Kleineis auf und verläßt selten den äußern Rand des Eises. Man rudert vor= sichtig an ihn heran; dabei muß man die Ruderblätter lautlos ins Wasser tauchen und darf um keinen Preis an ein Eisstück stoßen.

Das Boot glitt still dahin, der Harpunier stand vorn an der Kanone, den Finger am Abzug.

„Gut so!" Näher und näher ging es mit guter Fahrt. Noch lag die ungeheure Fleischmasse unbeweglich, wie eine große Fels= klippe im Meer.

Jetzt waren sie ganz nahe daran, die andern saßen so gespannt da, daß ihnen fast der Atem ausblieb. Aber der Harpunier wartete immer noch, die eine Hand am Abzug, in der andern eine Handharpune.

Dann stieß das Boot seitlich an den Wal an, die Kanone krachte, die Harpune drang in den mächtigen Rücken ein; die Handharpune folgte nach und drang ebenfalls ein.

Der ungeheure Rücken krümmte sich, der riesige Schwanz ging in die Höhe und schlug mit einem fürchterlichen Klatschen herab, so daß das Wasser hoch aufspritzte; eine Flosse traf das Boot und schlug die Seite ein. Dann ging das Tier hinunter, und die Harpunenleine sauste aus.

Der Harpunier schrie: „Auf die andere Seite hinüber, Jun= gens", während er das Auslaufen der Leine beobachtete.

Die Leute warfen sich hinüber und hielten die eingeschlagene Seite des Bootes über Wasser.

Der Harpunier ließ die Leine um den Poller laufen, während das Boot dahinschoß und gegen eine Eisscholle stieß. Dann sprang er auf die Scholle hinaus, während die Leute sich an der Scholle festhielten. Er ließ die Leine um den Bootspoller laufen, bis der Wal erschöpft war und von einem andern Boot, das zu Hilfe kam, erlegt wurde.

Der Wal wird mit langen Lanzen getötet. Die Fänger ver= suchen hauptsächlich ins Herz zu treffen und stechen dabei auch

durch die Lungen. Es ist ein gewaltiger Anblick, wenn solch ein
Riese aus lebenden Muskeln und Nerven stirbt. Wenn er den
tödlichen Stich durch die Lungen erhalten hat und der Tod heran=
naht, stößt der Wal das Blut durch die Nasenlöcher aus, und
Meer und Eis ringsherum färben sich rot. In diesem heftigen
Todeskampf peitscht der ungeheure Schwanz das Wasser zu rotem
Schaum. Dann wird der Wal nach und nach ruhiger, und der
mächtige Riese des Meeres ist nicht mehr.

Als Deuchars von diesem Fängerleben erzählte, erschien uns
demgegenüber unser Vorhaben ganz klein und zahm, und wir
vergaßen für eine Weile den Jungenfang und alle Sorgen.

Die Zeit verging rasch; ehe wir's uns versahen, war es
Abend, und der Kapitän und ich kehrten zum „Viking" zurück.

Als wir gerade schlafen gehen wollen, hören wir die Ma=
schine stoppen, und der Kapitän sagt: „Was ist denn das? Das ist
sicher ein Bär."

Ich laufe an Deck, erfahre, daß es ein weißes Robbenjunges
war, und stürze mich in das Boot, das soeben hinuntergelassen
wird.

Wir bekommen das Junge zu sehen und rudern zu der Scholle
hin. Es war das erste weiße Junge. Ganz merkwürdig schön
lag es in seinem schneeweißen Pelz da und sah uns mit seinen
großen, treuherzigen Augen an. Ich mußte es eine lange Weile
anschauen; aber dann begann es unruhig zu werden und versuchte
zum Wasser zu gelangen.

Wir nahmen es lebend ins Boot und ruderten damit an Bord.
Es wurde auf die Großluke gelegt. Die Leute, die sich alle mit
ihm anfreunden wollten, erwiesen ihm viel Aufmerksamkeit. Es
sah ja auch so treuherzig aus wie eine hübsche weiße Katze. Aber
es war nicht sehr zugänglich. Einige wollten ihm den Pelz krauen
und es streicheln, aber das mochte es nicht, es knurrte und schnappte
nach ihnen.

Sich selbst überlassen, lag es meistens still und zusammen=
gekrümmt da und starrte ins Leere, bedrückt und melancholisch.
Fressen wollte es nicht, was man ihm auch anbot.

Es maß 90,3 Zentimeter von der Schnauze bis zur Schwanz=
spitze. Der Pelz war nicht mehr haarfest, die Haare saßen an
den Hinterflossen locker; es war wohl ungefähr zwei Wochen alt.
Aber so alt, daß die Mutter es bereits verlassen hatte, war es

kaum, diese war wohl nur gerade im Wasser, als wir das Junge fingen.

Unterdessen dampften wir weiter. Ich stand auf der Back und erblickte von dort aus ein großes Klappmützen-Männchen auf dem Eis.

Wir ließen ein Boot hinunter. Es war Mitternacht, aber hell genug zum Schießen. Die Klappmütze lag auf einer großen Scholle, und wir ruderten auf guten Abstand heran. Anton Askjem legt an, der Schuß geht jedoch zu früh los und trifft den Eisrand unter dem Tier.

Dieses fährt erschreckt zusammen, wirft den Kopf zurück, bläst die Mütze auf und starrt uns wütend an — eine stolze Silhouette gegen den Nachthimmel.

Im nächsten Augenblick wird es im Wasser sein, da aber kracht es wieder, und der Kopf fällt tot aufs Eis hinab.

Es wurde abgehäutet. Den Magen fand ich mit großen Bergilten vollgestopft. Wir zogen drei ganze, vollkommen frische, rote Bergilte heraus, die offenbar soeben verschlungen worden waren. Ihre Länge betrug 30 bis 45 Zentimeter; außer diesen fand ich Reste von sicher noch doppelt so vielen.

Dies war eine merkwürdige Entdeckung. Der Bergilt, den man im allgemeinen für einen Grundfisch hält, scheint also auch in diesem Meer zu leben. Aber hier gibt es keine Bänke, das Wasser ist über 2000 Meter tief. Der Bergilt kann also nicht auf dem Grund leben, sondern lebt oben im Wasser, in einer gewissen Tiefe unter der Oberfläche, ist also ein pelagischer Fisch.

Das warf ein ganz neues Licht auf das Leben und die Verbreitung dieser Fische. Die Entdeckung wurde durch Beobachtungen bestätigt, die wir achtzehn Jahre später bei der von Dr. Hjort geleiteten Expedition auf dem „Michael Sars" machten.

Mitten in dem Meer zwischen Jan Mayen und Norwegen fingen wir damals Hunderte von Bergilten an Angelschnüren, die in einer ungefähren Tiefe von 50 Meter ausgelegt wurden. Es stellte sich heraus, daß der Bergilt über große Teile dieses Meeres verbreitet und nicht an die Küsten gebunden ist, wie man früher glaubte. Das bedeutet eine große Erweiterung des Gebietes, aus dem die Menschen ihre Nahrung holen können.

Am nächsten Morgen, 20. April (Obs. 72° 51' nördlich, Obs.

10° 20′ öſtlich, —10°, Briſe von Norden und Nordnordoſt), kam
der Kapitän der deutſchen „Jan Mayen“ an Bord; man wurde
darüber einig, ungefähr dort nach dem Fangfeld zu ſuchen, wo
das weiße Junge gefunden worden war.

Ich hatte meine liebe Not mit dieſem Jungen. Wir konnten
es nicht zum Freſſen bewegen, und es ſchien ſehr unglücklich zu ſein.
Ich ſchaffte es in die Kajüte und verſuchte, es zu zeichnen und mit
meinen naſſen Platten zu photographieren; aber dann brachte
ich es nicht übers Herz, es länger zu quälen, und erſchoß es.

Wir konnten keinen Jungenfang in dieſer Gegend finden, er
mußte weiter nördlich liegen. So wandten wir uns denn am
nächſten Nachmittag, 21. April (—4°, Wind Nordoſt), wieder
nach Nordoſten. Wir rechneten aus, daß wir wieder ziemlich
ſüdlich von 71½° nördl. Br. waren.

Am Morgen des 22. April (Obſ. 71° 37′ nördlich, 10° 10′
öſtlich, —3°, ſchwacher Wind aus Nordnordoſt) trafen wir „Hård=
råde“. Der Kapitän begab ſich an Bord zu Caſtberg, der ſich
ſehr freute, als er hörte, daß keines von den anderen Schiffen im
Süden im Fangfeld lag.

Er ſelbſt war noch am gleichen Tag, an dem wir ihn das
letztemal verlaſſen hatten, am 2. April, vom Eis freigekommen,
hatte jedoch ſeitdem mehrere Male feſtgeſeſſen.

Er wollte ebenfalls wieder nach Norden. Den größten Teil
des Tags fuhren wir durch offenes Waſſer.

Sonntag Morgen, 23. April (ungefähr 73° 15′ nördlich, 11°
öſtlich, —10°, ſchwacher Wind aus Norden und Nordnordweſt),
wurden Robben im Kurs gemeldet. Es wurde Volldampf ge=
geben, und die Maſchine mußte alles hergeben, was ſie konnte;
denn wir wollten einen guten Vorſprung vor „Hårdråde“ ge=
winnen, der nicht ſehr weit von uns entfernt war.

Endlich können wir die Robben von der Back aus ſehen und
ſind bald bei ihnen angelangt. Sie erſtreckten ſich in einem Halb=
kreis von gerade voraus bis ungefähr zu den Steuerbordbillen.

Sechs Boote wurden hinuntergelaſſen; ich ſelbſt ging als
Ruderer mit dem beſten Schützen, Ola Mågerud, mit, um das
Handwerk zu erlernen.

Dieſe Boote ſind von verſchiedener Größe. Die größeren ſind
meiſtens 22 bis 24 Fuß lang und haben ſechs Mann Beſatzung,
einen Schützen, der vorn ſteht und Führer des Bootes iſt, einen

Bootssteuermann, der achtern steht und das Boot mit einem langen Ruder lenkt, und vier Leute zum Pullen und Flensen. Wenn es viele Robben gibt, flenst auch der Bootssteuermann, und wenn es gilt, unter Umständen auch der Schütze.

Die kleineren Boote sind ungefähr 20 Fuß lang und haben meistens fünf Mann Besatzung, Schützen, Bootssteuermann und drei Leute an den Riemen.

Der „Viking" hatte zehn Boote, die meisten Schiffe besaßen aber nur neun.

Wir stießen ab und legten uns in die Riemen, daß das Boot durch das stille Wasser zwischen den Schollen sauste. Rasch kamen wir näher.

Welch ein Anblick! In dichten Herden lagen die Robben auf den Schollen, so weit wir vom Boot aus sehen konnten. Und trotzdem waren dies nur wenig Robben im Vergleich zu einem ordentlichen „Robbenmännchen = Fangfeld", versicherte man mir.

Das Wetter ist klar und still; es schimmert weiß und schwarz in den Robbenfellen. Die Luft darüber zittert von der Wärme, die aus allen diesen Tausenden von Körpern aufsteigt.

Man hört ein Knurren und Brummen ähnlich dem Schnurren einer Katze, die man streichelt. Dann ab und zu ein tiefes, langes Ho, wie ein lautes, tiefes Gebrüll; das ist ein Robbenmännchen, dem das Dasein gefällt.

Sie scheinen eine ganz einzig dastehende Fähigkeit zum Faulenzen zu haben. Stundenlang können sie fast unbeweglich daliegen und entweder vor sich ins Leere starren oder auch mit Wohlbehagen die Augen schließen. Aber dann und wann hebt sich ein Kopf, und eines der Tiere blickt um sich.

Besonders bei Sonnenschein strecken sie sich gern behaglich aus und fühlen sich dabei offenbar sehr wohl. Sie wälzen sich auf die Seite und lassen sich von der Sonne braten, kratzen sich mit den Vorderflossen am Hals und wedeln schwach mit den Schwanzflossen. Dann drehen sie sich auf die andere Seite, um der Sonne den Rücken zuzuwenden, wälzen sich ganz auf den Rücken und legen sich wieder auf den Bauch. Bald öffnen sie weit die Augen und blicken um sich, bald starren sie ins Leere hinaus, bis die Augen wieder faul zufallen.

So kann es stundenlang fortgehen, solange man Zeit und Geduld hat, sie zu beobachten.

Dann hebt eins den Kopf, um das Schiff anzuschauen, aber
ganz von fern, und legt den Kopf wieder nieder. Ab und zu
erhebt sich ein Kopf hinter den vielen Rücken, glotzt ein wenig
umher und legt sich wieder hin.

Wie schon erwähnt, nimmt man an, daß die Herden einzelne
Wachttiere haben, die besonders aufmerksam sind und über die
Sicherheit der anderen wachen; angeblich sollen dies meistens Weib=
chen sein. Ob diese Annahme richtig ist, wage ich nicht zu ent=
scheiden; ich habe jedoch beobachtet, daß einzelne von den Robben
auf der gleichen Scholle wachsamer und unruhiger sind als die
anderen; in diesem Fall dürfte es sich empfehlen, wenn möglich,
diese Robben zuerst zu schießen, dann werden vielleicht die anderen
ruhiger bleiben.

                    •   •

                         •

Jetzt hebt eine Robbe jäh den Kopf; sie hat irgend etwas Ver=
dächtiges gehört oder gesehen, sie blickt starr, zieht den Rücken
ein und hebt den Hinterleib. Sie öffnet die Schwanzflossen fächer=
artig, dann aber legt sie sich achtsam wieder hin.

Unser Boot sollte in den mittlern Teil des Fangfeldes gehen.
Vorsichtig ruderten wir in Deckung einer hohen Eiskante dahin
und näherten uns bereits der ersten Scholle auf Schußnähe.

Noch einige Ruderschläge, dann: „Stopp!" Die Ruder werden
losgelassen, und in den Stroppen hängend legen sie sich seitlich
ans Boot an, während es noch Fahrt macht.

Alle sitzen unbeweglich in stummer Erwartung. Wir sind
jetzt auf ungefähr 80, 90 Meter herangekommen.

Ola legt das Gewehr ruhig an die Wange, zielt gut und
lang — es kracht, die erste Robbe „fällt".

Die anderen Robben werfen die Köpfe hoch — noch ein Krach,
und wieder „fällt" ein Kopf, doch die übrigen gehen ins Wasser.

Wie bereits im dritten Kapitel erwähnt, darf man die Robben
nur in den Kopf treffen und muß sie mit dem ersten Schuß voll=
kommen erledigen, so daß der Kopf gleich aufs Eis hinabfällt und
das Tier unbeweglich liegenbleibt. Auf diese Weise erschreckt es
die anderen Robben nicht, diese werden im Gegenteil ruhiger, wenn
sie das Tier unbeweglich stilliegen sehen. Es ist besser, ganz
fehl zu schießen, als den Körper zu treffen. Jedoch ein Robbenkopf
ist ja auf eine Entfernung von 80 bis 100 Meter kein sehr großes

Das Fell wird ins Boot gebracht.

Ziel. Hat man die Robbe gerade vor sich, kann man auch dicht
unter den Kopf in den Hals zielen und den Halswirbel zer=
schmettern.

Sobald die Robben erlegt und die übrigen Tiere in der Nähe
ins Wasser gegangen sind, legt das Boot bei den toten Robben
an, die Männer springen aufs Eis hinaus, einer für jede Robbe,
die sofort so schnell wie möglich abgehäutet wird. — Das Fell
mit dem daransitzenden Speck wird ins Boot gebracht und dann
geht es weiter zu einer neuen Scholle, die wir im Schutze eines
großen Eishügels erreichen können. Dort gab es viele Robben.

Ola kriecht hinter dem Hügel auf das Eis, ich ihm dicht auf
den Ferfen, er kriecht weiter vor zu einem neuen Hügel und kommt
richtig gut zu Schuß. Hier wurden sechs Tiere erlegt.

Unterdessen sind auch die anderen Boote an die Robben heran=
gekommen, und es kracht auf allen Seiten. Wir können sehen,
wie die Schützen auf den Schollen vorwärts kriechen und sehen sie
zielen; der Rauch dringt aus dem Rohr, der Robbenkopf „fällt“,
und dann endlich kommt der Knall.

Wir dringen weiter hinein und schießen auf beiden Seiten, wo
eben Robben sind, flenfen die erlegten Tiere sofort, bringen die
Felle ins Boot und so immer weiter. Es wird nie aus sehr großer
Entfernung geschossen, vielleicht aus höchstens ungefähr hundert
Meter, am liebsten aber aus noch größerer Nähe.

Ola verwendet gewöhnlich ein Zündnadelgewehr mit kurzen
Patronen und normaler Ladung. Er findet, daß die Expreß=

büchsen zu stark stoßen und kein so regelmäßiges Schießen ge=
statten.

Schließlich sind alle Robben im Wasser. An Bord wird eine
Flagge auf dem Besantopp gehißt zum Zeichen, daß die Boote
zurückkehren sollen.

Jetzt haben die Möwen großes Gastgelage. Sofort sind
Schwärme von Elfenbeinmöwen da. Gott mag wissen, woher
sie kommen. Mit zornigem Geschrei stürzen sie sich auf die
Robbenkadaver herab. Es ist merkwürdig, wie sie den Robben=
herden folgen, als wüßten sie, daß es hier etwas für sie zu holen
gibt. Und wenn die Schützen sich auf Schußnähe anschleichen,
fliegen sie über ihnen, als warteten sie nur auf den Augenblick, da
sie in die tote Robbe einhacken können; kaum ist sie abgehäutet, so
schlingen sie schon hinunter, was sie nur können.

Auch die scheuere Bürgermeistermöwe ist jetzt zahmer geworden.
Sie schwebt heran, schlägt ein paar Kreise in der Luft und faltet
dann in der Nähe des Robbenkadavers, oft dicht beim Boot,
majestätisch ihre langen Schwingen zusammen. Dann kommt sie
mit großer Würde heranspaziert, und die Elfenbeinmöwen machen
ihr ehrerbietig Platz auf dem Kadaver.

Die Eissturmvögel liegen in der Nähe überall auf dem Wasser,
meistens dort, wo ein wenig Speck oder Blut schwimmt; gierig
kämpfen sie um jeden Bissen.

Wir kehren zum Schiff zurück, wo auch bald die anderen Boote
eintreffen. Sie werden der Reihe nach, wie sie ankommen, ge=
löscht. Die Felle werden mit einem durch die Vorderflossenlöcher
gezogenen Tauende zusammengebunden und mit der Dampfwinde
an Bord geholt. Sowie die Boote leer sind, werden sie an ihre
Plätze unter den Davits gehißt, die Ablauflöcher am Boden
werden geöffnet, und Blut und Wasser und die kleinen Speckbroden
und Fleischfetzen, die sich von den Fellen angesammelt haben,
fließen ab und verbreiten sich auf dem Wasser rings um das Schiff,
zur großen Freude der Möwen und Eissturmvögel. Wenn das
Schiff eine Weile im Eis liegenbleibt, wird man auch oft große
Eishaie auftauchen sehen, die sich an diesen Abfällen güt=
lich tun.

Alles in allem wurden an diesem Tag 44 Robben erlegt;
unser Boot hatte die größte Beute, 17 Felle.

Selbstverständlich besteht ein großer Wettstreit darum, wer

der befte Schütze ift. Es bedeutet ja auch wirklich eine Leiftungs=
probe, denn es genügt nicht nur, daß man eine Büchfe richtig halten
kann; ebenfowenig ift es ausfchließlich Sache des Glücks, fondern
es kommt darauf an, planmäßig zu Werk zu gehen, das Boot
vernünftig durchs Eis zu lenken und die Männer zur Arbeit an=
zutreiben, beim Pullen wie beim Flenfen, fo daß nicht Zeit unnüß
verlorengeht.

Etwas fpäter fahen wir eine andere Schar Robben, von denen
wir aber nur drei erlegten. Ich maß ein erwachfenes Männchen,
es hatte 1,78 Meter von der Schnauze bis zur Schwanzfpitze. Es
kann manchmal auch etwas länger fein, etwa bis zu 1,9 Meter.

Am Abend herrliches Wetter, kein Wind, nicht die geringfte
Bewegung auf der Wafferfläche. Als wir in der Nacht einige
Zeit ftillagen, nach dem Befteck auf ungefähr 73° 12′ nördl. Br.
und 11° öftl. L., nahm ich eine Reihe von Tiefwaffer=Tempera=
turen, die recht merkwürdig waren. Ich ftellte feft:

an der Oberfläche		—1,6°,
bei 10 Faden	(19 Meter)	—1,0°,
„ 20 „	(38 „)	1,5°,
„ 40 „	(75 „)	—1,6°,
„ 60 „	(113 „)	0,1°,
„ 80 „	(151 „)	0,2°,
„ 100 „	(188 „)	1,5°.

Als ich 100 Faden Tiefe erreicht hatte, entdeckte ich, daß der
Mechanismus des Umkehrthermometers in Unordnung war. Das
Thermometer faß in einem großen Stück Holz, das darauf be=
rechnet war, aufrecht zu fchwimmen und auf diefe Weife das
Thermometer in fenkrechter Stellung zu halten, bis die Leine
wieder eingeholt wurde; dann drehte es fich um und hing nach
unten. Aber diefes Holzftück fchwamm jetzt nicht mehr. Durch
den großen Druck in der Tiefe waren alle Poren des Holzes mit
Waffer angefüllt worden, und deshalb fank es jetzt.

Das heißt alfo, daß es fich beim Fieren des Thermometers
umdrehte, fowie die Leine in der Tiefe, in der die Meffung vor=
genommen werden follte, innehielt. Das Thermometer regiftrierte
alfo die Temperatur, ehe es Zeit gehabt hatte, fich genau ein=
zuftellen. Da die Temperatur der Luft —9° betrug, war folglich
das Thermometer jedesmal, wenn es hinuntergelaffen wurde, ziem=
lich ftark abgekühlt, und da es keine Zeit hatte, fich in der

Tiefe einzustellen, sind die Temperaturen von dort unten wahrscheinlich etwas zu niedrig und müßten um mehrere Zehntelgrade
erhöht werden.

Aber wie dem auch sei, jedenfalls beweist diese Messung, daß
Schichten mit wärmerm Wasser sich zwischen kältere Wasserschichten in 20 Faden Tiefe mit 1,5° hineinschieben können und
daß unter dieser wärmern Schicht in 40 Faden Tiefe ein Minimum ist, während darunter die Temperatur wieder gleichmäßig
steigt.

Dies ist wieder eine Temperaturenreihe, die deutlich gegen die
vorher erwähnte Theorie von Edlund über die Eisbildung im
Meer spricht. Während das Oberflächenwasser hier von der kalten
Luft bis nahe zum Gefrierpunkt abgekühlt war und im Begriff
stand zu gefrieren, waren die darunterliegenden Wasserschichten
viel wärmer, und es fand sich in keiner der Tiefen irgendeine Andeutung von unterkühltem Wasser. Der Salzgehalt an der Oberfläche ist offenbar nahe an 32 oder 33 Tausendteile gewesen,
während er nach unten zunahm; bei 100 Faden (188 Meter)
war warmes „Golfstrom=Wasser" mit ungefähr 35 Tausendteilen.

Dies ist, soweit mir bekannt, die erste Temperaturenreihe, die
genommen wurde und die klar darlegt, daß warmes „Golfstrom=
Wasser" unter den kalten Wassermassen der oberen Schichten des
Polarstroms fließt. Später sollte ich noch die Entdeckung machen,
daß dies auch im Polarmeer der Fall ist und daß es sich im Polarstrom überall so verhält.

Schon hier fand ich das Temperaturminimum bei ungefähr
40 Faden, oder in 60 bis 75 Meter Tiefe, was für die oberen
kalten Wasserschichten des Polarmeers und Polarstroms so charakte-
ristisch ist.

Aber hier, so weit östlich, in Gegenden, die eigentlich dem
„Golfstrom" angehören, sind diese kalten Wasserschichten etwas
seichter geworden, so daß wir das warme Wasser mit 0,1° bereits
bei 60 Faden (113 Meter) Tiefe finden, während es im Polarstrom selbst meistens 50 oder 80 Meter tiefer liegt.

Am 24. April (—8°, Wind aus Norden und Nordnordost)
hatten wir zum Teil Schneewetter und gelangten nicht weit.

Dienstag, 25. April (—6,5°, starker Wind aus Nordost), kamen
wir in Eis, auf dem wir Junge trafen, sowohl weiße als auch
„Streifen=Junge", aber es ist zu heftiger Seegang und zuwenig

Eis, als daß wir fie hätten erreichen können. „Streifen-Junge" werden, wie schon gesagt, die Jungen der Sattelrobben genannt, nachdem fie den weißen Wollpelz gewechselt und ihr Robbenkleid aus glatten Deckhaaren bekommen haben, das hellgrau mit einzelnen dunklen Flecken ist. Wenn fie älter werden, nehmen fie, wie schon gesagt, das Kleid der erwachsenen Tiere an.

Daß es hier auf einmal so viele Junge gibt, ist sehr merkwürdig; wir nähern uns offenbar einem Fangfeld, und die Erwartungen steigen wieder.

Immer noch herrscht Schneetreiben und nebeliges Wetter, aber durch den Nebel erblicken wir vor uns ein Schiff mit belegten Segeln, dahinter noch mehrere andere.

Wir halten Kurs auf das erste, es ist „Kap Nord". Weshalb mag es hier stilliegen? Ist es beladen und liegt es da und spedt? Oder ist es vielleicht in der Nähe eines Fangfelds und wartet nun auf ruhigere See, um jagen zu können?

Mit Spannung nähern wir uns. Es sieht verdächtig aus, ganz als wäre es beladen, so tief liegt es im Wasser. An Bord geriet alles in Fieber.

Endlich sind wir in Rufnähe. Kapitän Gullik Jensen steht achtern beim Spiegel. Das erste, was wir hören, ist:

„Aber, liebe Leute, wo seid ihr denn gewesen, Krefting?"

Es ging wie ein Stich durch alle Mann an Bord bei uns.

Und jetzt bekamen wir Neuigkeiten zu hören. „Nova Zembla" war vollbeladen, fie konnte ihre Fellhaufen, die fie auf dem Eis aufgestapelt hatte, gar nicht alle einnehmen. „Vega" war beladen, „Capella" fast voll, „Albert" hatte 14 000 Felle, eine der größten Lasten, die je von norwegischen Schiffen erbeutet worden waren. „Hekla" hatte 10 000—12 000 Felle und „Kap Nord" selbst hatte 6000.

Es waren sowohl Junge als auch alte Robben, denn die Tiere waren durch das zusammengefrorene Eis vom Wasser abgesperrt worden, so daß die alten Robben nicht ins Wasser gelangen und die Leute die jungen wie die alten Tiere auf dem Eis schlagen konnten.

Wir mußten uns schildern lassen, wie einige Schiffe so vollbeladen waren, daß fie auch noch die Boote in den Davits mit Sped und Fellen angefüllt hatten.

In unserer ganzen Geschichte des Robbenfangs gibt es kaum ein Jahr, in dem die norwegischen Schiffe eine so große Beute an

Jungen heimgebracht haben. Nach der offiziellen Statistik sollen es zusammen 83 200 Junge gewesen sein.

Diese große Zahl ist wohl dem Umstand zuzuschreiben, daß die Robben in jenem Jahr Zeit hatten, sich ungestört zu versammeln, und daß dann, wie erwähnt, das ganze Fangfeld einfror und ungestört liegenblieb, ohne daß das Eis aufbrach und zertrümmert wurde, während die Fänger ihrem Schlachten oblagen.

Das Fangfeld hatte sich nicht viele Meilen westlich der Stelle befunden, wo wir in den letzten Tagen des März festgelegen und dann die anderen Schiffe am 1. April verlassen hatten. Also ganz so, wie wir damals annahmen.

Die Robben müssen sich zu dieser Zeit auf ungefähr 75° 12′ nördl. Br. und 4° östl. L. befunden haben. Wir hätten beinahe wenigstens den äußern Rand des Fangfeldes sehen können, wenn wir klares Wetter gehabt hätten.

Die anderen Schiffe trafen die Robbe am Ostersonnabend oder Ostersonntag, 9. April, an. Nach „Vegas" Journal war es auf 75° 33′ nördl. Br. und 9° 36′ östl. L. Die Robben waren also in diesen acht Tagen ungefähr 90 Seemeilen nach Ostnordosten getrieben. Dies stimmt einigermaßen mit dem überein, was Iversen von der „Gensir" erzählte. Er war um dieselbe Zeit acht Tage lang mit dem Eis von ungefähr 75° nördlich und 6° östlich bis 75° 25′ nördl. Br. und 12° östlich getrieben. Als er damals freikam, war er also auf der Ostseite des Fangfeldes gewesen und daran vorbeigefahren, während die anderen geradeswegs hineinfuhren.

Ja, so kann es hier gehen. Die anderen Schiffe hatten das Glück gehabt, daß sie damals, als wir uns hinausbrachen, im Eis festsaßen.

Das waren niederschlagende Neuigkeiten. Tiefe Enttäuschung stand in jedem Gesicht an Bord zu lesen. Zu denken, daß wir dem Fangfeld so nahe gewesen waren und es nicht gefunden hatten, noch dazu solch ein Fangfeld! Und gerade Krefting, der sich ja darüber klar gewesen war, daß das Fangfeld wirklich eben dort liegen müsse!

Es war nicht leicht darüber hinwegzukommen, und mehrere Tage lang wurde bei uns von nichts anderm mehr gesprochen. Herrgott, diese Sechzehntel und dieser Verdienst, den die Mannschaft an Bord jener Schiffe bekommen mochte!

Wir hatten seit mehreren Tagen keine Sonnenhöhe mehr nehmen können, aber nach dem Besteck sollten wir uns auf etwa 73° 10' nördl. Br. und 11° östl. L. befinden. Das Eis mit dem Jungenfang war also vom 10. bis 25. April ungefähr 145 Seemeilen nach Süden getrieben, nachdem es in den acht vorhergehenden Tagen ungefähr 90 Seemeilen nach Ostnordost getrieben war (s. die Karte S. 147).

Dies gibt ein Bild davon, wie dieses Treibeis mit dem Wind den Platz wechselt. In der Zeit vom 1. bis 9. April war fast immer südwestlicher Wind gewesen, während wir vom 10. bis 25. April hauptsächlich nordnordwestliche und nördliche Winde gehabt hatten.

Unterdessen hatten wir uns längs dem Eisrande östlich und südöstlich des Fangfeldes herumgetrieben und waren nie bis zu ihm vorgedrungen. Das Eis war zu dicht gewesen, wo wir auch versucht hatten, in westlicher Richtung einzudringen. Es ist auch so eine Sache, sich durch dickes Eis hindurchzuarbeiten, Kohlen zu verbrauchen und sich der Gefahr des Steckenbleibens auszusetzen, selbst wenn man glaubt, daß die Robben dort liegen könnten.

Große Werte stehen hier auf dem Spiel. Ein solcher Fang, ein vollbeladenes Schiff, stellt ja ein ganzes Vermögen dar. Dies hat, wie schon erwähnt, für jeden Mann an Bord sehr viel zu sagen, denn der Lohn besteht ja zum größern Teil aus dem Anteil am Fang. Was für einen Unterschied es doch ausmachen kann, welchen Kurs man im entscheidenden Augenblick nimmt! Wir waren dem Fangfeld genau so nahe gewesen wie die anderen, aber dort lagen nun diese Schiffe vollbeladen da, mit einer beglückten Mannschaft an Bord, die sich über die zu erwartenden guten Anteile freute, — und hier lagen wir, und unser Schiff war immer noch leer.

Junges einer Sattelrobbe.

Siebentes Kapitel.

Der Jungenfang.

Auf dem großen Wurfplatz, dem „Jungenfang" im Jan=Mayen= Meer, liegen die Robben zu Hunderttausenden meilenweit auf dem Eis. Sie sind nicht gleichmäßig verteilt, sondern meist in Gruppen dicht beieinander auf den Schollen; oft sind ihrer viele, sechs bis zehn oder noch mehr, Junge auf jeder Scholle dann aber gibt es auch wieder Strecken dazwischen, wo weniger Tiere liegen.

Der „Fang" kann eine ziemlich große Ausdehnung haben und erstreckt sich bisweilen über mehr als einen Breitengrad von Norden nach Süden; er kann auch in größere und kleinere Herden aufgeteilt sein, die auf verschiedenen Plätzen innerhalb dieses Gebiets dicht beieinanderliegen. In normalen Jahren liegen diese Herden so scharf abgegrenzt, daß man nur äußerst selten erwachsene Sattel= robben oder Junge auf dem Eis außerhalb des eigentlichen Ge= biets antrifft, und die Schiffe müssen deshalb ganz nahe heran= kommen, ehe sie den „Jungenfang" entdecken. Das einzige An= zeichen für seine Nähe, das man im übrigen vom Schiff aus

142

finden kann, sind
die zum Wurf=
platz ziehenden
Robben, die man
im Wasser sieht;
außerdem sind oft,
wie wir gesehen
haben, Klapp=
mützenfamilien
auf dem Eis in
der Nähe.

Da die wei=
ßen Jungen nicht
ins Wasser gehen
können, werden sie
eine leichte Beute
der Fänger; selbst=
verständlich gilt es
zum Jungenfang
zu kommen, ehe
die Jungen den
Pelz gewechselt

Mann in voller Ausrüstung für den Jungrobbenschlag,
mit Robbenhacke, Flensmesser, Wetzstahl und Zugstert.

haben und schwimmen können, denn nach dieser Zeit sind sie nicht so
leicht zu erbeuten, und die Robbenmassen beginnen sich zu zerstreuen.

Die erwachsenen Robben werden mit der Büchse geschossen.
Aber es kann, wie bereits gesagt, vorkommen, daß das Eis dort,
wo die Jungen liegen, zusammenfriert, wie im Jahre 1882, und
dann können die erwachsenen Weibchen nicht mehr ins Wasser
gelangen, und es ist möglich, sie mit den Hacken auf dem Eis zu
erschlagen, auf die gleiche Art wie die Jungen.

Im Journal der „Vega" (Kapitän A. Markussen) aus dem
Jahr 1882 sind folgende Mitteilungen über den Jungenfang jenes
Jahres zu finden:

„Montag, 10. April: Wind nordwestlich, frische Brise mit
schneedicker Luft. 4 Uhr morgens Fang in Sicht. Alle Mann
auf dem Eis zum ‚Häufen‘ (d. i. die Robben erschlagen und die
Felle zu Haufen auf dem Eis zusammenziehen). Das Eis dicht, die
Mannschaft weit vom Schiff entfernt. 9 Uhr abends alle Mann
an Bord, ein Mann Wache an Deck.

„Dienstag, 11. April: Wind nördlich, labbrige Brise mit bewölkter Luft. 4 Uhr morgens alle Mann auf dem Eis im Fangfeld zum Häufen. 9 Uhr abends alle Mann an Bord. Wache ein Mann an Deck."

„Mittwoch, 12. April: Wind nordöstlich mit bewölkter Luft und ab und zu Schneetreiben. Begannen um 3 Uhr morgens zu schlagen, immer zwischen Schiff und Fangfeld hin und her. Brachten einen Teil Robbenhaufen an Bord, das Eis lockerte sich, wir fuhren mit dem Schiff tiefer ins Fangfeld hinein."

„Donnerstag, 13. April: Wind nördlich, labbrige Brise mit gemischter Luft und Schneetreiben. 4 Uhr morgens alle Mann auf dem Eis beim Schlag in der Nähe des Schiffes, brachten einen Teil Jungrobben an Bord. Um 9 Uhr abends alle Mann an Bord. Ein Mann Wache an Deck."

„Freitag, 14. April: Wind westlich, frische Brise mit bewölkter Luft und ab und zu Nebel. Alle Mann auf dem Eis, um zu häufen und Robben zum Schiff zu ziehen; bekamen einen Teil Robben an Bord. 10 Uhr (abends) ein Mann Wache an Deck."

„Sonnabend, 15. April: 3½ Uhr morgens alle Mann auf dem Eis beim Schlag bis 9 Uhr vormittags. Geschlafen bis 1 Uhr. Alle Mann auf dem Eis, um Robben zu häufen. 10½ Uhr abends alle Mann an Bord. Ein Mann Wache an Deck."

„Sonntag, 16. April: Wind nordwestlich, labbrige Brise mit gemischter Luft und Schneetreiben. Hielten den Tag heilig bis 12 Uhr mittags; danach alle Mann auf dem Eis, um Robben zu schlagen. 8½ Uhr abends alle Mann an Bord. Einen Teil Robben an Bord genommen. Ein Mann Wache an Deck."

„Montag, 17. April: 4 Uhr morgens alle Mann auf dem Eis, um Robben zu schlagen, zu häufen und zum Schiff zu ziehen. 9½ Uhr abends alle Mann an Bord. Ein Mann Wache an Deck. Lenz Schiff."

„Dienstag, 18. April: 4 Uhr morgens alle Mann auf dem Eis, vom Schiff aus direkt ins Fangfeld. Das Eis dicht. Zogen einen Teil Robben zum Schiff. 8½ Uhr alle Mann an Bord."

„Mittwoch, 19. April: Immer noch im Fangfeld, nahmen einen Teil Haufen an Bord. 8 Uhr abends ein Mann Wache an Deck. Lenz Schiff."

„Donnerstag, 20. April: Wind nordöstlich, labbrige Brise mit gemischter Luft und ab und zu Schneetreiben. Einen Teil Robben zum Schiff gebracht. 8 Uhr, ein Mann Wache an Deck. Lenz Schiff."

„Freitag, 21. April: 5 Uhr morgens alle Mann auf dem Eis, um Robben zum Schiff zu schleifen. 7½ Uhr alle Mann an Bord und ungefähr 1000 Robben an Bord gebracht. Ein Mann Wache an Deck."

„Sonnabend, 22. April: 5 Uhr alle Mann auf dem Eis, um Robben zum Schiff zu schleifen; nahmen alle Robben, die wir gehäuft hatten, an Bord, der ganze Fang alles in allem ungefähr 11 000."

In all ihrer Knappheit geben diese Journalaufzeichnungen gewiß ein Bild dieses Fanges und der Abschlachtung, die dabei stattfindet.

Dort, wo die Robben dicht beieinanderliegen, kann ein Mann allein im Tag ungefähr 200 Junge schlagen, flensen und die Felle zu Haufen ziehen. Ja, einzelne Robbenschläger haben mir erzählt, daß sie bis zu 300 Junge am Tag geschlagen haben und daß es Fänger gab, die noch mehr schlugen.

Das Eis im Fangfeld liegt meistens so dicht, daß die Leute vom Schiff darauf gehen können. Ist das Eis locker, so kann der Fang auch mit Hilfe von Booten betrieben werden.

Die Ausrüstung eines Mannes für den Fang besteht aus der Robbenhacke, dem Flensmesser, dem Wetzstahl und dem Zugstert. Die Robbenhacke hat einen ungefähr fünf Fuß langen Holzschaft, an dem eine Hacke mit einem langen Dorn auf der einen Seite und einem kurzen Hammer auf der andern Seite befestigt ist. Am untern Ende des Holzschaftes befindet sich eine kurze eiserne Spitze, die auf dem Eis sehr nützlich ist, z. B., wenn man von Scholle zu Scholle springt. Beim Schlagen der Robben gebraucht man meistens den langen Stachel, den man dem Tier in den Kopf schlägt.

Den Jungen wird die Hacke in den Kopf geschlagen, sie werden gleich geflenst; drei bis vier Felle (mit daranhängender Speckschicht) werden, die Haare nach außen, aufeinandergelegt, zusammengerollt, mit dem Zugstert zusammengebunden und zum Schiff gezogen, oder, wenn dieses zu weit entfernt ist, zu Haufen auf den Schollen aufgestapelt. Die Haufen werden mit der Schiffsflagge gekennzeichnet und von den Booten oder vom Schiff selbst geholt, sowie das Eis sich öffnet und man vorwärtskommen kann. Die Männer ziehen die Felle meistens in der gleichen Spur, um einen glatten Weg zu erhalten, auf dem die Felle leichter gleiten.

Es gilt rasch zu arbeiten, und in der Eile nimmt man es wohl nicht immer so genau damit, ob die Jungen ganz erschlagen sind, ehe man sie abhäutet. Es wird behauptet, der abgehäutete Robbenkadaver werde manchmal wieder lebendig und gehe ins Wasser. Überhaupt ist es wohl eine Arbeit, die auf das Gefühls= leben der Männer nicht gerade veredelnd wirkt.

Daß bei diesem „Jungenfang" große Mengen von Robben dicht beieinanderliegen können, wird man aus den oben genannten Schiffslasten entnehmen können, die im April 1882 in ungefähr zehn Tagen von den verschiedenen Schiffen eingebracht wurden.

Im folgenden Jahr (1883) wurden von norwegischen Fang= schiffen aus Südnorwegen ungefähr 121 000 junge und alte Sattel= robben erbeutet.

Mit Svend Foyns Segelschiff „Elieser" wurden im Jahre 1858 in fünf Tagen 16 400 Robben geschlagen.

Die Ausdehnung des Eises und die Eisverhältnisse überhaupt wechseln in diesem Meer von einem Jahr zum andern stark und sind zum großen Teil von den Wind= und Wetterverhältnissen abhängig.

Der große Wurfplatz der Sattelrobbe im Jan=Mayen=Meer kann deshalb sehr verschieden liegen, und zwei Jahre sind sich darin wohl niemals gleich. Im einen Jahr kann sich das Eis bis weit nach Osten erstrecken, und da wird der Wurfplatz (der große „Jungenfang") meistens weit nordöstlich liegen (das sind die „Ostrobben"). In einem andern Jahr kann es sehr viel weniger Eis geben, die Eisgrenze liegt weit im Westen, und die Robben versammeln sich dann näher bei Jan Mayen oder treiben viel= leicht sogar mit dem Eis bis südwestlich von dieser Insel (das sind die „Westrobben").

In manchen Jahren gibt es eine gut entwickelte „Eiszunge" und eine große, deutliche „Nordbucht", während in anderen Jahren diese Zunge und die Bucht nördlich davon kaum vorhanden zu sein scheinen. So war es z. B. im Jahre 1882, als wir dort waren. Damals war es nicht leicht, sich von dem wirklichen Vorhandensein der „Nordbucht" oder „Buchteisbucht" zu überzeugen, soviel wir auch nach Norden und nach Süden durch das Eis pflügten.

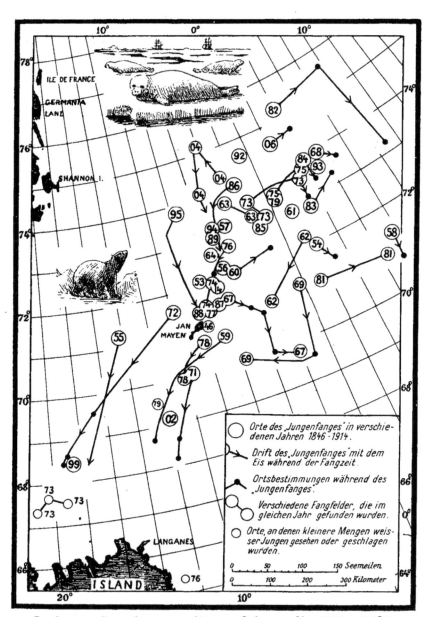

Die Lage des Jungenfangs in verschiedenen Jahren zwischen 1846 und 1914.

Es stellte sich denn auch heraus, daß der Jungenfang viel nörd=
licher und östlicher lag als je sonst in anderen bekannten
Jahren.

Die Karte auf S. 147 zeigt, wo der große Jungenfang im
Jan=Mayen=Meer in den verschiedenen Jahren seit 1853, von denen
ich Mitteilungen habe sammeln können, gelegen hat. Auch für ein
einzelnes noch früheres Jahr (1846) habe ich Angaben gefunden[1].
Über den Fang in den meisten Jahren von 1873 bis 1906 sind
bereits viele wertvolle Aufklärungen von Konservator Alf Wolle=
baek veröffentlicht worden, der auch über die Lage des Fangfeldes
in jenen Jahren eine Karte gezeichnet hat[2]. Ich habe die Auf=
klärungen über den Jungenfang zum größten Teil aus Jour=
nalen und Tagebüchern, die an Bord von Robbenfangschiffen
geführt werden, entnommen[3], zum Teil auch meteorologischen
Journalen. Für die frühesten Jahre stand mir eine Art Tagebuch
zur Verfügung, das Kapitän Svend Foyn selbst an Bord seiner
Segelschiffe, der Brigg „Håbet“ (1853) und der Bark „Elieser“
(1854—1861), geführt hatte.

Die Karte zeigt, daß die Lage des Jungenfangs großen
Schwankungen unterworfen war; in den meisten Jahren jedoch lag
er in der Gegend zwischen 71° und 74° nördl. Br. und zwischen
0° und 8° westl. L., das heißt in jener Gegend, wo sich in normalen
Eisjahren die große Eiszunge befindet (s. die Karte S. 23).

Wenn hier von der Lage des Jungenfangs in den ver=
schiedenen Jahren gesprochen wird, so sei daran erinnert, daß das
Eis starke Drift gehabt haben kann, nachdem die Robben hinauf=
gegangen waren, um zu werfen; es können daher in den ver=
schiedenen Jahren bedeutend geringere Unterschiede nach Breite
und Länge zwischen den Orten, wo die Robben zuerst aufs Eis

---

[1] M. Lindeman, Die arktische Fischerei der deutschen Seestädte 1620—1868.
Ergänzungsheft Nr. 26 zu Petermanns „Geogr. Mitteilungen“, Gotha 1869.

[2] Alf Wollebaek, Über die Biologie der Seehunde und die Seehundjagd im
europäischen Eismeer. „Conseil Permanent International pour l'Exploration
de la Mer. Rapports et Procès-verbaux“, Bd. VIII, Kopenhagen 1907.

[3] Diese Schiffsjournale sind auf Veranlassung von Dozent A. Hoel, von den
Kapitänen Otto Sverdrup und Hermansen gesammelt worden. Letzterer ist jetzt
auch im Begriff, daraus Auszüge zum Studium der Ausdehnung des Eises in
den verschiedenen Jahren zu machen. Ich möchte Dozent Hoel und Kapitän
Hermansen meinen besten Dank dafür aussprechen, daß sie mir diese wertvollen
Journale zur Verfügung stellten.

gegangen waren, bestehen, als sich zwischen den Orten, wo die
Schiffe später auf das Fangfeld trafen, feststellen läßt.

Wir haben gesehen, daß der Jungenfang im Jahre 1882
nach Ende März die ersten acht Tage gegen 90 Seemeilen in
ostnordöstlicher Richtung und dann fünfzehn Tage lang 145 Seemeilen nach Süden getrieben sein mußte. Aber das Wahrschein-
liche ist, daß die Stelle, wo die Robben zuerst aufs Eis hinauf-
gingen, ein gutes Stück weiter westlich oder vielleicht südwestlich jener Stelle lag, wo sie Ende März gefunden wurden; der
Unterschied zwischen der ursprünglichen Lage des Fangfeldes in
jenem Jahr zu der von anderen Jahren wird dann nicht so groß,
wie man unserer Karte nach glauben könnte.

In den meisten jener Jahre, in denen der große Jungenfang
südwestlich von Jan Mayen gefunden wurde — wie z. B. 1855,
1859, 1871, 1872, 1878 —, hatte in der Fangzeit eine starke
Drift des Eises nach Südwesten geherrscht, und das Fangfeld hatte
daher ständig seinen Platz gewechselt. Die Stelle, wo die Robben
zuerst aufs Eis gegangen waren, muß deshalb in allen jenen
Jahren mehr in nordöstlicher Richtung gelegen haben, wodurch
sich dann auch in diesem Fall der Unterschied im Vergleich mit der
Lage in einem Durchschnittsjahr nicht so sehr groß darstellt.

Es hat folglich den Anschein, als ob die Robben in der Regel
in der Gegend nordöstlich von Jan Mayen, meistens zwischen 72°
und 74° nördl. Br. — die Länge wechselt mit der Ausdehnung des
Eises —, aufs Eis hinaufgehen, um zu werfen. Wo die Fangschiffe später den Jungenfang antreffen, hängt zum großen
Teil von der Drift des Eises in der Zwischenzeit ab, und diese
wiederum hängt sehr von den Winden ab.

Es macht den Eindruck, als seien für die Lage des Fangfeldes
dieses Jungenfangs gewisse Perioden festzustellen und als liege
es z. B. oft viele Jahre hintereinander weit im Nordosten und
in anderen Jahren wieder mehr im Südwesten. Die Jahrzehnte
nach Mitte der siebziger Jahre z. B. scheinen verhältnismäßig lange
Perioden gezeigt zu haben. In den Jahren 1881 bis 1886 wurde
das Fangfeld verhältnismäßig weit im Nordosten (oder, im Jahre
1881, im Osten) gefunden, ebenso in den Jahren 1892 bis 1894
und 1904 und 1906. Es ist auffallend, daß dies gerade Perioden
mit ausgesprochenen Sonnenflecken-Maxima sind, während in den
Jahren 1877 und 1878, 1887 bis 1889 und im Jahre 1914 das

Fangfeld verhältnismäßig weit im Südwesten lag; diese Jahre bezeichnen Perioden mit Sonnenflecken-Minima.

In dieser ganzen Zeit scheinen also die Perioden des Wechsels in der Lage des Fangfeldes auffallend mit der elfjährigen Periode der Sonnenflecken übereinzustimmen. In den früheren Jahren, aus denen wir Mitteilungen besitzen, scheint man keine so auffallende Übereinstimmung beobachtet zu haben, und die Lage des Fangfeldes dürfte in kürzeren Perioden gewechselt haben.

Im Jahre 1855 lag das Fangfeld weit im Südwesten; dieses Jahr war nahe dem Sonnenflecken-Minimum —, aber im folgenden Jahr, als dieses Minimum noch ausgeprägter war, lag das Fang-feld ein gutes Stück nordöstlich von Jan Mayen.

Im Jahre 1858, das nahe dem Sonnenflecken-Maximum war, lag das Fangfeld ungewöhnlich weit im Osten, im folgenden Jahr jedoch, mit einem ausgeprägten Sonnenflecken-Maximum, lag es südlich und südwestlich von Jan Mayen.

Im Jahre 1868 lag das Fangfeld sehr weit im Nordosten, aber dieses Jahr kam gleich nach dem Sonnenflecken-Minimum, das ins Jahr 1867 fiel; damals befand sich das Fangfeld verhältnis-mäßig weit im Süden, jedoch östlich von Jan Mayen. Im Jahre 1869, das dem Sonnenflecken-Maximum näher war, lag das Fangfeld fast östlich von Jan Mayen, und im Jahre 1871, gleich nach einem ausgeprägten Sonnenflecken-Maximum, lag es weit südlich der Insel.

Daß die Perioden der Lagen des Jungenfangs in gewisser Be-ziehung zu den Perioden der Sonnenflecken stehen können, ist nicht so überraschend, wie es vielleicht auf den ersten Blick scheinen mag.

Die Lage des Jungenfangs ist sehr abhängig von der Aus-dehnung des Eises, und dieses wiederum hängt in hohem Grad von den Windverhältnissen in den verschiedenen Jahren ab, diese wiederum von der Verteilung des Luftdrucks, der seinerseits wieder nach unseren letzten Untersuchungen[1] von dem Wechsel in den Ausstrahlungen der Sonne beeinflußt wird. In Zusammenhang mit diesem Wechsel steht sicher auch der Wechsel in der Anzahl der Sonnenflecken. Aber man darf nicht erwarten, stets eine genaue

---

[1] Vgl. B. Helland-Hansen und F. Nansen, Klimavekslinger og deres årsaker. „Naturen", Bergen 1920.

Übereinstimmung zwischen den Perioden in jenen Wechseln und den Perioden in den meteorologischen Wechseln an der Oberfläche der Erde zu finden, da wir festgestellt haben, daß die Wirkung dieser Wechsel in der Ausstrahlung der Sonne auf die meteorologischen Verhältnisse in einer bestimmten Gegend der Erde oft in das Gegenteil dessen umschlagen kann, was sie vorher längere Zeit hindurch gewesen war.

Es ist fraglich, ob sich jedes Jahr regelmäßig nur e i n solcher großer Wurfplatz im Jan=Mayen=Meer befindet. Manche haben die Ansicht vertreten, es gebe mehrere und namentlich könne außer einem großen Wurfplatz im Meer nordöstlich von Jan Mayen ein anderer Wurfplatz auf dem Treibeis zwischen dieser Insel und Island liegen, wo die Robben aus diesem südlichen Teil des Meeres sich versammeln. Wenn in der Regel nur dieser eine Wurf= platz gefunden wurde, so ist die Tatsache hierfür vielleicht darin zu suchen, daß die ganze Flotte der Robbenfänger sich in den meisten Jahren in der gleichen Meeresgegend aufhielt, wo die Leute den Eisverhältnissen nach hoffen mußten, das Fangfeld zu finden.

In einzelnen Jahren sind nach den Journalen tatsächlich mehrere weit voneinander entfernte Wurfplätze gefunden worden:

Im Jahre 1873 lag der große Jungenfang auf ungefähr 73° bis 73½° nördl. Br. und 2½° westl. L. bis 3½° östl. L. Nach den uns vorliegenden Journalen wurden von der „Hekla" (Kapitän A. Markussen) 7000 Junge und 2400 alte Robben vom 1. bis 16. April erbeutet, „Grönland" aus Bremerhaven gelangte ebenfalls an das Fangfeld, „Harald Hårfager", Kapitän Carsten Bruun, erbeutete viele tausend Junge in der Zeit vom 26. März bis 8. April.

Dann segelte Kapitän Bruun in südwestlicher Richtung weiter; er sah am 15. April, nördlich von Island, auf 67° 31' nördl. Brt, 19° 23' westl. L. viele weiße Junge auf dem Eis und erlegte zwei Bären. Am nächsten Morgen fuhren sie an vielen weißen Jungen vorbei, gegen Mittag waren sie auf 67° 40' nördl. und 20° 27' westl. L. und erbeuteten dreißig weiße Junge und drei Bären. Am 17. April, auf 67° 23' nördl., 21° 21' westl. L., machten sie am Vormittag „Fall" und erbeuteten 16 weiße Junge, 121 gefleckte Junge (Streifen=Junge) und 10 alte Robben.

Sowohl die vielen Jungen als auch die Bären deuten darauf,

daß hier ein nicht unbedeutender Wurfplatz gewesen sein muß. Die Zeit war ja bereits vorgeschritten, so daß viele der Jungen den Pelz gewechselt hatten und ins Wasser gegangen waren, was auch die Beute vom 17. April erkennen läßt. Man konnte deshalb nicht mehr erwarten, noch eine größere Menge Junge beisammen zu finden.

Im Jahre 1879 lag der große Jungenfang auf ungefähr 73° 21′ nördl. Br. und 0° 31′ östl. L., also 180 Seemeilen nordöstlich von Jan Mayen. Die „Hekla" (Kapitän A. Markussen) erbeutete dort vom 3. bis 13. April 1909 Junge und 321 alte Sattelrobben. Sie fuhr dann längs dem Eisrand nach Südwesten und erbeutete auf 69° 30′ nördl. Br. und 12° westl. L. oder etwa 130 Seemeilen südwestlich von Jan Mayen am 20. und 21. April 51 „Jungrobben". Es wird nicht gesagt, ob es weiße Junge waren, es können also auch gefleckte „Streifen-Junge" gewesen sein; aber die Tatsache, daß diese schon um jene Zeit so weit südwestlich waren, deutet darauf hin, daß sie von einem Wurfplatz gekommen waren, der irgendwo in der Nähe gewesen sein muß.

Im Jahre 1876 lag der große Jungenfang auf ungefähr 72° 40′ nördl. Br. und 4½° westl. L. Die „Hekla", die in jenem Jahr nicht in den Jungenfang kam, erbeutete am 23. April einige weiße Junge auf 65° 20′ nördl. Br. und 13° westl. L., 20 Seemeilen von Islands Ostküste entfernt. Es wurden zwölf erwachsene Robben und drei weiße Junge erlegt.

Daß in jenen Jahren, in denen die Schiffe das große Fangfeld südwestlich oder südlich von Jan Mayen fanden, auch im Nordosten dieser Insel ein großer Wurfplatz gewesen sein sollte, ist nach den Journalen, die wir besitzen, nicht anzunehmen. In der Regel haben die Schiffe in den letzten Tagen des März, ehe sie den Jungenfang fanden, eine Fahrt in nordöstlicher Richtung längs dem Eisrande bis 72° und 73° nördl. Br. gemacht, und man hat dabei Robbenscharen gesehen, die nach Südwesten zogen. Wäre im Norden ein großer Wurfplatz gewesen, so würden diese Scharen wohl sicher dorthin gezogen sein.

Nach meiner Meinung ist es am wahrscheinlichsten, daß in Jahren, in denen die Eisverhältnisse und Witterungsverhältnisse einigermaßen normal sind, die Robbenmassen sich aus dem ganzen großen Meeresbereich zwischen Island und Spitzbergen, vielleicht auch aus der westlichen Barentssee auf einem großen Wurfplatz versammeln, der dann meistens auf der großen Eiszunge im Meer nordöstlich von Jan Mayen liegt, vorausgesetzt, daß diese Zunge gut entwickelt ist.

Zu diesem Platz wandern die Robben am Rande des Eises entlang, nicht nur aus Nordosten, sondern auch in großen Mengen aus Südwesten. Nach Beendigung der Wurf- und Paarungszeit ziehen große Scharen nach beiden Richtungen zurück, was darauf zu deuten scheint, daß in jener Gegend schwerlich noch ein anderer großer Wurfplatz ist.

Ich kann mir dies in der Weise vorstellen, daß die Robben auf ihrer Wanderung von Nordosten her am Eisrand entlang beständig nach dem passendsten Eis und den besten übrigen Verhältnissen für den Wurfplatz Ausschau halten. Meistens werden sie dies alles auf der „Zunge" finden, wenn sie über die Nordbucht herkommen. Sind jedoch die Verhältnisse im Norden nicht günstig und ist kein passendes Eis vorhanden — es kann z. B. zu schwer sein —, dann wandern die Robben weiter nach Südwesten. Es mag sein, daß die Herden von einzelnen „Leitrobben" geführt werden.

Dort, wo eine solche Herde Robben aufs Eis hinaufgegangen ist, kommen bald mehrere hinzu, und es sammeln sich immer mehr und mehr Robben an, da sie ja äußerst gesellige Tiere sind. Die Herden aus dem Süden kommen auch hinzu und gehen an der gleichen Stelle aufs Eis. Sind diese Süd- oder Westrobben als erste aufs Eis gegangen, ehe die Herden aus Nordosten kamen, so schließen diese sich an.

Das hindert jedoch nicht, daß es außer diesem großen Wurfplatz noch andere kleine Wurfplätze geben kann, jedenfalls in einzelnen Jahren, in denen besondere Eisverhältnisse eine vollzählige Versammlung der Robbenmassen verhindern können. Nach den obigen Mitteilungen scheint eine Neigung zur Bildung eines kleinern besondern Wurfplatzes im Meer zwischen Jan Mayen und Island vorhanden zu sein.

Wir haben schon gesehen, daß es bei Neufundland, außer dem großen Wurfplatz auf dem Treibeis im Osten, auch einen kleinern Wurfplatz im St.-Lorenz-Busen gibt.

Selbstverständlich kann es auch jedes Jahr vorkommen, daß eine größere oder kleinere Anzahl von trächtigen Weibchen aus irgendeinem Grund den großen Wurfplatz nicht findet und deshalb gezwungen ist, ihre Jungen an einer andern Stelle auf dem

Treibeis zu werfen; wenn sich viele solcher Weibchen zusammen=
finden, bilden sie auf diese Weise ihren eigenen Wurfplatz.

Es kann sogar vorkommen, daß sie genötigt werden, ihre
Jungen an Land zu werfen, auf das sich die Sattelrobbe im
übrigen nur ungern begibt. Dies war in weitem Maß in den
ungewöhnlichen Robbenjahren 1902 und 1903 der Fall, als die
Küsten von Nordnorwegen von großen Schwärmen der Russen=
robbe heimgesucht wurden und viele Junge auf den äußeren Schären,
ja sogar auf dem Strand in den Fjorden (wie im Varanger=Fjord)
zur Welt gebracht wurden, namentlich im Februar und März 1903.
Auch an der Murmanküste wurden in jenem Jahr viele Junge
geworfen.

Werden die Robben, während sie im Begriff sind, sich auf dem
Eis zu versammeln (zu „nisten“), gestört, z. B. dadurch, daß das
Eis von Sturm und schwerer See zerbrochen und zertrümmert wird,
oder auch dadurch, daß stilles Wetter mit großer Kälte einsetzt
und das Eis anfängt fest zusammenzufrieren, wodurch die Robben
in Gefahr geraten abgeschnitten zu werden und nicht mehr ins
Wasser gelangen können, so kommt es vor, daß sie wieder fort=
ziehen, wenn sie noch nicht geworfen haben, und sich verstreuen und
mehrere verschiedene Wurfplätze bilden.

Es kommt auch oft vor, daß das Eis vom Sturm zertrümmert
wird, nachdem die Robben geworfen haben, und daß dann die
Schollen mit Weibchen und Jungen auf dem Meer umhertreiben.

Aus diesen verschiedenen Gründen kann der Jungenfang in
manchen Jahren ziemlich verstreut oder in mehrere kleine Fang=
felder aufgeteilt sein.

Im Jahre 1881, dem Jahr vor unserer Reise, lag er z. B. sehr
verstreut, und es wurden mehrere Wurfplätze innerhalb eines aus=
gedehnten Gebiets zwischen ungefähr 5° westl. L. und 6° 31′ östl. L.
und auf ungefähr 71° und 72° nördl. Br. gefunden. Zwischen
dem 6. und 17. April erbeutete man mit der „Vega“ dort auf
mehreren verschiedenen Wurfplätzen 2687 Junge und 220 erwachsene
Sattelrobben. Das Eis war während des Fangs in starker Drift
nach Ostsüdost.

Als Beispiel kann auch das Jahr 1904 genannt werden, in dem
der Jungenfang sehr verstreut lag. Das Fangschiff „Belgica“
fand damals in der Zeit vom 27. März bis Mitte April Fang=
feldteile mit Jungrobben an verschiedenen Orten von 73° 14′ nördl.

Br. und 4° 43′ westl. L. bis hinauf zu 75° 15′ nördl. Br. und 4° westl. L. und auch weiter westlich auf 74° 4′ nördl. Br. und 6° 21′ westl. L. Die meisten Tiere lagen auf etwa 74° 11′ nördl. Br. und 3° westl. L., wo am 1. und 2. April 1060 Robben erbeutet wurden.

Wenn man bedenkt, daß durch lange Zeiten hindurch die Robbenfänger jedes Jahr diesen Wurfplatz der Sattelrobbe im Jan-Mayen-Meer aufgesucht und dort jährlich Tausende von Robben erbeutet haben, zuerst die Deutschen und die Engländer und dann, nach 1847, die Norweger, so mag es erstaunlich scheinen, daß die Mengen der Sattelrobben in diesem Meer nicht noch mehr abgenommen haben, als es der Fall ist. In manchem Jahr sind sicherlich 150 000 bis 200 000 Junge erbeutet worden, und man sollte glauben, daß in jenen Jahren, in denen die Robben sich in Ruhe versammeln konnten, das Eis nicht vom Sturm zerbrochen wurde und die Schiffe gut in das Fangfeld gelangten, der größte Teil der Jungen erlegt worden ist, abgesehen von einer Menge alter Robben.

Offenbar haben die Jahre, in denen der Jungenfang zersplittert wurde und die Robbenfänger keinen so großen Prozentsatz der neugeborenen Jungen erlegen konnten, die Robbe vor einer weitergehenden Ausrottung bewahrt. Außerdem ist es, wie bereits gesagt, möglich, daß stets eine beträchtliche Anzahl von Robben nicht zu dem großen Wurfplatz kommt, sondern an anderen Stellen wirft und dadurch der Ausrottung entgeht.

Weiterhin wurde die Robbe, wenn auch erst später, dadurch vor Ausrottung bewahrt, daß sich durch den Rückgang der Tranpreise der Fang für die großen kostbaren Schiffe nur noch schlecht lohnte. Dazu kam, daß die Mannschaft viel teurer geworden ist als sie früher war, und daß die Leute sich jetzt wohl auch nicht mehr beim Fang so plagen und schinden mögen, wie sie es früher mit Vergnügen taten. Mit dem Achtstundentag wäre man beim Robbenfang nicht weit gekommen; da hieß es unermüdlich sein, solange noch eine Robbe auf dem Eis war.

Auf der Jagd nach „Robbenmännchen".

Achtes Kapitel

Nach Norden auf der Suche nach Robbenmännchen und wieder nach Süden.

In den folgenden Tagen kreuzten wir im Eis hin und her, um auf besseres Wetter zu warten und um, wenn irgend möglich, einige noch vorhandene Junge zu erbeuten. Es war unsichtig mit Schneetreiben; dennoch gelang es uns, da und dort einige Junge auf dem Eis aufzulesen, wenngleich es nichts Besonderes war.

Zeitig am Morgen des 28. April (Obs. 73° 15′ nördl. Br., 10° östl. L., —5°, Wind Nordwest) wurde ich mit der Meldung geweckt, ein Bär sei in Sicht.

Ich brauchte nicht lange, um in die Kleider zu fahren und an Deck zu kommen, bereit, aufs Eis zu gehen. Wir konnten von Deck aus den Bären mit bloßem Auge gerade noch erkennen: ein dunkler Fleck, der sich bewegte. Im Fernglas konnten wir sehen, wie er dahinging und wie er von Zeit zu Zeit durch das dünne Eis einbrach und ins Wasser fiel. Er war wohl ein riesiger Bursche, aber leider hielt er den Kurs nicht auf uns zu, sondern in entgegengesetzter Richtung, und wir konnten ihm nicht folgen. Es war wenig Wind, so daß wir mit den Segeln nicht rasch genug vorwärtskamen, und wir hatten nicht Dampf auf.

Wir zogen nun nach Norden, um „Robbenmännchen" aufzusuchen, und kamen in die „Nordbucht" oder Buchteisbucht (wenigstens hielten wir die Stelle dafür), die sich bei diesem beständig kalten Wetter gerade mit Eis bedeckt hatte; wir fuhren den ganzen Tag und auch noch den nächsten durch neues Buchteis.

Ringsum sahen wir dunkle Luft, die darauf deutete, daß überall das gleiche Eis war wie dieses neue, blaue Buchteis hier ohne Schneedecke.

Dann kamen wir durch einige Stellen mit etwas größeren Schollen, und in der Nacht zum Sonntag, 30. April (ungefähr 75° 24' nördl. Br., 9° 30' östl. L., —5°, schwacher Wind aus Nordnordwest, Ostnordost und Osten, Schneetreiben), wurden Robben gemeldet. Es wurden zwei Boote hinuntergelassen. Die Sonne stand Tag und Nacht am Himmel; gerade, als wir gegen Mitternacht vom Schiff wegruderten, brach sie durch die Wolkenschicht durch, und der Nordhimmel flammte gelbrot auf.

Aber die Robben waren scheu und lagen nur auf wenigen Schollen. Dabei konnte man in diesem Buchteis, das überall zwischen den Schollen lag, fast nicht vorwärtskommen. Ola Mågerud erlegte nur ein paar Robben, die im Wasser schwammen.

Will man eine Robbe im Wasser schießen, so gilt es, sie nicht in den Kopf zu treffen, da sie dann meistens sinkt; es kommt darauf an, dem Tier, während es sich im Wasser hebt und senkt und den Schützen ansieht, in dem Augenblick, da es hoch oben ist, die Kugel unter dem Kopf in die Kehle zu geben und den Nackenwirbel zu zerschmettern. Das Blut verstopft dann die Luftröhre, so daß die Luft nicht aus den Lungen ausdringen kann und die Robbe so lange schwimmt, bis man an sie herankommen und sie mit der Hacke einbringen kann. Später im Jahr wird sie so mager, daß sie meistens sofort sinkt, auch mit Halsschuß.

Die Robben zogen in großen Schwärmen, und wo eine Wake war, tauchten überall Robbenköpfe auf. Besonders voll war die offene Straße hinter dem Schiff, wo die Tiere oft dicht beieinanderschwammen.

Montag, 1. Mai (—5°, schwacher Wind aus Ostnordost), waren wir auf 76° 28' nördl. Br., laut Observation, und

ungefähr 8° 9' öftl. L. und glaubten immer noch in der Buchteis=
bucht zu sein, durch die wir seit drei Tagen von ungefähr 73° 20
nördl. Br. gefahren waren. Es war fast immer nur Buchteis zu
sehen.

Am Vormittag kam von der Tonne der Bescheid, wir könnten
uns auf „Fall" vorbereiten. Bei dem Wort „Fall" entsteht
immer wieder das gleiche Fieber an Bord eines Robbenfängers.
Die Fangkleider werden hervorgeholt, die Flensmesser wieder
gewetzt, die Leute vorne laufen hinauf und hinunter, um auf die
Back oder zur Reling zu kommen und nach den Robben Ausschau
zu halten. Niemand kann ruhig sitzenbleiben.

Endlich kamen wir an die Robben heran; sie lagen in einem
Umkreis von etwa einer Seemeile auf Streifen von weißen Schollen.
Aber zwischen den Schollen war neues, blaues Buchteis, das
den Booten das Vorwärtskommen sehr erschwerte.

Es wurden zwei Boote hinuntergelassen: Ola Mågerud sollte
das eine führen, der Kapitän übernahm das andere; ich ging mit
in das letztere.

Die Boote fuhren miteinander auf die Mitte der ganzen
Herde zu, dann sollte Ola an der einen Seite und wir an der
andern Seite entlang fahren.

Es war eine harte Arbeit, sich durch dieses Buchteis Bahn zu
brechen, und wir kamen oft überhaupt nicht vom Fleck; schlimmer
jedoch war der Lärm des brechenden Eises, das gegen die Seiten
des leeren Bootes krachte, denn er war weithin zu hören.

Wir ruderten so vorsichtig wie möglich an eine Scholle heran.
Aber noch ehe wir in Schußnähe waren, gingen die Robben, von
dem Getöse aufgeschreckt, ins Wasser.

Bald müssen wir uns vorwärtsstaken, bald uns durchhacken
und das Eis unter den Bug hinunterzwingen. Eine mühsame
Arbeit ist das, aber wir kommen doch nach und nach vorwärts;
es gilt nur, besonnen und planmäßig vorzugehen.

Endlich sind wir bei einer neuen Scholle in Schußnähe. Alles
ist ruhig im Boot, man darf nicht einmal den Kopf wenden. Das
Gewehr an die Wange, — es kracht. Der zunächstgelegene Robben=
kopf fällt, mausetot liegt die Robbe da.

Einige der anderen Tiere gehen bei dem Schuß oder vielleicht
beim Anblick des Rauches ins Wasser.

Noch ein Schuß, wieder fällt ein Kopf.

Bei jedem Schuß macht der Bootssteuermann, Kristian Ballong[1], der achtern im Boot steht, seine Witze.

Ein Stück weiter entfernt ist eine andre Scholle mit Robben.
Der Abstand ist groß — einer meinte 250 Ellen, ein andrer 300
(160 bis 190 Meter); aber die Robben sind unruhig geworden,
und der Kapitän legt an. Es kracht. Ballong: „Der fletscht die
Zähne." Noch ein Schuß. Ballong: „Der kann noch eine Kugel
brauchen." Noch ein Schuß. „Jetzt fletscht er die Zähne."

So geht es weiter. Oft ist der Abstand groß in diesem
schwierigen Buchteis mit den niedrigen Schollen, hinter denen
man keine gute Deckung hat.

Der Kapitän schießt gut; schon in seiner Jugend, noch ehe
er ein Schiff bekam, war er hier auf dem Eismeer als guter
Schütze bekannt.

Es herrscht herrliches stilles Wetter, und die Robben sind im
Grunde zahm; wäre nur nicht dieses krachende Buchteis gewesen,
das es so schwer machte, auf guten Abstand heranzukommen.

Die Robben brummten und streckten und dehnten sich im
Sonnenschein. Auf mehreren Schollen lagen sie so dicht, daß man
das Eis zwischen den Rücken fast nicht sah.

Auf einigen größeren Schollen lagen viele hundert Robben;
der Kapitän sagte, er habe noch nie so viele Robben auf einer
Scholle gesehen.

Wir glaubten, hier würde es ein großes Schlachtfeld geben,
und alle beide wollten wir jetzt schießen. Aber kaum waren
wir auf Schußnähe herangekommen, da rutschten sie alle, eine
nach der andern, ins Wasser, und alles, was wir erbeuteten, war
eine einzige Robbe, die der Kapitän erlegte. Ich selbst schoß
zwei tot; aber noch ehe es krachte, hatten sie sich schon
in Bewegung gesetzt und glitten über den Eisrand hinaus ins
Wasser.

Da stand ich mit leeren Händen; es war mein erster Versuch als Schütze beim Robbenfang. Offenbar war es nicht so leicht,
wie ich dachte.

Schließlich sind keine Robben mehr da, und wir rudern zum
„Viking" zurück.

---

[1] Weshalb er diesen Beinamen bekommen hatte, konnte ich nie herausbringen.
Er hatte keinerlei Ähnlichkeit mit einem Ballon, sondern war sehnig und zäh wie
ein Jagdhund.

Spitzbergen in Sicht.
Skizze von der Tonne aus, 2. Mai 1882.

Alles in allem erbeuteten wir an jenem Tag 66 Robben.

Gegen Mittag, 2. Mai (—7° bis —5°, schwacher Wind aus Norden), als wir auf 76° 34′ nördl. (Obs.) und ungefähr 10° östl. L. waren, wurde von der Tonne gemeldet, Spitz= bergen sei in Sicht. Ich ging an Deck. Über dem Horizont im Osten konnte man einige gelbweiße Flecken entdecken, von denen ich nicht wußte, ob ich sie für Wolken oder Schneeberge halten sollte.

Allein von der Tonne aus erblickte ich eine Reihe ziemlich spitzer Schneegipfel. Namentlich zwei, die dicht nebeneinanderlagen, sahen recht hoch aus. Ich rechnete aus, daß es die Hornsund= Zinnen sein werden.

Es war lange her, seit wir Land gesehen hatten, und ich kann nicht anders sagen, als daß ich eine heimliche Sehnsucht nach den Renntierherden und den Daunenplätzen Spitzbergens empfand und auch danach, mir auf Land ein wenig die Füße zu vertreten.

Im Wasser zwischen den Schollen hier gab es große Mengen von Krabbentauchern, und man hörte ihre girrenden Rufe von allen Seiten. Sie waren offenbar auf den Vogelbergen dort drüben zu Hause und hierheraus gekommen, um im Wasser Nah= rung zu suchen.

Zwei Schneesperlinge kamen heran und saßen bald auf den Davits, bald auf den Rahen. Sie sind so hübsch anzusehen, und ihr lustiges Gezwitscher muntert einen auf.

Am nächsten Mor=
gen sahen wir einen
Geierfalken auf einem
Eishügel sitzen.

Krabbentaucher.

Wir sind jetzt in
schweres Eis gelangt.
Der Kapitän meint,
es stamme nicht von
der Nordseite der Nord=
bucht, sonder eher von
Osten her, vom Meer
bei Spitzbergen; dies
dürfte jedoch zweifel=
haft sein.

Am nächsten Tag, 3. Mai (ungefähr 76° 11' nördl., 12° östl.,
—4°, schwacher Wind aus Nordnordwest), waren wir näher an
Spitzbergen. Allein dort herrschte Nebel, so daß man nicht viel
zu sehen bekam. Da es in diesem Fahrwasser keine Robben gibt,
halten wir wieder nach Westen.

Donnerstag, 4. Mai (ungefähr 76° nördl. Br., 3° 28' östl. L.,
—6°, Wind aus Nordnordwest) hatten wir am Abend „Fall".
Ich war mit dem Zimmermann, der auch Schütze ist, draußen.
Das Wetter war schlecht: starker Wind mit starkem Seegang und
viel Buchteis, so daß wir oft vollkommen festsaßen und uns gegen
den Wind vorwärtsstaken mußten. Das war eine mühselige Ar=
beit; wir brachten nur eine Robbe in unser Boot und waren dabei
fünf Stunden unterwegs gewesen. Alles in allem wurden 33 Tiere
geschossen; Ola Mågerud war auch dieses Mal der Beste.

Wir zogen weiter und kamen fast immer durch Buchteis;
nur da und dort sahen wir ein Stückchen Packeis. Da keine Robben
zu finden waren, begannen wir am 6. Mai (76° nördl., 3° 20' östl.,
—4°, Wind Norden) wieder nach Süden zu gehen. Das Wasser
behält seine kalte Temperatur bei, —1,6° um 4 Uhr nachmittags,
bei —4° in der Luft. Es bildet sich immer noch Buchteis.

An Bord verstrich die Zeit mit allen möglichen Arbeiten.
Es galt, diese große Mannschaft zu beschäftigen, so daß sie nicht
zu viel müßig ging und mit dem Dasein und dem bisher miß=
glückten Fang allzu unzufrieden wurde. Wenn sie keine Felle
abzufleischen oder abzuspecken hatten, gab es eben nichts anderes als

Schiffsarbeit: in der Takelung oder Putzen, Abkratzen und Malen usw.

Ja, wie gesagt, es ist ein Faulenzerleben, wenn man keinen Fang macht. Fast die wichtigste Arbeit ist Essen und Schlafen. Die Deckwachen haben nicht sehr viel zu tun, mit Ausnahme der beiden Leute, die am Ruder stehen, und dann gibt es noch ein wenig Arbeit mit Brassen und Segelsetzen.

Auf den Freiwachen wird, wenn die Leute nicht schlafen, fast immer nur gegessen. Die Bratpfannen sind fast den ganzen Tag auf dem Herd, alle haben sie etwas zu braten, und ständig werden „Akkebierungen" abgeschlossen, wer jetzt die Pfanne benutzen darf, denn es ist kein Platz für so viele auf einmal.

Da kochen sie nun jeder für sich in den Pfannen: Kartoffeln, aufgeweichtes Brot, Fische und Fleischstücke — oder was sie sich sonst aufgespart haben — mit so viel Butter und Sped, wie sie sich nur verschaffen können. Fett muß es sein, am liebsten so fett, daß alles schwimmt.

Butter und Sped ist die Lieblingsnahrung des Eismeer= fahrers. Geld hat keinen Wert da droben, aber gegen Butter= und Spedrationen kann man ungefähr alles kaufen.

Sind sie mit dem Kochen fertig, dann wird gegessen, und es ist fast unglaublich, was für gehäufte Teller voll fetttriefender Dinge vertilgt werden. Dazu wird Kaffee getrunken, wenn man solchen beim Koch auftreiben kann. Dann kommt die Pfeife und eine gemütliche Unterhaltung oder vielleicht ein Spiel Dame oder Domino, wobei sie um Stüde Kautabak spielen. Aber bald fangen sie wieder an zu kochen und zu braten.

Die Folgen bleiben denn auch nicht aus; viele von ihnen sah ich mit jedem Tag dider und runder werden, einige schwollen geradezu beängstigend an. Sie waren als magere schlanke Jüng= linge an Bord gekommen, und jetzt sind sie bereits „fette Kerle" mit Pausbacken wie Posaunenengel; wie soll das bis zum Ende der Reise werden?

Aber das Vertilgen von all diesen fetten Sachen hatte auch unangenehme Folgen, und nicht selten kamen die Leute achtern zum Kapitän, der auch den Doktor machen muß, und klagten über „Schmerzen in der Brust". Der Kapitän gab ihnen dann meistens Teufelsdreck oder anderes Teufelszeug, das eine gute Wirkung zu haben schien; jedenfalls kamen sie nie wieder.

Spitzschnäbelige Alfe (Trottellummen).

Der Kapitän und ich schossen ab und zu nach Vögeln und schossen Alke und Teiste mit Schrot oder mit dem Zimmerstutzen vom Schiff aus. Manchmal nahmen wir ein Boot und gingen auf die Jagd nach Alken, die scharenweise in den Eisbuchten lagen und meistens am Eisrand entlang zogen. Wenn diese Scharen in Schußweite am Boot vorbeibrausten, galt es aufzupassen. Sie haben eine große Geschwindigkeit; wenn man noch keine Erfahrung besitzt, schießt man meistens fehl. Hat man jedoch erst gelernt, daß man mehrere Meter vor den Vogel zielen muß, geht es bald besser, und sie sind dann nicht mehr so schwierig zu treffen, da sie einen sehr regelmäßigen Flug haben; da fällt dann ein Vogel nach dem andern ins Wasser. Ein Teil wird auch geschossen, wenn sie auf dem Wasser liegen oder wenn sie nahe dem Boot auftauchen. Nach und nach sammelt sich ein ganz schöner Haufen im Boot an, und das frische Fleisch ist eine willkommene Bereicherung für den Küchenzettel unseres Kochs.

Fanden wir, daß wir genug Tiere hatten, so fuhren wir wieder zum Schiff zurück. Es war besonders behaglich, nach dieser frischen Fahrt in die warme Kajüte zu kommen, Seezeug und Wasserstiefel auszuziehen und sich an das vom Koch bereitete gute Mittagessen zu setzen, das unser schon wartete. Danach hatten wir dann meistens eine gemütliche Stunde bei einer friedlichen Pfeife, jeder in seiner Sofaecke. Im Grunde war das Leben ganz schön, trotz den verwünschten Robben und dem noch mehr verwünschten Eis.

Auch Scheibenschießen für die Schützen wurde auf dem Eis veranstaltet, wenn sich Gelegenheit dazu fand. Es wurde mit den Fängergewehren geschossen: mit dem Expreßgewehr wie mit dem Zündnadelgewehr.

An Deck schossen wir auch viel mit meinem Zimmerstutzen Ich besaß darin gute Übung und stand an Bord in dem Ruf eines recht guten Schützen. Eines Tags jedoch, als wir wieder schossen, wurde eine Gewehrpatrone auf der Back befestigt, und ich sollte mit dem Zimmerstutzen danach schießen. Dies schien mir eine leichte Sache, zu meinem Erstaunen jedoch wettete Hans Schreiner ein Viertelpfund Tabak, daß ich sie nicht treffen würde. Ich nahm die Wette an und schoß; ich fehlte jedoch einmal nach dem andern und verlor zuerst ein Viertelpfund, dann ein halbes und schließlich ein ganzes Pfund. Der Kapitän lachte und meinte, er

brächte das schon fer=
tig; er schoß jedoch auch
mehrere Male fehl. Alle
lachten.

Ich begriff nicht,
was da schuld sein konnte;
trieb denn der Wind
die Kugel ab? Dann
aber entdeckte ich, daß
das Korn ganz auf der
einen Seite des Laufes
stand; es herrschte all=
gemeine Heiterkeit. Hier
hatte wohl der Spaß=
vogel Hans seine Hand

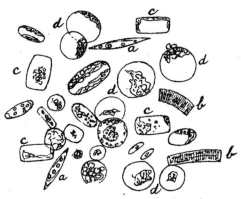

Algen (Diatomeen), die an der Unterseite des
Treibeises wachsen.

im Spiel gehabt. Nun mußte die Patrone dran glauben; drei
Schuß in einer Reihe, ein Loch am andern, so daß sie nur gerade
noch zusammenhing; aber Hans wollte nicht mehr wetten.

Sonntag, 7. Mai (ungefähr 75° 30′ nördl. Br. und 5° östl.
L, —3°, schwache Brise aus Norden), gingen wir weiter nach
Süden und Südosten und fuhren den ganzen Tag durch Bucht=
eis. Der Kapitän und ich haben festgestellt, daß wir in
letzter Zeit merkwürdig wenig Eissturmvögel mit weißer Brust
sahen. Zu Anfang erblickten wir ihrer viele, aber es ist gleichsam,
als fänden sich die helleren Arten mit weißer Brust hauptsächlich
weiter südlich, während die graue Art am häufigsten hier nördlich
im Eis vorkommt. Auch eine Schar von sieben Schneesperlingen
sahen wir.

Am Nachmittag sah der Kapitän eine „Trollrobbe“ ihren
kleinen Kopf aus einer Wake im Buchteis heben. Die Fänger
behaupteten, dies sei eine besondere, ganz kleine Art von Robben.
Selbstverständlich war ich sehr begierig, dieses merkwürdige Tier
zu erlegen; man sieht es jedoch nur dann und wann und immer
vereinzelt. Es scheint wirklich ein einsames, rätselhaftes Wesen
zu sein.

Große Strecken dieses jungen Eises sind an der Unterseite rot
gefärbt; solches Eis nennen die Robbenfänger oft „Robbeneis“;
sie glauben, daß die Robbe gern auf dieses Eis hinaufgeht.

An jenem Tag kamen wir durch viel rotes Eis; ein

Boot wurde ausgesetzt und ein Stück von diesem Eis an Bord ge=
holt. Durch Untersuchung unter dem Mikroskop stellte ich fest, daß
die rote Farbe von mikroskopisch kleinen Pflanzen herrühre, die sich
an der Unterseite des Eises im Wasser festsetzen und dort wachsen
oder daran festfrieren. Es waren hauptsächlich verschiedene Arten
von kleinen Kieselalgen, Diatomeen, u. a. aus den Familien der
Navicula, Fragilaria u. a.

Völlig unerfahren, wie ich damals in mikroskopischen Unter=
suchungen war, kritzelte ich mit der Feder eine rohe Skizze (S. 165)
hin von dem, was ich unter dem Mikroskop mit der schwachen Ver=
größerung sah.

Professor H. H. Gran, der die Freundlichkeit hatte, diese
Skizze anzusehen, glaubt, daß die Form a „wahrscheinlich die auf
dem Eis im Polarmeer gewöhnlich vorkommende Navicula
directa" ist. Die Form b „ist ziemlich sicher eine Fragilaria,
wahrscheinlich F. oceanica, eine typisch arktische Planktonform. Die
runden Zellen (d) sind wahrscheinlich die gleichen wie die recht=
eckigen mit abgerundeten Ecken (c), also schachtelförmige Dia=
tomeen wie Thalassiosira gravida oder Landeria glacialis,
charakteristische Formen im arktischen Plankton zusammen mit
Fragilaria oceanica. Es scheinen also überwiegend Plankton=
formen zu sein (d. h. frei im Meer treibende Formen), trotzdem
sie an der Unterseite des Eises gefunden wurden."

An einigen Stellen waren die Schollen von diesen Pflanzen an
der untern Seite so rot, daß das Wasser dort, wo das Eis
unter dem Bug des Schiffes zertrümmert wurde, fast wie Blut
aussah.

Krefting meinte, solches Eis komme häufig in der „Zunge"
vor, wo der Jungenfang liege. Dies hört sich nicht unwahr=
scheinlich an. Wo das Eis an der Unterseite von diesen Pflanzen
rot gefärbt wird, müssen große Mengen davon vorhanden sein.
Die Pflanzen sind die Nahrung kleiner Tiere, z. B. kleiner Krusten=
tiere, die wiederum die Nahrung der Robbe, namentlich der
Jungrobbe, sind. Man darf annehmen, daß es dort, wo die
Schollen rot sind, große Mengen dieser Krustentiere gibt, und
es ist möglich, daß die Robbe aus diesem Grund jenes Eis auf=
sucht, vorausgesetzt, daß sie das wirklich tut.

Als wir weiter nach Südosten kamen (am 7. Mai), sahen wir
mehrere Robben im Wasser. Sie waren sicher auf der Suche

nach Schollen, auf die sie hinaufgehen konnten; aber solche waren hier nur schwer zu finden, denn es gab fast nur Buchteis. An mehreren Stellen waren die Robben auf dieses Eis gegangen, allein sie tun es nur ungern; sie liegen nicht gut genug auf diesem dünnen, schneefreien Eis. Dennoch sah man etwa zehn „Streifen-Junge" im Laufe des Tags da und dort auf dem Buchteis.

Wir waren jetzt dieser Suche nach „Robbenmännchen" müde; man kann nur wenig erlegen. Deshalb fuhren wir am 8. Mai (Obs. 74° 46' nördl., 7° 25' östl., —3°, schwacher Wind aus Süd- west) in südöstlicher Richtung aus all diesem Buchteis heraus, um Kurs nach Südwesten zur Klappmütze in der Dänemark- straße zu halten.

Am 9. Mai (Obs. 73° 55' nördl., 8° 41' östl., 0° bis —1°, schwacher Wind aus Südost) wurde bei stillem sonnigem Wetter an Bord „abgefleischt", das heißt, die Robbenfelle wurden mit dem Speck sorgfältig von allem Fleisch befreit, das beim Abhäuten mitging.

Das Fleisch wird über Bord geworfen; gleich sammeln sich Mengen von Vögeln, meistens Eissturmvögel, rings um das Schiff. Sie raufen sich um die Bissen, die hinausgeworfen werden; dabei herrscht großer Lärm, und es ist unglaublich, was solch ein Eissturmvogel in sich hineinschlingen kann und mit welcher Schnelligkeit alles verschwindet.

Ich warf das Netz über einen der Vögel und nahm ihn an Bord. Er erbrach große Fleischbrocken, sowie wir ihn auf Deck setzten. Dort kann er nicht auffliegen, da er keine Luft unter die Schwingen bekommt, und er muß deshalb umherspazieren. Nach einer Weile ließen wir ihn wieder fliegen.

Wenn die Felle „abgefleischt" sind, werden sie „abgespeckt", das heißt, der Speck wird von den Fellen entfernt. Dies geschieht in der Art, daß die Felle über eine sogenannte „Speckbank" gelegt werden, die Speckseite nach oben, die Haarseite auf dem schief- liegenden, glatten Holzbrett der Bank. Das Fell wird gut geglät- tet, und nun wird der Speck mit einem langen, scharfen Speck- messer vom Fell abgelöst, indem das Messer vorsichtig an der innern Seite der Haut entlang geführt wird; dabei gilt es, dies so genau und sorgfältig zu machen, daß kein Speck an der Haut hängenbleibt, ebensowenig aber darf man ein Loch hineinschneiden,

Das „Abfleischen".

woburch der Wert des Felles verringert würde. Es ist dies eine
Arbeit, die sehr viel Übung erfordert; meistens kann man sie nur
einigen Auserwählten anvertrauen.

Der Speck wird in Streifen geschnitten und in die Speck-Tanks
gelegt. Die abgespeckten Felle werden eingesalzt und in den Salz-
kisten aufeinandergelegt.

In der folgenden Zeit hielten wir weiterhin Kurs nach Süden
und Südwesten, meistens in offenem Wasser am Eisrand entlang,
und erbeuteten nur da und dort einige Robben auf den Eisstreifen,
die ins Wasser hinausragten. Ich hatte gute Gelegenheit, die
Anatomie der Robben zu studieren und anatomische Präparate zu
machen.

Am Abend des 10. Mai (auf ungefähr 72° nördl. Br. und 8°
östl. L., 0°, schwacher Wind aus Südsüdost) sahen wir eine in diesen
Gewässern jetzt seltene Erscheinung, einen großen Grönlandwal
(Balaena mysticetus), der, nicht weit vom Schiff entfernt, mehrere
Male auftauchte und eine hohe Wasserwolke ausblies. Von den
großen Finnwalen ist er leicht zu unterscheiden, da er keine

Das „Abspecken".

Finne auf dem Rücken hat. Er und sein kleinerer Verwandter, der Nordkaper, werden deshalb Glattsteiß genannt. In früheren Zeiten fanden sich große Mengen dieses wertvollen Wals in den nörd= lichen Gewässern, besonders am Eisrand nach Spitzbergen zu. Namentlich im 17. und 18. Jahrhundert begaben sich ganze Flotten großer Schiffe auf den Fang dieses Wals, hauptsächlich, um der weiblichen Eitelkeit zuliebe die langen Barten für die Korsette zu gewinnen. Der Speck wurde u. a. zu Lampen= tran verwendet.

Der Grönlandwal (oder Nordwal) wird nicht so lang wie der Blauwal oder Heringswal; er mißt selten über 18 Meter (60 eng= lische Fuß), ausnahmsweise vielleicht 19 oder 20 Meter (65 Fuß), aber er ist ganz unwahrscheinlich dick und schwer. Der Umfang des Körpers an der dicksten Stelle beträgt ungefähr ein Viertel der Länge, und ein Wal von durchschnittlicher Größe ergibt 17—20 Tonnen Tran; die größten Tiere können auch bis zu 28 und sogar 30 Tonnen liefern. Das Gewicht des ganzen Tieres be= trägt etwa 70 Tonnen. Die Speckschicht kann 25—50 Zenti= meter dick sein.

Um diesen plumpen Körper im Wasser vorwärts zu bewegen, hat der Wal eine gewaltige Schwanzflosse, $5^1/_2$—$7^1/_2$ Meter (18—25 englische Fuß) breit.

Der Kopf der Tiere ist riesig, seine Länge macht nahezu ein Drittel des ganzen Körpers aus; ein Wal von 15 Meter Länge hat einen Kopf von ungefähr 4,7 Meter Länge, und die längsten Barten im Maul werden 3,4 Meter (11 englische Fuß und 2 Zoll) lang sein, an den größten Walen können sie 3,8 Meter (12½ englische Fuß) erreichen.

Der Schlund dieses Wals, wenn er seine Kiefer öffnet, ist gewaltig; trotzdem lebt er nur von den kleinen Krustentieren (Ruderfüßern u. a.) und Flossenfüßern (Walfischaas, Clione und Limacina), von denen es im Meer längs dem Eis derart wimmelt, daß das Wasser oft ganz gefärbt ist. Der Wal geht in diese Schwärme hinein, öffnet den Rachen und füllt ihn an, dann läßt er das Wasser wieder durch die großen langen Bartenreihen auf beiden Seiten ablaufen (jede Reihe zählt 300 Barten). Dabei werden alle diese Kleintiere zurückgehalten und verschluckt. Aber freilich bedarf es auch einer ungeheuren Menge, um einen solchen Körper zu ernähren.

Dieser Wal hält sich stets im offenen Treibeis oder nahe am Rande des Eises auf, am liebsten in Kleineis, wo es genügend Nahrung gibt. In früheren Jahrhunderten lebten, wie gesagt, große Mengen dieser Wale im Meer westlich und nordwestlich von Spitzbergen und bei Jan Mayen. Auf Spitzbergen waren oft 200—300 Schiffe versammelt, die im Jahr bis zu ein paar tausend Wale fingen. Im Jahre 1697 wurden z. B. bei Spitzbergen von 188 Schiffen 1959 Wale erbeutet, dabei war es kein besonders gutes Jahr; im Jahre 1701 wurden 2616 Wale erlegt.

Hauptsächlich waren es die Holländer und die Engländer, die diesen Fang betrieben, aber auch die Dänen, Norweger, Franzosen, Spanier (Basken) und Deutschen oblagen ihm. Bekanntlich herrschten zwischen ihnen ernstliche Streitigkeiten wegen des Hafenrechts auf Spitzbergen, bis ein Vergleich erreicht wurde und sie das Land zwischen sich teilten.

Von da an nahm die Zahl der Wale reißend ab. Schon zu Beginn des 18. Jahrhunderts, nach 1719, verlegte deshalb ein ganzer Teil der Walfänger sein Jagdfeld in die Davisstraße und Baffinbucht und an die Westküste von Grönland. Die Dänen und Norweger betrieben dort den Walfang von festen Stationen auf Land aus; Holstenborg wurde auf diese Weise schon 1724 hauptsächlich dieses Fanges wegen gegründet.

Noch zu Anfang des 19. Jahrhunderts wurden einige Wale im Meer westlich von Spitzbergen erbeutet; aber man traf sie damals mehr innerhalb des Treibeises, näher bei der Ostküste von Grönland an. Im Jahre 1814, das ein ungewöhnliches Jahr war, erbeuteten die Engländer in diesem Meer zwischen Grönland und Spitzbergen 1437 Wale; von da an hat die Zahl der Wale unheimlich abgenommen. Jetzt ist im Meer bei Spitzbergen kein Grönlandwal mehr anzutreffen, und auch innerhalb des Treibeises bei der Ostküste von Grönland gibt es nicht mehr viele.

Woran liegt es, daß diese großen Tiere aus einzelnen Gegenden so ganz verschwinden konnten, während sie in anderen, nicht sehr weit entfernten Gegenden, sogar in ganz beträchtlicher Anzahl, noch angetroffen wurden? Kommt das daher, daß, wie viele glauben, die Wale lernen, jene Gegenden zu scheuen, wo sie am meisten verfolgt werden, und daß sie z. B. in diesem Fall ihre Zuflucht tiefer drinnen im Treibeis suchen, wo man schwerer hingelangt?

Ich glaube, die Erscheinung ist anders zu erklären: Die Wale haben je nach den Jahreszeiten ihre bestimmten Wanderungen im Meer, und jeder Walstamm folgt seinem bestimmten Weg. Der Grönlandwal im Meer zwischen Grönland und Spitzbergen hält sich im Winter in dem südlichern Meer, möglicherweise nördlich von Island auf.

Im Frühling zieht er am Rande des Eises nach Norden, nach jenen Meeresteilen, in denen er sich im Sommer aufhält. Diese Gegenden sind für die verschiedenen Stämme verschieden. Eine große Menge Wale hielt sich in früheren Zeiten längs der Küste von Spitzbergen oder in dem Meer westlich und nordwestlich von dieser Küste auf, andere waren tiefer im Treibeis oder in den offenen Gewässern unter der Ostküste von Grönland.

Ein Beweis dafür, daß die Wale nicht durch die Verfolgung bei Spitzbergen an die Ostküste von Grönland vertrieben wurden, ist u. a. die Tatsache, daß schon im Jahre 1684 oder 1686 einige holländische Schiffe durch das Treibeis dorthin, in die Gael=Hamkes=Bucht auf ungefähr 74° nördl. Br., kamen und viele Wale fanden, die längs dem Lande nach Südwesten zogen. Drei Schiffe erbeuteten 60 Wale, auch die anderen kamen mit voller Last heim. Also gab es bereits in jener Zeit Züge von Walen in diesen Gewässern, als auch noch bei Spitzbergen große Mengen anzutreffen waren.

Wahrscheinlich hat sich die Sache so zugetragen, daß zuerst der große Stamm von Walen, der sich im Sommer nahe der Küste Spitzbergens aufhielt, ausgerottet wurde; dies dauerte nicht sehr viele Jahre. Dann wurde der Fang jenes Stammes betrieben, der sich weiter westlich am Rande des „Westeises“ aufhielt, bis auch er ausgerottet war; schließlich mußten jene Wale aufgesucht werden, die ihren Sommeraufenthalt tiefer drinnen im Treibeis, näher der Ostküste Grönlands hatten. Dieser Stamm ist noch nicht ganz ausgerottet.

Die meisten Wale wurden hauptsächlich in zwei bestimmten Gegenden erlegt: im „südlichen Fangfeld“ zwischen 70° (der Mündung des Scoresbysundes) und 75° nördl. Br., wo man sie noch Mitte Juni antraf — und im „nördlichen Fangfeld“ nördlich von 77° nördl. Br. und weiter hinauf bis 80° und 81° nördl. Br., vorausgesetzt, daß die Schiffe so weit vordrangen. Zwischen 75° 30′ und 77° nördl. Br. wurde nur selten ein Wal gesehen.

Es schien, als wandere der Wal längs dem Eisrand nach Norden — am liebsten ein Stück weit drinnen im Eis —, und zwar in den letzten Tagen des März, also um die gleiche Zeit, in der sich die Sattelrobben versammeln, während er im April und gegen den Herbst zu, im August und September, an der Ostküste von Grönland entlang wieder nach Süden zog.

Aber wie gesagt, es waren ihrer nicht mehr viele, und die noch vorhandenen schienen sich nur wenig zu vermehren; nur selten sah man eine Mutter mit ihrem Jungen. Der bekannte Walfänger Kapitän Gray berichtet, daß er in den vielen Jahren, in denen er in diesen Gewässern den Walfischfang betrieben habe, nicht mehr als sechs Weibchen mit Jungen gesehen und daß er nicht einen einzigen Wal angetroffen habe, der nicht Spuren von Verwundungen durch Harpunen getragen hätte. Er konnte mehrere der Wale vom einen Jahr zum andern wiedererkennen; so sahen sie z. B. einen Wal mit einem weißen Fleck auf dem Rücken sieben Jahre hintereinander in der gleichen Gegend.

Es schienen noch ziemlich viele Grönlandwale in der Gegend westlich von Grönland in der Baffinbucht und im Lancastersund zu sein. Diese Wale machen ebenfalls regelmäßige Wanderungen im Frühjahr nach Norden und im Herbst wieder nach Süden.

Aber dieser Stamm vermischte sich nicht mit jenem, der östlich von Grönland lebte, und es kam sicher äußerst selten vor, daß ein Wal aus dem einen Stamm in den andern geriet.

Wie alt die Wale werden können, wissen wir nicht; sie können jedoch sicher ein hohes Alter erreichen, wenn sie nicht gefangen werden[1].

Diese ganze Geschichte des Wals ist wahrlich beschämend für uns Menschen. Sie zeigt, wie bedauerlich weit wir noch davon entfernt sind, vernünftige, rationelle Wesen zu werden. Hier rotten wir in einer Gegend nach der andern eines der größten Tiere der Natur aus, das keinen Schaden anrichtet, und es ist uns nicht möglich, eine Einigung über seine Schonung zu erzielen, damit das Tier erhalten bleibt und wir einen steten Nutzen davon haben können. Es ist, als wollten die Menschen in ihrer Raubgier nicht sehen.

* *

*

Der Kapitän saß auf der Reling, blickte dem Wal lange nach und sagte:

„Ja, Jungens, hätten wir den Burschen nur an Bord, dann wäre die ganze Reise bezahlt."

Allein schon die langen Barten an solch einem „guten Wal" bedeuten ja ein Vermögen.

Es gab hier auch viele Bottle=noses (norwegisch: Schnabelwale, deutsch: Entenwale); offenbar findet sich in diesem Meer viel Nahrung für Wale. Das Wasser hat eine schmutzig bräunliche

---

[1] Als ein interessantes Beispiel dafür, wie örtlich beschränkt der Grönlandwal vorkommen kann, sei berichtet, daß Kapitän M'Kay mit der „Terra Nova" im September 1894 einen ungewöhnlich großen Wal in der Davisstraße fing. Im Speck fand er eine Stahlharpune, gezeichnet „Jean" von Bo'neß und vierzig Jahre früher datiert. „Jean" von Bo'neß ging in der Davisstraße im Jahre 1857 unter; es ist anzunehmen, daß jener Wal in all den Jahren seine Wanderüng in dieser gleichen Gegend hatte.

Nach 1882 haben nur noch einige wenige schottische Walfänger den Fang östlich von Grönland betrieben; doch hat die Zahl der Wale ständig abgenommen. Nach Southwells Berichten wurde im Jahr 1883 in jener Gegend 1 Grönlandwal erlegt, in den Jahren 84: 11, 85: 12, 86: 15, 87: 3, 88: 4, 89: 16, 90: 0 (6 wurden gesehen), 91: 11, 92: 3, 93: 1, 94: 4, 95: 11, 96: 6, 97: 1, 98: 0 (und keiner gesehen), 99: 1, 1900: 0, 1901: 0.

Farbe, aber es ist immer noch kalt; den ganzen Tag hält es sich
an der Oberfläche auf —1,1°.

In dieser Nacht haben wir Mitternachtsonne, sie berührt um
12 Uhr gerade den Meeresrand.

Am Tag darauf (11. Mai, ungefähr 71° 16′ nördlich, 7° 51′
östlich, 2°, Brise aus Osten) sah ich einen Vogel, der einem Sperber
ähnlich war; er kam herbei und setzte sich in die Takelung; aber es
war mir nicht möglich festzustellen, zu welcher Art er gehörte. Es
kann ein Zwergfalke (Falco aesalon) gewesen sein. Jetzt wird das
Wasser allmählich wärmer, 4 Uhr nachmittags 1,5° und gegen
Mitternacht 0,9°.

Der Entenwal schlug mit dem Schwanz „ins Wasser, daß der Schaum
hoch über das Boot spritzte".

Neuntes Kapitel.

Entenwale. Südlich um Island zur Dänemarkstraße.

Freitag, 12. Mai (Obs. 70° 42' nördl. Br., 2° 50' östl. L.,
2°), herrschte den ganzen Tag Windstille; das Wasser war
blank wie ein Spiegel, und wir trieben in nicht allzu großer Entfernung vom Eis. Es war noch reichlich Zeit bis zum Klappmützenfang, und der Kapitän glaubte es sich nicht leisten zu
können, Kohlen zu verbrauchen, um nach Westen zu gelangen;
wir mußten also auf Wind warten. Das Wasser blieb weiterhin
warm, 1,5° bis 1,8°.

Wir sahen viele Entenwale. Sie liegen oft ganz still vor
dem Bug oder im Kielwasser. Eine Schar nach der andern kommt
geradeswegs aufs Schiff zu, schwimmt dann rundherum und be-
sieht es von allen Seiten.

Wir versuchten mehrere Male mit dem Expreßgewehr auf
sie zu schießen, aber sie taten nicht dergleichen. Dann wollten wir
Schützen es alle auf einmal versuchen.

Drei Entenwale hielten direkt auf uns zu; sie tauchten im Kiel-
wasser auf, und einer von ihnen blieb ungefähr 20 Meter vom
Schiff entfernt stilliegen. Alle Schützen standen achtern auf dem
Halbdeck versammelt. Es wurde bis drei gezählt, dann krachte

die Salve; aber der Wal hob den Schwanz hoch in die Höhe,
ließ ihn schwer ins Wasser fallen und verschwand. Speckbrocken
kamen an die Oberfläche, zur großen Freude der Eissturm=
vögel.

Der Wal hatte sich, wie es schien, nicht viel aus den Kugeln
gemacht, denn wir sahen ihn später ganz vergnügt den beiden
anderen Kameraden folgen. Daß es der gleiche von vorhin war,
konnten wir an den Eissturmvögeln sehen, die sich dort über dem
Wasser versammelten, wo er aufgetaucht war; wahrscheinlich
schwamm dort Blut und Speck von ihm umher. Damit gaben
wir alle Versuche auf, diese Tiere zu schießen.

Der Kapitän meinte, es könnte Spaß machen, ein Boot aus=
zusetzen, um zu sehen, wie nahe man an diese Wale herankommen
könne. Dies geschah; wir ruderten zu einigen Tieren hin, die still
im Wasser lagen. Wir kamen ihnen so nahe, daß wir sie fast
mit den Rudern berühren konnten. Da hoben sie plötzlich den
Schwanz, schlugen damit ins Wasser, daß der Schaum hoch über
das Boot spritzte, und verschwanden. Später kamen sie dicht
bei uns wieder auf, schwammen rings um das Boot herum, be=
glotzten uns von allen Seiten, lagen nahe unter der Wasserober=
fläche, legten den Kopf auf die Seite und sahen uns mit den
kleinen Augen an.

Einmal hieb der Kapitän den Bootshaken in den Schwanz
eines Wales ein. Der schlug mit dem Schwanz in die Luft und
tauchte unter. Wenn wir weiterruderten, folgten sie und blieben,
sechs Stück auf einmal, Seite an Seite mit uns, bald voraus, bald
hinter uns, aber stets ganz in unserer Nähe und äußerst neugierig.

Ich kann nicht anders sagen, als daß wir gerne etwas ge=
habt hätten, um diese Burschen zu harpunieren; es wäre wohl
ein munterer Vorspann geworden. Das hatte auch Markussen
auf der „Vega" erfahren müssen, damals, als er einen von ihnen
harpunierte. Er selbst erzählte es uns an Bord des „Viking".

„Mir war es denn doch zu viel," sagte Markussen, „so Jahr
für Jahr all diesen Speck rings um das Schiff im Wasser zu sehen
und keinerlei Versuch zu machen, ihn an Bord zu holen. Eines
Jahres nahm ich mir denn auch Harpunen und Leinen von da=
heim mit.

„Ja, und dann war einmal so recht schönes Wetter, und es
gab viele Entenwale. Ich rüstete ein Boot mit Harpunen aus

und nahm drei Walleinen mit, um sicher zu sein. Vier Mann an den Riemen, ein Mann achtern am Steuerriemen; ich selbst stand vorn mit der Harpune. Ja, ja, so kamen wir an einen schönen Fisch heran, der dicht vor dem Boot auftauchte. Ich rannte ihm die Harpune hinein, der Schwanz klatschte gehörig ins Wasser, und dann ging's hinunter, und die Leine sauste aus, daß es brandig roch. Ich hätte wohl die Leine um den Poller laufen lassen sollen und bremsen, aber das wagte ich nicht; ich ließ die Leine sausen. Bald war die erste Leine ausgelaufen, dann rannte auch die zweite aus, und nun kam die dritte; aber noch immer ging es gleich schnell.

„Da bekam ich Angst, er könnte auch diese Leine noch hinausziehen. Ich schob die Hand unter die letzte Bucht, bekam das Ende zu fassen und machte es an der Sitzbank fest.

„Aber Bucht auf Bucht rannte hinaus, und noch war keine Verminderung der Fahrt zu bemerken. Und als das Ende da war, ging das Boot auch noch mit hinunter, ohne jedes Zögern; weg war es, und da lagen wir im Wasser und platschten.

„Die Leute schrien, als gelte es das Leben; sie konnten nicht schwimmen. Aber ich sagte ihnen, sie sollten das Maul halten, und fischte für jeden einen Riemen auf, an den sie sich anklammern konnten.

„Zum Glück stand die ‚Vega‘ unter Dampf und kam sogleich herbei und fischte uns auf.

„Aber war das nicht ein verfluchter Fisch! Obwohl blanke See war und wir den ganzen Tag von der Tonne aus scharf Ausguck nach unserm Boot hielten, sahen wir weder Fisch noch Boot je wieder; er kam innerhalb des Horizonts nicht mehr heraus.

„Ich war natürlich sehr ärgerlich darüber, daß ich dieses gute Boot verloren hatte.

„Darum wollte ich nicht noch ein Boot daranwagen, meinte aber doch, ich würde dem Kerl schon Herr werden. Im Jahr darauf nahm ich einige Petroleumfässer mit. Ich machte die drei Fässer klar, befestigte drei neue Walleinen daran und brachte alles ins Boot.

„So fuhren wir wieder hinaus. Ja, ja, ich machte wieder einen Fisch fest, und es ging auf die gleiche Weise hinunter. Die erste Leine sauste hinaus, und wir warfen das erste Faß über Bord. Aber es ging genau so rasch hinunter, ohne daß man ein Halten

sah. Dann sauste die andere Leine hinaus, und wir warfen das
zweite Faß ins Wasser, aber es war die gleiche Geschichte, weg
war es, ohne Aufenthalt, und die dritte Leine sauste genau so
rasch hinaus, als wären überhaupt keine Fässer dagewesen.

„Da warfen wir das letzte Faß hinaus; aber auch dieses ging
gleich schnell hinunter; verschwunden waren Wal und Leinen und
Fässer, und wir sahen keinen Schimmer mehr davon. Und auch
dieser Wal kam innerhalb Sehweite nicht mehr auf, soviel wir
bemerkten.

„Ist das nicht eine verteufelte Kraft in diesem Fisch? Aber
seitdem habe ich es aufgegeben."

Der Grund, warum die Petroleumfässer nicht mehr herauf=
kamen, war selbstverständlich der, daß der Wasserdruck sie, so=
bald sie etwas tiefer hinuntergelangt waren, eingedrückt hatte.
Außerdem werden die Poren des Holzes, der Fässer sowohl als des
Bootes, mit Wasser vollgepreßt, wenn es tief hinunterkommt, und
dadurch wird es so schwer, daß es sinkt.

Dies war der erste norwegische Versuch einer Jagd auf Enten=
wale, von dem ich weiß; aber bald wurde es anders.

Früher war diese Art Wal nicht von Norwegern gefangen
worden, aber dann hatten einige schottische Robbenfänger mit
Kapitän David Gran an der Spitze während zwei bis drei
Jahren diesen Fang betrieben, und im Mai und Juni des Jahres
1882 erbeuteten sie 203 Entenwale. In dem gleichen Jahr ver=
suchten auch einige norwegische Robbenfänger diese Jagd. Im
Jahr darauf wurden von Norwegen aus einige kleine Schiffe
ausschließlich für diesen Fang ausgerüstet. Dies nahm rasch zu;
im Jahre 1884 wurden von vier norwegischen Schiffen 211
Entenwale gefangen, 1885 von 22 Schiffen ungefähr 800, und
in den neunziger Jahren von 60 Schiffen durchschnittlich unge=
fähr 3000 Entenwale im Jahre. Später hat dieser Fang sehr
abgenommen, da die Zahl der Wale zurückging.

Der Entenwal (Hyperoodon rostratus) ist in vieler Be=
ziehung ein ganz merkwürdiges Tier. Seinen Namen Bottle=nose
hat er daher, daß die Stirne wie ein großer Buckel gewölbt ist, ähn=
lich dem Bauch einer dicken Flasche, und die Kiefer wie ein dünner
Schnabel oder ein Flaschenhals unten vorstehen. Besonders groß
ist dieser Stirnbuckel, mit einer steilen Front, bei den alten männ=
lichen Tieren. Wenn der Entenwal auftaucht und an der Wasser=

Bottle=nose oder Entenwal (Hyperoodon rostratus).

oberfläche schwimmt, kommt nur die Stirn, nicht Kiefer und
Maul über dem Wasser zum Vorschein, so daß einer, der es nicht
besser weiß, glauben kann, dieser Buckel sei das Vorderende des
Kopfes.

Der Hohlraum in dem Buckel ist beim Weibchen mit einem
klaren Öl angefüllt, das Spermacet, Walrat, enthält, sehr wert=
voll ist und von den Fängern besonders sorgfältig gesammelt
wird. Beim Männchen findet man statt des Öls einen Klum=
pen festen Fettes.

Das Männchen ist größer als das Weibchen und kann 8 bis
gegen 10 Meter lang sein, während das Weibchen bis zu
7½ Meter erreichen kann.

.Durchschnittlich liefert dieser Wal eine Tonne Tran, ein altes
Männchen kann bis zu anderthalb Tonnen geben.

Solange das Tier jung ist, ist seine Farbe dunkel, es wirkt
im Wasser fast schwarz, auch der Bauch ist nicht viel heller als der
Rücken. In älteren Jahren werden sie heller, und namentlich die
alten Männchen können sehr hell aussehen; der Bauch wird dann
weißlich.

Der Entenwal gehört zu den Zahnwalen, die Zähne besitzen
und nicht Barten; er ist nächst dem Pottwal der größte dieser Art.
Aber seine Bezahnung ist sehr mangelhaft und beschränkt sich
auf einen, selten zwei, kleine Zähne (zwei bis vier Zentimeter
lang) ganz vorn in jeder Seite des Unterkiefers. Nur die Spitzen
der Zähne ragen aus dem Zahnfleisch heraus; sie werden nicht
benutzt und fehlen auch oft. Im Oberkiefer sind bei den er=
wachsenen Tieren in der Regel keine Zähne; Andeutungen davon
sollen lose im Zahnfleisch der jüngeren Wale zu finden sein.

Sicher sind die Vorfahren dieser Wale, ähnlich wie andere
Zahnwale, einstmals, in grauer Urzeit, gut mit Zähnen ausge=
stattet gewesen. Dann aber ist ein Verfall eingetreten; die Vor=
fahren haben von kleineren Tieren im Meer gelebt, die nicht
mit den Zähnen erfaßt oder gekaut werden mußten, und so ver=
schwanden die Zähne nach und nach, und jetzt haben diese Wale
nur noch diese vereinzelten Zähne und außerdem vielleicht einige
Reste von Zähnen in den Kiefern versteckt, als Überbleibsel einer
vergangenen Herrlichkeit. Beim Keimling jedoch kann man die An=
lage zu einer vollen Bezahnung erkennen. Es ist so, wie es wohl
mit uns Menschen schließlich auch einmal gehen wird, wenn wir

lange genug von Brei und Grütze und vorgekautem Essen gelebt
haben. Wir werden dann ein paar Eckzähne aufweisen können,
die gerade noch aus den Kiefern herausragen als die letzten
Überbleibsel aus einer Zeit, in der die Menschen Raubtiere waren
und ein volles Gebiß hatten.

Den schlagenden Beweis dafür, daß diese Zähne des Enten=
wals nicht benutzt werden, erhielt ich einige Jahre später, als ich,
als Konservator am Museum in Bergen, einen solchen Zahn
geschickt bekam, an dem mehrere ganz große Entenmuscheln
(gestielte Rankenfüßer, Conchoderma auritum) auf der Zahn=
spitze saßen. Das ist dieselbe Art Tiere, die sich oft an den Schiffen
und am Treibholz festsetzen; sie hingen offenbar dem Wal aus
dem Maul und wurden auf diese Weise im Meer mitgeführt. Es
ist fast unbegreiflich, daß die Kiefer nicht einmal so viel gebraucht
werden, daß diese großen Entenmuscheln von den Spitzen der Zähne
abgerissen werden, wenn das Tier frißt.

Da soll nun einer sagen, daß alles im Leben seinen Sinn und
seinen Nutzen hat! O nein, es gibt allzuviel Unnützes, um nicht
zu sagen Schädliches, Überbleibsel von dem, was einmal war, die
wir noch mit uns herumschleppen. Dies bezieht sich ebenso auf den
Körper wie auf den Geist.

Im übrigen aber ist es seltsam, wie verschieden der Schön=
heitssinn bei den Walen sein muß. Während die einen nach und
nach die Zähne abgeschafft haben, ja viele andere Arten statt dessen
häßliche, schwarze Barten ausgebildet haben, wurden beim Männ=
chen des Narwals die Zähne zu einem langen Spieß aus herr=
lichstem Elfenbein entwickelt, der bis zu 2,5 Meter aus dem Maul
ragt (die Hälfte der Körperlänge oder drei= bis viermal die
Länge des Schädels). Dieser Spieß ist der spiralförmig ge=
drehte Eckzahn, der meist im linken Oberkiefer steht. Da in der
Regel nur das Männchen ihn hat, scheint er wohl ein Schmuck zu
sein, ähnlich dem Geweih des Hirsches, wodurch das Männchen dem
Weibchen anziehender erscheint. So verschieden ist also der Ge=
schmack auch bei den Tieren. Ob der Spieß auch bei den Kampf=
spielen der Männchen um das Weibchen gebraucht wird, ist un=
sicher. Im übrigen besitzt auch der Narwal keine Zähne, mit denen
er kauen kann.

Die hauptsächliche Nahrung des Entenwals in diesen nörd=
lichen Gewässern bildet der Tintenfisch in seinen verschiedenen Arten,

der hier in großen Schwärmen lebt; doch kann der Wal auch
Heringe und andere Schwarmfische fressen.

Er ist ein geselliges Tier, das am liebsten in Herden lebt. Auf
der Wanderung können diese bis zu Hunderten umfassen, aber
in den Frühlings= und Sommerfeldern bestehen die Herden mei=
stens nur aus ein paar oder fünf bis sechs Tieren, bisweilen bis
zu zwanzig. Oft trifft man den Entenwal auch einzeln an, meist
die alten Männchen, die wohl über jenes Alter hinaus sind, in
dem man sich für das weibliche Geschlecht oder seine Artgenossen
interessiert.

In der Regel verläßt die Schar einen verwundeten Kameraden
nicht, solange er am Leben ist, die Walfänger können deshalb
oft das ganze Rudel fangen.

Der Entenwal ist ein äußerst gutmütiges Tier und greift
die Fangboote niemals an. Er hat ja auch keine Zähne, mit
denen er seine Feinde fassen könnte, und es ist nicht verwunderlich,
daß ihm der Kampfesmut fehlt.

Wenn der Fang dieses Wals trotzdem gefährlich werden
kann, so liegt das daran, daß er von den Ruderbooten aus be=
trieben wird, und der Entenwal, wenn man ihm zu nahe kommt,
mit seinen heftigen raschen Bewegungen die Bootsseite einschlagen
oder das ganze Boot unter das Wasser ziehen kann, wenn sich
die Harpunenleine verwickelt. Er ist schwierig zu töten. Ein voll=
ausgewachsenes Männchen soll 700 Faden Leine mitnehmen und
sich länger als eine Stunde unter Wasser halten können.

Ähnlich wie die Zugvögel, unternimmt dieser Wal jeden
Frühling und Herbst lange Wanderungen. Im Winter, von
November bis Januar, hält er sich gern nahe dem Äquator auf,
im Frühling sammelt er sich zu großen Scharen und zieht nach
Norden, um in den Tintenfischschwärmen nahe dem Eismeer zu
schwelgen, seine Jungen zu werfen und sich zu paaren. Mit anderen
Worten: hier oben im Norden lebt er, gleich den Zugvögeln, vor
allem sein Leben.

Ungefähr Mitte April, bisweilen schon im März, ziehen ver=
einzelte Scharen nördlich an den Färöern vorbei und verteilen
sich östlich und nordöstlich von Island. Dabei kommen sie auch
weit nach Norden bis in die Gegend, wo wir sie trafen, oder noch
ein Stück weiter nördlich.

Der Entenwal geht nicht gern unter das Eis, selbst dort nicht,

Entenwale.

wo die Schollen verstreut liegen. Unter Umständen kommt er in
die Buchten, die das Eis bildet, hält sich jedoch am liebsten in den
Grenzgegenden zwischen dem warmen Strom des Atlantischen
Ozeans und dem Wasser des kalten Polarstroms auf, wo er reich=
liche Nahrung findet. Den größten Teil des Sommers hält er sich
über dieses Meer verstreut auf.

Hier bringt er seine Jungen zur Welt, meistens spät im Früh=
ling; hier paaren sich die Wale einige Zeit später. Meistens
scheinen mehrere Weibchen um ein Männchen zu sein.

Ende Juli ziehen sie mehr nach Süden in die Gegenden östlich
von Island und nahe den Färöern, wo im September viele
von ihnen gefangen werden. Von dort aus geht es herdenweise
weiter nach Süden in die Tropen.

Während das Fleisch dieses Wals, ähnlich anderm Walfleisch,
wohlschmeckend ist, wirken Speck und Tran stark abführend; diese
können deshalb nicht genossen werden. Das war bereits den alten
Norwegern bekannt und wird im Kongespeil (Königsspiegel, un=
gefähr 1240) erwähnt, wo es in der Beschreibung der Wale bei
Island heißt: „Ferner sind hier zwei Arten Wale; der eine
heißt Entenwal, der andere Schweinewal[1], und die größten von
ihnen werden nicht größer als 25 Ellen; und diese Fische sind
nicht eßbar, denn ihr Fett können weder Menschen noch irgend=
welche andere Tiere in sich verdauen, es rennt durch sie hindurch
und ebenso durch das Holz, ja es läßt sich, wenn es einige Zeit
steht, nirgends aufbewahren, und wäre es auch in Horn.‟

Auch der Eskimo kennt diese Eigenschaft des Entenwalspeckes
gut und nennt den Wal deshalb Anarnak, das heißt der Durch=
fall erzeugt. Dies hindert sie jedoch nicht, ihn zu essen. Als einmal
ein dänischer Arzt auf der Westküste von Grönland eines Tags in
ein Eskimodorf kam, sah er nirgends eine lebende Seele, und
niemand kam an den Strand, um ihn zu empfangen und zu be=
grüßen, wie sie sonst immer taten.

Als er zu den Hütten hinaufkam, sah er, daß alle, Frauen und
Männer, krank waren, so daß sie in den Hütten bleiben mußten; am

---

[1] Beide Namen bezeichnen offenbar den Entenwal oder Schnabelwal und sind
der Ähnlichkeit der Schnauze mit einem Entenschnabel oder mit einem Schweine=
rüssel zuzuschreiben. Schweinewal dürften namentlich die Weibchen und die jün=
geren Männchen genannt worden sein, die keinen so stark entwickelten Buckel auf
der Stirn haben

Tag zuvor war nämlich ein toter Bauchgrimmen=Wal angetrieben worden, und an dem hatten sie sich alle übergessen.

Am 13. Mai (Obs. 70° 34′ nördl., 13° 3′ östl., 2° bis —1°, Wind Nordwest) hatten wir wieder etwas Wind und segelten in westlicher Richtung. Es wurden einige Robben auf einem Eis= streifen im Kurs gemeldet. Wir fuhren am Streifen entlang und sahen da und dort einige Robben; die Boote wurden hin= untergelassen, eines nach dem andern, am Eis entlang.

Ich selbst sollte mich jetzt zum erstenmal als Schütze ver= suchen und bekam ein Boot mit fünf Mann, das ich führen sollte.

Wir wurden hinuntergelassen und ruderten zu den Robben hin. Es war viel Seegang im Eis; die schweren Dünungen rollten dazwischen hindurch, und die Schollen wurden gegeneinander ge= worfen, so daß man das Boot vorsichtig lenken mußte, damit es nicht zertrümmert wurde. Die See spülte oft über die niedrigen Schollenkanten hinweg und bildete eine Art Brandung. Das Schießen bei diesem starken Wellengang fiel einem gar nicht so leicht.

Es waren lauter gefleckte Jungrobben, hauptsächlich einjährige Tiere, die sehr viel scheuer sind als die alten Robben um diese Zeit.

Die ersten, zu denen wir ruderten, gingen ins Wasser, noch lange, ehe wir in Schußnähe waren. Dann aber hatten wir mehr Glück; wir erlegten zuerst drei Robben auf einer Scholle, dann eine im Wasser und hierauf vier auf einer Scholle. Zum Schluß ging es noch besser, da erbeuteten wir alles, was wir sahen.

Zwei Tiere lagen nebeneinander auf einer Scholle und schliefen. Nur von Zeit zu Zeit hob eins von ihnen den Kopf, um Umschau zu halten. Nach und nach kam ich auf Schußnähe an sie heran, nachdem das Boot schwer mit der saugenden Brandung an einer Scholle gekämpft hatte, an der wir vorbei mußten.

Wir waren auf guten Abstand heran; jetzt wollte aber keines von den Tieren den Kopf heben. Ich wartete, doch nichts rührte sich. Ich legte auf das zunächstliegende Tier an, obwohl dieses nicht gut zum Schuß lag. Es krachte; das Tier lag unverändert regungslos, und das einzige, was darauf deutete, daß es getroffen war, war der Blutstrom, der ein rundes, rotes Loch in das Eis vor ihm fraß.

Das andere hob bei dem Schuß ein wenig den Kopf und sah

um sich; es schielte zu dem Schlafkameraden hinüber, der immer noch ruhig dalag, und blieb dann selbst ebenfalls liegen. Aber es war allzu ruhig, denn es wollte den Kopf nicht wieder heben, und ich sah nur den Schädel hinter dem toten Tier. Nun gut — ich schoß, jedoch die Kugel streifte es nur. Jetzt flog der Kopf in die Höhe, und eilig watschelte das Tier zum Wasser. Eine neue Kugel hielt es gerade am Rande der Scholle an.

Während wir ruderten, gingen zwei Robben zu beiden Seiten einer Scholle in die Brandung hinauf. Ich schoß zuerst die eine und riß ihr ein ziemliches Stück aus dem Nacken heraus. Sie blieb liegen und schaute uns ganz verwirrt an, da bekam sie die nächste Kugel, so daß die ganze Hirnschale mitging. Ich sprang auf die Scholle hinauf und war mit ein paar Sätzen auf der andern Seite, um zu sehen, ob die andere Robbe noch dort liege. Ich kam ihr gerade vor die Schnauze. Sie fuhr hoch und warf sich herum gegen das Wasser. Ich schoß auf sie, so daß der Kopf zersplitterte. Aber langsam gleitet sie infolge der bereits erworbenen Geschwindigkeit vom Eise weg und sinkt; ohne Hacke kann ich sie nicht fassen, ich kann nur hilflos dastehen und zusehen.

Es gab nicht viele Robben hier, und bald war die Jagd vorbei. Die Flagge wurde gehißt, und wir mußten wieder an Bord. Wir hatten in unserm Boot 13 Stück erlegt, alles in allem waren 33 Tiere geschossen worden. Wir hatten die meisten, nach uns kam Ola Mågerud. Einem der anderen Schützen, Karl Andersen, war die eine Seite des Boots in der Dünung zwischen den Schollen eingedrückt worden.

Am nächsten Morgen (14. Mai, Obs. 69° 3′ nördl., 0° 10′ östl., —4°, Wind Nordnordwest) kamen wir an einem der schottischen Robbenfänger vorüber, hinter uns sahen wir jetzt auch die „Capella“. Da diese besser segelte als wir, holte sie uns bald auf; Kapitän Brynde kam an Bord und blieb den ganzen Tag bei uns, während beide Schiffe gemeinsam nach Südwesten fuhren.

Der Steward mußte das beste Mittagessen auftragen, was er nur hatte, und das wollte nicht wenig besagen. Dann gab es Kaffee und Zigarren oder eine Pfeife. Brynde erzählte von dem Jungenfang des Jahrs, wie er auf dicht zusammengefrorenem Eis gelegen hatte, so daß sie auch die erwachsenen Weibchen auf dem Eis hatten töten können und aus diesem Grunde bei diesem Jungenfang verhältnismäßig viele alte Robben erbeutet hatten.

Junge Sattelrobben, im Alter von einem Jahr und von einem Monat, auf einem Eisstreifen.

Er war später in das Fangfeld gekommen als die anderen
Schiffe und hatte deshalb keine große Last mehr gewonnen. Ihr
Glück war gewesen, daß sie so lange im Eis festgelegen hatten,
denn als sie endlich freikamen, gerieten sie mitten ins Fangfeld
hinein.

Allerdings war Kapitän Guy mit der „Nova Zembla" am
gleichen Tag freigekommen wie wir, aber er war, als er am Abend
des 1. April im Mondschein aus dem Eis herauskam, gerade auf
einige Robbenzüge gestoßen, die wir nicht sahen und die gerades=
wegs ins Eis zogen. Das gab ihm die Gewähr dafür, daß das
Fangfeld selbst westlich der Stelle liegen mußte, wo wir damals
waren.

Dann mußten wir wieder einen Spaziergang achtern auf dem
Halbdeck machen. Es herrschte wunderschönes Wetter mit Sonnen=
schein, blauem Himmel und blauem Meer. Weit im Nord=
westen schimmerte es weiß von der Eiskante. Ein wenig kühl war
es ja immer noch: —4° am Mittag, aber in der Sonne empfand
man das nicht.

Gleich hinter uns kam die „Capella" in angemessener Ent=
fernung; sie durften dort nicht alles Tuch setzen, um nicht an uns
vorbeizusegeln. Es ist übrigens merkwürdig, wie schwer es einem
Schiffer fällt zuzugeben, daß sein Schiff nicht so gut segelt wie ein
anderes. Kreftings Trost war der, daß zwar die „Capella" bei
diesem schwachen Seegang wohl ein ausgezeichnetes Schiff sei, aber
bei steifer Brise und Sturm würde man schon sehen, wer am besten
zurechtkäme.

Wie gewöhnlich sahen wir auch an diesem Tag viele Enten=
wale. Beide Schiffer waren der gleichen Meinung und fanden es
gar zu toll, daß wir Norweger uns nicht auf diesen Fang
verlegten und uns alle diese großen Tiere nicht zunutze machten.

Bryde fand es bei uns an Bord recht gemütlich; er blieb
auch den Abend über und erst tief in der Nacht ließ er sich wieder
an Bord der „Capella" bringen.

Die schmutzig grüne oder bräunliche Farbe des Wassers fällt
jetzt auf, man sieht sie am besten im Schraubenbrunnen. Oben im
Eis des Nordens pflegte das Wasser im Brunnen azurblau zu sein.
Die schmutzige Farbe rührt, wie gesagt, von dem vielen Kleinleben
im Wasser her. Meist sind es Algen; von diesen leben Unmengen
von Krustentieren, von den Krustentieren leben die Tintenfisch=

schwärme und die Heringe, und von diesen wiederum leben die Entenwale. Darum halten sich die letzteren in dieser Gegend in Mengen auf. Die Temperatur im Wasser betrug 3,7°; am kältesten war es in der Nähe des Eises, bis unter Null.

Am nächsten Tag (15. Mai, Obs. 68° 32′ nördlich, 1° 55′ westlich, 2°, Wind Südsüdwest) kamen wir an dem englischen Robbenfänger „Eclipse" vorüber, der auf Entenwale jagte und das ganze Deck voller abgeschnittener Walschwänze hatte. David Gray, der Kapitän jenes Schiffes, war es gewesen, der als erster den Entenwalfang einige Jahre vorher begonnen hatte.

Wir sahen jetzt ab und zu mehrere Landvögel, einen Brach= vogel und eine Schnepfe, und am 16. Mai (ungefähr auf 68° 29′ nördl. Br., 3° 27′ westl. L.) fing ich einen Pieper. Die Temperatur der Luft hielt sich jetzt meistens ein wenig über Null, zwischen 0,5° und 2°.

Der 17. Mai, der norwegische Nationalfeiertag (ungefähr auf 68° 5′ nördlich, 5° 45′ westlich, 3°, Wind Südwest), wurde mit Verteilung von Branntwein an die Mannschaft gefeiert, und die Tagesarbeit endete früher als gewöhnlich.

Am nächsten Tag war Christi Himmelfahrt (Obs. 67° 45′ nördlich, 6° 47′ westlich, 3°, Wind Südwest), der Feiertag wurde gehalten. Die Mannschaft vertrieb sich im Sonnenschein am Deck die Zeit mit allerlei Späßen. Sie spielten Fingerhaken und Tauziehen, am meisten aber Fuchshaken. Es zeigte sich bald, daß ich darin merkwürdigerweise überlegen war; ich wippte die ganze Mannschaft hinauf; einer nach dem andern kollerte über das Deck hin, und es herrschte große Heiterkeit, so oft wieder einer daran glauben mußte. Der einzige, mit dem ich nur schwer fertig wurde, war der lange Hebemarkener; er war schwer zu lüpfen, und es war eine zähe Arbeit, ihn herumzuschwenken.

Der Kapitän war lange dabei gestanden, er hatte zugesehen und gelacht; dann aber sagte er plötzlich, jetzt wolle er es versuchen.

Ich sah ihn ein wenig erstaunt an, war aber selbstverständlich dazu bereit. Wir legten uns beide auf den Rücken, die rechten Seiten aneinander, die Beine ausgestreckt wie gewöhnlich. Die rechten Arme werden fest ineinander verhakt und dann das rechte Bein hochgehoben. Ich hob mein Bein recht hoch, schlang es um das seine, und wie ein Knäuel flog er über das Deck dahin. Die Mannschaft bog sich vor Lachen.

Lachend kam der Kapitän wieder auf die Beine und sagte, ich sei zu schnell gewesen, er habe nicht Zeit gehabt, sich ordentlich zurechtzulegen. Er wolle es noch einmal versuchen, ich müsse ihm aber etwas mehr Zeit lassen.

Gut, wir legten uns wieder hin, und der Kapitän bekam so viel Zeit, wie er nur wollte. Endlich war er klar, und unsere Beine fuhren in die Höhe. Ich konnte mein Bein gut um das seine schlingen und fing an zu wippen, jetzt aber war er bedeutend schwerer geworden. Ich strengte mich an, aber er wollte nicht hinüber. Ich plagte mich noch mehr und drückte sein Knie bis ganz zum Kopf hinunter; aber herum brachte ich ihn nicht. Die Mannschaft lachte dröhnend.

Jetzt begann er zu schreien und um Gnade zu bitten, ich möchte doch loslassen. Ich ließ los und blickte mich um, was es denn gäbe? Ja, der Kapitän hatte den linken Fuß in einen Ringbolzen auf Deck gesteckt und hatte geglaubt, mich auf diese Weise über- listen zu können; aber dann hatte er es doch nicht zuwege gebracht, und ich hätte ihn beinahe auseinandergerissen, zum großen Jubel aller Leute natürlich.

Ein allgemeiner Zeitvertreib bei gutem Wetter ist, „nach der Narrenkappe werfen". Hierbei werden mit Kreide einige Felder auf das Deck gezeichnet und dann aus einer bestimmten Entfernung mit Platten, meist aus Blei, in diese Felder geworfen, die ver- schiedene, höhere oder niedere, Werte haben. Je nachdem die Platten innerhalb der verschiedenen Felder liegenbleiben, gewinnt man mehr oder weniger Punkte; geraten sie jedoch in das Feld, das „Narrenkappe" heißt, so verliert man alles, was man ge- wonnen hat.

Der Gewinn, um den man wirft, ist immer Kautabak. Er wird in Stücke von einem Zoll oder einem halben Zoll geschnitten, oder, wenn der Tabak knapp ist, vielleicht in Viertel-Zoll-Stücke; um diese Tabaksbissen spielen sie oft einen Tag um den andern.

Immer noch fuhren wir durch das gleiche bräunliche Wasser, das sich bis zum 19. Mai bis ungefähr 67° 10' nördl. Br. und 7° 33' westl. L. hielt, wo es allmählich verschwand und wir es nur noch sahen, so oft wir bei den Schlägen ans Eis herankamen. Die Temperatur hielt sich meistens zwischen 0,7° und 2°. Wir kreuzten jetzt mit Segeln nach Westen. Es war südwestlicher Wind.

Entenwale sahen wir in dieser Gegend überall sehr viele. Am

Vormittag, 20. Mai (Obf. 67° nördlich, 9° 4′ westlich, 3° in der Luft, 0,7° bis 1° im Wasser, Wind Südsüdwest), sah ich eine Mutter mit ihrem Jungen. Sie schwammen Seite an Seite, wir kamen jedoch nicht so nahe heran, daß wir sie etwas genauer hätten ansehen können. Das Junge mochte wohl drei bis vier Meter lang sein und war vermutlich vor kurzer Zeit geboren.

Ich machte die Beobachtung, daß mehrere der großen Enten= wale einen weißen Fleck an der vordern Seite des Kopfbuckels haben. Dies sind wahrscheinlich die alten Männchen mit besonders mächtiger Stirn. Wie schon erwähnt, ist bei diesem Wal merk= würdigerweise der Buckel bei den Männchen ungleich größer als bei den Weibchen.

Auch ein großer Wal, vermutlich ein Blauwal, kam an unsere Seite heran. Welch riesiges Tier ist er doch! Erst schneidet der mächtige Kopf mit dem Nasenrücken wie ein scharfer, schmaler Kiel durch das Wasser, dann, hui! bläst er und stößt eine Wasserwolke gen Himmel so hoch wie die Marsrahe; die Luft erzittert, wie wenn man den Dampf aus einem mächtigen Dampf= kessel strömen läßt, und dann kommt der ganze Rücken mit der kleinen Finne weit hinten. Das Tier scheint fast so lang zu sein wie das ganze Schiff; es schießt vorbei und taucht wieder hinunter. Welch eine Schnelligkeit und welch eine unbändige Kraft!

Am 21. Mai, auf 66° 31′ nördl. Br. (Obf.) und ungefähr 12° 19′ westl. L. (4°), befanden wir uns noch in der Nähe des Eisrandes und fuhren den ganzen Abend hindurch, zum Teil durch verstreutes Eis. Die Temperatur des Wassers sank wieder auf 0,7°.

Wir waren jetzt etwa 56 Seemeilen östlich von Langanes und waren offenbar in jenen, an der Küste von Island in südöstlicher Richtung entlang ziehenden Arm des Polarstroms gekommen, der häufig der Ostisländische Polarstrom genannt wird.

Am liebsten wären wir nördlich um das Land herumgegangen; aber es schien dort so viel Eis zu sein, daß es schwierig sein konnte, durchzukommen. Außerdem herrschte sehr nebliges, unsichtiges Wetter.

Wir hielten deshalb weiter nach Südwesten, um östlich und südöstlich von Island herumzukommen.

In den folgenden Tagen hatten wir viel stilles Wetter, und da wir keine Kohlen opfern wollten, um vorwärtszukommen, nachdem

Vestmanna = Inseln
Skizze vom

es für den Klappmützenfang noch zu früh war, ließen wir uns einfach treiben, bisweilen in schönem Sonnenschein, öfters aber in Nebel und unsichtigem Wetter, so daß wir das Land nicht sahen.

Die Mannschaft brachte die Zeit unter anderm mit dem Fischen von Eissturmvögeln hin. Man braucht nur eine Schnur mit einem Speckbissen am Angelhaken hinauszuhängen, dann kommen sie sofort und raufen sich um den Speck. Kristian Ballong war besonders eifrig. Er zog ihnen den Balg ab und briet sie und behauptete, sie seien ungewöhnlich gut. Unglücklicherweise aber strömt das Federkleid dieser Vögel einen solch abscheulichen Geruch aus, daß es höchst unangenehm ist, ihnen nahezukommen.

Ich untersuchte die gefangenen Tiere und fand, daß es ausschließlich Männchen waren; fast alle hatten eine weiße Brust.

Je mehr wir nach Süden kamen, desto wärmer wurde das Wasser und zum Teil auch die Luft. Mittwoch, 24. Mai, waren wir ganz an die Südseite von Island gelangt, auf 62° 49′ nördl. Br. (Obs.) und 17° 17′ westl. L. (Obs.), und die Temperatur im Wasser betrug 8° gegen Mittag und 7,6° um 8 Uhr abends. Das war ja eine ganz südliche Wärme, und die Luft hatte 7° am Mittag und 8° am Abend.

Donnerstag, 25. Mai, auf ungefähr 62° 39′ nördl. Br. und 19° 10′ westl. L. (5° in der Luft, 8° im Wasser) war es auch am Morgen windstill; plötzlich jedoch kam ein starker Wind aus Südwesten und gleichzeitig ziemlich schwere Dünung von Osten. Das Meer nahm sich seltsam aus. Die Seen prallten von beiden Seiten aufeinander, und überall spritzte der Schaum hoch in die Luft. Es sah aus wie ein ungeheurer Braukessel, in dem es kochte und

nd Eyjafjalla=Jökull.

5. Mai 1882.

siedete. Der Wind war stark; das Schiff schlingerte gewaltig und stampfte im Wasser, so daß wir bisweilen für den Klüverbaum fürchteten.

Am Abend klart es auf, und wir erblicken im Norden über dem Meer Schneegipfel. Es ist der Eyjafjalla=Jökull auf der Süd= küste von Island. Etwas später sehen wir auch die Westmanna= Inseln.

Welch ein Anblick! Dieser Vulkankegel, vollkommen bedeckt von einem weißen Firngletscher, der sich wie ein Mantel bis herunter zu den dunklen Felsen am Fuße des Kegels ausbreitet. 5430 Fuß (etwa 1700 Meter) steigt er unmittelbar aus dem Meer empor.

Der Gletscher erglüht an der dem Sonnenuntergang zugewen= deten Seite, und dunkel steht die lange Reihe der zerrissenen Lavaformen der Westmanna=Inseln vor dem roten Himmel. Es ist die alte norwegische Saga=Insel.

Als ich am nächsten Morgen (26. Mai) an Deck kam, lagen wir eine Seemeile vom Land in Windstille. Ich mußte sofort in die Tonne hinauf, um Ausschau über das Land zu halten.

Wahrlich, merkwürdig war es, wiederum schneefreie Hänge und Berge zu sehen. Obwohl es nicht gerade grüne Wiesen oder blühende Bäume waren, erinnerte es doch an den Frühling; ich sehnte mich danach, wieder festen Boden unter meinen Füßen zu spüren. Pferde und Schafe weideten dort drüben, und im Freien arbeiteten Menschen.

Im Osten aber, über dem Meeresrand hinter uns, glitzerten Hekla und Tindfjalla=Jökull und andere Gletscher in der Sonne

gegen den hellen, blauen Himmel. Auch vor uns konnte ich
Schneegipfel sehen, wie weiße Zelte über dem schwarzen Land.
Es waren die beiden Gipfel des Snaefells-Jökull.

Hier gibt es jetzt ein reiches Vogelleben. Der Tölpel, „Jan=
fangent“, fliegt an uns vorbei, bald einzelne hintereinander, bald
mehrere zusammen.   Die Islandkrähe, die große Diebesraub=
möwe, hatten wir schon seit mehreren Tagen als ein sicheres
Zeichen für Islands Nähe gesehen. Auch Alkenscharen liegen dicht
über der blanken Wasserfläche. Ab und zu hört man den Ruf
eines vorüberfliegenden Brachvogels, und außerdem folgen uns
große Scharen von Stummelmöwen.

Wir machten Dampf auf, um auf Reykjanes zuzugehen und
zu versuchen, ob man nicht dort zwischen der Landzunge und dem
Mehlsack, dem großen Felsen von der Form eines Sackes, der
weiter draußen aus dem Wasser herausragt und das Heim des
Tölpels ist, einige Dorsche fangen könnte.

Unter Land gekommen, drehten wir bei, und es wurde eine
Schnur hinuntergelassen.

„Hast du Grund?“ fragte ich. „Nein, — aber einen Fisch
hab ich!“ sagte der Mann und griff zu; ich merkte, daß es ein
großer Fisch war — und herauf kam ein dicker zappelnder Dorsch.

Hier war etwas zu „holen“; jetzt wurde es lebendig. Die
Schnüre kamen heraus, und ein schwerer Dorsch und ein Köhler
nach dem andern wurde heraufgezogen; überall schrie man nach
der Fischgaff. Dann und wann riß ein großer Fisch, wohl meistens
eine Heilbutte, die Angel ab, da nahm man eben einen neuen
Haken und fischte weiter.

Dann wurden die Boote hinuntergelassen, und die Leute
ruderten näher an Land und fischten dort. Unterdessen ruderten
der Kapitän und ich zu einem Vogelberg, um zu sehen, ob man
dort zu einigen Eiern gelangen könnte.

Der Berg war auf allen Seiten fast lotrecht. Er ragte ein
ziemliches Stück vom Land entfernt aus dem Wasser heraus. Die
Seiten waren weiß von Vogelguano und waren hauptsächlich
von Stummelmöwen bewohnt, die auf den Felsbändern saßen oder
in der Luft umherschwebten. Zu oberst auf dem Gipfel hatte eine
sehr würdige Bürgermeistermöwe Platz genommen und wollte
wohl nur ungern von dort weichen. Eine Gewehrkugel jedoch, die
unter ihren Füßen in den Felsen schlug, bewog sie, sich ein wenig

zu erheben. Mit einigen majestätischen Flügelschlägen schwebte sie
hoch über dem Mob und allem übrigen Leben; dann faltete sie
die Schwingen wieder zusammen und ließ sich auf dem gleichen
Fleck nieder, genau so wie es sich für einen Beamten vom alten
Schlag gehört. Die Möwen hatten keine Eier, dazu war es wohl
noch zu früh im Jahr; aber dann und wann kam ein Alk aus
einem der Löcher im Felsen geschossen, wo er wahrscheinlich Eier
hatte. Am Fuße des Bergs schwammen viele Teiste; sie wohnten
wohl an irgendeiner Stelle oben in der Bergwand. Auch einige
Scharben gab es.

Als wir vom Vogelberg genug hatten, ruderten wir an den
Strand, um eine Stelle zu suchen, wo man an Land kommen
konnte; der starken Brandung wegen war das nicht so leicht. Dann
aber entdeckten wir eine große Höhle, die von der See in die steile
Lavawand hineingefressen war; dort gab es einen sichern Boots=
hafen. Wir zogen das Boot drinnen gut an den Strand hinauf,
fanden einen Ausgang aus der Höhle und gingen abenteuerlustig
an Land hinauf, zu einer Hütte, die wir dort gesehen hatten.

Das Land sah nicht gerade lachend aus; nirgends empfing uns
eine grüne Frühlingslandschaft; schwarze Lavafelder auf allen
Seiten. Aber es war eigenartig, wieder auf Land zu sein, und die
Sonne schien warm, wenn sie sich auch vergebens anstrengte, auf
dieser toten Erde Leben zu erwecken.

Wir kamen zur Hütte hinauf und wurden dort von einem
freundlichen Isländer empfangen, der dänisch sprach. Er war der
Wächter des Leuchtturms, der weiter draußen auf Renkjanes liegt.
Die Hütte war niedrig und klein, aber gut gehalten. Rings um sie
war gleichsam eine Andeutung von etwas grüner Wiese, ja es gab
sogar ein eingezäuntes Stück Land, wo Kartoffeln gebaut wurden.

Während wir dort standen, kamen zwei Goldregenpfeifer und
setzten sich auf den nahen Hügel. Ich schoß sie; sie waren sehr
mager; der Isländer erzählte, daß in diesem Jahr eine Menge
dieser Vögel durch die Kälte zugrunde gegangen sei.

Die Hütte lag ziemlich hoch, und wir konnten weit über das
Land hinblicken. Überall, so weit wir schauen konnten, sah es
gleich öde und unfruchtbar aus.

Irgendwo in weiter Ferne auf einer Ebene stieg Rauch und
Dampf auf, wie zu Hause bei einem großen Waldbrand. Wir
erfuhren, daß dies warme Quellen seien; selbstverständlich mußten

wir dorthin. Ich hatte nur Hausschuhe an den Füßen, da ich nicht
damit gerechnet hatte, an Land zu kommen; aber das durfte jetzt
nichts ausmachen. Trotzdem die Lava scharf war, hielten diese
weichen Pantoffel merkwürdigerweise den Weg aus.

In der Nähe der warmen Quellen hatte das Land ringsum
vielerlei wechselnde Farben. Bald war es gelb von Schwefel, bald
weiß von Bimsstein, bald rot von verbrannter Lava, bald schwarz
von gewöhnlicher Lava, bald blau von lehmartigem Schlamm. Wo
keine Lava war, war der Erdboden ganz weich und oft unterhöhlt,
so daß man überall vorsichtig gehen mußte, denn man konnte tief
einsinken und an manchen Stellen auch einbrechen.

An vielen Stellen stiegen Dämpfe auf, oft mit einem er=
stickenden Schwefelgeruch. Die Hauptquelle selbst war ein großes,
mit kochendem Wasser angefülltes Loch, in dem es ständig wie in
einem Kessel sprudelte und siedete. Es roch nach Schwefel, und das
Wasser sah dick und zäh aus. Der Erdboden ringsum war blau
und weich wie Lehm, an vielen Stellen war er stark gelb gefärbt.
Er war ganz warm.

Unsere Bootsleute sammelten alle möglichen seltenen Steine,
darunter nicht wenig Bimssteine, dann kehrten wir wieder zurück.
Hier und dort wuchs ein verkrüppelter Wacholderstrauch oder
ein Heidekrautbüschel. Das Gras war sehr spärlich, da ein Halm
und dort ein Halm; trotzdem diente es den wenigen Schafen, die
hier weideten, zum Futter. Sie waren ungewöhnlich groß und
trugen noch ihre Winterwolle, die man ihnen so lange läßt, bis
die Haare locker sitzen, dann werden sie ihnen ausgerauft. Ge=
schoren werden die Schafe auf Island nicht.

Der Isländer erzählte, der Fuchs (d. h. der Polarfuchs, Canis
lagopus) sei ein schlimmer Feind der Schafe. Er raube viele Tiere
und nehme sogar alte Schafe; auch der Rabe sei arg, er hole oft
kleine Lämmer. Er selbst halte keine Schafe, denn da müsse er
für den Winter Heu kaufen, aber er besitze ein Pferd. Der Bran=
dung wegen konnte er hier draußen kein Boot haben, es gab
keinen Hafen; aber im „Hafen" ein paar Meilen entfernt in der
Nähe von Reykjavik, wo auch seine beiden Burschen Fischfang be=
trieben, hielt er ein Boot. Er selbst bekam 1200 Kronen im
Jahr dafür, daß er das Feuer im Leuchtturm unterhielt.

Er fand es hier recht öde, namentlich im Winter; im Umkreis
von vielen Seemeilen gebe es keinen Menschen. Es gebe nicht viel

Snäfells-Jökull.
Skizze vom 27. Mai 1882.

Schnee im Winter, Schneeschuhe könne man nicht benutzen. Das
Pferd sei das einzige Verkehrsmittel, Sommer wie Winter. Weiter
im Norden dagegen könne man die Schneeschuhe verwenden.

Als wir zur Hütte zurückkehrten, gab er nicht eher nach, als bis
wir hineingingen und eine Tasse Kaffee tranken. Es war eine
heimelige behagliche kleine Stube, und wir wurden von einer
freundlichen, ordentlichen Frau empfangen; sie trug den gewöhn=
lichen isländischen Frauenkopfschmuck, eine schwarze Mütze mit
einer langen Trobbel an der Seite, ähnlich unseren norwegischen
Studentenmützen. Nachdem wir unsern Kaffee getrunken und uns
gemütlich unterhalten hatten, nahmen wir Abschied von den freund=
lichen, gastfreien Wirten.

Wir fanden es sehr bedauerlich, daß Island nicht mehr nor=
wegisch ist. Denn die Isländer sind uns doch verwandt; das Land
ist von unseren Vorfahren entdeckt und bevölkert worden, und diese
alte Saga=Insel bildet einen unveräußerlichen Bestandteil unserer
Geschichte.

Als wir an Bord kamen, wurden die Boote durch Flaggen=
signale hereingerufen; sie brachten eine Menge Fische mit: Dorsche,
Köhler, Heilbutten; eine Heilbutte wog 72 Kilo; dann gab es
noch Bergilte und Lube oder „Langelubb“, wie die Mannschaft
sie nannte. An Bord gab es nun ein tagelang fortgesetztes Fisch=
braten und =kochen und =essen und ein Sichüberessen.

Wir richteten den Kurs nach Westen; bald versank Reykjanes
im Meer. Doch im Norden sahen wir noch den gletscherbedeckten
Vulkankegel des Snäfells=Jökull.

Am nächsten Tag, 27. Mai (Obf. 64° 57′ nördl. Br., Obf. 25°
westl. L., 5°, Wind Ost bis Nordost) begegneten wir dem Schiff
„Albert“, das mit vollen Segeln nach Südosten fuhr, südlich um
Island herum, offenbar mit Kurs nach Norwegen. An Bord
herrschte allgemeines Raten, warum er gerade jetzt heimkehre.
Nach seiner Beute von 14 000 Jungen, die er beim Jungenfang
erlegt hatte, war er vielleicht jetzt in der Dänemarkstraße ge=
wesen, um einige Klappmützen zu holen, und da er nun voll war,
ging es heimwärts. Dies Fahrzeug lag denn auch so tief im
Wasser, daß es gewiß „zum Sinken voll beladen“ war und nichts
mehr an Bord nehmen konnte. Glückliche Menschen, die da drüben;
das würde schöne Sechzehntel geben. Und hier lagen wir immer
noch mit leeren Händen. Aber jetzt mußten wir es bei der Klapp=

mütze im Westen um so besser anfangen; Krefting hatte bei der
Klappmützenjagd meistens Glück.

Der Snäfells=Jökull dort im Osten hielt sich lange über dem
Meer. Er ist hoch, aber nach und nach mußte auch er immer
kleiner werden. Hier war die Stelle, wo das Boot, das Krefting
vor einigen Jahren im Eis verlor, schließlich an Land kam; sie
ruderten nach diesem Seezeichen.

Spät am Tag, es war Pfingstsonnabend=Abend, kamen wir an
das Eis in der Dänemarkstraße. Hier trafen wir mehrere
Schiffe, die vor uns gekommen waren, unter ihnen „Nordlyset“,
die vor dem Eis stillag. Als wir näher kamen, sahen wir an den
Seiten Pumpwasser hinunterlaufen. Wir kamen auf Rufnähe
heran. Der Kapitän stand achtern und rief zu uns herüber: „Sie
ist vom Eis eingeklemmt worden, und jetzt ist sie so seekrank[1],
daß es schwer ist, sie mit den Pumpen über Wasser zu halten.“

Krefting antwortete darauf nicht viel; denn wenn es sich so
verhielt, war es das Vernünftigste, daß das Schiff nach Island
fuhr. Es befand sich kaum 64 Seemeilen davon entfernt, und wir
konnten den Lichtschein des schneebedeckten Landes bei Stålberg
Huk sehen. Er wollte sich am liebsten nicht in diese Sache
mischen, und wir zogen daher unsern Weg weiter. Diese Eismeer=
schiffe samt Robbenladung sind nur gegen ganzen Verlust ver=
sichert. Mit einem alten, leden Schiff heimzukommen, dessen
Reparatur sich kaum mehr lohnt und das keine Beute hat, ist
nur ein Schaden. Dagegen ein Schiff verlieren und die volle Ver=
sicherungssumme erhalten sowohl für das Schiff als für die La=
dung, die es möglicherweise gehabt haben konnte, das ist ein gutes
Geschäft. — Wenige Tage später verließ die Mannschaft das
Schiff und wurde von einigen der anderen Robbenfänger an
Bord genommen.

Wir fuhren dann am Rande des Eises in der Dänemarkstraße
hin und her, um nach Klappmützen zu suchen. Auf diese Jagd war
nun unsere ganze Hoffnung gestellt.

---

[1] Das heißt, daß das Schiff beim Rollen und Stampfen in der See stärker
leckte, was meistens ein schlechtes Zeichen ist.

Zehntes Kapitel.

Die Klappmüße.

Die Klappmüße, die Müßen= oder Haubenrobbe (Cystophora cristata) ist nächst dem bärtigen Seehund die größte unter den Robben des Nordens. Das Männchen kann von der Schnauze bis zur Schwanzspiße bis zu $2^1/_2$ Meter messen, das erwachsene Weibchen 1,9 bis gegen 2 Meter. Ein großes Weibchen, das ich maß, hatte 1,87 Meter von der Schnauze bis zur Schwanzspiße und 2,14 Meter von der Schnauze bis zum Ende der Hinter= flossen.

Im Körperbau unterscheidet sich die Klappmüße von den anderen nordischen Robbenarten; sie gehört einer eigenen Familie an. Ein in die Augen fallendes Kennzeichen ist, daß die Nasen= partie des verhältnismäßig breiten Kopfes stark in die Breite entwickelt und die Schnauze von einer losen, elastischen Haut be= deckt ist, die bei den erwachsenen Männchen zu einer großen Haube aufgeblasen werden kann und ein Kissen über der ganzen Nase und dem Gesicht bildet.

Die einzige der Klappmüße näher verwandte Art ist der See=Elefant, der im Stillen Ozean und im Südlichen Eismeer lebt und der noch viel größer ist.

Das erwachsene Klappmüßenmännchen hat eine aschgraue Grundfarbe mit größeren und kleineren dunklen schwarzbraunen Flecken, die über den ganzen Körper verstreut sind. Die Farbe kann bei den verschiedenen Männchen heller und dunkler sein, bis= weilen kann der Rücken, dadurch daß die Flecken ineinanderlaufen, ganz dunkel wirken. Die Haube ist mit kurzen, dichten Haaren bis an die Nasenspiße bedeckt und wirkt dunkelfarbig. In der Regel ist sie schlaff und hängt wie ein kurzer Schnabel über die Schnauze herab. Die Nasenlöcher liegen an der Vorderseite der Müße. Diese kann bis zu einer Höhe von reichlich 20 Zentimeter

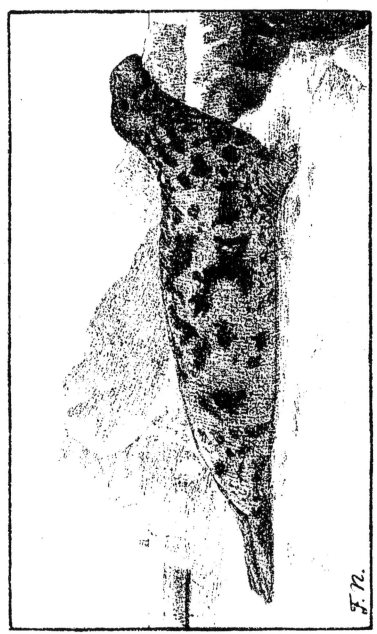

Erwachſenes Klappmützenmännchen.

aufgeblasen werden, ist ungefähr 30 Zentimeter lang und reicht von der Schnauze bis ein Stück weit hinter die Augen.

Das erwachsene Weibchen hat ungefähr die gleiche Farbe wie das Männchen, die Grundfarbe ist oft ziemlich hell (s. das Bild S. 81). Die Haut über der Nase ist lose und etwas pludrig, kann jedoch nicht zu einer Haube aufgeblasen werden. Sowohl beim Männchen wie beim Weibchen ist die vordere Seite des Kopfes, die Gesichtspartie, so dunkel, daß der Kopf auf die Entfernung schwarz wirkt.

Die Klappmütze bringt im Jahr nur ein einziges Junges zur Welt. Dieses kann bei der Geburt etwa 90 Zentimeter lang sein. Zwei Junge (männlich und weiblich), die ich am 10. April maß und die noch die Nabelschnur hatten, waren 1,10 und 1,12 Meter lang; ein männliches Junges, das ich erst spät, am 8. Juli (1888), maß, war nur 1,18 Meter lang von der Schnauze bis zur Schwanzspitze (1,37 Meter von der Schnauze bis ans Ende der Hinterflossen).

Das Junge, das man gewöhnlich Klappmützenferkel nennt, kommt nicht wie andere Robbenjunge mit einem weichen Wollkleid zur Welt, sondern hat ein Kleid aus glatten Deckhaaren.

Die Farbe des Jungen ist oben grau und ohne Flecke. Die Unterseite und der obere Teil der Schnauze ist hellweißlich, Vorder- und Hinterflossen sind dunkler (s. die Bilder S. 213 und 221). Beim ersten Haarwechsel, im Alter von einem Jahr, beginnen sich kleine dunkle Flecke zu zeigen, hauptsächlich auf dem Rücken. Die obere Seite des Kopfes wird dunkel, schwärzlich, und dies bleibt das ganze Leben so.

Bei jedem Haarwechsel entwickeln sich die dunklen Flecke immer mehr und mehr, und vermutlich ist mit vier Jahren die Färbung des erwachsenen Tieres beendet. Beim Männchen ist dann auch die Haube voll entwickelt.

Die Jungen werden auf dem Eis geboren, meistens Ende März und in den ersten Tagen des April; doch sind neugeborene Junge am 14. März (Quennerstedt, 1868) und noch in der ersten Woche des Mai (Wollebaek, 1907) angetroffen worden.

Wie die Sattelrobbe sucht auch die Klappmütze mitteldickes, schneebedecktes Eis auf, um zu werfen, meistens jedoch weiter draußen am äußern Rand des Treibeises; auch wählt sie am liebsten etwas dickere Schollen als die Sattelrobbe.

Erwachsenes Klappmützenweibchen.

Das Junge kann gleich nach der Geburt ins Wasser gehen, wird jedoch zwei oder drei Wochen von der Mutter gesäugt. Nach dieser Zeit muß es sich selbst ernähren, seine Nahrung besteht anfangs wahrscheinlich hauptsächlich in Krustentieren wie bei den Jungen der Sattelrobbe. Aber bald beginnt es, Tintenfische und andere Fische zu jagen, wie die alten Robben.

Die Klappmütze ist eine noch ausgeprägtere Meeresrobbe als die Sattelrobbe. Fast ihr ganzes Leben bringt sie draußen im Treibeis zu und sie kommt nur selten in die Nähe der Küsten.

Sie ist allgemein verbreitet in dem offenen Treibeis vom Meer vor Neufundland und Labrador im Westen bis zum Meer bei Spitzbergen und der Bäreninsel im Osten. Man hat sie auch östlich dieser Insel, noch bei 30° östl. L. (auf 76° nördl. Br.) ange=troffen, doch kommt sie selten weiter nach Osten als bis in die Barentssee. Dann und wann kommt sie zu den äußeren Schären an der Nordküste von Norwegen; doch hat man sie vor der Nord=küste von Rußland und im Weißen Meer nicht mit Sicherheit be=obachtet, auch nicht bei Nowaja Semlja.

Die Klappmütze geht nicht gern weit nach Norden ins Treib=eis.   In der Baffinbai und vor der Westküste von Nordgrön=land, nördlich der Disko=Insel, kommt sie selten vor, während sie im Frühling vor der Küste von Südgrönland in großer An=zahl erbeutet wird.

Auch vor der Westküste von Spitzbergen, nördlich von 77° nördl. Br., trifft man sie nicht oft an, und nördlich von Spitz=bergen hat man sie überhaupt kaum je beobachtet.

Diese Robbenart ist also viel begrenzter verbreitet als die Sattelrobbe. Sie ist auch nicht so gesellig wie diese, sondern liegt meistens mehr einzeln oder in kleinen einander benachbarten Grup=pen. Es ist jedoch ein eigentümlicher Zug der Klappmütze, daß sie trotz diesem Mangel an Geselligkeit und ungeachtet dessen, daß sie im Wasser niemals in großen dichten Herden auftritt, sich doch, wie später besprochen werden soll, zu bestimmten Zeiten des Jahres in großen Mengen und in gewissen Gegenden des Treib=eises versammeln kann. Aber auch da liegen die Tiere nicht dicht beieinander wie die Sattelrobbe, sondern höchstens einige Tiere auf jeder Scholle; sie liegen weit verstreut, oft über große Strecken.

Man könnte versucht sein, es für einen Zufall zu halten, daß

Klappmütze beim Erbeuten von Bergilten.

in gewissen Gegenden so viele Tiere beieinander sind. Man darf
jedoch annehmen, daß es sich um in gewisser Beziehung zusammen=
gehörige Herden oder Züge handelt, denn auf den Strecken zwi=
schen diesen verschiedenen Gebieten, wo die großen Mengen der
Klappmützen aufs Eis gegangen sind, z. B. während des Haar=
wechsels in der Dänemarkstraße, sind in der Regel sehr wenige
erwachsene Klappmützen und nur einzeln auf dem Eis anzu=
treffen.

Wie sie in diese Gegenden kommen, wo sie sich so verstreut
versammeln — ob mehr oder minder einzeln, oder in größeren,
getrennten Herden schwimmend —, das wage ich nicht zu sagen;
jedenfalls aber trifft ein großer Teil ungefähr gleichzeitig ein,
und es hat fast den Anschein, als ob sie auch im Wasser in solchen
großen, zerstreuten Herden zögen, jedoch niemals dicht beieinander.

Das ist vielleicht eine besondere individualistische Form des
Zusammengehörigkeitsgefühls, die an die Worte Hávamáls er=
innert: „Sitz' deinem Freunde nahe, doch drück' ihm nicht den
Schenkel ab.“

Die Klappmütze lebt hauptsächlich von Fischen. Wie schon
einmal erwähnt, fand ich mitten im Meer zwischen Jan Mayen
und Spitzbergen im Magen eines Klappmützenmännchens lauter
Bergilte (Sebastes); es ist wahrscheinlich, daß die Robbe auch
hier im tiefen Meer zum großen Teil von diesem Tiefseefisch
lebt. Sie frißt auch gern die verschiedenen Dorscharten, Lube
und Heilbutten usw., wo sie ihrer habhaft werden kann. Oft ist
der Magen mit den in diesen Meeresgegenden in großen Massen
anzutreffenden Tintenfischen angefüllt.

Sowohl die Fische als auch die Tintenfische muß sich die
Klappmütze in der Regel aus ziemlich großen Tiefen holen.

Sie ist ein kräftiger Schwimmer und ein guter Taucher. Ihre
großen Augen, deren Pupillen sie stark erweitern kann, sind wohl
vor allem darauf berechnet, in der Tiefe zu sehen, wo sehr
wenig Licht ist. Es ist vielleicht denkbar, daß die stark entwickelte
Nasenpartie auf einen geschärften Geruchsinn deutet, der ihr hilft,
ihre Beute in Tiefen zu suchen, wo das Licht versagt.

Es ist öfters betont worden, daß die Haube wesentlich als
ein Luftbehälter während des Tauchens dienen solle. Dies hört
sich ganz wahrscheinlich an; doch ist es merkwürdig, daß diese
Haube nur beim alten Männchen entwickelt ist, die Weibchen

und die jungen Männ=
chen müßten ihrer in
der Tiefe doch eben=
so bedürfen.

Auch scheint das
Volumen Luft, das
die Haube faffen
kann, zu klein im Ver=
gleich mit dem Luft=
gehalt der großen
Lungen, selbst wenn
man zugeben muß,
daß es eine gewisse
Hilfe bedeuten könnte.
Indem unter dem
großen Druck in der
Tiefe die Haube zu=
sammengebrückt und
die Luft in die Lun=
gen gepreßt wird,
erhöht sich in diesen
der innere Druck und

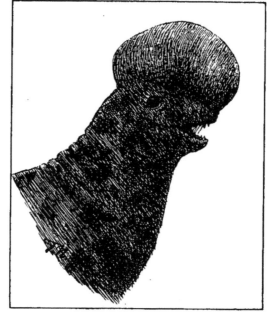

Kopf eines Klappmützenmännchens mit aufgeblasener
Haube.
Nach einer Skizze vom 10. Juli 1888.

bietet eine kleine Hilfe gegen den schweren äußern Druck, der
ja bereits in 100 Meter Tiefe ungefähr 10 Atmosphären be=
tragen wird.

Da jedoch die Haube nur beim erwachsenen Männchen voll
entwickelt ist, ist es wohl wahrscheinlicher, daß sie ursprünglich
ein Geschlechtsmerkmal war, ähnlich dem Geweih des Hirsches
und dem großen Zahn des Narwals. Sie kann entweder eine
Art Schmuck gewesen sein — obgleich es für uns schwer sein
mag, das Betörende an solch einer aufgeblasenen Haube zu ver=
stehen — oder aber sie kann auch als Schutz für die Nase und
den Kopf während der Kämpfe der Männchen um das Weib=
chen gedient haben. Wenn das Klappmützenmännchen gereizt
wird oder sich zur Wehr setzt oder einen Kampf aufnimmt, bläst
es meistens die Haube auf.

Dies hindert selbstverständlich nicht, daß das Männchen beim
Tauchen ebenfalls den Vorteil dieser Haube wahrnimmt und
sie dazu benutzt, die Luftversorgung zu verstärken.

Allerdings habe ich viele Männchen tauchen sehen, ohne daß sie die Haube aufbliesen; wahrscheinlich tun sie es nur, wenn sie ihre Nahrung in großer Tiefe suchen müssen.

Die Klappmütze ist ein so kräftiger Schwimmer, daß sie vom Wasser aus unmittelbar auf hohe Eisschollen oder Eisstapel springen kann. Die Robbenfänger behaupten, daß sie über zwei Meter aus dem Wasser springen können, ich selbst habe sie nicht ganz so hoch springen sehen.

Einmal legte ein Boot an einer hohen Eisscholle an, auf der ein soeben geschossenes Klappmützenweibchen lag. Da tauchte ein „Haubenkerl" an der Außenseite des Bootes aus dem Wasser und sprang über das Boot und die Köpfe der Männer hinweg auf die Scholle hinauf zu dem toten Weibchen.

Außerhalb der Wurfzeit gehen die erwachsenen Klappmützen am liebsten auf dickes Eis; sie liegen gern auf dem höchsten Teil der dicken Schollen; namentlich die Männchen sieht man oft auf dem Gipfel hoher Eishaufen.

Die Jungen dagegen suchen lieber das dünnere Eis auf, auf das sie leichter hinaufkommen, und sie liegen unter Umständen sogar auf blauem Buchteis.

In der Regel liegen die Klappmützenrobben, alte und junge, nahe am Rande der Schollen, von wo aus sie schnell ins Wasser gelangen können; nur selten sieht man sie in der Mitte der großen Schollen.

Sie haben gewöhnlich keine Luftlöcher im Eis, sondern halten sich in der Nähe offener Stellen. Friert das Eis zusammen oder wird es zu dicht, dann verlassen sie es und suchen offeneres Eis auf. Trotzdem sagt man, daß sie sich Luftlöcher machen können, wenn es notwendig wird.

Das Klappmützenmännchen, der alte „Haubenkerl", ist ein ebenso kräftiges wie mutiges Tier, das sich oft zur Wehr setzt und mit dem dann nicht zu spaßen ist, besonders wenn es im Wasser ist. Die Estimos haben deshalb viel Respekt davor; nicht selten geschieht es, daß solch ein Tier das Kajak angreift, wenn es harpuniert wird. Ich habe selbst die Erfahrung gemacht, daß es angreifen kann.

Die Haut der Klappmützenrobbe ist mehr porös und weniger zäh und stark als die Haut der Sattelrobbe und des bärtigen Seehunds. Deshalb ist sie weniger brauchbar zum Bezug der Kajaks und des Frauenboots und wird von den Eskimos nicht gern zu diesem Zweck verwendet; sie läßt zu viel Wasser durch. Besonders ist dies bei den Häuten der alten Tiere der Fall, die Jungenhäute sind besser. Auch zu Riemen und Harpunenleinen ist die Klapp= mützenhaut nicht stark genug; hierzu wird meistens die Haut des bärtigen Seehunds oder auch die des jungen Walrosses verwendet.

Jedes Jahr unternimmt die Klappmütze lange Wanderungen; wohin diese führen, ist jedoch wenig bekannt.

Wie schon gesagt, sucht sie zeitig im Frühjahr den äußern Rand des Treibeises auf, um ihre Jungen zu werfen; sie wählt hierzu nicht das alte dicke Eis, auf dem sie später im Frühling und im Sommer am liebsten liegt. Der Grund hierfür dürfte darin zu suchen sein, daß die Jungen von dem dünnern Eis aus leichter ins Wasser gelangen können.

Die Männchen folgen dem Weibchen zum Wurfplatz, haupt= sächlich wohl der Paarung wegen; man sieht sie jedoch oft schon beieinander, bevor das Junge geboren ist.

Soweit bekannt ist, gibt es keine bestimmten Gebiete im Treibeis, wo sich in der Wurfzeit jedes Jahr regelmäßig große Scharen von Klappmützen versammeln. Sie scheinen meistens ziemlich verstreut längs dem Eisrand zu liegen. Im Jan=Mayen= Meer z. B. können die Robbenfänger da und dort auf den Schollen Klappmützenfamilien mit Jungen finden. Sie kommen von 75° nördl. Br. und nach Südwesten hinunter bis 69° oder 68° nördl. Breite südwestlich von Jan Mayen im März und April im Eis vor.

Die Robbenfänger jedoch sind der Meinung, daß meistens außerhalb des großen Wurfplatzes (dem Jungenfang) der Sattel= robbe, im Norden, Osten und Süden davon, Klappmützenfamilien auf dem Eis liegen, und sie nehmen es deshalb gern als ein An= zeichen dafür, daß der Jungenfang in der Nähe, tiefer drinnen im Eise, ist, wenn sie Klappmützenfamilien antreffen. Die Klapp= mütze vermischt sich nicht mit der Sattelrobbe und ist auch nicht im Jungenfang selbst anzutreffen.

Die Tiere liegen oft einzeln auf den Schollen, doch meistens sind sie familienweise, Männchen, Weibchen und Junges, bei= einander. Oft sind auch mehrere solcher Familien näher bei= sammen.

Bisweilen hat man größere Scharen von Klappmützen in der

Wurfzeit auf dem Eis versammelt gefunden und oft in großer Entfernung vom Wurfplatz der Sattelrobbe.

Vom 27. bis 30. März 1873 wurde z. B. mit dem Robben=fang=Dampfschiff „Hekla" (Kapitän A. Markussen) ein „Klapp=mützen=Jungenfang" gefunden und über 300 erwachsene Klapp=mützen und 200 Junge auf ungefähr 72½° nördl. Br. und 2½° westl. L. erbeutet. Der große Wurfplatz der Sattelrobbe wurde am 1. April weiter nordöstlich auf ungefähr 73° und 73½° nördl. Br. und ungefähr 0° bis 3° 22' östl. L. gefunden.

Im März 1894 wurden sehr große Mengen Klappmützen auf dem Eis nördlich und östlich des Wurfplatzes der Sattelrobbe gesehen.

Vor Beginn des Fangs am 3. April 1900 dampfte die „Hekla" durch Herden von Klappmützen „so groß wie ein schöner Jungen=fang" (Ette, 1901).

Am 22. März 1902 wurde mit dem Robbenfänger „Belgica" „eine Masse" Klappmützen mit Jungen auf dem Eis nordöstlich von Jan Mayen auf ungefähr 72° nördl. Br. und 5° westl. L. gesehen, während der Jungenfang weit südwestlich von Jan Mayen auf 69° bis 69½° nördl. Br. und 11½° bis 12° westl. L. ge=funden wurde.

Am 18. April 1903 wurde auf der Fangjacht „Anna" „eine Masse" Klappmützen auf dem Eisgasch[1] auf 71° 25' nördl. Br. und 5° westl. L. gesehen.

Die Plätze, wo sich die Klappmützenfamilien im März und April aufhalten, sind oft weit voneinander entfernt, und man kann lange Strecken durch das Eis fahren, ohne welche zu sehen, bis man wieder in ein Gebiet kommt, wo sie da und dort zahlreicher liegen.

Im Treibeis am äußern Rande des großen Wurfplatzes der Sattelrobbe bei Neufundland und namentlich nördlich davon vor Labrador scheint es im Frühling viele Klappmützen zu geben. Sie werfen auch dort ihre Jungen Ende März und im April, un=gefähr zur gleichen Zeit wie die Klappmütze im Jan=Mayen=Meer, und zwei bis drei Wochen später als die Sattelrobbe bei Neu=fundland.

Man hat an keinem der genannten Plätze so große Mengen von Klappmützen in der Wurfzeit beobachtet, daß man sie auch nur annähernd mit den Mengen vergleichen könnte, die im

---

[1] Weyprecht bezeichnet mit „Eisgasch" eine Mischung von Eisbrei und Eisbrocken.

Eismeer vorkommen und die sich z. B. im Juni auf dem Eis in der Dänemarkstraße versammeln. Es ist daher anzunehmen, daß die Hauptmasse der Klappmütze ihre Wurfplätze in anderen Gegenden des Treibeises sucht, wo man sie um die in Frage kommende Zeit des Jahres noch nicht gefunden hat.

Ob sie sich in der Wurfzeit in so großen Mengen versammelt, ähnlich den Scharen, die sich später während des Haarwechsels in der Dänemarkstraße treffen, oder ob sie mehr zerstreut liegt, ungefähr so wie sie es meistens in jenen Gegenden tut, wo man bisher Familien mit Jungen gefunden hat, muß unentschieden bleiben; ich halte es nicht für unmöglich, daß das erstere bis zu einem gewissen Grad der Fall ist.

Daß gerade in der Dänemarkstraße, wo es im Juni große Mengen Klappmützenrobben gibt, ein so großer Wurfplatz sein sollte, ist dagegen weniger wahrscheinlich, da dort nicht viel jüngeres Wintereis sein wird, wie es die Robbe zu diesem Zweck aufsucht. Es scheint auch, als gäbe es im April und zu Anfang Mai wenig Klappmützen in jener Gegend und als versammelten sich die großen Mengen dieser Tiere erst Ende Juni.

In der Wurfzeit leben die Klappmützen gerne paarweise. Das Männchen hält sich während der Zeit des Wurfes und auch während das Junge gesäugt wird in der Nähe des Weibchens und ist in dieser Zeit bereit, das Weibchen zu verteidigen.

„Wird das Weibchen zuerst getötet, so greift das Männchen den Jäger oder die Jäger an, und man hat Beispiele dafür, daß es den Kampf mit fünf bis sechs Jägern über eine Stunde lang ausgehalten hat", heißt es in einem ältern Bericht.

Ich selbst kann aus eigner Erfahrung nichts darüber sagen, da es mit den Gewehren unserer Zeit zu leicht ist, mit einem solchen Tier fertig zu werden, selbst wenn es die Haube aufgeblasen hat.

Die Paarung findet statt, nachdem das Junge geboren ist, wohl meistens zwei bis drei Wochen danach, wenn das Junge nicht mehr gesäugt wird.

Da man die meisten paarweise sieht, ist anzunehmen, daß ein Männchen sich nur an ein Weibchen hält. In dieser Beziehung gleichen sie also ihrem Verwandten, dem See-Elefanten, nicht, der sich einen großen Harem hält; dies hindert jedoch nicht, daß auch die Klappmützenmännchen miteinander gewaltig um die Weibchen kämpfen. Ich habe keinen solchen Kampf gesehen, doch findet man an den alten Männchen oft große, meistens vereiterte Wunden, die wohl sicher daher stammen.

Nach der Paarungszeit begeben sich die Klappmützen, die alten wie die jungen, auf die Wanderung.

In der See vor der Westküste Südgrönlands taucht diese Robbe meistens im April und Mai auf. Namentlich in der letzten Hälfte des Mai und in der ersten Hälfte des Juni ist sie auf dem Treibeis vor Grönlands Südküste häufig.

Nach den Schilderungen, die ich auf Grönland gehört habe, glauben die Eskimos, daß die Robben aus dem Norden kommen, und nennen deshalb diesen Zug der Klappmützen den Südzug.

Möglicherweise kommen sie von dem Treibeis auf der West= seite der Davisstraße. Im Meer vor der Küste bei Holstensborg, Sukkertoppen und Godthab scheinen sie sich etwas früher zu zeigen als weiter südlich. Aber dort im Norden ist in der Regel kein Treibeis, und sie ziehen dann an den Fischbänken draußen im Meer entlang. Die tüchtigen Kajakjäger bei Kangek, vor Godthåb, er= zählten mir, daß sie die Robbe stets mehrere Meilen draußen im Meer suchen müßten.

Vor Holstensborg soll die Robbe oft schon Ende März, haupt= sächlich aber im April sich zeigen und bis Mitte Mai zu finden sein. Sie kommt erst nach der Wurfzeit dorthin (Brummerstedt, 1891).

Im Treibeis vor der Südküste, im Distrikt Julianehåb, findet die hauptsächlichste Jagd der Eskimos auf die Klappmütze Ende Mai und im Juni statt. Es wurden oft zwei= bis dreitausend jähr= lich erbeutet.

In der zweiten Hälfte des Juni verschwindet die Klappmütze wieder aus dieser Gegend; um den 20. bis 25. Juni herum ist der Zug meistens vorüber.

Wo die Robbe sich dann hinbegibt, ist unsicher; ich kann mir jedoch denken, daß sie den äußern Rand des Treibeises rund um Kap Farvell und nach Norden vor der Küste Grönlands auf= sucht.

In der zweiten Hälfte des Juni und der ersten Hälfte des Juli ist die Zeit ihres Haarwechsels. Da versammeln sich die Klapp= mützen in großen Mengen auf dem Treibeis in der Dänemark= straße, meistens in einem Gebiet zwischen 65½° und 67° nördl. Br. und zwischen 31½° und 27° westl. L. Der Ort kann ein wenig

Zwei bis zweieinhalb Monate alte Klappmützenferkel.

Skize vom 8. Juli 1888.

wechseln, namentlich nach Osten oder Westen, je nach der Be=
schaffenheit des Eises in den verschiedenen Jahren.

Ende Juni können, vorausgesetzt, daß man in ein gutes Fang=
feld kommt, so viele Klappmützen auf dem Eis sein, daß auf den
meisten Schollen welche liegen, so weit man mit dem Fernglas von
der Tonne aus sehen kann. Sie liegen nicht dicht beieinander wie
die „Robbenmännchen", sondern „wie Kaffeebohnen verstreut",
wie Kapitän Castberg zu sagen pflegte; in einem solchen Fang=
feld können viele Tausende von Tieren sein. Ich habe Fangfelder
gesehen, wo mindestens 30 000—40 000 versammelt waren. Es
gibt viele solcher Fangfelder in jener Gegend auf dem Eis. In den
guten Jahren konnten im Juni und bis Mitte Juli 40 000—57 000
Klappmützen von vierzehn bis achtzehn norwegischen Schiffen er=
beutet werden.

Es ist das einzige Gebiet, wo man die Klappmütze in so
großen Mengen angetroffen hat. Woher sie kommen, wissen wir
nicht; aber wahrscheinlich kommen sie während des Haarwechsels
aus den nördlichen und den südlichen Meeresgegenden hier auf dem
Treibeis zusammen.

Wohl mit Recht darf man vermuten, daß die Mengen Klapp=
mützen, die man im Mai und Juni im Treibeis vor der südwest=
lichen Küste von Grönland sieht, sich auf dem Durchzug zur Däne=
markstraße befinden und daß es ständig wechselnde Herden sind,
die unterwegs für kurze Zeit auf die Schollen gehen.

Am 5. und 6. Juni 1877 wurden mit dem Robbenfänger
„Hekla" (aus Drammen) Klappmützen auf dem Eis vor der Ost=
küste von Südgrönland, auf 63° 51' nördl. Br. und 37° 57'
westl. L., gefunden und 25 Tiere erbeutet. Es ist denkbar, daß es
Robben waren, die sich auf der Wanderung nach Norden zur
Dänemarkstraße befanden.

Ebenso kann es auch ein Zug Robben vom Treibeis in den
nördlichen Meeresgegenden sein.

In der ersten Hälfte des Mai (8. bis 10.) wurden z. B. im
Jahre 1877 mit der „Hekla" kleinere Klappmützenherden nord=
östlich von Island, zwischen 68° und 66° 40' nördl. Br. und 12°
und 13° westl. L. gesehen, die möglicherweise auf der Wanderung
zur Dänemarkstraße waren.

Vielleicht hält sich ein großer Teil der Klappmützen, die man
im Juni und Juli dort sieht, die meiste Zeit des Jahres in diesem

Meeresgebiet auf. Schon im April, so früh, wie die Robbenfänger zu dem dortigen Fangfeld gekommen sind, haben sie Klappmützen gefunden.

Zur gleichen Zeit jedoch, in der sich die großen Mengen in jener Gegend im Juni versammeln, kann man auch auf dem Treib= eis nördlich im Jan=Mayen=Meer, nördlich von 76° nördl. Br., viele Klappmützen antreffen, und es hat den Anschein, als ver= sammelten sie sich auch hier in gewissen Gebieten während des Haar= wechsels in großen Mengen.

Ende der achtziger Jahre suchten deshalb mehrere norwegische Fängerschiffe sie um diese Zeit in der Nähe von Jan Mayen.

Im Jahre 1888 wurden mit der „Hekla" ungefähr 2200 Klappmützen nordnordwestlich von Jan Mayen, in Sicht des Beerenbergs, erbeutet. Die meisten wurden allerdings in der zweiten Hälfte des Juni erlegt. Auch die „Vega" war damals Ende Mai und Anfang Juni in dieser Gegend, erbeutete jedoch nicht viele Klappmützen und kehrte schon am 14. Juni heim.

In dem gleichen Meeresgebiet und um die gleiche Jahreszeit wurden mit der „Hekla" 1889 807 Klappmützen und 1890 1100 erbeutet; mit der „Capella" im Jahre 1890 900 (Wolle= baek, 1907).

Zwischen dem 2. und 12. Juni 1889 und 11. bis 18. Juni 1890 war die „Vega" im Treibeis in dem Meer nordöstlich von Jan Mayen, fand jedoch nicht viele Klappmützen. In dem letztgenannten Jahr wurden auf 76° 36' nördl. Br. und 3° westl. L., also sehr weit nördlich, 20 Klappmützen erlegt.

Mit der Fangjacht „Anna" aus Hammerfest wurden im Jahre 1903 nach dem 7. Juni und bis Ende des Monats zwischen 72½° und 73½° nördl. Br. und zwischen 3½° und 4½° westl. L. 200 Klappmützen erbeutet. Wenn mit einem so kleinen Schiff eine so verhältnismäßig große Anzahl heimgebracht werden konnte, müssen doch ziemlich viele Robben auf dem Eis gewesen sein.

Als aber die „Anna" im Verlauf der Fahrt, zu Anfang Juli, mehr in die Nähe von Jan Mayen kam, wurden die Klapp= mützen seltener, und auf dem Weg von dort zur Ostküste von Grönland wurde nur da und dort ein Tier erlegt.

Aus vielen anderen Aufzeichnungen von Eismeerfahrern geht hervor, daß es im Juni und Juli an verschiedenen Plätzen im Treibeis in diesen nördlichen Meeresgegenden zwischen 72° und

76½° nördl. Br. und zwischen 3° und 12° westl. L., je nach der Ausdehnung des Eises, viele Klappmützen geben kann.

Bisweilen kann man sie auch weit im Osten treffen: zwischen 2. Mai und 13. Juni 1904 wurde mit den Fangjachten „Presto" und „Anna" aus Hammerfest in dem Gebiet östlich und nordöstlich der Bäreninsel ein halbes Hundert Klappmützen erbeutet.

Zwischen 28. Juli und 3. August 1902 wurden auf dem Eis südwestlich des Südkaps und zwischen Spitzbergen und der Bären= insel ziemlich viele Klappmützen gesehen, und mit den Fangjachten „Alken" und „Sölivet" aus Hammerfest wurden fast achtzig Stück erlegt.   1902 war überhaupt ein merkwürdiges Jahr, in dem die großen Robbenwanderungen nach Nordnorwegen begannen.

Im Fangfeld in der Dänemarkstraße haben die Robben= fänger, wie erwähnt, Klappmützen jeweils bereits bei der Ankunft in diesen Gegenden angetroffen.

Im Jahre 1879 z. B. wurden von der „Hella", als sie dort ankam, eine Schar Klappmützen am 25. April auf 66° 43' nördl. Br. und 25° 40' westl. L. gesehen und in den folgenden Tagen 36 Tiere erlegt.

Die meisten Schiffe kommen im Mai zum Fangfeld; in dieser Zeit sieht man ziemlich viele Tiere auf dem Eis. Aber die Robbe ist noch scheu, und die eigentliche Zeit des Hauptfangs beginnt erst später.

Die Klappmütze ist in dieser Zeit sehr fett, und mit einem Halsschuß schwimmt der Körper ziemlich lange an der Oberfläche.

Im Lauf des Juni nimmt die Zahl der Klappmützen stark zu; mit dem Beginn des Haarwechsels werden die Tiere zahmer und sind dann leichter zu schießen. Sie liegen in dieser Zeit am liebsten viele Tage hintereinander auf dem Eis und gehen ungern ins Wasser, besonders wenn die Sonne scheint. Behaglich liegen sie in der Sonne, kratzen und scheuern sich, und man kann große Haarbüschel auf den Schollen finden. Es sind dort alte und junge Robben beiderlei Geschlechts.

Nach Mitte Juni scheint der größte Teil der Robbenmengen, die hierherkommen, sich versammelt zu haben; sie bleiben dann in dieser Gegend bis gegen Mitte Juli, wo sie sich wieder verteilen.

In dieser Zeit nimmt die Klappmütze keine Nahrung, oder nur wenig, zu sich; in der Regel findet man den Magen leer, und sie magern stark ab. Die Speckschicht kann im Mai 6—7 Zentimeter dick sein, ein ausgewachsenes Männchen liefert dann ungefähr eine Tonne Speck und war damals seine 70—80 Kronen wert; aber Ende Juli ist nicht einmal mehr halb soviel Speck an dem Tier.

Wohin diese Klappmützenmengen nach dem Haarwechsel ziehen, wissen wir, wie gesagt, nicht; wahrscheinlich ist wohl, daß sie sich im Treibeis nach Norden wie nach Süden zu verteilen.

Am 22. und 23. Juli 1888 sah ich ziemlich viele Klappmützen auf dem Treibeis und im Wasser vor der Ostküste von Südgrönland, auf ungefähr 64° nördl. Br. und 40° östl. L. Sie waren vielleicht auf dem Zug vom Fangfeld in der Dänemarkstraße nach Süden.

Bei Angmagsalik auf der Ostküste von Grönland treten sie im Juli auf; sie kommen nach Meinung der Eskimos von Norden. Diese Robben nähern sich aber niemals in großer Anzahl der Küste, sie halten sich draußen am äußern Rande des Treibeises, wo die Eskimos in ihren Kajaks nur selten hingelangen.

Nach Mitte Juli, hauptsächlich im August, zeigt die Klappmütze sich wieder im Treibeis vor der Südküste von Grönland. Um diese Zeit ist sie sehr mager. Wahrscheinlich kommt sie da am Treibeis entlang von Osten her um das Kap Farvell. Man sieht sie jetzt bis Ende August vor der Südküste (Distrikt Julianehåb), wo sie wieder von den Eskimos gejagt wird.

Wo sie dann hinzieht, weiß man nicht; ein Teil wandert jedenfalls zu dem Eis auf der Westseite der Davisstraße. Es ist ja auch möglich, daß ein Teil am Kap Farvell vorbeigeht, an der südlichen Ostküste von Grönland entlang, nach Norden. Da dort jedoch um diese Zeit an der Küste wenig Treibeis ist, müßte den Eskimos bei Angmagsalik dieser Zug eigentlich bekannt sein.

Es ist unleugbar rätselhaft, wo die großen Mengen von Klappmützen, die sich im Juni und Anfang Juli in der Dänemarkstraße versammeln, später im Sommer bleiben.

Merkwürdigerweise scheinen auch die vielen Fangschiffe und Reisenden, die das Treibeis im ganzen nördlichen Eismeer befahren haben und auch südlich davon gewesen sind, im Juli und August bis Ende September niemals so viele dieser Robben angetroffen zu haben, wie man erwarten sollte, wenn diese Mengen sich wirklich dorthin zerstreuten.

Die Erklärung ist vielleicht darin zu finden, daß die meisten Reisenden am liebsten das offenste Eis aufsuchen, in dem man leicht vorwärts kommt, und das von der Klappmütze bevorzugte schwere Eis mehr vermeiden.

Weshalb die Robben während des Haarwechsels gerade das Eis in der Dänemarkstraße aufsuchen, ist schwer verständlich. Würden sie nicht gerade in jener Zeit so wenig fressen, so könnte man glauben, es geschehe um der Nahrung willen. Auf den Fischreichtum dieser Gegend ließ sich aus dem Mageninhalt von vielen der von uns gefangenen Eishaie schließen, der aus Über= resten von Fischen verschiedener Arten bestand. Das Meer ist hier nicht tief, 400 bis 500 Meter mit ausgedehnten seichteren Bänken zu beiden Seiten, die namentlich gegen Island zu sehr fischreich sind.

Es wäre denkbar, daß die Klappmütze diese Fische aufsucht, namentlich in der Zeit vor und nach dem Haarwechsel. Auch haben mir verschiedene Führer von Fangschiffen erzählt, daß sie auf den Fischbänken westlich von Island Klappmützen gesehen und beobachtet haben, wie diese mit großen Heilbutten und Dorschen im Maul heraufkamen. Ein Schiffer erzählte, er habe ganz auf der Südseite von Island im Meer einmal schlafende Klapp= mützen angetroffen, die senkrecht im Wasser standen und wie Kork= fender aussahen.

Soweit mir jedoch bekannt ist, hat man auf diesen Bänken nie= mals große Mengen Robben gesehen; ein großer Teil der Klapp= mützen in der Dänemarkstraße scheint erst spät im Juni in jene Gegend zu kommen und sie bald nach dem Haarwechsel wieder zu verlassen.

Mir kommt es wahrscheinlicher vor, daß besonders die Be= schaffenheit des Eises und die Driftverhältnisse die Klappmütze veranlassen, gerade die erwähnte Gegend in der Dänemarkstraße aufzusuchen.

In der Zeit des Haarwechsels, der einige Wochen dauert, will die Robbe am liebsten ruhig und ungestört auf dem Eis liegen. Es gilt also, gutes, sicheres Eis zu finden, das nicht so leicht von Sturm und Seegang zerbrochen und zersplittert wird und das keine starke Drift hat, sondern sich einigermaßen ruhig hält, so daß die Tiere nicht zu weit abtreiben, während sie darauf liegen.

Insofern sind die Verhältnisse in jenem Teil der Dänemark= straße, wo die Robbe aufs Eis geht, vielleicht besser als in irgendeiner andern Gegend im südlichen Teil des Eismeers.

Das Eis besteht aus mächtigen, dicken Schollen und Eishaufen, die, wie schon beschrieben, vom Polarstrom nach Süden geführt werden, während man das dünnere Wintereis, das wir in so großer Ausdehnung in dem Meer zwischen Jan Mayen und Spitzbergen sahen, dort nicht antrifft.

Außerdem wird dieses schwere Eis hier durch die Strömungs= verhältnisse meistens über der breiten Bank, die sich von der Küste Grönlands weit hinaus erstreckt, ziemlich dicht zusammengehalten; es besteht deshalb keine Gefahr dafür, daß das Eis, wie weiter nördlich, weit ins Meer hinausgetrieben wird.

Über jener Bank, wo die Meerestiefe weniger als 400 Meter beträgt, herrscht verhältnismäßig wenig Drift im Eis, was auch wir erfahren mußten, als wir dort Ende Juni steckenblieben; außerdem wechselt das Eis, wie ich später noch schildern werde, in dieser Gegend plötzlich die Richtung und hält auf das Land zu. Die Klappmütze kann deshalb, namentlich ein Stück weit innerhalb dieses Eises, ruhig tagelang, ja wochenlang auf den Schollen liegen, ohne wesentlich nach Süden getrieben zu werden.

Weiter draußen, gegen Südosten, längs dem Steilhange der Bank, wo sie jäh in größere Tiefe abstürzt (s. 16. Kapitel), herrscht dagegen eine stärkere Strömung nach Südwesten, die das Eis dort wegfegt. Darum hält sich die Eisgrenze in jener Gegend gern längs der Kante der Bank; ihre Lage ist, im Vergleich zu den Ver= hältnissen weiter nördlich im Eismeer, von einem Jahr zum andern nur kleinen Wechseln unterworfen, ja nicht einmal von einer Jahreszeit zur andern ist die Veränderung bedeutend. Noch spät im Sommer, am 3. August, fanden wir im Jahre 1900 die Eis= grenze in 66° 42′ nördlich und 26° 45′ westlich.

In diesem Teil der Dänemarkstraße sind deshalb die Ver= hältnisse für den Haarwechsel der Klappmütze sehr günstig. Die Tiere gehen dort in einiger Entfernung vom äußern Rand des Treibeises aufs Eis, wo der Seegang keine Wirkung mehr hat, aber doch zwischen den Schollen einigermaßen offene Stellen sind, so daß sie leicht ins Wasser kommen können. Sie gehen nicht so weit hinein, daß das Eis ganz dicht ist, und wenn das Eis, auf dem sie liegen, dicht wird, verlassen sie es.

Es ist sicher kein Zufall, daß die Gegend, wo die Klappmützen am häufigsten liegen, sich — soweit ich erfahren habe — von ungefähr 65½° nördl. Br. und 31½° westl. L. bis 67° nördl. Br.

und 27° westl. L. erstreckt, das heißt gerade längs dem äußern Teile
der Bank. Die meisten Robben scheinen in fast allen Jahren gern
in etwa 66° nördl. Br. und 28° bis 30° westl. L. zu liegen, gerade
dort, wo offenbar eine Spitze oder eine Ecke der Bank hinausragt
(s. Tiefenkarte S. 352).

Südlich dieser Gegend wird die Bank schmäler, und der Steil=
hang biegt nach Westen zur Küste von Grönland hin ab. Außer=
dem zieht der warme „Irmingerstrom" von den Island=
Bänken nach Westen, biegt nach Südwesten um und drückt den
Polarstrom mit erhöhter Geschwindigkeit an die Küste von Grön=
land. Das Eis hat daher mehr Drift. Längs der Ostküste von
Grönland, weiter im Südwesten, ist der Treibeisgürtel viel schmäler
und treibt mit solcher Schnelligkeit ab, daß die Klappmütze, wenn
sie sich hier aufs Eis legen würde, täglich ins Wasser gehen und
wieder nach Norden schwimmen müßte, um ungefähr in der gleichen
Gegend zu bleiben.

Die natürlichen Feinde der Klappmütze sind auf dem Eis der
Eisbär und im Wasser der Schwertwal. Bei einem Angriff des
Schwertwals besteht für die Klappmütze nur wenig Aussicht auf
Rettung, wenn sie sich nicht auf das Eis flüchten kann.

Der Eisbär versucht sie zu überlisten, während sie auf den
Schollen liegt; eine ausgewachsene Klappmütze, und namentlich
ein großer Haubenkerl, ist aber ein so starker und mutiger Gegner,
daß es den Eisbären einen ziemlichen Kampf kostet, mit ihm
fertig zu werden.

Meistens zieht deshalb der Bär die jungen Robben vor, sofern
er die Wahl hat. Im Wasser ist die ausgewachsene Klappmütze
dem Bären durchaus überlegen.

Der bei weitem schlimmste Feind dieser Tiergattung, wie auch
vieler anderer, ist der Mensch; besonders sind es wir Europäer,
namentlich, seitdem in späteren Zeiten der Fang in der Dänemark=
straße begonnen hat.

Der erste, der, soweit bekannt ist, dieses Fangfeld entdeckte, war
der bekannte Eismeerschiffer Edvard H. Johannessen aus Tromsö,
der auf einer Fahrt im Eismeer mit dem Schoner „Nordland" im
Jahre 1874 Ende Mai in die Dänemarkstraße kam und dort viele
Klappmützen auf dem Eis sah. Er hielt sich dort bis 11. Juli
längs der Eiskante und segelte dann, nachdem er eine gute Beute
gemacht hatte, wieder nach Nordosten. Er hatte viel Mißgeschick mit

Zwei bis zweietnhalb Monate alte Klappmützenferkel.

Skizze vom 8. Juli 1888.

seinen Leuten, ein Fangboot ging ihm verloren, ein zweites wurde ihm von einer Sturzsee zertrümmert; er hatte auch ziemlich viel Sturm und Nebel, und außerdem war das Eis für seinen kleinen Segler sehr schwer.

Im Jahre 1876 sandte der führende Mann im norwegischen Robben= und Walfang, der bekannte Svend Foyn, sein bark= getakeltes Dampfschiff „Isbjörn" zu diesem Fangfeld. Es wurden große Mengen Robben gesehen und mehrere Tausend erbeutet.

Jetzt war es in jener Gegend zu Ende mit dem friedlichen Leben der Klappmütze. Von Jahr zu Jahr kamen immer mehr und mehr norwegische Fangdampfer im Mai und Juni, nachdem sie den Robbenfang der Sattelrobbe im Jan=Mayen=Meer be= endet hatten, und erbeuteten große Mengen von Klappmützen. Zu Anfang waren vielleicht vierzehn, fünfzehn norwegische Schiffe, lauter Dampfer, in diesem Fangfeld versammelt; Ende der acht= ziger Jahre waren es sogar über zwanzig; dazu kamen in einzelnen Jahren mehrere englische Schiffe.

In den ersten Jahren nach 1876 war die Klappmütze sehr zahm und leicht zu erlegen. Oft brauchte man sie nicht einmal zu schießen, sondern konnte sie mit der Robbenhacke schlagen, so daß die Leute auf manchen Schiffen in der Zeit des Haarwechsels, in der die Tiere am zahmsten waren, nicht einmal Gewehre mit ins Boot nahmen, sondern nur Robbenhacken.

Aber bald wurden die Robben scheuer, und wenige Jahre später konnte man nicht mehr viele Klappmützen mit der Hacke schlagen. Man mußte sie schießen, oft auf ziemliche Entfernung.

Merkwürdigerweise waren es nicht nur die alten Robben, die so scheu wurden, sondern als wir im Jahre 1882, also nur sechs Jahre nach Beginn des dortigen Fanges, in die Gegend kamen, waren auch die Jungen so vorsichtig, daß man in der Regel nicht daran denken konnte, sie auf ihren Schollen aufzusuchen, sondern sie meistens aus ziemlich großer Entfernung schießen mußte.

Wie auch die Jungen ihre Natur in so kurzer Zeit verändern konnten, wenn dies wirklich zutreffen sollte, ist schwer zu begreifen.

Es ist denkbar, daß in den ersten Jahren nicht so sehr die Jungen zahm waren, sondern mehr die alten, die während des Haarwechsels nur ungern ins Wasser gehen wollten und, da sie keine Gefahr ahnten, ruhig auf den Schollen liegenblieben, wenn die Boote mit diesen neuen, zweibeinigen Wesen sich näherten.

Blieben die Alten ruhig liegen, dann folgten selbstverständlich auch die Jungen dem Beispiel.

Aber bald sollten die Alten kennenlernen, was dies zur Folge hatte, und wenn einige ins Wasser gingen, folgten die anderen, Alte wie Junge, meistens nach.

In der ersten Zeit wurden jedes Jahr gute Fänge gemacht, meistens mehrere Tausend, bis zu 3000—4000 Klappmützen auf jedem Schiff, und wahrscheinlich wurden alles in allem mindestens 30 000—40 000 Klappmützen im Jahre erbeutet.

Aber nach Mitte der achtziger Jahre wurden die Beutezahlen sehr viel kleiner. Zum Teil war die Ursache, daß man weniger Robben auf dem Eise fand; es ist wohl nicht unwahrscheinlich, daß ihre Anzahl infolge des zehn Jahre lang betriebenen Raubfangs ziemlich abgenommen hatte. Außerdem scheinen aber auch die Eisverhältnisse für den Fang ungünstig gewesen zu sein. Das Eis war während der Fangzeit oft so dicht, daß es für die Schiffe manchmal schwierig war, hineinzugelangen. Und wenn man größere Mengen von Robben sah, so lagen sie häufig weiter drinnen auf mehr oder minder unerreichbarem Eis.

Obwohl es mehr Schiffe waren als früher, nahm die Ge-samtbeute ab. Im Jahre 1887 waren es über 20 Schiffe; sie er-beuteten jedoch zusammen nur etwa 15 000 Klappmützen, ungefähr 640 mit jedem Schiff.

Im Jahre 1888, als ich mit dem „Jason" dort war, waren die Verhältnisse annähernd gleich schlecht.

So blieb es während einiger Jahre, bis im Jahre 1892 mit 23 Schiffen 33 500 Klappmützen und 1893 mit 18 Schiffen sogar 55 700, das heißt durchschnittlich mit jedem Schiff über 3000 Klappmützen, erbeutet wurden.

Nun war der Fang in den verschiedenen Jahren das ganze Jahrzehnt hindurch gut. Im Jahre 1897 z. B. wurden mit 13 Schiffen ungefähr 34 900 Klappmützen, das heißt ungefähr 2700 mit jedem Schiff, erbeutet.

Dann aber nahm die Zahl der Schiffe ab. Im Jahre 1900 wurden mit 5 norwegischen Schiffen etwa 25 000 Klappmützen erbeutet; einzelne Schiffe hatten mehr als 6000. Im Jahre 1902 wurden mit 6 Schiffen 18 800 Klappmützen heimgebracht.

Allmählich hat dieser Fang mit den großen Fangdampfern fast ganz aufgehört. Die alten Schiffe wurden ans Ausland

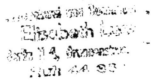

verkauft und verschwanden nach und nach von den Fangfeldern, die
Tranpreise waren gesunken, und es lohnte sich nicht mehr, neue und
doch ziemlich teuere Schiffe zu bauen. Statt dessen fahren jetzt
viele der kleinen Fangjachten und Motorboote aus Alesund und
Nordnorwegen im Sommer auf die Klappmützenjagd in der
Dänemarkstraße. Diese Schiffe können längs dem Eisrande auf
Zungen und in Buchten eine gewisse Beute machen, sind jedoch
meistens zu klein und zu schwach, um in das schwere Eis bis zu den
großen Fangfeldern vorzudringen.

Jagd auf Klappmützen.

Elftes Kapitel

Auf der Klappmützenjagd.

Nun kam es darauf an, was wir noch an Klappmützen erbeuten konnten; wir mußten wieder einbringen, was uns im Jungenfang verlorengegangen war, und Krefting stand wie gesagt im Ruf, bei diesem Fang besonders tüchtig zu sein.

Dabei werden übrigens an den Mann ziemliche Anforderungen gestellt. Es handelt sich nicht nur darum, es im Gefühl zu haben, wo man die Klappmützen suchen soll, sondern auch zu sehen, wie man am besten mit dem Schiff zwischen den Schollen hindurchkommen und möglichst tief ins Eis hineinfahren kann. Man darf sich nicht davor fürchten, in dieses schwere Eis hineinzugehen, aber man darf sich auch nicht zu tief hineingraben und steckenbleiben.

Hat man das Fangfeld gefunden, so gilt es sofort einen vernünftigen Plan für die günstigste Verwendung aller Boote zu fassen, damit man sie mit Zeichen und Signalen durch gutes Fahrwasser zu den besten Robbenplätzen dirigieren kann.

Mit anderen Worten, es werden hier Eigenschaften von einem Schiffer verlangt, wie man sie von einem Feldherrn fordert; der eine soll möglichst viele Klappmützen vernichten, der andere möglichst viele Menschen.

Vor allem aber muß man die Robben finden, und das ist nicht immer ganz so einfach, wie man glauben möchte; sie liegen hier über die Schollen verstreut, und man kann oft tagelang am Eis entlang fahren, ohne eine Spur von Robben zu entdecken, so daß einer, der es nicht besser wüßte, glauben könnte, es gäbe hier keine Robben; aber es kann auch wieder ganz anders kommen.

Wie schon gesagt, ist das Eis hier ganz verschieden von dem, das die Robbenfänger in einer frühern Jahreszeit nördlich im Jan-Mayen-Meer vorfinden. Dort ist es meistens dünneres Wintereis, das in der gleichen Meeresgegend entstanden und in kleinere Schollen gebrochen ist, während hier das Eis aus schweren Schollen und großen Blöden besteht, die mit der Strömung vom Polarmeer herunterkommen. Die Schollen können eine große Ausdehnung haben und sind nicht leicht zu „bewegen".

Wenn das Eis dicht liegt, ist es selbst für das kräftigste Fangschiff nicht möglich, sich einen Weg hindurchzubrechen; steht jedoch der Wind nicht auf das Eis, dann breiten sich die Schollen gern etwas aus, und es entstehen tiefe Buchten mit offenen Stellen, wo das Wasser so frei ist, daß das Schiff darin vorwärtskommen kann.

Bei sichtigem Wetter segeln und dampfen die Schiffe unablässig am Rande des Eises entlang und dringen in alle Buchten und Waken ein, so weit sie kommen können. Das Fernrohr oben in der Tonne ist unablässig auf die Eisfelder ringsum gerichtet und sucht den ganzen Horizont nach Robben ab. Diese ständige Wanderung des Fernrohrs wird den ganzen Tag von der Mannschaft an Deck verfolgt, und gar oft richtet sich der Blick nach oben, um zu sehen, ob das Fernrohr in einer bestimmten Richtung innehält.

Liegen einigermaßen genügend Klappmützen auf dem Eis beisammen, so daß die Jagd auf sie lohnt, dann kann man sie, wie schon erwähnt, von der Tonne aus auf ungefähr zwölf Seemeilen Entfernung (etwa 22 Kilometer) im Fernrohr sehen, und bei Luftspiegelung, die den Horizont hebt, vielleicht auf noch größere Entfernung. Sie sind wie kleine schwarze Punkte auf Weiß, am besten sieht man die alten Robben auf den Blöden und den höchsten Schollen liegen, die in der Luftspiegelung über dem Eis stehen.

Im übrigen hält man aber auch hier nicht nur nach Robben Ausschau, sondern vielleicht ebensoviel nach anderen Schiffen. Sieht man Masten oder eine Rauchfahne weit drinnen im Eis, so ist

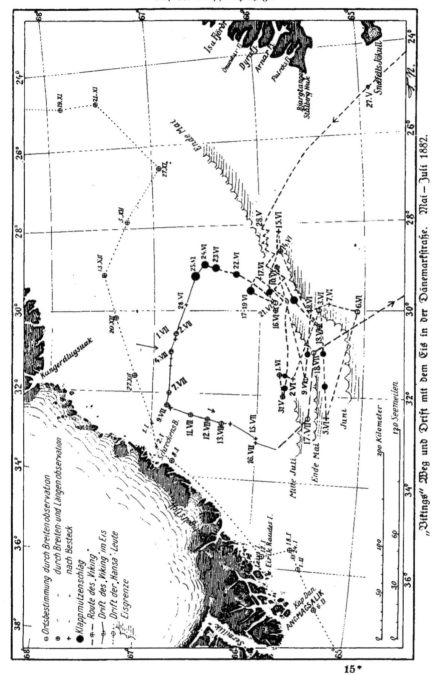

„Diktings" Weg und Drift mit dem Eis in der Dänemarkstraße. Mai — Juli 1882.

das ein ziemlich sicheres Zeichen dafür, daß dort ein Fangfeld ist, und dann muß man versuchen, näher heranzukommen.

Hat man endlich Robben in genügend großer Anzahl entdeckt und ist das Eis nicht allzu dicht, so handelt es sich darum, den besten Weg zu finden, um so rasch wie möglich dorthin zu gelangen, ehe andere Schiffe herbeikommen und einem alles zerstören.

Beim Kartenspiel gibt es keine Freundschaft, heißt es, beim Robbenfang aber wahrlich auch nicht. Ein jeder versucht den andern nach Kräften zum Narren zu halten, und oft werden die unglaublichsten Kunststücke gemacht.

Sind zum Beispiel andere Schiffe weiter draußen, die die Robben nicht gesehen haben, so fährt man unter Umständen mit Dampf und vollen Segeln in einer ganz andern Richtung davon, als erwarte man dort etwas zu finden, und lockt auf diese Weise die anderen hinter sich her. Sind sie dann ein gutes Stück weit von der Stelle entfernt, so läßt man sich wieder zurücksacken oder macht scheinbar einen neuen Schlag, und während die übrigen Schiffe ihre Fahrt fortsetzen, schleicht man sich wieder zurück, um allein zu den Robben vorzudringen.

Jetzt wird nicht mehr an Kohlen gespart; die Kessel werden geheizt, was nur in sie hineingeht. Von der Tonne aus gibt der Kapitän mit der Glocke ein Signal nach dem andern, um mehr Fahrt zu bekommen. „Holt heraus, was die Maschine hergibt." Und wenn es aufs letzte ankommt, werden unter Umständen einige Gewichte an die Sicherheitsventile gehängt, um den Dampfdruck hochzutreiben; es ist noch ein Glück, daß sie die Ventile nicht ganz festschrauben.

So geht es hinein ins Eis. Das Schiff prallt gegen Schollen und Blöcke, so daß es krängt; es donnert und rauscht von zertrümmertem Eis, aber hindurch muß man; jetzt darf man nicht empfindlich sein.

Liegen zwei Schollen zu dicht beieinander, so zwängt man den Bug zwischen sie hinein, beim Rammen werden große Stücke Eis abgebrochen. Dann steckt man felsenfest drinnen, aber die Schraube schwirrt herum, und langsam weichen die riesigen schweren Schollen auseinander, und das Schiff gleitet hindurch.

So geht es weiter, Seemeile auf Seemeile.

Oben von der Tonne kommen die Kommandorufe Schlag auf

Schlag: „Hart Backbord!" „Recht so!" „Hart Steuerbord!"
„Nicht mehr Steuerbord!" „Stüß!" ... Die zwei Männer am Ruder arbeiten, daß ihnen der Schweiß herunterrinnt, und das Steuer-
rad saust hin und her, während das Schiff sich durch das Eis hin-
durchschlängelt und gegen die Schollen donnert. Die Schraube
schwirrt herum und bildet ein blaues, wirbelndes Kielwasser, das
bald wieder mit Eis bedeckt ist.

An Deck ist es nach und nach auch lebhafter geworden; die
Leute verstehen, daß ziemlich viel Robben in Sicht sein müssen.
Sie kommen auf die Back, um über das Eis hinzublicken, sie
wetzen ihre Flensmesser und machen sich droben in den
Booten zu schaffen. Die Schützen holen die Gewehre hervor und
putzen sie.

Unterdessen sitzt der Kapitän oben in der Tonne und labt sich
durch das Fernrohr an all den Robben, die Punkt neben Punkt auf
dem Eis vor ihm liegen; dabei macht er sich seine Pläne zurecht
und sucht den Weg für das Schiff.

Dann ruft er: „Purrt auf zum Fall!" Ein lautes Geschrei
erfüllt das ganze Schiff, am ärgsten unten im Mannschaftsraum,
wo alle Leute aus den Kojen springen und in die Fangkleider
schlüpfen.

In der Kombüse wird gebraten und gekocht, damit die Leute
ein ordentliches Essen in den Magen bekommen, ehe sie in die
Boote gehen.

Die Schützen begeben sich nach achtern zum Steward und
erhalten Kisten mit Patronen.

Die Bootssteuerleute, die für den Proviant auf den Booten zu
sorgen haben, begeben sich ebenfalls zum Steward, sie lassen ihre
Bootskisten mit Schiffsbrot, Roggenzwiebäcken nebst dem dazu-
gehörigen Speck füllen und nehmen Schiffsbier in die Boots-
lägel ein.

Dann, nach einigen Stunden, ist man drinnen bei den Robben.
Sind keine anderen Schiffe in der Nähe, so wird der Kurs meistens
so gehalten, daß man beim einen Ende des Fangfeldes beginnt.

Endlich kommt der Ruf von der Tonne: „Klar zum Fall!"
Alles wimmelt aus dem Mannschaftsraum heraus, und alle Mann
stürzen an ihre Boote, die in den Davits zu beiden Seiten des
Schiffes hängen; die Vertäuungen werden losgeworfen, Brot-
kisten, Bierlägel, Patronenkisten, Gewehre und Robbenhaken

werden an Bord genommen. Jedes Boot nimmt eine Kiste Schiffs=
brot und Speck und ein größeres Lägel mit Schiffsbier auf den
Fang mit. Ich glaube, es schmeckte mir nur selten ein Essen so
gut, wie diese harten Roggenzwiebäcke mit einer tüchtigen Scheibe
Speck darauf und einem Schluck Bier dazu, dort auf dem Eismeer,
wenn man nach ein oder zwei Tagen harter Arbeit im Eis er=
müdet war.

Den Schützen in jedem Boot wird noch die Richtung ange=
geben, in der sie rudern sollen, dann endlich heißt es: „Fiert los!“,
und die Boote verteilen sich über das Fangfeld.

Auch jetzt noch können die Bewegungen der Boote von der
Tonne aus mit Signalen gelenkt werden. Jedes Boot hat meistens
seine Nock, und wenn eine Flagge unter dieser Nock gehißt wird,
so bedeutet das, daß die gegebenen Signale jenem Boot gelten.
Mit einer Art Fächer, einer runden Scheibe an einem Schaft,
kann zum Beispiel Nachricht gegeben werden, in welcher Rich=
tung das Boot fahren soll, um Robben zu finden. Wird die
Scheibe senkrecht über den Kopf des Mannes in der Tonne ge=
halten, so soll das Boot geradeaus weiterfahren, zeigt die Scheibe
mehr oder weniger nach links oder rechts, so soll das Boot mehr
oder weniger nach Backbord oder Steuerbord halten usw., wird
jedoch die Flagge auf dem Masttopp gehißt, so bedeutet das
den Befehl zur Rückkehr usw.

Am ersten und zweiten Pfingsttag, 28. und 29. Mai, war
unsichtiges Wetter, und wir hielten uns kreuzend in der Nähe
des Eisrandes, gegen einen steifen Wind aus Nordnordost[1].

Es war hier in der Nähe des Eises wieder sehr kalt geworden,
die Temperatur hielt sich auf Null. Das hat man Ende Mai
nicht gerade sehr gern. Aber das Wasser war merkwürdig warm,
sobald wir nur ein wenig aus dem Eis herauskamen. Sonntag
um 4 Uhr nachmittags war die Wassertemperatur 5,5°. Es
ist offenbar Wasser von dem warmen Irmingerstrom, der von
Süden westlich an Island heraufkommt, dann abbiegt und in
westlicher und westsüdwestlicher Richtung am Rande des Polar=
stromes entlang geht (s. die Strömungskarte S. 353).

Dienstag, 30. Mai, legte sich der Wind; es klarte im Lauf
des Nachmittags auf und wurde wärmer, über 3°.

---

[1] Hier wie überall in diesem Buch sind die Richtungen rechtweisend angegeben.

Das Fernrohr in der Tonne droben deutete unablässig auf das Eis hinaus. War etwas zu sehen?

Ja, gegen Abend hatte es fast den Anschein, als schaue das Fernrohr in eine bestimmte Richtung, und es hieß wirklich, Robben seien zu sehen. Man hielt Kurs ins Eis hinein.

Mir war nun im Ernst eines der Fangboote des „Viking" anvertraut worden, das ich als Schütze führte. Noch dazu eines der größten Boote, mit fünf Mann Besatzung außer mir: vier Ruderleute und Flenser und ein Bootssteuermann, Kristian Ballong, der beste Bootssteuermann an Bord.

Man bewies damit einem so jungen Neuling auf dem Eismeer wirklich ein großes Vertrauen; offenbar hatte ich die Probe mit „Befriedigend" bestanden, und ich fühlte mich in dieser ersten Stelle, die mir in meinem Leben anvertraut wurde, entschieden viel gehobener als in irgendeiner andern, die mir später zufiel.

Nun hieß es das Beste zu leisten. Voll Ungeduld wartete ich darauf, loszukommen und meine ersten Erfahrungen im Klapp= mützenfang zu machen.

Endlich sahen wir da und dort einzelne Robben auf dem Eis; aber es schienen ihrer nicht viele zu sein.

Dann hieß es „Alle Mann klar bei den Booten", jeder Schütze erhielt von der Tonne aus seine Weisung über die Rich= tung, in der er halten sollte; dann hieß es: „Fiert los!"

In einem Nu waren wir auf dem Wasser, dann ging es dahin. Aber es waren nur wenig Robben zu sehen, und sie waren scheu.

Die Klappmütze liegt, wie gesagt, stets verstreut, eine hier und eine dort auf dem Eis. Selten liegen fünf und sechs selbst auf einer großen Scholle beisammen. Ein großes Klappmützen= fangfeld kann sich deshalb weit über das Treibeis erstrecken; rudert man in das Feld hinein und weiß es nicht besser, so kann man anfangs oft im Zweifel darüber sein, ob hier wirklich ein größeres Fangfeld ist, denn von dem niedrigen Boot aus erblickt man nicht viele Robben auf einmal.

An die Klappmütze muß man auf ganz andere Art heran= rudern als an die Sattelrobbe. Bei der letztern gilt es, wie schon erwähnt, sich in möglichst guter Deckung hinter Blöden und Eishügeln anzuschleichen. Bei der Klappmütze jedoch muß man versuchen, in offnem Wasser und wenn irgend möglich ganz von

vorn auf die Robbe zuzuhalten, so daß sie das Boot schon von
weitem sehen kann. Man muß sich sehr hüten, hinter irgend=
einen Eisblock zu kommen, so daß sie das Boot aus dem Ge=
sicht verliert, denn dann geht sie meistens sofort ins Wasser.
Taucht das Boot in nächster Nähe hinter einer Eisscholle auf, so
ist sie im selben Augenblick Hals über Kopf im Wasser.

Sieht sie jedoch das Boot von weitem kommen, so hebt sie
den Kopf, schaut eine Weile und legt sich dann meistens wieder
ruhig hin.

Unterdessen legen sich die Leute an den Riemen aus Leibes=
kräften ins Zeug, und das Boot schießt mit guter Fahrt dahin.
Wieder hebt die Robbe den Kopf, blickt dieses unbekannte Etwas,
das sich so bedenklich nähert, starr an, dann sieht sie ins Wasser
hinunter; sie wird unruhig und schiebt sich etwas weiter an den
Rand hinaus. Sie schaut wieder. Dann streckt sie den Hals und im näch=
sten Augenblick würde sie im Wasser sein. Da plötzlich, auf den Wink
des Schützen, brechen die Männer in ein entsetzliches Geschrei aus.

Die Robbe stutzt, horcht erstaunt, während die Männer noch hef=
tiger rudern. Sie nimmt sich zusammen und nähert sich noch mehr
dem Rande. Ein neues Geheul in einer neuen Tonart, noch länger
gezogen und unheimlicher. Wieder streckt sie den Hals und lauscht
und starrt das Boot an, das mit voller Fahrt herankommt.

Jetzt aber schiebt sie die Vorderflossen über den Rand, krümmt
den Rücken und streckt den Hals dem Wasser entgegen. Selbst
das teuflischste Geschrei kann sie jetzt nicht mehr aufhalten, und
ist man jetzt noch nicht auf Schußnähe, so gibt es nur noch ein
Mittel: der Schütze gibt einen Schuß auf den Rand des Eises
ab, so daß das Eis dem Tier an die Schnauze spritzt. Er=
schrocken zieht die Robbe den Kopf ein, fährt zurück und starrt
den Eisrand an.

Unterdessen ist das Boot auf den richtigen Abstand heran=
gekommen. „Stopp!" Die Riemen werden losgelassen und in
in den Stroppen hängend legen sie sich längsseits des Bootes, das
noch weiter schießt. Alle Mann müssen mäuschenstill sitzen, wäh=
rend der Bootssteuermann gerade auf das Tier zuhält und der
Schütze das Gewehr an die Wange legt. Es kracht, und in die
Hirnschale getroffen fällt der Robbenkopf unmittelbar aufs Eis
herab, ohne sich mehr zu rühren.

Auch die Klappmütze darf man nur in den Kopf treffen, oder

im Notfall in den Hals, so daß man den Halswirbel zerschmettert und die Robbe mausetot und ohne eine weitere Bewegung liegen= bleibt. Auf alle Fälle muß man vermeiden, sie in den Körper zu treffen, so daß sie sich vorwärts wirft, ins Wasser geht und die anderen Robben in der Nähe mit sich zieht.

Bei der Klappmütze ist es noch wichtiger als bei der Sattel= robbe, daß man die ersten Robben gleich totschießt, wenn in der Nähe viele Robben auf dem Eis liegen. Hat man erst einige tote Robben vor sich oder rings um sich, so werden die übrigen Tiere meistens weniger scheu und kümmern sich nicht viel um das Boot, da sie sehen, daß die zunächstliegenden Robben so ruhig bleiben.

Anfangs hatte ich auf dieser ersten Klappmützenjagd wenig Glück und kam nicht an ein einziges Tier heran; lange, ehe ich in Schußweite war, gingen sie schon ins Wasser. Sie sind so früh im Jahr noch scheu.

Endlich konnte ich einen alten großen Haubenkerl schießen; diese sind meistens etwas zahmer. Wir legten an der Scholle an, um ihn zu flensen. Da begann er sich wieder zu rühren; er brauchte noch eine Kugel, allein die Patrone hatte sich in der Kammer verklemmt und noch ehe ich eine neue Patrone einlegen konnte, glitt er über den Rand hinaus und ins Wasser. — Man kann sich denken, wie ärgerlich das war.

Wir trafen mit dem Boot des Zimmermanns zusammen und ruderten um die Wette auf eine Robbe vor uns zu, die aber merk= würdig ruhig lag. Als wir hinkamen, stellte es sich heraus, daß es der Kadaver eines bereits geflensten Tieres war!

Etwas enttäuscht zogen wir weiter und kamen endlich auch einmal zu Schuß.

Zur letzten Scholle, auf der wir Robben sahen, ruderten wir wieder um die Wette mit dem Zimmermannsboot, gewannen je= doch einen Vorsprung, und die anderen mußten zusehen, wie wir drei Tiere erlegten.

Dann war es zu Ende; an Bord wurde auf dem Besantopp die Flagge gehißt, und wir mußten zum Schiff zurück.

Alles in allem brachten wir an diesem ersten Tag auf unserm Boot nicht mehr als acht Stück zuwege. Ola Mågerud hatte bessere Erfolge gehabt, er hatte elf; im ganzen wurden 38 Klapp= mützen geschossen.

Das war am 31. Mai gegen Abend, und wir befanden uns nach den Observationen auf 65° 45' nördl. Br. und 33° westl. L.

Dann ging es weiter mit dem „Viking", um nach neuen Robben auszuschauen.

Am nächsten Nachmittag, Donnerstag, 1. Juni (Obs. 65° 48' nördl. Br., Obs. 31° 30' westl. L., —1° bis 1° in der Luft, schwacher Wind aus Nordnordwest), sahen wir nach keiner Seite einen Ausweg aus dem Eis. Da wir da und dort einige Klapp= mützen erblickten, wurden, mangels etwas Besserem, die Back= bordboote zu Wasser gelassen. Die Boote sollten sich überall, wo Robben waren, herumtreiben, um wenn möglich einige Tiere im Wasser zu schießen. Unterdessen begab sich auch der Kapitän mit einem Boot fort, um Alte zu erlegen.

Wie schon früher gesagt, ist die Klappmütze um diese Zeit so fett, daß sie eine Weile im Wasser schwimmt, wenn sie in den Hals geschossen wird. Es gilt dann rasch hinzurudern und die Hade in sie einzuschlagen, ehe sie sinkt, und sie so aufs Eis heraufzuziehen.

An jenem Tag erlegte ich sieben mit meinem Boot. Ola Augundsen erlegte auch sieben, in allem wurden 25 geschossen.

Am Tag darauf, Freitag, 2. Juni (1° bis 2° in der Luft, Wind Nordost), kamen wir aus dem Eis heraus und trafen mit dem englischen Robbenfänger „Thetis" zusammen. Kapitän Fair= weather kam an Bord; er erzählte, sie hätten 700 Klappmützen erbeutet. Es war der einzige Engländer, den wir hier im Klapp= mützenfeld sahen.

Die „Thetis" war ein schönes Schiff. Sie war beträchtlich größer als der „Viking", hatte eine stärkere Maschine und, da sie direkt aus dem Heimathafen kam, genügend Kohle an Bord, so daß der Kapitän nicht zu sparen brauchte und daher keinen großen Wert auf das Segeln legte.

Aber im Eis war die „Thetis" nicht so handlich; sie war zu lang und zu langsam, um in den buchtigen Waken zwischen den Schollen zu wenden, und trotz ihrer stärkern Maschine blieb sie deshalb leichter stecken.

Zwei Jahre später wurde dieses Schiff von der amerikanischen Regierung gekauft und ausgesandt, um die unglückliche Greely= Expedition zu retten.

Drinnen im Eis war das Wasser kalt, um 0° herum oder dar= unter. Aber kaum waren wir außerhalb des Eises, so hatten

Angriff eines Haubenferls.

wir das warme Wasser des Atlantischen Ozeans. Um 4 Uhr nach=
mittags betrug die Temperatur des Wassers 4° und gegen
Mitternacht 6,4°. Drinnen im Eis war auch die Luft kälter,
—2°, hier draußen jedoch hatte sie 2°.

Am nächsten Tag, 3. Juni (Obj. 65° 37′ nördl. Br., 30°
westl. L., 2 bis 4° in der Luft, Wind Nordnordost), bekamen
wir wieder Robben zu sehen; die „Thetis" war vor uns bei ihnen
angelangt. Wir gingen vorbei und machten „Fall".

Während wir auf eine Scholle zuhielten, auf der sieben Klapp=
mützen lagen, verloren wir den Bootswimpel, der die Nummer
des Bootes trägt und der notwendig ist, damit man mit dem
Fernrohr von der Tonne aus die Boote voneinander unter=
scheiden kann. Wir mußten umkehren, um ihn zu holen. Unter=
dessen kam das Boot von Hans Schreiner voraus und nahm uns
die Robben weg. Es war ärgerlich; aber wir ruderten weiter und
suchten statt deren andere.

Während wir damit beschäftigt waren, die Tiere auf dem
Eis zu flensen, sahen wir auf einer etwas entferntern Scholle den
Segelmacher von einem andern Boot sich von hinten her an
einen großen Haubenkerl anschleichen. Er sprang hinzu und hieb
ihm mit aller Gewalt die Hacke in den Kopf. Aber die Robbe
machte einen gewaltigen Satz nach vorn, riß ihm die Hacke aus
den Händen und ging mitsamt der Hacke im Schädel ins Wasser.

Mit leeren Händen stand der Segelmacher da und schaute der
Robbe samt seiner Hacke nach, während wir laut lachten.

Von der Tonne kam das Signal zur Heimkehr. Während
wir zum Schiff zurückrudern und ich davon in Anspruch ge=
nommen bin, das Boot zwischen die Schollen hindurchzudirigieren,
ruft Ballong: „Na, schaut euch um!"

Ich tat es und sah im Wasser auf Backbord, keine fünf Meter
vom Boot entfernt, den Kopf eines mächtigen Haubenkerls gerade
auf mich zuschießen.

Ich riß das Gewehr an die Wange, hatte jedoch Fäustlinge an
und drückte in der Eile dicht vor der Nase des Tieres ab. Das
machte einen Satz, hob sich mit aufgesperrtem Rachen vorn
auf den Bootsrand und schnappte nach mir, bekam jedoch die
Reling zu fassen. Ich griff nach einer Hacke, um es zu erschlagen;
es glitt aber unter dem Boot weg und kam auf der andern
Seite herauf. Dort gab ich ihm eine Kugel in den Schädel,

Ein Eishai erbeutet eine junge Robbe.

aber es sank, noch ehe ich ihm die Hacke einhauen konnte; wir konnten ihm nur nachsehen, wie es so durch das Wasser hinunter verschwand. Offenbar war es eine verwundete Robbe gewesen, vielleicht dieselbe, die der Segelmacher in den Kopf geschlagen hatte.

Der „Viking" ging nun tiefer ins Eis hinein, und wir machten von neuem „Fall".

Unser Boot wurde erst dort hinuntergelassen, wo genügend Robben waren, und bald hatten wir zwanzig Stück erlegt. Aber dann wurde das Eis dicht, und wir steckten fest, so daß das Schiff kommen und uns holen mußte.

Alles in allem erlegten wir an jenem Tag 29 Tiere mit unserm Boot und waren damit die Besten. Zusammen wurden auf allen Booten ungefähr ein paar hundert Robben geschossen.

Sonntag, 4. Juni (1°, mittelstarker Wind aus Ostnordost), lagen wir im Eis fest. Jetzt aber eröffnete sich für uns eine neue Art von Jagd.

Wenn die Felle mit dem Speck daran mit der Winde hinaufgeholt werden, fallen meist kleine Fleisch= und Speckbrocken ins Meer. Außerdem werden die Boote beim Aufholen ausgeleert, wobei viel Blut und Speck und Fleischfetzen ins Wasser kommen. Dieser ganze Abfall verteilt sich über die Waken rings um das Schiff und hält sich oft mehrere Tage lang an der Oberfläche.

Um sich an diesem herrlichen Futter gütlich zu tun, hatten sich zahlreiche Eishaie (Somniosus microcephalus) versammelt. Sie kamen in den Waken rings um das Schiff an die Wasseroberfläche.

Es sind große, unheimliche Tiere, diese Haie des Eismeers; sie sind ihre 4—5, ja bisweilen über 6 Meter lang. Wertvoll ist ihre Leber, aus der man vielen und guten Tran gewinnen kann; ein großer Fisch kann über eine Tonne ergeben.

Hier war ein Fang zu machen. Ich bekam einige Männer zugeteilt, und mit Robbenhacken bewaffnet gingen wir aufs Eis. Wir hieben die Hacken in den Kopf der Eishaie und zogen sie auf die Schollen herauf. Sie waren aber schwer, ein Mann, allein kam nicht damit zurecht, man brauchte immer mehrere Leute, um sie heraufzubringen.

Dann wurde der Bauch aufgeschnitten, die Leber herausgenommen und in den Tanks an Bord gesammelt.

Es gab ihrer viele, und im Laufe des Tags und der Nacht erbeuteten wir auf diese Weise ein halbes Hundert Eishaie; das ist ein ganz schöner Wert an Tran.

Im Bauch eines mächtigen Tieres fand ich einen großen Rochen; im Bauch eines andern wurde eine halbe Robbe mit Fell und Speck gefunden, und in einem dritten war eine Heil= butte von ungefähr 24 Kilo und ein großer Dorsch.

Dies beweist, daß es hier auch Fische geben muß, die für uns Menschen von Wert sind. Dort, wo wir lagen, auf ungefähr 65° 20′ nördl. Br. und 32° 27′ westl. L., waren vielleicht über 600 Meter bis zum Grund; aber gleich nördlich davon steigt der Meeresboden zu weniger als 400 Meter Tiefe an. Der Eishai hatte jedenfalls den Rochen und vielleicht auch die Heilbutte am Meeresboden erbeutet.

Es ist ganz unglaublich, was diese Raubtiere in sich hinein= schlingen können. Nach einem frühern Bericht wurden in einem Eishai eine Robbe, acht Dorsche, darunter einer über ein Meter lang, der Kopf einer Heilbutte und mehrere Stücke Walspeck gefunden.

Quennerstedt fand am 21. Mai 1864 im Magen eines Eis= hais zwei ganze junge Sattelrobben mit Haut und Haar. Das eine Junge hatte noch sein weißes Wollkleid. Dies scheint auf eine merkwürdig langsame Verdauung hinzuweisen, denn so spät im Mai gibt es keine Jungen im weißen Wollkleid mehr; es muß daher lange Zeit vorher erbeutet worden sein. Es ist auch, wie Quennerstedt erwähnt, merkwürdig, daß der Eishai überhaupt ein weißes Junges hat erbeuten können. Dieses ist entweder durch einen unglücklichen Zufall ins Wasser geraten, oder der Hai hat es vielleicht vom Eis heruntergezogen. Fänger erzählen, daß sie gesehen haben, wie Eishaie sich aus dem Wasser hoben, um abgehäutete Robbenkadaver, die am Rande von Schollen lagen, herunterzuzerren.

In einem andern Eishai fand Quennerstedt ein Stück Wal= speck mitsamt der Haut. Dies findet man übrigens nicht selten, es ist dadurch zu erklären, daß der Eishai, wenn der Wal schlafend stilliegt, von unten an ihn herankommt und ihm Speckstücke herausbeißt. Die Eishaie können wohl auch schlafende Robben im Wasser erbeuten. Wie aber diese trägen Tiere einen Dorsch er= wischen können, scheint unfaßlich, so zäh und langsam wie sie sich, zum mindesten im allgemeinen, bewegen. Ich habe nie gesehen, daß sie schnell im Wasser dahinschießen können.

Wenn wir einem solchen Tier die Hacke in den Kopf schlugen, wehrte es sich nicht sehr; kaum daß es etwas davon zu bemerken schien. Hatte die Hacke nicht gut eingegriffen, so brauchte man sie nur wieder herauszuziehen, den Fisch ein wenig zurechtzuschieben, so daß er günstiger zur Hand war, und die Hacke dann an einer andern Stelle wieder einzuschlagen. Dann kam einer von den anderen Leuten hinzu, hieb seine Hacke weiter unten in den Körper, und der Fisch wurde heraufgeholt, ohne besondern Widerstand zu leisten; nur ab und zu machte er ein paar schwache Schläge mit dem Schwanz, die uns das Heraufschaffen höchstens erleichterten.

Wenn der Eishai also trotz dieser Trägheit Dorsche und andere Fische erbeuten kann, so läßt dies wohl darauf schließen, daß er zuzeiten doch behender sein kann, als wir ihn je gesehen haben.

Im übrigen hat dieser Eishai einen fürchterlichen Rachen, wie eine riesige Schere, und unheimlich scharfe Zähne.

Es kam einmal vor, daß eines der Boote auf dem Heimweg zum Schiff mehrere große Klappmützenfelle hinter sich nachschleppte, da in dem überlasteten Boot kein Platz mehr dafür war. Plötzlich tauchte ein Eishairachen aus dem Meer auf, schnappte nach dem einen Fell, schloß sich wieder, und ein großes Stück des zähen Felles, mit dem Speck daran, war abgeschnitten.

Es war merkwürdig, wie rasch sich solche Mengen von Eishaien rings um das Schiff versammeln konnten, wenn wir, wie dieses Mal und auch später noch mehrmals, einige Tage festlagen.

Kaum anzunehmen ist, daß ihr Gesichtssinn sie leitet, denn dieser scheint nicht besonders scharf zu sein. Ich beobachtete mehrere Male, daß sie an leckeren Speckbissen im Meer dicht vorbeigingen, ohne sie zu sehen. Es ist auch eigentümlich, daß mitten in ihren Augen sehr häufig große Schmarotzertiere hängen, eine Art von Krustentieren (Wurmkrebse), die sich oft sogar im Augapfel, mitten in der Pupille festgebissen haben.

Ich möchte eher glauben, daß sie einer Art Geruchssinn folgen und daß dieser bemerkenswert scharf entwickelt ist.

Im übrigen ist es erstaunlich, wie zählebig diese Tiere sind. Ich konnte sie in Stücke schneiden, aber auch die Stücke bewegten sich noch. Später machte ich die Beobachtung, daß sogar, nachdem sie mehrere Tage lang zerschnitten auf dem Eis gelegen hatten, noch Leben in ihnen war, wenn man mit dem Fuß daran stieß.

Das Fleisch des Eishaies ist ganz weiß und sieht sehr appetitlich aus, wird jedoch in der Regel nicht gegessen, weil es Harnsäure enthalten und

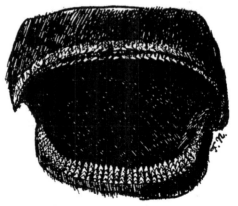

Der Rachen eines Eishais.

daher ungesund sein soll. Ich habe nicht davon gekostet; wie ich mir jedoch erzählen ließ, soll das Fleisch, getrocknet oder längere Zeit abgelegen, brauchbar sein.

Am Vormittag des 5. Juni (0°, mittelstarker Wind von Nordosten) war ich auf dem Eis und schoß einige Grönland= Möwen („weißflügelige Möwen"), deren man hier einige sah. Diese Möwe, die ihrem Aussehen und ihrer Farbe nach der Taucher= oder Bürgermeistermöwe (Larus glaucus) vollkommen ähnelt, wenn sie auch etwas weniger groß ist, wird häufig als eine eigne Art, Larus leucopterus, aufgefaßt. Ich konnte mich nicht von diesem Artunterschied überzeugen, und ich neige zu der Annahme, daß diese kleinere Form eine Abart der Larus glaucus ist. Immerhin könnten sich ja vielleicht bei näherer Untersuchung wirkliche Unterschiede im anatomischen Bau her= ausstellen, die die kleinere Form zu ihrem eigenen Artnamen be= rechtigen. An der Westküste von Grönland ist sie sehr häufig. Auf der Reise im Jahre 1882 beobachtete ich sie nur hier in der Dänemarkstraße. Ich glaubte sie schon aus der Entfernung daran erkennen zu können, daß sie nicht so langsame und würdig schwebende Bewegungen hatte wie die große Bürgermeistermöwe und vielleicht auch nicht einen so langen klagenden Flötenton.

Während wir festlagen, wurde auch die Zeit dazu benutzt, die Tanks mit Wasser zu füllen.

Im Sommer hat es im Treibeis mit dem Trinkwasser keine Schwierigkeit. Durch das Schmelzen des Schnees und der

oberſten Eisſchicht entſtehen auf den Schollen große Seen, deren
Waſſer ſo wenig Salzgehalt hat, daß es wie Süßwaſſer ſchmeckt
(ſ. Abbildung S. 29). Die Mannſchaft bildet von ſolch einem See
bis zum Schiff eine Kette, und dann wandern die Eimer von
Hand zu Hand zwiſchen dem See und den Waſſertanks an Bord
hin und her.

Dienstag, 6. Juni (Obſ. 65° 4′ nördl. Br., 30° 1′ weſtl. L.,
1° in der Luft, mittelſtarker Wind von Nordnordoſt), kamen wir
wieder aus dem Eis heraus und ſegelten dieſen und auch den
nächſten Tag am Rande des Eiſes entlang; ſtändig hielten wir
nach Robben Ausſchau, ohne jedoch welche zu ſehen.

Wiederum machen wir die gleiche Erfahrung. Drinnen im
Eis, zwiſchen den Schollen, war das Waſſer kalt, unter 0°; aber
gleich außerhalb des Eiſes wird es merkwürdig warm. Um
4 Uhr nachmittags des 7. Juni hatten wir 5,4° an der Ober=
fläche und um 8 Uhr abends 5,7°. In der Luft war es 1°.

Am Donnerstag, 8. Juni (ungefähr 65° 30′ nördl. Br., 30°
weſtl. L., 0°, Wind Nordoſten), wurden weiter drinnen im Eis
Robben entdeckt, und wir hielten Kurs eiseinwärts. Endlich wurde
zum „Bootfall“ aufgepurrt, und es entſtand wieder Leben an
Bord.

Zuerſt gingen wir durch eine große Wake, an deren Rand
Robben lagen. Dieſe ließen wir liegen für die anderen Schiffe,
die nachkamen, und gingen ſelbſt dorthinein, wo ſie am dichteſten
lagen. Dort machten wir „Fall“.

Unſer Boot wurde als erſtes hinuntergelaſſen, und ich ſchoß
ſofort acht Robben; dann aber ſchloß ſich das Eis, und wir
mußten offeneres Fahrwaſſer aufſuchen.

Alles in allem erlegten wir mit unſerm Boot elf Robben. Ola
Mågerubs und Askjemens Boote wurden eingeſchloſſen und mußten
faſt eine Seemeile über das Eis gezogen werden. Askjemens Boot
mit vierzehn Fellen war ſehr ſchwer. Aber Mågerubs Felle
mußten zurückgelaſſen und ſpäter geholt werden.

An jenem Tag wurden im ganzen 90 Robben geſchoſſen.

Am Tag darauf, 9. Juni (ungefähr 65° 32′ nördl. Br. und
Obſ. 31° 36′ weſtl. L., 1° in der Luft, Wind Nordoſt), ging es
wieder aus dem Eis hinaus. Wir riefen nicht weniger als drei
Schiffe an: „Capella“, „Harald“ und „Thetis“.

Sonnabend, 10. Juni (Obſ. 65° 50′ nördl. Br., 29° weſtl. L.,

Fang eines Eishais.

1° bis 4°, Wind Nordost), gingen wir wieder in westlicher Rich= tung und trafen neuerdings auf Robben. Die „Thetis" war vor uns und war daran vorbeigefahren, ohne sie zu sehen. Als wir je= doch ins Eis gingen, kehrte sie um und kam nach. Die deutsche „Jan Mayen" kam auch hinzu. Wir einigten uns mit der „Thetis" über den Plan, zur Irreführung der anderen Schiffe Segel zu setzen, damit sie nicht merken sollten, daß wir ein Fangfeld ge= funden hatten.

Wir gingen ins Fangfeld, und unser Boot wurde um Mitter= nacht hinuntergelassen. Es war schönes Wetter. Die Sonne lag wie eine rote glühende Kugel gerade über dem Horizont. Aber die Klappmütze ist mitten in der Nacht scheu.

Ich schoß mehrere Tiere nur an und konnte nicht verstehen, was die Ursache war; dann aber entdeckte ich, daß die Kimme schief stand.

Später war am Hahn des Gewehrs etwas nicht in Ord= nung, er wollte nicht gespannt bleiben. Ich nahm das andere Ge= wehr, das ich als Reserve mit hatte. Es war nur ein gewöhnliches altes Gewehr mit schwacher Ladung; ich kam jedoch dahinter, daß es ebenso gleichmäßig schoß, besonders wenn man viele Schüsse hintereinander abgeben mußte, denn es schlug nicht zurück und wurde auch nicht so schnell heiß. Mit einem heißgewordenen Ge= wehr schießt es sich nämlich sehr schlecht, da die Luft über dem heißen Lauf zittert, so daß das Korn tanzt. Wird der Lauf zu glühend heiß, so pflegen die Schützen ihn deshalb oft ins Wasser zu stecken, daß es zischt, aber dies ist gerade keine sehr sorgfältige Behandlung für eine gute Waffe.

Als wir 24 Robben erlegt hatten, kamen wir in die Nähe des Schiffes und fuhren gleich hin, um die Felle loszuwerden. Es ist nicht angenehm, mit einem schweren Boot im dichten Eis zu sein. Dann fuhren wir wieder aus und erlegten diesmal 15 Tiere.

Als wir an Bord kamen, hatte Johan Lorsen inzwischen einen Bären geschossen, und zu meinem großen Ärger mußte ich hören, daß er dicht bei unserm Boot gewesen war.

Mehrere Boote blieben im Eis stecken; es ging jedoch wieder auf, so daß sie zum Schiff kommen konnten. Hans Schreiner hatte diesmal die größte Beute, 40 Felle, dann kamen wir mit unseren 39. Die Klappmütze ist noch so fett, daß man nicht viel mehr Häute von ausgewachsenen Tieren auf eine Bootslast nehmen kann.

Beim Abendessen, oder richtiger beim Nachtessen, denn es war Sonntag spät nachts, erzählte der Kapitän, daß er in der Tonne gesessen und mit dem Fernrohr die Engländer im Fang= feld beobachtet habe; sie hätten sich als ganz außerordentlich ge= schickte Schützen gezeigt. Namentlich einer, der mit einer Dampf= barkasse hier vorbeikam, habe seine Sache verteufelt gut gemacht. Er fuhr durch eine lange offene Gasse im Eis und legte mit Schuß auf Schuß zu beiden Seiten eine Klappmütze nach der andern um, so daß sie wie in Reih und Glied dalagen.

Er sagte das offenbar nur, um mich zu ärgern, denn als ich ihm darauf erwiderte, das Boot des andern sei dann wohl sehr schnell beladen gewesen und die Engländer hätten wohl mehr er= beutet als wir, gab er mir darauf keine rechte Antwort.

Im übrigen meinte ich, wenn er uns ebenfalls eine Dampfbar= kasse verschaffe, könnten wir wohl auch eine Menge Robben in kurzer Zeit erlegen — und es müßte lustig sein, so durch das Eis hindurchzusausen.

Er erwiderte, in offenem Fahrwasser sei es mit solch einem Fahrzeug sehr schön, aber das Vergnügen würde nicht lange dauern, wenn man in dichtes Eis käme und die schwere Bestie über die Schollen ziehen müßte.

Wir waren uns bald darüber einig, daß es sicher ein zweifel= hafter Vorteil sei, mit einem solchen Boot in ein Klappmützen= fangfeld zu gehen, wo es jederzeit vorkommen kann, daß das mächtige Eis dicht wird und die Boote über die Schollen gezogen werden müssen; man würde dann mit solchem Fahrzeug aufsitzen. Im übrigen hatten ja schon mehrere Robbenfänger ihr Glück damit versucht.

Montag, 12. Juni, gingen wir wieder an den Eisrand hin= aus, aber es war unsichtiges Wetter, schwacher südlicher Wind mit feinem Regen und bis zu 4° Wärme, was in diesen Breiten eine geradezu sommerliche Wärme ist.

Im Laufe des nächsten Tags, 13. Juni (Obs. 65° 26′ nördl. Br., 30° 21′ westl. L.), schlug der Wind nach Nordost und Nord= nordost um. Es klarte auf, und die Temperatur sank wieder auf 0° und —1°.

In diesem Teil des Meeres war das Wasser auffallend schmutzig braun und undurchsichtig. Das ließ auf zahlreiche Lebe= wesen in den höheren Wasserschichten schließen, Pflanzen (Algen)

und kleine Krustentiere, von denen denn auch die Schleppnetze so=
fort voll waren, sowie sie ausgehängt wurden. Aber auf dem
Eis war kaum ein Leben zu entdecken.

Mittwoch, 14. Juni (Obf. 65° 48′ nördl. Br., 28° 38′ westl.
L., 0°, schwacher Wind aus Nordnordost), war das gleiche schöne
Wetter und wir hielten nach Osten am Eisrand entlang, wo wir
aber ebenfalls keine Robben sahen.

Wenn sich nichts Besseres zu tun fand, war ich oft beim Kapi=
tän oben in der Tonne; wir hatten es recht gemütlich so hoch
in der Luft, in einer Welt für uns. Während der eine meistens
auf dem Tonnenrand saß, stand der andere in der Tonne und suchte
das Eis mit dem Fernrohr ab. Es kam sogar vor, daß mir
dieses verantwortungsvolle Geschäft anvertraut wurde. Und so
unterhielten wir uns und kamen dabei vom Hundertsten ins
Tausendste.

Eines Tags dampften wir mit voller Fahrt in offener See
am Rande des Eises entlang; es war klares sonniges Wetter.
Wir hatten das ganze Eis mit dem Fernrohr abgesucht. Ich saß
auf dem Tonnenrand, der Kapitän stand mit dem Rücken an die
Wand gelehnt und blickte beim Sprechen zu mir auf. Wir sprachen
dann von etwas Interessanterem; wohl beide hatten wir Schiff,
Eis und Robben vergessen, und seit geraumer Zeit hatten wir nicht
einmal mehr nach vorn geschaut.

Da erhielt das Schiff einen donnernden Stoß; ich wurde
zum Glück vom Tonnenrand auf den Kapitän und in die Tonne
geschleudert, der Mast schwankte, und das Schiff krängte. Der
Kapitän fuhr zusammen, riß an der Glocke und gab das Kom=
mando „Stopp“ in die Maschine hinunter.

Mitten in der offenen See waren wir auf eine riesige,
schwere, einsam dahintreibende Scholle gestoßen. Das Schiff rannte
halb auf sie hinauf, da tauchte die eine Seite der Scholle unter
und glitt schwerfällig nach Steuerbord hinüber, während das Schiff
wieder herunterrutschte, sich nach Backbord überlegte und stillag.

Der Kapitän lachte laut, den Mann auf der Back aber
donnerte er gehörig an: „Zum Teufel, wo hast du denn deine
Augen, du Rindvieh, wenn du das Schiff nicht einmal in der
offenen See klar vom Eis halten kannst!“

Aber der Mann auf der Back hatte sich wohl ebenso sicher
gefühlt wie wir, denn er war nicht auf der Back.

Aus dem Mannschaftsraum kamen sie jetzt heraus, wie Ameisen aus einem Ameisenhaufen, um zu sehen, was es gebe. Einige waren nur in Unterhosen. Sie schauten nach der Seite aus, sie schielten zur Tonne herauf, schüttelten den Kopf und murmelten etwas — und dann zogen sie sich nach und nach wieder zurück. Wir konnten nur lachen. Aber unten im Mannschafts= raum hatte es wohl einen ziemlichen Krach gegeben, als das Schiff rammte; sie hatten alle einen gehörigen Schreck bekommen und nicht gewußt, was sie denken sollten.

Donnerstag, 15. Juni (—1°, Wind aus Norden und Nord= west), hielten wir uns wieder nach Westen am Eisrand entlang, zugleich mit mehreren anderen Schiffen, darunter „Capella", „Magdalena", „Geysir" und „Hårdråde".

Im Laufe des Nachmittags sahen wir die „Capella" ins Eis gehen und nahmen an, es gebe dort Robben. Wir folgten, und sofort taten die anderen das gleiche.

Wir fuhren an „Capella" und „Magdalena" vorbei. Das Eis war erst locker, wurde dann aber dichter und ganz schwer. Der Kapitän war darüber nicht entzückt, denn der „Viking" hatte jetzt einen ziemlich zerfetzten Bug. Das viele zusammengefrorene Buchteis, durch das wir im Norden oben Tag für Tag gegangen waren, hatte schließlich vorn an beiden Seiten, hinter den mäch= tigen Eisenbändern, die den Steven umfassen, in der Höhe der Wasserlinie große Löcher in die Eishaut gefressen. Sie waren so tief, daß die nur einige Zoll dicke Föhrenhaut unter der Green= hearthaut freilag. Mit diesen Wunden war es nicht gerade sehr behaglich, sich durch schweres Eis hindurchzubrechen.

Als wir an der „Capella" vorbeikamen, besprachen sich die Kapitäne, die oben in ihren Tonnen saßen, miteinander. Sie einigten sich darauf, eine Weile liegenzubleiben, als besännen sie sich, um die anderen Schiffe weiter draußen irrezuleiten.

Dann ging es mit Volldampf, was die Maschine hergab, ins Eis hinein, und unsere Boote wurden hinuntergelassen. Das Eis war unangenehm, dafür aber gab es ziemlich viele Robben. Wir wurden ein Stück vom Schiff mitgeschleppt und kamen gut zum Fang; an der ersten Stelle, an die ich kam, schoß ich fünf, an der nächsten sechs Robben, dann aber schloß sich das Eis, und wir wurden durch Flaggensignale wieder an Bord zurückgerufen.

Auf dem Weg zum Schiff ruderten wir ein Stück weit

zusammen mit Ola Fredrikstads Boot. Unser Boot traf als erstes
beim Schiff ein. Als wir auf die letzte Scholle bei der Schiffs=
wand kamen, lag ein großer Eishai im Wasser, in den ich sofort
meine Hacke schlug.

Wir hatten ihn gerade erledigt und waren im Begriff, unsere
Häute mit der Winde an Bord zu hissen, da hörten wir Schreie
von Ola Fredrikstads Boot, das die Leute über das Eis zogen.
Es klang wie „Bär“.

Ich packte das Gewehr und lief über die Schollen, so rasch
mich die Füße tragen wollten, kam aber nur gerade noch recht,
um von einem hohen Eishügel aus zu sehen, wie Ola das Ge=
wehr anlegte und den Bären niederknallte.

Ich traf Oluf und „Beate“ die aus Leibeskräften gerannt
kamen. Als sie mich mit dem Gewehr sahen, blieben sie stehen,
waren jedoch so atemlos, daß sie nicht reden konnten. Schließlich
brachten sie heraus, sie seien dicht bei dem Bären gewesen, der
still dagestanden und sie angeschaut hätte; daraufhin seien sie
zum Schiff gelaufen.

Ich ging zu dem Tier. Wie unüberwindlich groß und stark
es aussieht mit den riesigen Tatzen und den Krallen! Der schöne
weiße Pelz schimmert gegen den Schnee etwas seidenartig ins
Gelbliche. Rotes Blut aus den Schußwunden zog einige
schmale Streifen darauf. Der schwere Kopf liegt so friedlich
auf der Seite, und die Zunge hängt zwischen den Raubtierzähnen
ein wenig heraus. Aller Kampf und alle Freude ist jetzt zu
Ende.

Ich verfolge ein Stück weit seine Spur, um zu sehen, ob er
allein gewesen war. Dabei sah ich, daß wir gerade an dem
Haufen, auf dem er gelegen hatte, vorbeigekommen waren, als
wir das Boot zum Schiff gezogen hatten. Petter Holmestranding
und Kristian Skröder waren dicht an ihm vorbeigegangen; dar=
aufhin hatte er sich erhoben und hatte Oluf und „Beate“, die
hinterher kamen, sein sanftes Gesicht gezeigt.

Während ich so dastand und über diese Sache nachdachte, schob
ein großer Haubenkerl vorsichtig den Kopf zwischen dem Eis
herauf und sah mich an; ich nicht faul, brannte ihm eine Kugel
hinauf. Gleich darauf kam ein Klappmützenweibchen, das genau
so empfangen wurde. Ich rief die Leute herbei, und wir zerrten
die Tiere heraus, die beide sehr groß waren. Gleich darauf schoß

ich noch drei im Wasser. An diesem Tag erlegte ich 16, und alles in allem bekamen wir 115.

Während wir auf dem Fang gewesen waren, hatte der Zimmermann mit einigen der Leute an Bord eine nützliche Arbeit geleistet. Sie hatten die Wunden im Bug ausgebessert und hatten einige Eichenplanken darüber gelegt, so daß wir mit etwas mehr Ruhe durch das Eis gehen konnten.

Das Merkwürdigste an diesem Tag jedoch war, daß sie an Bord eine Trollrobbe gefangen hatten, um mir eine Freude zu machen. Wie schon einmal gesagt, glauben die Fänger, daß die Trollrobbe eine eigene Robbenart sei. Sie stellte sich jedoch als eine kleine Ringelrobbe (Phoca hispida) heraus, die an der Küste von Grönland und ebenso bei Spitzbergen und in der Barentssee häufig vorkommt. Aber etwas Rätselhaftes ist doch an diesen kleinen Burschen, die sich so einsam zwischen den Schollen im Treibeis herumtreiben, im Jan-Mayen-Meer und in der Dänemarkstraße, wo man die Ringelrobbe sonst nicht an= trifft. Das Exemplar, das ich vor mir hatte, war merkwürdig klein, nur 63 Zentimeter lang von der Schnauze bis zur Schwanz= spitze, das ist nicht sehr viel länger als das neugeborene Junge, das meistens im Frühjahr geworfen wird.

Es hat den Anschein, als seien diese Trollrobben nur einjährige Junge der Ringelrobbe aus dem letzten Frühjahr, die vielleicht da= durch im Wachstum etwas zurückgeblieben sind, daß sie sich nach der Geburt monatelang im Treibeis herumgetrieben haben, wo sich nicht genügend Nahrung für sie fand.

Solche kleine Trollrobben wurden später an mehreren Stellen im Eismeer gefunden. Ich selbst schoß eine solche Ende Juni 1895 auf etwa 82° nördl. Br. nördlich von Franz = Joseph = Land. Die Russen kennen die Trollrobbe am Ausgang des Weißen Meers und nennen sie „Telessai“. Ich habe auch größere und kleinere Ringelrobben vereinzelt in den Waken im Eis weit oben im Polarmeer angetroffen.

Während der großen Seehundwanderung nach Nordnorwegen im Jahre 1903 wurden, nach R. Collett, mehrere solche kleine Trollrobben im Porsanger= und Varanger=Fjord gesehen; einzelne von ihnen sollen sogar im Dezember nicht mehr als ein halbes Meter lang gewesen sein.

Im Nebel auf der Suche nach Klappmützen.

Zwölftes Kapitel.

Noch mehr Klappmützen.

Der nächste Tag, Freitag, 16. Juni (Obs. 66° 50' nördl. Br., 30° westl. L., 0°, Wind aus Nordost), war schon weit vorgeschritten. Wir lagen nun im Eis fest, das sich jedoch gegen Abend ein wenig zu öffnen begann.

Der Seegang nahm mehr und mehr zu, mit jeder Schiffs=länge, um die wir uns dem Rande des Eises näherten.

Der Wind war nordöstlich, und wir arbeiteten uns unter Segeln aus dem Eis hinaus, so gut wir in dem Nebel konnten; das Eis war zu dicht, um die Schraube arbeiten zu lassen, sie hätte zu leicht abgeschlagen werden können. Den ganzen Tag waren wir mit Abspecken beschäftigt, da wir ja eine ziemliche Anzahl Häute an Bord hatten.

Durch das Eis drang Seegang herein, der je weiter wir hin=auskamen, immer kräftiger wurde. Dies ist nicht gerade sehr angenehm für ein Schiff, das zwischen so schweren Schollen fährt. Im übrigen sahen wir wegen des Nebels sehr wenig.

Als wir uns dem offenern Meer näherten, wurde die Sache ganz bedenklich. Der Seegang war stark, und die mächtigen dicken Schollen prallten mit einem unheimlichen dumpfen Laut auf=einander. Die großen Blöcke überschlugen sich rundumher, oft dicht neben uns, und schwere Eisbrocken kamen mit solcher Kraft heraufgeschossen, daß sie an der richtigen Stelle wohl die Schiffs= seite hätten eindrücken können.

Eine solche schwere Scholle schoß einmal so dicht vor dem Bug herauf, daß der Kapitän und der Bootsmann mit einem Satz von der Back heruntersprangen, denn es sah fast aus, als wollte die Scholle über das Schiff hereinstürzen. Wir befanden uns gerade zwischen einigen schweren Eisschollen.

Unsere Lage war nicht ohne Gefahr. So oft das Schiff sich im Wasser hob und senkte, erhielt es Stöße, daß die Planken krachten und man fühlte, wie es in der Gewalt dieser unheim= lichen Mächte erzitterte.

Lange Zeit hatten wir auf jeder Seite und vor dem Bug je eine große Scholle. Nach einem Anprall, so hart, daß wir über das Deck hingeschleudert wurden, kam der Steward herauf= gestürzt. Er war gerade mit der Bereitung des Abendessens be= schäftigt und fand wohl, daß die Kombüse kein sicherer Aufent= haltsort mehr sei; er kam herauf, um sich den Kapitän darauf anzusehen, ob eine augenblickliche Gefahr bestünde, ehe er sich wieder hinunterwagte.

Alle Mann kamen nun ganz freiwillig, ohne weitere Auf= forderung an Deck. Endlich einmal waren ausnahmsweise keine Leute im Mannschaftsraum. Es wurde nicht viel gesprochen; viel= leicht war auch dem und jenem, der an solche Gewalttaten des Eises nicht gewöhnt war, das Herz in die Hosen gefallen; aber sie griffen mit Eifer zu, so oft es notwendig war.

Hauptsächlich handelte es sich darum, die Boote vor den „Bootbauern“ zu bewahren — das sind hohe Eisblöcke, die die Boote von den Davits wegzufegen drohen —, und dann galt es noch das Ruder zu bergen. Es hätte keinen Sinn gehabt, dieses bei den Stößen des Eises festhalten zu wollen. Das Ruder muß sich frei bewegen können, dadurch wird es weniger in Anspruch genommen. Das Rad schnurrte denn auch herum wie ein Spinnrad, vor und zurück; das einzige, was man tun konnte, war der Ver= such, das Ruder mit Korkfendern gegen das Eis zu schützen.

Im übrigen ist man dem Zufall ausgeliefert. Sinkt das Schiff, so muß man sich aufs Eis zu retten suchen, und es bleibt nur die Hoffnung, daß das Schiff nicht zu schnell sinkt, so daß man wenigstens auch noch einige Boote bergen kann.

Kriſtian Ballong war der gleiche wie immer; er lachte nur: „Da wird man gehörig geſtreichelt“, ſagte er, „da werden einem die Läuſe richtig abgekraßt.“

Als der Nebel etwas lichter wurde, ſahen wir ein Schiff. Es war die „Kap Nord“; ſie lag vor dem Eisrand, der nur einige Kabellängen von uns entfernt war. Gullik Jenſen blieb wahr= ſcheinlich dort liegen, bis er ſah, wie es uns gehen würde; das war für die Mannſchaft ein ziemlicher Troſt.

Für mich gab es nichts zu tun; ich ging zu Bett und ver= ſchlief bald die ganze Geſchichte. Nach einigen Stunden wurde ich von einem Eisblock geweckt, der genau unter meinem Kopf gegen die Schiffswand dröhnte, ſo daß das ganze Achterende des Schiffes erzitterte und es mir ſchien, als würde ich aus dem Bett ge= ſchleudert.

Nun arbeitete die Maſchine, und ich hörte die Kommandorufe des Kapitäns oben — wir hatten wohl Eile, von der Stelle zu kommen; vielleicht war ein Eishaufen da, der auf uns herabzu= ſtürzen oder Boote und Takelung wegzufegen drohte.

Ich ſchaute durch das Bullauge hinaus. Auf Backbord war ein großer Eisblock; er hätte keinen ſanften Kuß geboten, und wahrſcheinlich hatten wir um ſeinetwillen, trotz der Gefahr die Schraube abzuſchlagen, die Maſchine arbeiten laſſen.

Einige Zeit ſpäter merkte ich, daß wir allmählich aus dem Eis herauskamen; die Zuſammenſtöße mit Schollen wurden ſel= tener, dann hörten ſie ganz auf, wir kamen in offenes Waſſer. Die Maſchine wurde geſtoppt, und wir fuhren nur noch unter Segeln.

Am nächſten Morgen (Sonnabend, 17. Juni, ungefähr 66° nördl. Br., 29° 14′ weſtl. L., 3°, Wind Nordoſt) wurde ich vom Kapitän geweckt, der ſich darüber wunderte, daß ich ausgezogen in der Koje lag. Es ſei eine ſchwere Nacht geweſen, ſagte er, und ich ſei ſicher der einzige Mann an Bord, der geſchlafen habe.

Ich meinte, da an Deck für mich doch nichts zu helfen ge= weſen ſei, hätte ich ebenſogut ſchlafen können.

„Ja, ja,“ ſagte er, „das iſt wahr; aber nur Jugend und Un= verſtand begreifen nicht, was hätte paſſieren können.“

Nun, meinte ich, ſo raſch wäre es doch wohl niemals ge= gangen, daß man nicht noch die Kleider zuſammenraffen und aufs Eis hätte ſpringen können.

Er mußte zugeben, daß dies sehr wahrscheinlich sei. Aber oft kann es doch auch recht schnell gehen. Vor einigen Jahren sank ein englischer Robbenfänger so rasch, daß der Kapitän, der gerade in der Kajüte war, sich nur im letzten Augenblick noch durch ein Deckfenster retten konnte, und er und die Mannschaft gelangten eben noch aufs Eis, als das Schiff unterging. Aber das war ein Dampfschiff aus Eisen, und das taugt zwischen diesen Schollen nicht mehr als ein Blecheimer.

Beim Frühstück sagte der Kapitän:

„Ich bin sicher, daß wir heute Fall bekommen. Kannst du dich erinnern, Steward, als wir das letztemal so vom Eis ge-streichelt wurden, da segelten wir gerade auf die Robben zu und erlegten neunhundert Stück."

Ja, der Steward konnte sich gut erinnern, und es traf auch wirklich so ein.

Im Lauf des Nachmittags hatte es den Anschein, als suche das Fernrohr immer wieder die gleiche Gegend im Eis ab, während wir vor guter Brise durch einige lange freie Gassen und Waken segelten.

Dann rief der Kapitän von dort oben, die Leute sollten ihre Flensmesser schleifen und es solle Dampf aufgemacht werden.

Da entstand Leben und Bewegung an Deck und im Mann-schaftsraum. Sicher waren es ziemlich viel Robben, wahrschein-lich aber befanden wir uns noch weit davon entfernt.

Die Messer wurden geschliffen und gewetzt, dann machte man einen kurzen Besuch auf der Back, um zu sehen, wie die Aus-sichten mit dem Eis vor uns waren und ob sich nicht schon die eine oder andere Robbe blicken ließ. Dann ins Boot hinauf, um sich zu versichern, daß dort alles in Ordnung ist. Und trifft man einen, der von der Kajüte achtern kommt, so wird er gefragt; vielleicht weiß er, ob es viele Robben sind.

Endlich kommt das erlösende Wort aus der Tonne: „Auf-purren zum Essen!"

Vorn aus dem Mannschaftsraum dringt wie gewöhnlich Indianergeschrei, heute ärger denn je. Ein schläfriges Gesicht nach dem andern schaut aus den Kojen heraus. Ist denn schon Wachenwechsel? Aber kaum haben sie erfaßt, um was es sich handelt, so sind sie auf den Beinen und in den Kleidern. Jetzt herrscht ein unglaubliches Durcheinander.

Es wird eine gute Mahlzeit gekocht und gegessen.

Jeder stopft in sich hinein, was nur geht, denn bis zur näch=
sten Mahlzeit kann es lange Zeit dauern.

Wer mit dem Essen fertig ist, wetzt zum letztenmal sein
Messer. Alle müssen sich irgend etwas zu schaffen machen und
wenn sie sich auch nur auf der Back versammeln, um nach den
Robben zu schauen, dem Mann auf dem Ausguck im Weg zu
stehen und wieder hinuntergejagt zu werden.

Unterdessen gehen die Schützen nach achtern zum Steward,
um die Munition für jedes Boot ausgeliefert zu bekommen;
die Bootssteuerleute lassen sich ihre Bierlägel füllen und nehmen
Brot und Speck in die Kisten ein. Es gibt ein Hin= und Her=
rennen über Deck, und wenn ab und zu einer über die glitschigen
Felle stolpert und sich, klatsch, mitten in den Speck setzt, dann
brüllen die anderen vor Lachen.

Wir fahren schon lange mit voller Fahrt, und die „Kap
Nord", die hinter uns kam, ist zurückgeblieben. Wiederum werden
drei Klingelzeichen in den Maschinenraum hinuntergegeben, das
heißt: „Mehr Fahrt!", und zu allem Überfluß ruft der Kapi=
tän noch in die Maschine hinunter: „Schürt hinein, was geht!"

Endlich ruft er: „Klar zum Bootsfall!" Jetzt kommt Leben
in die Burschen. Wieder gilt es die Bootskisten und die Bier=
lägel, die Patronenkisten und die Gewehre in den Booten unter=
zubringen, und wer noch nicht im Segeltuchanzug ist, muß rasch
hineinschlüpfen oder den Anzug ins Boot werfen.

„Boote in Relinghöhe!"

Die letzten Bootszurrungen werden losgeworfen und die Boote
bis zur Reling heruntergefiert.

Der Kapitän ermahnt die Leute, sich vor dem Steckenbleiben
zu hüten; sie sollen nur in lockeres Eis gehen und bloß auf die
Robben zuhalten, an die sie leicht herankommen können; denn es
seien überall Robben. Damit werden die Boote hinuntergelassen;
jeder Schütze bekommt seinen Weg angewiesen, und dann geht es
dahin.

Es ist ein schöner Anblick, zu sehen, wie alle zehn Boote auf
einmal nach verschiedenen Richtungen losfahren. Alle sind ver=
gnügt und erwartungsvoll. Alle rudern heftig, um zuerst an
die Robben heranzukommen, und rufen einander im Vorbeifahren
Scherzworte und Witze zu.

„Na, Segelmacher, du willst auf die Haubenkerle los? Paß auf, daß du diesmal nicht deiner Hacke nachfällst!"

„Paß du auf deinen eignen Wimpel auf, Ballong, und über= nimm dich nicht, du gehst sonst in die Luft." (Ballong konnte von seiner Vorliebe für starke Getränke nicht ganz freigesprochen werden.)

Jetzt hört man einen Schuß. Bald knattert es von allen Seiten, man hört Kugeln vorbeipfeifen, die ins Eis geschlagen haben, die Leute geben nicht sehr acht, wohin sie schießen. Man brennt darauf, selbst mit in der Schlacht zu sein.

Wir hatten Glück und erbeuteten zwanzig Klappmützen auf einmal; dann aber kamen wir in eine größere Wake. Wir ruderten und ruderten, aber nirgends war eine Robbe zu finden. Schließlich merkten wir, daß wir eine falsche Richtung einge= schlagen hatten, und warteten. Immer wieder sah ich durch das Fernglas nach dem Schiffsmast und der Tonne, ob man uns kein Signal gebe, in welcher Richtung wir rudern sollten, entdeckte jedoch nichts. Dann kamen wir wieder zu den anderen Booten und trafen Karl Andersen, der fast vollgeladen hatte.

Auch wir brauchten jetzt nicht mehr lange Zeit, bis das Boot voll war. Als wir jedoch an Bord kamen, waren bereits sieben Boote mit ihrer Last dagewesen. Wir löschten, hatten 38 Felle und fuhren wieder weg. Inzwischen war es Sonntag 5 Uhr morgens (18. Juni).

Nun fanden wir viele Robben; ich schoß, und das Boot wurde immer voller und voller. Es galt die Zeit zu nützen und so viel einzunehmen, wie das Boot nur tragen konnte. Tiefer und tiefer sank es ins Wasser; die Felle lagen bis unter die Ruderbänke aufgeschichtet, so daß die Leute an den Riemen kaum sitzen konnten. Und immer noch nahmen wir weiter ein, es hatten schon noch einige Felle Platz.

Dann ging es nicht mehr; die Reling war nur noch ein paar Zoll über dem Wasser, und wir mußten an Bord. Nun aber hatte sich das Eis rings um uns geschlossen. Wir lagen fest und mußten warten; es war kein Drandenken, das schwerbeladene Boot über die Schollen zu ziehen. Außerdem fiel Nebel ein, und man konnte nur wenig sehen.

Jetzt aber konnten wir wenigstens etwas zu essen vorholen; wir hatten uns dazu keine Zeit genommen, solange noch eine Robbe auf dem Eis zu sehen war. Ballong mußte die Bootskiste und das

Bierlägel herausgeben, er hatte sie achtern verwahrt. Dann
schnitten wir uns mit dem Flensmesser ein paar ordentliche Scheiben Sped herunter und legten sie auf die zerteilten Roggenzwiebäcke. Das war ein Essen, das ausgab — und wie wunderbar
gut es schmeckte! Wir hatten ja auch Lust aufs Essen bekommen.

Und jetzt, Ballong, her mit dem Bierlägel — ein langer
Zug aus dem Spundloch — es macht bei allen die Runde. Ballong beginnt und beendet jede Runde. Dann noch einen Zwiebad
mit einer neuen Spedscheibe, gewürzt mit Ballongs Witzen.

Diese Burschen können einen unverwüstlichen Humor haben,
wenn sie vom rechten Schlag sind. Wenn sie auch noch so abge-
arbeitet sind, wenn es auch noch so schwarz aussieht und es ums
Leben geht, sie haben doch stets ein Augenblinzeln und ein scherz-
haftes Wort bereit, das der Sache die Spitze abbricht.

Ballong fiel eines Tags während des Fanges aus dem Boot;
er konnte nicht schwimmen. Die Leute fuhren kopflos herum, um
ihm zu helfen.

„He,“ sagte Ballong, „warum beeilt ihr euch denn so, hat es
mit mir keine Eile, so hat es mit euch wohl erst recht keine.“ Er
bekam ein Ruderblatt zu fassen und zog sich daran wieder ins
Boot.

Endlich sind wir fertig mit dem Essen, Ballong nimmt die
Sachen wieder in Verwahrung; zuerst jedoch muß er noch einen
letzten Zug aus dem Lägel tun, und der wird lang.

Gegen Ende der Nacht ging das Eis schließlich auf, so daß wir
uns mit dem schweren Boot ein wenig vorwärts arbeiten konnten.

Wir trafen Askjemen, er war zum drittenmal draußen; das
seien auch fast alle Boote gewesen, sagte er.

Meine Leute waren müde und schläfrig, und von Zeit zu Zeit
nidten sie über den Riemen ein. Als wir Askjemen begegneten,
wurden sie ein wenig munterer, fielen jedoch bald wieder in ihre
Schläfrigkeit zurück.

Wir ruderten im Nebel weiter und begegneten mehreren
Booten: Guttorm Grøte und Hans Halvorsen; beide waren zum
drittenmal beladen, wenn auch nicht so schwer wie wir.

Wir arbeiteten uns so gut es ging durch das Eis, aber der
Nebel war jetzt ganz dicht, und wir mußten nicht sicher, wo das
Schiff lag.

Auf Klappmützenjagd.

Da wurde es für einen Augenblick etwas lichter, und in dem grauen Schleier neben uns war etwas Schwarzes, Dunkles, das hoch in den Nebel hinaufragte; es waren Masten und Rahen, nur einige Schiffslängen von uns entfernt.

Jetzt kam wieder Leben in die Männer, und sie legten sich tüchtig in die Riemen. Wir preßten uns zwischen den letzten Schollen hindurch, und endlich waren wir an der Seite unseres Schiffes. Das war am Montag, 19. Juni, morgens 4 Uhr.

Die Dampfwinde war jetzt in voller Arbeit, da ein Boot nach dem andern hereinkam. Unsere Last wurde hinaufgehißt, es waren 58 große Felle, eine schöne Bootslast für diese Jahreszeit, im Juni, wo die Klappmütze noch so fett ist.

Alles in allem hatten wir also mit unserm Boot bei diesem „Fall" 96 Robben erbeutet und gehörten zu den Besten, obwohl wir so lange im Eis festgelegen hatten.

Wir erfuhren, daß dem Zimmermann durch die Dünung die eine Bootsseite eingedrückt worden war, so daß er mit zersplittertem Boot an Bord kam.

Es lag ein ordentlicher Haufen Felle an Deck, und immer noch waren zwei Boote, das von Johan Lorsen und von Karl Andersen, nicht heimgekehrt. Sie mußten die Nacht über auf dem Eis bleiben; dann brachten sie die Felle auf eine sichere Scholle und zogen ihre Boote zum Schiff. Erst spät am Tag kamen sie an.

Wir begaben uns hinaus, um die Felle zu holen; aber viele der Leute waren jetzt schläfrig, nachdem sie so lange aufgewesen waren. Einer von ihnen, Olaves, der mit mir zusammen Felle schleppte, geriet bis über den Kopf ins Wasser, als er von einer Scholle zur andern hinüber wollte. So gewohnt ist man, die Hacke für die Robben zu gebrauchen, daß ich, schläfrig wie ich nun einmal war, schon die Hacke in ihn einschlagen wollte, um ihn heraufzuziehen, aber ich besann mich noch rechtzeitig und packte ihn statt dessen mit der Hand bei der Schulter.

Es ist merkwürdig, hier auf dem Eismeer kann man sich nicht erkälten, selbst wenn man in das kalte Wasser fällt und den ganzen Tag in nassen Kleidern auf dem Eis sein muß. Die Luft ist zu rein, es gibt keine Bakterien. Das ist ein großes Glück, denn sonst würde es bei all diesem Mangel an Reinlichkeit schlimm sein.

Wie sehen jetzt doch viele von diesen Leuten aus! Gewaschen

An Bord mit einer schönen Bootslast.

haben sie sich sicher seit vielen Wochen nicht mehr, Gesicht, Hände und Kleider sind über und über mit Blut bespritzt.

Wenn sie beim Flensen über die Robbe gebeugt stehen und die Pulsader aufschneiden, spritzt ihnen der Blutstrahl oft mitten ins Gesicht. Das Blut wird jedoch nicht abgewaschen; es trocknet ein und sitzt tagelang fest, bis die Kruste abfällt und dann meistens den darunter sitzenden Schmutz mitnimmt, so daß unheimlich leuch= tende Flecken in den schwarzen Gesichtern entstehen, bis diese wieder mit Blut bespritzt werden.

Auch den Händen und den Kleidern geht es nicht besser, überall Blut und Spuren des Specks. Aber zum Waschen haben die Leute meistens nur geringes Bedürfnis, es müßte denn gerade für den Feiertag sein.

Merkwürdigerweise gibt es trotzdem in der Regel keine Krank= heiten an Bord der Schiffe, außer eiternden Wunden und eitrigen Fingern, die freilich recht bösartig sein können.

Schneidet sich einer beim Flensen ins Fleisch, so kommt die Wunde gleich zum Eitern. Es ist auch kein Wunder bei all diesem Blut und Speck, mit dem die Wunde in Berührung tritt, und mit dem Reinhalten geben die Leute sich nicht ab.

Diese Eismeer=Eiterungen, wie die Fänger sie nennen, können

oft schlimm werden und haben manchen steifen Finger und manches steife Glied zur Folge.

Krefting meinte, die Ursache liege in der Robbe; das ist wohl denkbar. Namentlich an Klappmützenmännchen sah ich oft Wunden, die entzündet zu sein schienen und mit einer Art grünlicher Flüssigkeit angefüllt waren. Es ist möglich, daß die Leute, wenn sie einen Riß in der Haut haben, beim Flensen von diesen Robben angesteckt werden, und daß diese Eiterungen wirklich ganz besonders bösartig sind.

Sicher ist jedenfalls, daß ich nie schlimmere Eiterungen gesehen habe als hier auf dem Eismeer.

Jetzt sind die Leute drei Tage hintereinander nicht zum Schlafen gekommen; nun müssen alle Mann in die Kojen.

Währenddessen machten der Kapitän, der Steward und ich uns daran, Haifische heraufzuziehen; es gab ihrer eine Menge zwischen den Schollen längs der Schiffseite.

Wir zogen sie herauf, so rasch wir konnten, nahmen die Leber und ließen die Tiere auf dem Eis liegen.

Im Laufe der Nacht und am nächsten Tag, 20. Juni, wurden ein paar hundert Eishaie heraufgezogen.

Ich untersuchte die Bluttemperatur bei diesen großen Haien, konnte jedoch keinen merklichen Unterschied gegenüber der Temperatur des Wassers feststellen. Ja, sie haben wirklich „Fischblut" in den Adern, und es ist kein Wunder, daß sie so unglaublich träge sind.

Oft standen sie senkrecht im Wasser, die Nase nahe an der Wasseroberfläche längsseits des Schiffs, ohne sich sonderlich zu rühren. Sie wirkten wie halb gesunkene Baumstämme, die senkrecht im Fluß stehen, nur von größeren Dimensionen als die Stämme heutzutage in den Flüssen in Norwegen.

Es war fast, als warteten diese Haie und stünden an, bis die Reihe an sie kam, heraufgezogen zu werden.

Unser Bug sah immer noch schlimm aus; die Ausbesserungen genügten nicht. Wieder muß der Zimmermann heran, und mit Hilfe einiger Männer gelingt es ihm, die Stelle einigermaßen mit Eichenbohlen zu flicken, so daß wir hoffen dürfen, den Rest der Reise zu überstehen.

Während wir diesen letzten „Fall" hatten, mußten die anderen Schiffe draußen liegenbleiben und uns zusehen; ein Gürtel aus dickem Eis versperrte ihnen den Weg. Auch die „Kap Nord" war

F. N.

Vorwärts gegen die Klappmützen.

merkwürdigerweise unterwegs stehengeblieben; ließen sie sich viel=
leicht von dem schwierigen Eis abschrecken?

Dieses Mal waren wir obenauf; jetzt aber sah es fast so aus,
als sollten wir in dem dichten Eis hängenbleiben, und das war
nicht sehr erfreulich.

Unterdessen ließen wir die Zeit nicht unnütz verstreichen und
waren den ganzen Dienstag (20.) und Mittwoch, 21. Juni (Obs.
65° 50′ nördl. Br., 2°, Nordwind), eifrig mit Abfleischen und Ab=
specken beschäftigt. Ein großer Haufen Felle lag an Deck, und wir
mußten sehen, soviel wie möglich zu bewältigen.

Glücklicherweise ging das Eis im Laufe des Mittwoch auf, so
daß wir hinaus konnten. Wir zogen wieder weiter, um noch mehr
Robben aufzufinden.

Früh am nächsten Morgen (22. Juni) wurden wir wieder
zum „Fall“ aufgepurrt; wir wurden in schweres Eis, durch das
kaum durchzukommen war, hinuntergelassen, doch die Klappmützen
lagen so dicht, wie ich es noch nie gesehen hatte. Es war fast wie
bei „Robbenmännchenherden“.

Da ich das Boot nicht zwischen den Schollen vorwärtsbringen
konnte, ging ich über das Eis weiter und schoß; zu meinem großen
Ärger jedoch mußte ich aufhören, da auf dem Besantopp die
Flagge gehißt wurde, die uns den Befehl zur Rückkehr gab. Wir
waren nur einige Stunden draußen gewesen; trotzdem waren 100
Robben erlegt worden, und auf unserm Boot hatten wir 21 Stück.

An Deck war der Zimmermann damit beschäftigt, sein Boot
instand zu setzen, das ihm am 19. Juni eingedrückt worden war.
Ich half ihm dabei; wir waren soeben fertig, als neuerdings zum
„Fall“ aufgepurrt wurde.

Ola Mågerud und ich wurden hinuntergelassen, ich brachte
jedoch nur fünf Robben zur Strecke; dann wurde die Flagge ge=
hißt, und wir mußten wieder zum Schiff zurück.

Wir hatten etliche Stunden tüchtig zu rudern, ehe wir das
Schiff einholen konnten, das sich ständig von uns entfernte. Die
Leute murrten und schimpften mächtig über diese unnötige Kraft=
verschwendung; endlich schlug auch unsere Stunde. Der „Viking“
kam zurück und nahm uns in Schlepp.

Wir kamen an eine schöne Stelle mit viel Robben und erbeu=
teten rasch 22 Stück, die wir sofort löschten, da wir ganz nahe
beim Schiff waren.

Wir fuhren wieder fort; als jedoch die Flagge von neuem gehißt wurde, hatten wir noch nicht ein einziges Fell erbeutet.

Es war jetzt spät am Abend, und der Mannschaft wurde der Befehl erteilt, sich so rasch wie möglich schlafen zu legen. Das ließ wohl darauf schließen, daß noch mehr Robben in Sicht waren.

Es wurde denn auch kein langer Schlaf, nur eineinhalb Stunden, dann wurden wir wieder zum „Fall" aufgepurrt, und die Boote wurden hinuntergelassen, sobald wir fertig waren.

Es war am Abend vor Johanni, am 23. Juni, und schönes Wetter. Auf allen Seiten lagen viele Robben, es galt nur die besten Fahrtrinnen zu finden. Überall knatterte und knallte es; heulend sausten die Kugeln durch die Luft.

Wir waren noch gar nicht sehr weit gekommen, als wir schon 37 Felle hatten. Da fuhr das Schiff an uns vorbei, wir wurden unsere Felle los und fuhren in neuer Richtung wieder aus.

Bald hatten wir neue Beute, dann aber gerieten wir an das dichte Eis und mußten geduldig warten, bis es so weit aufging, daß wir hindurchkommen konnten. Es lagen dort große „Haufen" und ganze „Herden" Robben; es galt nur, an den ersten Schollen vorbeizukommen.

Wir sahen, wie die anderen ihre Boote über das Eis zogen, um dorthin zu gelangen; sie konnten das tun, denn sie kamen direkt vom Schiff und hatten ein leeres Boot. Unseres dagegen war halb beladen, und meine Leute meinten, es wäre zwecklos, den Versuch zu machen, dieses schwerbeladene Boot über das schwierige Eis zu ziehen; die anderen würden uns trotz allem zuvorkommen.

Ja ja, sie hatten selbstverständlich recht; die Ungeduld mußte bezähmt werden.

Eine Aufheiterung war es, zu sehen, wie Olaves vom nächsten Boot herankam. Vorsichtig auf den Zehen schleichend, näherte er sich einer von uns geschossenen Robbe, die wir noch nicht geflenst hatten. Er pirschte sich lautlos, Schritt für Schritt heran, endlich machte er einen gewaltigen Satz und hieb die Hacke mitten in den Schädel dieses merkwürdig zahmen Tieres.

Wir lachten laut, und mit hängenden Ohren begab er sich wieder zu seinem Boot zurück.

Wir sahen, wie Ola Augundsen und Guttorm Gryte mit ihren Booten fast am Ziel waren, und wurden sehr besorgt, daß sie uns überholen könnten.

Da aber öffnete sich auch für uns das Eis, und wir drehten
den anderen eine lange Nase. Wir kamen in einen „Haufen" und
hatten sofort eine volle Bootslaft. Ich schoß eine Robbe nach der
andern zu beiden Seiten, während das Boot weiterglitt, und die
toten Tiere lagen in Reih und Glied auf dem Eis.

An jenem Tag war ich gut aufgelegt, und ich hätte noch lange
so weiter machen können, denn es gab genug Robben. Aber
Kriftian Ballong protestierte. Wir konnten nicht einmal das alles
bewältigen, was wir geschossen hatten, und so ließ ich mich zum
Aufhören überreden.

Das war aber zum großen Ärger des Kapitäns, der in der
Tonne saß und uns mit dem Fernrohr zusah. Er sagte mir später,
er selbst glaube nicht, daß der Engländer besser geschossen habe, und
er hätte nur gewünscht, daß ich mit Schießen nicht aufgehört, sondern die Bergung der Felle den anderen Booten überlassen hätte.

Wir flensten, so rasch es nur ging, nahmen so viele Felle
an Bord, wie wir konnten, und überließen den Rest der erlegten
Robben den anderen Booten. Wir hatten jetzt 59 Felle, aber
nun lag das Boot so tief, daß man sehr vorsichtig sein mußte, um
nicht zuviel Wasser überzunehmen.

Als wir an Bord gelöscht hatten, fuhren wir von neuem
wieder aus. Jetzt aber war nicht mehr viel Leben in meinen
Leuten. Die Sonne und das weiße Eis blendeten, und es war fast
nicht möglich, die Augen offenzuhalten. Kaum war ich oben auf
einem Eishügel gewesen, um nach Robben oder nach dem Weiter-
weg Ausschau zu halten, so fand ich sie bei meiner Rückkehr schlafend vor.

Als ich auf eine Scholle sprang, um eine andere Scholle, die
uns den Weg versperrte, wegzuschieben, verhängte sich der Bootshaken, den ich in der Hand hielt, unten im Boot und wippte mich
rücklings hinaus, kopfüber ins Wasser, gerade in dem Augenblick,
als ich den Fuß auf die Scholle setzen wollte. Ich wurde ziemlich
untergetaucht und mußte schwimmend mein Boot wieder einholen.

Meine Leute, die über den Riemen eingenickt waren, wachten
von dem Platsch auf und fuhren erschreckt durcheinander, als sie
mich im Wasser sahen. Ich bat sie jedoch, ruhig sitzenzubleiben, da
ich mir selber helfen könne. Mit der einen Hand hielt ich mich am
Bootsrand an, mit der andern am Rand der Scholle und wollte
mich hinaufstemmen. Aber gerade als ich mich aufs Eis hinüber-

Wir brechen uns einen Weg durch das Eis.

werfen wollte, glitt natürlich das Boot weg, und ich wurde wieder schön langsam untergetaucht.

Aber bald kam ich an einer andern Stelle hinauf, wo der Eisrand niedriger war. Ich mußte die Seestiefel ausziehen, um das Wasser auszuleeren, hierauf Strümpfe und Kleider, um sie auszuwinden. Dann wieder hinein in das nasse Zeug.

Jetzt konnte ich sehen, wie gut es war, daß ich lauter Woll= sachen trug, denn als ich gegen Abend an Bord kam, war mein wollener Schlüpfer auf dem Körper wieder ganz trocken, so daß der Kapitän mich nur auslachte und es nicht glauben wollte, als ich ihm erzählte, ich sei ins Wasser gefallen.

Wir arbeiteten uns weiter durch das Eis. Da ging die Flagge am Besantopp hoch, worüber meine Leute sehr froh waren. Zu= nächst aber half es nicht viel; das Eis war dicht geworden, wir mußten liegenbleiben, wo wir waren, und meine Leute nickten und schliefen natürlich ein. Nach einiger Zeit ging das Eis wieder auf, und wir kamen endlich an Bord.

Auf dieser letzten Fahrt hatten wir nur 14 Robben erbeutet. im ganzen trafen bei diesem „Fall" 111 auf unser Boot; wir hatten wohl die meisten Tiere.

Jetzt hieß es für alle Mann, so schnell wie möglich zu Bett. Aber auch diesmal kam es zu keinem langen Schlaf.

Gegen Morgen des 24. Juni wurde wieder aufgepurrt. Der
Steuermann kam herein und erzählte, er habe zwei Bären zwischen
den Robben gesehen. Wie riß ich da die Augen auf! Jetzt bestand
wohl endlich einmal Aussicht darauf, daß mein brennendster Wunsch
erfüllt werde. Ach Jugend, deine Hoffnungen sind stark, deine
Freuden strahlend, aber schwarz sind auch die Schatten deiner
Enttäuschungen!

Wir gingen in die Boote und wurden hinuntergelassen. Jeder
Schütze erhielt vom Kapitän in der Tonne Weisung, wohin er
fahren sollte. Ungeduldig wartete ich darauf, daß ich an die Reihe
käme und daß ich erführe, wo die Bären waren. Aber kein Wort
davon, ich erfuhr nur die Richtung, in der ich fahren sollte.

Es gab ziemlich viel Robben, aber mein Interesse für sie war
an diesem Tag nicht sehr groß. Auf jeden Eishügel, dem wir uns
näherten, stieg ich hinauf und spähte mit dem Fernglas nach den
Bären aus, ohne Erfolg.

Es war Mittsommertag, und die Sonne stand am höchsten.
Sie war schon an den vorhergehenden Tagen schlimm gewesen, aber
heute war sie noch schlimmer. Es schimmerte und glitzerte von der
Sonne und vom Eise her, und man öffnete die Augen nicht weiter
als gerade notwendig, meistens sogar nur eines.

Ich wünschte, ich hätte Schneebrillen gehabt, aber die hatte ich
einem der Schützen geliehen, dessen Augen wie von beginnender
Schneeblindheit gebrannt hatten.

Braun wird man wie ein Indianer, und die Haut schält sich
von Nase, Wangen und Kinn ab. Die Lippen werden wund, und
die Augen brennen, aber merkwürdigerweise hatten wir nur einen
Fall von Schneeblindheit: der Schütze Guttorm Grøte war einige
Tage krank.

Es war strahlend schön, obwohl die Bären nicht zu finden
waren!

Wenn ich an das Leben dort nördlich im Eise zurückdenke, so ist
es immer gerade solch ein Tag, der in der Erinnerung vor einem
auftaucht.

Welch ein Frieden! Die Luft zittert über den weißen, schim-
mernden Schollen. Ein wenig Hellblau zieht sich durch die Sprünge
und Löcher an den Rändern des Eises, und durch das kühle blaue
Wasser schimmert es tiefer und tiefer in das Grün des Eisfußes
hinab. Man hört das Schmelzwasser in kleinen Bächen vom Rande

einer großen Scholle gurgelnd herunterrieseln. Es blinkt in einigen Waken in der Ferne.

Da und dort liegt eine Robbe und läßt sich's wohl sein, sie kratzt sich ein wenig mit den Vorderflossen und rollt sich auf die Seite Eine Elfenbeinmöwe fliegt lässig dahin und setzt sich auf einen Eishügel neben einen Kameraden.

So ist es Tag und Nacht, — nachts sinkt die Sonne auf den Eishorizont herab und steckt den Nordhimmel in Brand.

Dann wurde die Flagge am Besantopp gehißt. Ich hatte die Bären fast vergessen, als wir zum Schiff zurückkehrten. Aber was war das dort auf der Back? Wahrhaftig, dort waren die Felle von drei Bären ausgespannt. Der Kapitän empfing mich lachend, als ich das Fallreep aufenterte.

Er hatte uns nach den Robben geschickt, denn das sei wichtiger gewesen, meinte er, und sei selbst mit dem Schiff weitergefahren, um die Bären zu erlegen.

An diesem Tag hatte ich 19 Robben erbeutet; aber das war kein Trost für die drei Bären, die wohl meine letzte Chance gewesen waren.

In diesen letzten drei Tagen und Nächten hatten wir alles in allem 1100 Robben erbeutet.

Unter all diesen Klappmützen befand sich auch manchmal, besonders tief drinnen im Eis, die eine oder andere „Blaurobbe" oder „Storkobbe". Diese liegen meistens vereinzelt oder in kleiner Anzahl näher beieinander, niemals in Herden. Es sind große Robben, noch länger als die Klappmütze, bisweilen bis zu drei Meter lang, aber nicht so dick wie diese. Sie sind auf dem Rücken blaugrau, ohne deutliche Flecken und an der Unterseite heller. Sie haben starke Barthaare, die von weitem wie ein richtiger Knebelbart aussehen, darum heißen sie auch Phoca barbata (bärtiger Seehund).

Wir erlegten einige dieser Tiere; dagegen sah ich in diesem Teil der Dänemarkstraße nicht eine einzige Sattelrobbe.

An einem dieser Tage trafen wir wieder mit der „Thetis" zusammen; Kapitän Fairweather kam auf Besuch und wurde gut bewirtet. Er war voller Bewunderung für die norwegischen Fänger.

„Nun bin ich mit euch im Fangfeld gewesen," sagte er, „und so oft ich das Fernglas auf den ‚Viking' richtete, sah ich Leute vom Schiff wegrudern oder heimkehren, und nie konnte ich

bemerken, daß die Norweger schliefen, solange sie im Fangfeld
waren."

„Nein, das war auch so," meinte Krefting, „man muß beim
Zeug sein, solange eine Robbe auf dem Eis ist."

„Ja, aber meine Leute", sagte der Schotte, „wollen jeden
Abend an Bord und sie wollen ihren regelmäßigen Schlaf haben,
wenn auch noch soviel Robben auf dem Eis sind."

„Ja, wir Norweger nehmen es eben, wie es kommt", meinte
Krefting. „Wir können ordentlich zupacken, wenn es wirklich gilt.
Aber danach kann die Mannschaft sich auch wieder in der Faulheit
ein Gütchen tun. Im übrigen aber habe ich Ihre Schützen gesehen;
die sind wirklich ungeheuer tüchtig, namentlich einer in einer
Dampfbarkasse. Ich habe selten jemand besser schießen sehen."

„Ja," meinte der Schotte, „einige unter ihnen sind ganz
tüchtig; aber ob sie besser sind als die Norweger, möchte ich nicht
entscheiden. Und dann kommt es ja auch nicht so sehr aufs Schießen
an, sondern darauf, wie man sein Boot im Eis vorwärts bringt
und die Leute zur Arbeit anspornt; das haben wir Engländer nicht
so gut los wie die Norweger, das habe ich gesehen."

Darin mochte er wohl ziemlich recht haben; denn unsere
Leute sind ja meistens im Handhaben der Boote sehr geübt.

Schließlich meinte er, es habe für die Engländer keinen Sinn,
im Robbenfang mit den Norwegern zu konkurrieren, er glaubte, die
Engländer würden es deshalb hier auf dem Eismeer bald aufgeben.

Bei Neufundland war es etwas anderes; dort nehmen sie
mehrere hundert von eingeborenen halbwilden Robbenschlägern an
Bord, und diese gehen aufs Eis und machen den ganzen Fang. Er
und seine Leute brauchten nur das Schiff zu navigieren und die
Fellhaufen zusammenzulesen.

Aber es ist eine fürchterliche Bande, wenn man sie auf dem
Schiff hat, erzählte er. Sie tun, was sie wollen, und es nützt gar
nichts, mit ihnen zu reden. Der Kapitän hält sich am besten in
seiner Kajüte auf. Sie liegen überall herum, im Mannschaftsraum,
im Lastraum und an Deck, sie kleiden sich während der ganzen Fahrt
nicht aus und sind über und über mit Blut und Speck beschmiert.
Mit schweren eisernen Nägeln in den Stiefeln trampeln sie überall
an Deck und in der Takelung herum, und man muß Reling und
alles Holzwerk mit Brettern schützen, damit sie das Schiff nicht
ernstlich beschädigen.

Wenn sie die Robben sehen, dann gehen sie mit dem Schiff darauflos; mag das Eis noch so schwer und dicht sein, sie brechen sich durch. Will der Kapitän sich ins Mittel legen, weil er findet, daß die Sache zu toll wird, dann gibt es unverschämte Antworten und noch Schlimmeres.

Dann aber gehen alle Mann aufs Eis; dort sind sie tüchtig und können mehrere Tage lang fortbleiben, wenn sie die Jungen schlagen. Zu essen haben sie nicht viel bei sich. Sie essen Herz und Nieren und das Fleisch der Robben in rohem Zustand, wenn es nötig ist, sonst sind die Flossen der Jungen ein besonderer Lecker= bissen für sie.

Die Felle werden gehäuft, und in jeden Haufen wird ein Wimpel mit dem Zeichen des Schiffes gesteckt.

Eines Tags kommen einige der Leute wieder an Bord zurück und sagen, da und da drinnen in dem dichten Eis liege eine volle Last für das Schiff. Dann gilt es eben dorthin zu gelangen, sobald das Eis sich ein wenig lockert.

Es ist jedoch vorgekommen, daß unterdessen Sturm eingesetzt hat, der das Eis zersplitterte und einen solchen Seegang hervor= rief, daß die Schiffe das offene Wasser aufsuchen mußten und die ganze Beute, die auf dem Eis lag, verlorenging.

Fairweather konnte nichts anderes sagen, als daß es eine große Erleichterung sei, diese Räuberbande wieder loszuwerden und an Deck wieder sein eigener Herr zu sein.

Ihr Lohn besteht in einem Drittel der Beute, das sie unterein= ander teilen.

Am Abend des 24. Juni kamen wir an einer ziemlichen Menge Klappmützen vorbei. Der Kapitän meinte jedoch, ehe wir noch mehr Robben erlegten, müßten wir die Felle, die wir bereits an Bord hatten, erst abspecken und verwahren. Sie fingen nämlich schon an zu faulen; viele Felle, hauptsächlich die, die an Deck in der Nähe der Maschine lagen, rochen schon übel, und der Tran floß über das Deck, obwohl ständig Seewasser über den ganzen Fellhaufen geschüttet wurde.

Daß die Leute nach diesen Tagen mit so wenig Schlaf ziemlich erschöpft waren, zeigte sich, als vier Schützen von der Back aus einige Robben, an denen wir vorüberkamen, schießen sollten. Wir erlegten nur zwei Robben und machten viele Fehlschüsse. Unsere Augen waren wohl von all dem Sonnengeflimmer ermüdet.

Am nächsten Tag war Sonntag (25. Juni); trotzdem wurde abgespeckt, denn es war wohl eine größere Sünde, die Felle liegen und verfaulen zu lassen, als den Ruhetag zu entheiligen.

Dennoch wurde bald zum Bootfall aufgepurrt. Es waren zu viel Robben auf dem Eis, als daß man sie hätte liegenlassen können.

Wir in meinem Boot ruderten und ruderten, fanden jedoch nur einzelne Robben und meinten, es sei überflüssig, daß man uns deswegen hinausgeschickt hatte. Dann wurde uns von der Tonne aus das Signal gegeben, den Kurs zu ändern, und nun fanden wir mehr Robben. Bald war es aber auch mit diesen zu Ende.

Wir sahen jetzt die Flagge unter der Backbordnod der Fod= rahe; sie war das Signal für uns, wieder an Bord zu rudern.

Ich dachte, es handle sich vielleicht um einen Bären; denn der Kapitän hatte mir feierlich versprochen, das nächste Mal, wenn wieder einer gesichtet würde, sollte ich ihn bekommen. Als wir jedoch zurückkehrten, erfuhren wir etwas anderes: wir hatten die ganze Zeit verkehrt gerudert. Da wollte mich der Kapitän, so sagte er, als einen der besten Schützen gerade dorthin senden, wo die Robben am dichtesten lagen; nun ruderten wir blindlings drauflos. Hätten wir richtig gerudert, so wäre unser Boot schon lange vollbeladen. Hans Schreiner war bereits mit Last an Bord gewesen, und die meisten Schützen waren mit beladenen Booten auf dem Heimweg, während wir erst 26 Felle hatten.

Es gibt viele Wechselfälle und Enttäuschungen auf dem Eis= meer, aber man muß versuchen, sie mit Geduld zu ertragen. Trotz= dem kann man es doch nicht unterlassen, eine Weile ärgerlich zu sein.

Wieder fuhren wir los, fest entschlossen, unsern Verlust wieder einzubringen, wenn es nur irgend möglich wäre; das taten wir denn auch.

Kaum waren wir ein gutes Stück weitergekommen, als dunkler Nebel, dicht wie eine Wand, einfiel; Signale der Dampfpfeife hiel= ten uns darüber im klaren, wo das Schiff lag, und Robben gab es genug auf allen Seiten. Während wir weiterruderten, tauchten sie eine nach der andern im Nebel auf; sie wurden ge= schossen und so rasch wie möglich geflenst.

Sofort erschienen neue, entweder auf derselben Scholle oder auf der nächsten. In solchem Nebel ist die Klappmütze zahm.

Alle Augenblicke muß man den Bootskompaß zu Rate ziehen und die Peilungen nach dem Ton der Dampfpfeife kontrollieren.

Fällt hier der Nebel erst einmal ordentlich ein, so kann er tagelang anhalten, und ist man außer Hörweite gekommen und weiß nicht, in welcher Kompaßrichtung das Schiff liegt, dann kann die Sache peinlich werden. Auf diese Weise sind schon öfters Leute auf dem Eismeer umgekommen.

Nun ertönte die Pfeife achtmal, zum Zeichen, daß alle Boote an Bord kommen sollten.

Wir hatten mit 43 Fellen ein vollbeladenes Boot und waren auch an diesem Tag mit unter die Besten gekommen.

Jetzt wurde das Eis rings um uns rasch dicht, und Eis und Nebel hielten mehrere Tage an. Unterdessen wurde an Bord abgespeckt, was wir nur schaffen konnten, um bis zum nächsten „Fall", sobald das Eis wieder aufging, klar zu sein.

Der Kapitän war froh, daß er alle Mann wohlbehalten an Bord hatte. Man kann sie, wie gesagt, in so anhaltendem Nebel leicht verlieren, und er wollte nicht gern die gleiche Erfahrung machen wie vor einigen Jahren, als er die „Magdalena" führte.

Er hatte die Boote zum Fang ausgesandt und sie waren in großem Abstand ausgeschwärmt, als der dunkle Nebel einfiel. Die Dampfpfeife gab das Signal, daß sie hereinkommen sollten. Sie kamen denn auch nach und nach alle, mit Ausnahme eines Bootes. Man wartete und wartete; die Dampfpfeife heulte, die Schiffsglocke läutete, man gab Schüsse mit der Kanone ab, aber nichts half. Das Boot war und blieb verschwunden.

Das Schiff hielt sich an der Stelle, damit das Boot zurück= finden sollte.

Jedes Fangboot hat einen kleinen Bootskompaß, und die Bootsführer sind angewiesen, bei einfallendem Nebel augenblicklich Peilung zum Schiff zu nehmen, damit sie die Richtung wissen, in der sie durch den Nebel suchen müssen.

Aber man wartete einen Tag und eine Nacht und man wartete noch einen Tag und eine Nacht — es kam kein Boot.

Endlich hellte sich der Nebel auf, und das Schiff fuhr im Eis hin und her, um zu suchen, doch vergebens. Schließlich mußten sie weiterfahren, ohne das Boot gefunden zu haben. Sie reisten heim in dem sichern Glauben, daß die Leute verunglückt seien, und

fuhren in den Hafen von Tönsberg mit der Trauerflagge unter
der Nock ein.

Mit dem Boot hatte es sich folgendermaßen zugetragen: Als
der Nebel einfiel, waren sie gerade im Begriff, zu einigen Robben
zu rudern; der Bootsführer hatte wahrscheinlich versäumt, eine
richtige Peilung zum Schiff zu nehmen, und sie waren weit drinnen
im Eis. Als sie dann versucht hatten, in der Richtung, in der sie das
Schiff vermuteten, zurückzurudern, hatten sie nichts gehört, und der
Nebel war immer noch gleich dick gewesen.

Sie ruderten und ruderten und versuchten es nach mehreren
Richtungen, aber überall war nur Eis. So hielten sie es für
das sicherste, an den Rand des Eises zu gehen, um nicht drinnen
eingeschlossen zu werden.

Sie hatten einige Felle im Boot, im übrigen jedoch nur
Schiffsbrot und ein Stück Speck in der Bootskiste und dann das
Lägel mit Bier; das alles reichte jedoch nicht weit.

Allerdings besaßen sie Gewehr und Patronen; sie schossen
auch einige Alke. Doch sie hatten keine Zündhölzer und versuchten
vergeblich, etwas Hanf und Tauwerk in Brand zu schießen;
wäre ihnen dies gelungen, so hätten sie mit einigen Bodenbrettern
und Speck ein Feuer auf dem Eis machen und die Alke im Boots=
schöpfer kochen können. Sie roh zu verzehren, scheint solchen See=
leuten undenkbar.

Der Tag verging, ebenso die Nacht, und der nächste Tag
brach an. Sie waren an den Rand des Eises gekommen, doch der
Nebel war immer noch dicht. Was sollten sie tun? Blieben sie
hier im Eis liegen und fanden das Schiff nicht, so mußten sie
verhungern.

Island war das ihnen zunächst gelegene bewohnte Land. Es
konnte nicht weit sein. So blieb nichts anderes übrig, als sich
nach Osten aufs Meer hinauszuarbeiten, um dorthin zu gelangen.

Es wurde ein langes Rudern. In einiger Entfernung vom Eis
hellte sich der Himmel auf, doch sie erblickten kein Land. Sie
ruderten weiter; daß sie von der Strömung nach Süden abgetrieben
wurden, wußten sie nicht.

Endlich stiegen einige Gipfel aus dem Meeresrand im Nord=
osten empor; es war der Snäfells=Jökull, und sie freuten sich sehr.
Nun konnte es ja nicht mehr lange dauern, bis sie an Land waren.
Sie ruderten und ruderten vom Morgen bis zum Abend, doch

schienen sie diesem Berg nicht näher zu kommen; gegen Abend waren sie auf dieser unendlichen Meeresfläche noch kaum weitergelangt.

Nun war Gegenwind aufgekommen, so daß sie gar keine Fahrt mehr machten. Sie begannen den Mut zu verlieren. Das letzte Brot und der letzte Speck waren vor langer Zeit aufgegessen. Der Hunger nagte in den Eingeweiden, doch schlimmer war der Durst, und dabei war das Bier ausgetrunken. Sie konnten nicht mehr und legten sich ins Boot, mit dem dunklen Gefühl, daß dies wohl ihre letzte Fahrt sei.

Gegen Morgen wachte einer von ihnen auf. Der Wind hatte sich gedreht, und man sah den Gletscher jetzt höher über dem Meer als am Abend. Der Mann schöpfte neuen Mut, rüttelte die anderen Leute wach, und sie ruderten nun wieder mit neuen Kräften.

Jetzt wuchs der Berg wirklich, mit ihm stieg der Mut. Sie hatten den Wind mit sich und waren, ohne es zu wissen, in dem nordwärts ziehenden Strom näher an Island herangekommen.

Endlich, in der Nacht, kamen sie unter Land. Nun waren sie aber auch vollkommen ausgepumpt. Schließlich trafen sie ein paar Leute und wurden gut aufgenommen und gepflegt.

Dann kamen sie nach Reykjavik und fuhren an Bord eines Dampfers heim. Und eines Tags landeten sie in Norwegen zur großen Freude aller Freunde und Verwandten, die sie seit langem als umgekommen betrauert hatten.

Auf dem Ausguck.

Dreizehntes Kapitel.

Der Eisbär.

Der Eisbär gehört wohl zu jenen Landsäugetieren, die am weitesten umherschweifen. Das Treibeis ist seine eigentliche Heimat, und mit ihm ist er fast überall in den arktischen Gebieten verbreitet. Er kommt auf dem Treibeis längs der ganzen Ostküste von Grönland bis hinunter nach Kap Farvell vor und geht auch dann und wann auf Island an Land. Man trifft ihn überall an im Meer zwischen Grönland, Jan Mayen und Spitzbergen und in der Barentssee bis weit nach Norden beim Franz-Joseph-Land und nach Süden bis zur Nordküste von Rußland. Bisweilen kann er auch in Finmark in Norwegen an Land kommen. Nach Osten zu ist er überall längs der Nordküste von Sibirien und auf dem benachbarten Eis, bei den Neusibirischen Inseln und bis zur Beringstraße und südlich im Beringmeer zu finden; manchmal gerät er sogar bis ans Nordende von Japan hinunter. Man trifft ihn längs den Küsten der arktischen Inseln nördlich von Kanada, längs der Westküste von Nordgrönland beim Smithsund und in der Baffinbai, ebenso an der Ostküste von Baffinland und Labrador, ja er kommt mit dem Treibeis sogar bis nach Neufundland hinunter.

Er macht oft lange, viele hundert Kilometer weite Wanderungen über die treibenden Eisfelder. In den inneren Teilen des Nordpolarmeeres ist er nicht so häufig, da es hier zu wenig Futter für ihn gibt, aber ich habe noch Bärenfährten nördlich von 83° nördl. Br. gesehen, und auf der Fahrt der „Fram" wurden im Jahre 1896 auf 84° 10′ nördl. Br. und 26° östl. L. Bären geschossen. Wahrscheinlich kann der Eisbär dann und wann einmal über das ganze Polarmeer streifen, selbst bis hinauf zum Pol.

Äußerlich unterscheidet er sich von unserm braunen Bären nicht nur durch die weiße Farbe, sondern auch durch seinen mehr langgestreckten Körper und den längern Hals, sowie seinen verhältnismäßig kleinern Kopf, der mit den kürzeren Ohren und der längern, etwas krummen Nase dem Tier ein wilderes Aussehen verleiht. Im übrigen überragt er unsern braunen Bären auch an Größe und Stärke um ein bedeutendes.

Der Hinterleib ist höher als der Vorderleib, was ihm ein eigentümlich klumpiges Aussehen gibt; dies läßt auch in Verbindung damit, daß er Paßgänger ist, seine Bewegungen, wenn er über das Eis einherkommt, so eigentümlich schlendrig erscheinen. Er geht mit den Vordertatzen ein wenig einwärts und wirkt auffallend o-beinig, wenn er auf einen zukommt.

So mächtig und schwer er ist, kann er doch, wenn es gilt, merkwürdig behend sein. Er kann Sätze machen, fast wie eine Katze, um seine Beute zu fassen, und kann sich mit unglaublicher Geschwindigkeit über das unebene Eis fortbewegen. Er hat eine überlegene Stärke, und mit einem einzigen Schlag seiner kräftigen Vordertatzen, die seine am meisten gebrauchte Waffe darstellen, kann er eine Robbe töten.

Der Bär ist größer als die Bärin. Er kann zwischen 2,30 und 2,50 Meter lang sein von der Schnauze bis zur Schwanzspitze; der kleine Schwanz ist bis zu 22 Zentimeter lang. Die Länge einer ausgewachsenen Bärin beträgt durchschnittlich zwei Meter. Ein ausgewachsenes Bärenmännchen kann bis zu 400 Kilo wiegen.

Seine Nahrung besteht hauptsächlich aus Robben, am liebsten Jungrobben.

Er kann auch kleine Wale erbeuten, die er wohl meistens dadurch fängt, daß er vom Eisrand oder vom Strand, wo er auf der Lauer liegt, auf sie herabspringt. An der sibirischen Küste habe ich im Magen eines erlegten Bären Speck und Haut eines Weißwaljungen gefunden. Aber er frißt auch jedes andere Tier des Eismeeres, tot oder lebend, wie es sich trifft. So nimmt er an den Küsten der Eismeerländer Lemminge, Vögel und Vogel= eier, man hat Eierschalen in Bärenmagen gefunden. Gibt sich die Gelegenheit, so soll der Eisbär auch auf Renntiere Jagd machen, an die er sich wie an die Robben heranschleichen muß. Auch Fische kann er erbeuten. Er liegt z. B. an den Flüssen der Eismeerländer und lauert der Lachsforelle auf, die dort in großen Mengen hinaufgeht. Manchmal frißt er auch Pflanzen; ich selbst habe in Eisbärenmagen Algen (Melosira) gefunden, von der Art, wie sie an der Oberfläche im Eismeer treiben. Dr. Koettlitz erzählt, er habe im Bärenmagen Gras gefunden, das die Tiere nicht nur aus Hunger gefressen haben konnten, denn im gleichen Magen waren viele Überreste von Robben. Einmal beobachtete er, wie ein Bär sich erst an Robben satt fraß und dann fast 6 Kilometer weit wanderte, um Gras zu finden, von dem er dann reichlich zu sich nahm. Er scheint demnach ein Bedürfnis nach Pflanzennahrung zu haben.

Nathorst und Kolthoff erzählen, daß sie auf König=Karl=Land im August 1898 in den Magen zweier erlegter Bären nur Gras gefunden haben. Ein Stück Grasland auf der Südseite eines Felsens war dort von den Bären niedergetrampelt und zum Teil abgeweidet.

Nordenskiöld erzählt, daß in dem Magen eines im Jahre 1875 auf der Dicksoninsel geschossenen Bären nur Gras gefunden wurde und daß die Fänger solche alte, grasfressende Bären „Land=Könige" nennen.

Wo der Bär Gelegenheit hat, frißt er auch schwarze Rausch= beeren (Empetrum) und Heidelbeeren und verzehrt dann meistens das Heidelbeerkraut mit. Er kann auch andere Pflanzen fressen, wie Bergsauerampfer (Oxyria) und Tang (Laminaria), usw.

Er scheint weder ein besonders scharfes Gesicht noch ein gutes Gehör zu haben; um so stärker ist dafür der Geruchssinn ausge= prägt, mit dessen Hilfe hauptsächlich er seine Beute findet.

Ein junger Eisbär beschleicht ein schlafendes Klappmützenjunges.

Ständig streift er auf der Jagd nach Robben umher, meist gegen den Wind kreuzend; er jagt sozusagen „mit offener Witterung" und kann die Robbe aus unglaublicher Entfernung wittern.

Beim Anschleichen an seine Beute zeigt er eine erstaunliche Schlauheit. Trotzdem er schwimmt und taucht, kann er selbstverständlich die rasche Robbe im Wasser nicht einholen; am besten erbeutet er sie auf dem Eis. Aber das ist keine so leichte Sache; denn die Robbe ist vorsichtig, sie hebt in kurzen Zwischenräumen den Kopf, um Umschau zu halten, und sie sieht gut und liegt stets dicht beim Wasser, bereit, sich beim ersten Schimmer einer Gefahr hineinzustürzen.

Der Bär merkt sich schon von weitem genau, wie die Robbe liegt, und kriecht dann im Schutze von Eishügeln und Eishaufen vorwärts. Es heißt, er könne, um ja kein Geräusch zu machen, die Tatzen so verdrehen, daß die haarige Seite nach unten kommt und er sich ganz lautlos vorwärtsschleichen kann. Ich selbst habe das nicht gesehen, doch die Erfahrung habe ich gemacht, daß dieses große Tier, wenn es gilt, ganz unglaublich lautlos über das Eis einherkommen kann.

Gibt es keine Unebenheiten mehr, um beim Näherkommen Deckung zu nehmen, so schiebt sich der Bär auf dem Bauch über das flache Eis bis zur Robbe vor, näher und immer näher. Seine weiße Farbe ist ja eine gute Hilfe; die Robbe wird nicht so leicht auf ihn aufmerksam, wenn sie nicht gerade in dieser Richtung schaut. Hebt die Robbe den Kopf, so bleibt der Bär stilliegen; legt die Robbe den Kopf wieder hin, dann schiebt er sich wiederum weiter.

Das einzige Dunkle an ihm sind Schnauze und Augen, und es wird behauptet, daß der Bär, um die Schnauze zu ver= decken, eine Tatze wie einen Schirm darüber legt, wenn er sich vor= wärtsschiebt; ich selbst habe dies jedoch nicht gesehen. Daß er eine unglaubliche Geduld haben kann, wenn es gilt, sich an das Opfer heranzuschleichen, habe ich dagegen häufig erfahren, wie man aus den späteren Schilderungen sehen wird.

Wenn er endlich nahe genug gekommen ist, wirft er sich blitzschnell mit einigen langen katzenartigen Sätzen auf die Robbe.

Ist die Eisscholle flach, so daß es keine Deckung gibt, hinter der er sich anschleichen kann, dann kommt es auch vor, daß der Bär unter die Scholle taucht und plötzlich in der Öffnung, an der die Robbe liegt, hochkommt.

Selbst auf vereinzelten Schollen draußen im freien Wasser kann die Robbe nicht ganz sicher sein, denn der Bär gleitet lautlos vom innern Eisrand ins Wasser und schwimmt zu der Scholle hinaus, wobei er nur die oberste Schnauzenspitze über Wasser hält. Ist er dann im richtigen Abstand, so geht er ganz unter Wasser und taucht dicht an der Stelle auf, wo die Robbe liegt; dann ist es nur noch ein Zufall, wenn sie wirklich flink genug sein kann, um auf der andern Seite ins Wasser zu ge= langen, ehe der Bär seine Tatzen in sie geschlagen hat.

Manchmal legt sich der Bär auch flach an den Rand des Eises und lauert auf Robben oder kleine Wale, die im Wasser schwimmen. Kommen diese nahe genug heran, so springt er plötzlich auf sie hinunter, schlägt die Tatzen in sie und versucht sie aufs Eis zu ziehen.

Im Winter und im Frühling liegt der Bär oft, ebenso wie der Eskimo, bei den Luftlöchern der Robben an den Küsten und drinnen in den Fjorden der Länder des Eismeers, wie schon im vierten Kapitel erwähnt wurde. Die Robben (das heißt die Ringelrobbe und der bärtige Seehund) halten auf dem festen Eis stets Löcher offen, in denen sie zum Luftschöpfen heraufkommen. Sie haben auch einige größere Löcher, durch die sie ganz aufs Eis gehen können. Bei diesen Löchern liegt der Bär oft stunden= lang mit bereit gehaltener Tatze, um sofort zuzuschlagen, sobald ein Kopf auftaucht.

Die Jungrobben und die kleineren Robben kann der Bär mit einigen Schlägen seiner Tatzen rasch abtun, oder er macht ihnen den Garaus, indem er sie in den Nacken beißt. Aber die größeren Robben, und namentlich ein großes Klappmützenmännchen, können Kampf kosten. Ich kam auf dem Eis an eine Stelle, wo ein solcher Kampf zwischen einer Klappmütze und einem Eisbären stattgefunden hatte. Die Spuren im Schnee ließen erkennen, wie sie herumgetanzt hatten. Die Klappmütze beißt um sich, und der Bär schlägt mit den Tatzen zu. Der Kadaver der Klappmütze lag noch da. Ein Teil des Spedes war aufgefressen, das Fleisch dagegen war unberührt. Die vielen Wunden und Risse zeigten, daß die Robbe sich nicht so schnell ergeben hatte. Außer seiner überlegenen Stärke hat der Bär selbstverständlich auf dem Eis auch noch den Vorteil, daß er sich mit weit größerer Leichtigkeit bewegt als die Robbe. Im Wasser dagegen ist es umgekehrt; dort würde ein Klappmützenmännchen dem Bären weit über= legen sein.

Man hatte auch angenommen, daß die Bären Walrosse angreifen, dies halte ich aber nicht für wahrscheinlich. Obwohl ich viele Walrosse und Bären in der gleichen Gegend von Franz= Joseph=Land gesehen habe, habe ich nie beobachtet, daß der Bär das Walroß verfolgt, und dieses war vollkommen gleichgültig gegenüber dem Eisbären; er konnte dicht an den Wal= rossen vorbeigehen, ohne daß sie ihn überhaupt beachteten. Sie fühlen sich offenbar ganz sicher und überlegen.

Der Bär ist nicht imstande, ein ausgewachsenes Walroß zu überwältigen. Ganz abgesehen von den gefährlichen Hauern, vor denen der Bär sich auch auf dem Eise sehr hüten müßte, ge= schweige denn im Wasser, wo er ganz unterlegen sein würde, sind Haut und Spedschicht des Walrosses so dick, daß es von dem Hieb einer Bärentatze nicht viel verspüren würde. Ich habe gesehen, wie Bären das Fleisch und den Sped von den Kadavern geflenster

Walrosse sorgfältig mit den Tatzen abgekratzt haben; kamen sie jedoch an ein Tier, das noch in der Haut war, so haben sie zwar diese aufzureißen versucht, aber ohne Erfolg.

Das Walroß ist deshalb sicher das einzige Tier, mit dem der Bär unter den Landtieren oder den Eistieren im Eismeer nicht fertig wird, und es ist das einzige, dem er aus dem Wege geht.

Im Jungenfang im Jan-Mayen-Meer, wo die Sattel= robben ihre Jungen werfen, wie ich früher geschildert habe, sind oft viele Bären; sie machen sich gute Tage mit den Robbenjungen, die eine leichte Beute sind, da sie ja nicht ins Wasser gehen, ehe sie das Wollkleid abgelegt haben.

Oft spielt der Bär mit den Jungen wie die Katze mit der Maus; er nimmt sie ins Maul und wirft sie hoch in die Luft, rollt sie wie einen Ball über das Eis, schlägt nach ihnen, daß sie taumeln, und beißt vielleicht einen Happen heraus, läßt aber dann das Junge halbtot liegen, um das gleiche Spiel mit einem neuen Tier zu beginnen.

Wie gesagt, fängt sich der Bär hauptsächlich junge Robben; seltener findet man Überreste einer alten Robbe, die er erlegt hat.

Ist genügend Nahrung da, so frißt der Bär meistens nur das Blut und den Speck; ist das Futter jedoch knapp, so werden die Jungrobben mit Haut und Haar vertilgt. In dieser Ver= bindung sei erwähnt, daß man oft Spuren von Füchsen und Bären nebeneinander auf dem Treibeis sieht, selbst Hunderte von Kilo= metern vom Land entfernt. Der Fuchs folgt dem Bären, um an seinem Fang zu profitieren. Der Bär frißt meistens das Blut und den Speck, und der Fuchs kommt später und tut sich am Fleische gütlich. Aus dem Speck macht er sich weniger.

Über den Mut und die Gefährlichkeit des Eisbären herrschen sehr verschiedene Ansichten. Einige wollen ihn für ganz harmlos halten, während andere übertriebene Vorstellungen von seiner Wildheit haben. In alten Reisebeschreibungen vom Eismeer ist er häufig als ein fürchterliches Ungeheuer dargestellt, das einen Mann nach dem andern angreift und tötet und zu dessen Erlegung eine große Mannschaft ausgesandt werden muß.

Das Benehmen des Bären hängt, glaube ich, wesentlich davon ab, wo und unter welchen Verhältnissen man ihn antrifft. In Gegenden, wo er oft von Menschen verfolgt wird und deshalb in der Regel seltener vorkommt, ist er meistens scheu und läuft davon, sobald er Witterung von Menschen bekommt, so daß man unter Umständen nur schwer an ihn herankommen kann.

In anderen Gebieten dagegen, wo er nicht gewohnt ist, mit Menschen zusammenzutreffen, verhält er sich ganz anders; z. B. draußen im Treibeis, vor der Ostküste von Grönland, ebenso im Polarmeer nördlich der Neusibirischen Inseln und nach Westen zu und bei Franz=Joseph=Land ist er wenig scheu. Sehr häufig kommen namentlich die Bärenmännchen geradeswegs auf einen zu, sobald sie Menschen sehen oder wittern. In den meisten Fällen ist es vielleicht nicht gerade die Absicht des Bären anzugreifen, selbst wenn er riecht, daß es warmes Fleisch ist. Er kommt fast mehr aus Neugierde; er will untersuchen, was das für ein Wesen sein kann, und kommt spähend und windend langsam daher= geschlendert. Nach einer Weile geht er vielleicht wieder seiner Wege, wenn er nicht geschossen wird.

Trotzdem konnte ich des öftern nicht im Zweifel darüber sein, daß er in der bestimmten Absicht des Raubes gekommen war. Mehrere Bären, die wir auf dem Eis vor Grönland schossen, kamen an uns herangeschlichen wie eine Katze an ihre Beute, und zwei= mal später im Leben ist es mir vorgekommen, daß der Bär wirk= lich angriff. Das eine Mal an Bord der „Fram", im Winter 1894, als ein Bär in der Dunkelheit Peder Hendriksen auf dem Eis angriff und ihn in die Hüfte biß, worauf dieser ihm mit einer Laterne auf den Kopf schlug, ohne daß etwas Weiteres geschah. Das zweitemal, als mein Kamerad Johansen von einem Bären, der sich von hinten an uns herangeschlichen hatte, niedergeschlagen wurde. Der Bär ließ jedoch von ihm ab und ging ohne ihn zu beißen auf die Hunde los. In diesem zweiten Fall war es eine Bärin mit zwei großen Jungen gewesen, die uns wohl aus Hunger angegriffen hatte.

Auf anderen Polarexpeditionen ist es öfter vorgekommen, daß Leute auf dem Eis von Bären angefallen wurden, ohne daß der Bär angegriffen oder angeschossen worden war.

Auf der deutschen Expedition nach der Ostküste von Grön= land im Jahre 1869—1870 kam es zweimal vor, daß Männer von Bären angegriffen wurden. Das eine Mal wurde einer der Gelehrten, Börgen, sogar ein längeres Stück weit fortge= schleppt. Es war in der Winternacht; er war draußen gewesen, um die Thermometer abzulesen, die in einiger Entfernung vom

Schiff näher am Lande aufgestellt worden waren, und befand sich gerade auf dem Heimweg, als er hinter sich etwas tappen hörte. Er wandte sich um und stand gerade einem Bären gegen= über. Es war keine Zeit, um den Hahn der Büchse, die er bei sich hatte, zu spannen, und so versuchte er denn, den Bären dadurch ab= zuschrecken, daß er ihm die Blendlaterne dicht vor die Augen hielt. Ohne jedoch davon Notiz zu nehmen, rannte das Tier Börgen über den Haufen, biß ihn ein paarmal in den Kopf und schleppte ihn mit sich. Börgens Hilferufe wurden an Bord gehört, und die Kameraden eilten herbei. Auf die Schreckschüsse hin ließ das Tier los und entfernte sich ein paar Schritte, kehrte jedoch wieder zurück und schleppte sein Opfer im Galopp über das unebene Eis weiter. Endlich ließ er los und ergriff nun wirklich die Flucht. Börgen war schwer verwundet, aber er erholte sich wieder. Seine dicke Pelzmütze hatte den Kopf einigermaßen vor den Bissen geschützt.

Ich glaube kaum, daß der Bär, wenn er nicht hungrig oder gereizt ist, auf Menschen losgeht. Im Jungenfang kann er höchst gemütlich sein. Es ist hier oft vorgekommen, daß er sich den Fellhaufen näherte, daran schnupperte und dann ohne feind= liche Absichten zu zeigen wieder seines Weges ging. Die Leute haben dabei zugesehen; sie hatten wie gewöhnlich keine Gewehre bei sich, nur Robbenhacken, und mit dieser Waffe kann man nicht gut auf einen Bären losgehen.

Meinem Bootssteuermann, Kristian Ballong, widerfuhr es ein= mal im Jungenfang, daß er gerade so viele Jungrobbenfelle zurechtgelegt hatte, wie er ziehen konnte; er hatte das Zugstert befestigt und wollte sich eben vorspannen, um die Felle zum Schiff zu ziehen, da kam ein Bär herbei und schnupperte an den Fellen. Ballong beachtete den Bären nicht, sondern zog mit seiner Last weiter. Der Bär kam Schritt für Schritt nach, und so „avan= cierten" sie zum Schiff, Ballong voran mit den Fellen, der Bär gutmütig nachtrabend. Als jedoch Leute mit Gewehren her= beistürzten, machte er sich davon.

Die Jagd auf ihn mit modernen Schußwaffen ist als ziemlich ungefährlich zu betrachten. Auf die kurze Entfernung, in der man ihn häufig zum Schuß bekommt, bildet er ja eine Zielscheibe, die man nicht so leicht fehlen kann. Aber er braucht meistens mehrere Kugeln, bis er fertig ist, wenn man ihn nicht durch den Kopf ins

Gehirn oder durch den Nackenwirbel schießt und das Leben wie eine Kerze auslöscht.

Wird der Bär verwundet, so läuft er meistens davon, wenn man nicht so nahe bei ihm ist, daß er sich zur Verteidigung ge= zwungen sieht. In einigen Fällen jedoch habe ich auch gesehen, daß Bären, die bereits auf der Flucht waren, wieder umkehrten und zum Angriff übergingen.

Die Walroßjäger aus Nordnorwegen sollen oft, ebenso wie die Eskimos, mit dem Speer oder mit der Lanze auf den Bären losgehen. Dies ist keine ganz ungefährliche Jagd. Man muß blitzschnell sein, wenn man mit dem Speer oder der Lanze zusticht, denn der Bär kann eine unglaubliche Behendigkeit im Abwehren der Stöße entfalten und er hat kräftige Kinnladen. Scoresby erzählt von einem Eisbären, der einen eisernen Speer in der Dicke von einem halben Zoll durchbiß.

Die Eisbären sind keine geselligen Tiere. Sie streifen am liebsten allein über die weiten Eisfelder, und nur selten sieht man mehrere ausgewachsene Bären beisammen oder in der Nähe von= einander, außer dort, wo es viele Robben gibt, wie z. B. im Jungenfang, oder wo Robben oder Walrosse gejagt worden sind und viele Kadaver auf dem Eis oder auf dem Strand liegen. Auch dort, wo ein toter Wal an Land getrieben wurde oder im Eis liegt, sollen sich oft mehrere Bären versammeln.

Die Männchen und Weibchen halten sich getrennt, ausgenom= men in der Paarungszeit, ungefähr von März bis Mai; es scheint, daß diese meistens Ende April oder erst im Mai einsetzt und nicht lange dauert. Die Jungen bleiben ein bis zwei Jahre bei der Mutter, und die beiden jungen Bären scheinen noch eine Zeitlang, nachdem die Mutter sie verlassen hat, zusammenzuhalten. Es soll auch vorkommen, daß die Mutter neue Junge bekommt und die alten noch bei ihr bleiben, so daß es im ganzen fünf Tiere sind; aber dies ist wohl eine Seltenheit.

In der hellen Jahreszeit ist der Bär meist des Nachts unter= wegs. Seltener sieht man ihn mitten am Tag, da hält er sich gewöhnlich ruhig und schläft.

Die Bärin trägt vermutlich neun Monate lang und wirft ihre Jungen gewöhnlich im Januar und Februar. In der Regel sind es zwei Junge, aber oft ist es auch nur eines. Niemals habe ich drei gesehen, aber es mag wohl vorkommen.

Die Bärin ist gegen die Jungen sehr zärtlich und verläßt sie nicht, selbst nicht in der größten Gefahr. Sie ist viel scheuer und vorsichtiger, wenn sie Junge hat, und läuft meistens davon, sowie sie irgend etwas Verdächtiges, etwa Menschen, sieht. Um die Jungen dazuzubringen, so rasch wie möglich mitzulaufen, gebraucht sie vielerlei Mittel. Bald springt sie voran, um ihnen den Weg zu zeigen und sie zu locken, bald kommt sie zurück, um die Jungen zur Eile anzutreiben, schiebt sie mit den Tatzen vorwärts oder stemmt den Kopf unter ihr Hinterteil und wirft sie nach vorn, dann läuft sie wieder ein Stück voraus. Auf diese Weise können sie sehr schnell vorwärtskommen, und wenn die Jungen nicht ganz klein sind, ist es oft sehr schwierig, ihnen zu folgen oder sie auf dem Eis einzuholen.

Kommt man jedoch einem der Jungen zu nahe, so daß die Mutter es in Gefahr glaubt, so eilt diese in großen Sätzen zur Verteidigung herbei. Mit gefletschten Zähnen, einen zischenden Laut ausstoßend, geht sie sprungbereit auf den Feind los, und wenn man ohne Gewehr ist, muß man sich sehr in acht nehmen. Dann läuft die Mutter wieder zurück, um das Junge anzutreiben, kehrt wieder um und zeigt die Zähne.

Sind die Jungen klein, so verlassen sie die Mutter nicht, wenn sie erschossen wird. Ich weiß Fälle, wo die beiden Jungen der toten Mutter, während sie zum Boot gezogen wurde, folgten, sie ableckten und sie mit der Schnauze pufften. Als dann die Mutter ins Boot gebracht wurde, sprangen sie nach, setzten sich auf die Mutter und ließen sich ruhig zum Schiff rudern.

Es haben große Meinungsverschiedenheiten darüber bestanden, ob der Eisbär im Winter, ebenso wie unser Landbär, in einem Winterlager liegt. Mehrere Polarfahrer haben behauptet, dies müsse der Fall sein, denn sie haben beobachtet, daß die Bären stets in der dunkelsten Zeit des Winters verschwunden waren. Dies kann jedoch darauf zurückzuführen sein, daß das Eis rings um das Winterquartier der Polarfahrer tief drinnen in den Eisfeldern im Winter ganz zufriert. Die Robbe verschwindet dann aus diesen Gegenden, und der Bär zieht ihr nach, dorthin, wo mehr offenes Wasser zwischen dem Eis ist und wo es folglich auch Robben gibt, von deren Fang er leben kann.

Nach allen Erfahrungen, die wir bis jetzt gemacht haben, ist es sicher, daß der Eisbär im Winter nicht ins Winterlager geht. An

Bord der „Fram" erhielten wir öfters mitten im dunkelsten Winter Besuch von Bären, die also in diesen weiten Eisgegenden, fern von jedem Land, umherstreifen.

Wie Dr. Koettlitz berichtet hat, trafen die Teilnehmer der eng= lischen Expedition nach Franz=Joseph=Land von 1894 bis 1897 viele Bären im Winter an, in den Monaten Januar, Februar und März häufiger als in irgendeiner andern Jahreszeit, während Johansen und ich in unserer Winterhütte im nördlichen Teil von Franz=Joseph= Land um diese Jahreszeit keine Bären sahen. Der Grund ist offenbar der, daß es bei uns im Norden, wo das Eis ganz zuge= froren war, keine Öffnung und folglich wenig Robben gab, während die englische Expedition bei Kap Flora auf der Südseite von Franz=Joseph=Land lag, wo in der Nähe viel offenes Wasser war und sich infolgedessen auch mehr Robben einfanden.

Man hat öfters Höhlen gefunden, die der Bär in die Schnee= wehen zwischen den Eishügeln oder weiter drinnen auf dem Strande an den Küsten gegraben hatte. Es gibt jedoch keine An= zeichen dafür, daß die Bären in diesen Höhlen wirklich überwintert haben. In vielen Fällen haben sie diese Löcher nur als Schutz gegen schlechtes Wetter gegraben.

Es scheint, daß die Bärin sich gewöhnlich kurz vor der Wurf= zeit eine solche Höhle gräbt, wo sie ihre Jungen zur Welt bringt und wo sie wahrscheinlich mit diesen einige Wochen nach der Ge= burt sich aufhält. Es gibt jedoch auch Beispiele dafür, daß die Bärin ihre Jungen auf dem flachen Eis unter dem offenen Himmel in der kalten Polarnacht geworfen hat. Auf welche Weise es ihr möglich ist, diese kleinen Geschöpfe zu schützen, erscheint rätselhaft.

Wenn die Jungen zur Welt kommen, sind sie merkwürdig klein und unbeholfen. Sie sind ungefähr so groß wie ein kleines Kaninchen und angeblich einige Wochen lang blind. Die Mutter säugt ein bis eineinhalb Jahre lang, doch leben die Jungen in dieser Zeit nicht nur von Milch, sie bekommen auch Robben zu fressen. Dr. Koettlitz fand z. B. auf Franz=Joseph=Land einjäh= rige Bärenjunge zusammen mit der Mutter. Die Mutter hatte noch Milch, man fand jedoch in den Magen der Jungen bereits Teile von soeben getöteten Robben. Diese Bärenmutter samt Jungen wurde am 15. Januar geschossen, und die Jungen wogen um diese Zeit über 100 Kilogramm.

Es scheint, als kämpften die Bären sehr häufig untereinander, namentlich natürlich die männlichen Bären. An alten Bären sieht man häufig große Narben, teilweise auch frische, oft eitrige Wunden, die in der Regel wohl von Bärenkrallen und von den sicher ziemlich ernsthaften Kämpfen der Männchen um das Weibchen in der Paarungszeit herrühren. Bisweilen kann man wohl auch Bißspuren von Robben, namentlich von alten Klappmützenmännchen, gewahren, mit denen die Bären gekämpft haben.

Es ist nicht unwahrscheinlich, daß der Bär vom Walroß angefallen wird, wenn er im Wasser schwimmt. Die Walrosse können mit ihren großen Hauern dem Bären ernsthafte Wunden beibringen und ihm auch leicht den Garaus machen. Dr. Koettlitz spricht von einem Fall, wo er an einem Bär vier gebrochene und zum Teil wieder zusammengewachsene Rippen feststellte; er fand auch Merkmale einer großen äußern Wunde. Ich kann mir denken, daß diese von dem Stoß eines Walroßzahns stammte.

Daß Bären auch andere Bären angreifen können, selbst wenn es nicht das Weibchen gilt, konnten wir auch einmal beobachten, bei Johansens und meiner Winterhütte auf Franz-Joseph-Land im Herbst 1895. Eines Nachts erhielten wir Besuch von einem großen alten, ungewöhnlich magern Bären — nicht eine Faser Speck war an ihm, weder unter dem Fell noch im Bauch, wie sich später zeigte —, er war offenbar ganz unglaublich ausgehungert. Er war an unsern zu einem Stapel aufgehäuften Speckvorrat geraten. Kurz vorher hatten wir eine Bärin geschossen, die zwei ganz große Junge hatte. Diese Jungen waren davongelaufen, und wir hatten sie noch nicht zur Strecke gebracht, sie hielten sich aber ständig in der Nähe der Hütte auf. In der ersten Nacht, nach dem Abend, an dem wir die Mutter geschossen hatten, waren sie zurückgekehrt und hatten den Magen und alle Gedärme der Mutter aufgefressen. Möglicherweise sind diese beiden jungen Bären auch gerade bei dem Speck gewesen, als der alte Kerl kam. An den Spuren konnten wir erkennen, daß er zuerst dem einen Jungen nachgelaufen war und es weiter draußen auf dem Eis getötet hatte; dann war er dem andern Jungen nachgesetzt und hatte auch dieses umgebracht. Danach war er zum Speckhaufen zurückgegangen, hatte gefressen, was er nur konnte, und hatte sich dann mitten auf dem Haufen schlafen gelegt. Da lag er noch, als wir am nächsten Morgen aus unserer „Höhle" kamen und ihn schossen.

Ein altes Eisbärenmännchen.

Da der Bär gewöhnlich sehr fett ist, schwimmt er in der Regel leicht im Wasser und kann deshalb lange Strecken über offene See zurücklegen. So ist es öfters vorgekommen, daß ein Bär in Nordnorwegen, ja sogar weit südlich in Norwegen an Land gekommen ist, nachdem er offenbar lange Strecken von dem Eis weg, mit dem er abgetrieben worden war, über die See ge= schwommen war. Auch aufs Tauchen versteht er sich, und er kann ziemlich lange unter Wasser bleiben; ein eigentlich guter Schwim= mer ist er aber nicht; er kommt nicht rascher vorwärts, als daß man noch mit Leichtigkeit an ihm vorbeirudern kann. Gelingt es deshalb, ihn ins Wasser zu treiben, und kann man ihm im Boot nachsetzen, so ist er verloren.

Die Robbenfänger fangen ihn in diesem Fall oft lebendig. Sie werfen ihm zuerst vom Boot aus eine Schlinge um den Hals und bringen ihn zum Schiff, wo ihm ein starkes Tau um den Leib gebunden wird, mit dessen Hilfe er mit der Winde an Bord gehißt wird; dann läßt man ihn direkt in einen bereit gehaltenen Käfig hinunter, der abgeschlossen wird, während der Bär drinnen rast und alles zu zertrümmern versucht. Ein solcher lebendiger aus= gewachsener Bär wird als ein guter Fang betrachtet, da er für einen hohen Preis an Zoologische Gärten verkauft werden kann.

Gelingt es ihm jedoch, sich frei zu machen, so ist er ein un= heimlicher Gast an Bord. Ich erinnere mich eines Falles, wo solch ein erwachsener Bär auf einem unserer Passagierschiffe von Tromsö im Käfig an Hagenbeck nach Hamburg geschickt werden sollte. Eines Nachts lag das Schiff im Hafen, soviel ich mich erinnern kann in Haugesund; die Wache an Deck saß gerade im Kartenhaus, als der Mann draußen etwas tappen hörte. Er schaute hinaus und erblickte im Dunkeln an Deck ein großes, weißes Geschöpf. Es war der Bär, der ausgebrochen war. Der Mann er= schrak und schlug die Türe wieder zu. Der Bär tappte weiter und ging dann in den Rauchsalon, dessen Türe offen stand. Die Wache, nicht faul, warf die Türe hinter ihm zu. Als der Bär merkte, daß er nicht mehr hinausgelangen konnte, wurde er wütend und begann, die Möbel zu demolieren; er riß den Bezug von den Sofas und machte sich daran, alle Vorhänge von den Fenstern herunterzuzerren.

Unterdessen gelang es der Wache, Hilfe herbeizurufen. Jetzt

handelte es sich darum, wie man den Bären wieder in den Käfig bringen sollte, denn er war zu wertvoll, um ihn zu erschießen, wenn sich das irgendwie vermeiden ließ. Der Arzt kam hinzu und fand einen Ausweg. Man brachte Chloroform, schlug eines der Fenster ein und spritzte nach und nach so viel Chloroform in die Kajüte, daß der Bär davon betäubt wurde. Nun brauchten sie ihn nur noch gehörig zu fesseln und in den Käfig zurückzu-schaffen. Das Tier war nach der Chloroformdosis so betäubt, daß es sich längere Zeit ruhig verhielt. Unterdessen wurde der Käfig so gründlich widerstandsfähig gemacht, daß das Tier nicht wieder ausbrechen konnte.

Unter den Eismeerfahrern herrscht der alte Aberglaube, Bären-fleisch sei giftig. Man findet dies bereits in alten Reisebeschrei-bungen, wie z. B. in der Beschreibung der Barents-Expedition im Jahre 1596. Dieser Aberglaube hat sich bis in unsere Tage erhalten, denn viele von den Eismeerfahrern rühren kein Bären-fleisch an. Ich selbst bin ein lebender Beweis gegen diesen Aberglauben. Auf der Fahrt mit dem „Viking“ aßen wir ständig Bärenfleisch, ohne daß es irgendwelche unangenehme Folgen hatte, im Gegenteil, das Fleisch war gut, wir mochten es gern und es bekam uns immer ausgezeichnet. Auch später im Leben habe ich oft Gelegenheit gehabt, den Beweis für seine Bekömmlichkeit zu erbringen, besonders als Johansen und ich zehn Monate lang im Winterlager auf Franz-Joseph-Land lagen und ausschließlich von Bärenfleisch ohne irgendwelche anderen Lebensmittel lebten. Wir waren die ganze Zeit über gesund.

Dagegen besteht die Möglichkeit, daß es nicht sehr ratsam ist, die Eisbärenleber zu essen. Ich selbst habe allerdings ein paarmal davon gegessen, ohne unangenehme Folgen zu ver-spüren; aber ich muß zugeben, daß ich nicht viel davon aß, da ich genügend andere Nahrung hatte.

Dr. Koettlitz jedoch behauptet, daß jedesmal, wenn auf der englischen Expedition nach Franz-Joseph-Land (1894—1897) der Versuch gemacht wurde, Bärenleber zu essen, diejenigen, die da-von gegessen hatten, hinterher immer sehr übel daran waren. Sie bekamen starke Kopfschmerzen, litten an Schlaflosigkeit, und wenn sie viel davon gegessen hatten, bekamen sie Übelkeit und Erbrechen. Dieser Zustand dauerte sieben bis acht Stunden, und erst nach vier-undzwanzig Stunden konnten sie wieder schlafen. Er sagt, dies

geschah, trotzdem sie nicht an die Giftigkeit der Bärenleber hatten
glauben wollen. Er behauptet auch, der Genuß von Bärennieren
könne oft die gleichen Folgen haben, wenn auch in viel geringerem
Maße. Ich muß sagen, daß ich oft und reichlich Eisbärennieren
gegessen habe, ohne das mindeste Unbehagen davon zu verspüren.
Im Gegenteil, ich mochte sie gern. Dr. Koettlitz sagt im übrigen
auch, daß Elfenbeinmöwen und andere Vögel die Leber und die
Nieren des Eisbären meiden. Ich gestehe, ich habe selbst niemals
diese Beobachtung gemacht, möchte jedoch ihre Richtigkeit nicht
bestreiten.

Merkwürdig ist ja, was die Einbildung beim Essen aus=
macht. Um wirklich zu beweisen, daß die Bärenleber giftig ist,
dürften jene, die sie essen, nicht wissen, was für eine Art Leber sie
vorgesetzt erhalten.

Daß die Neugier der Eisbären groß ist, haben die Eismeer=
fahrer oft erfahren, wenn sie Säcke oder ähnliches liegengelassen
hatten. Hat ein Bär sie gefunden, so wurde der Inhalt dieser
Säcke stets gründlich untersucht. Alles Genießbare ist selbstver=
ständlich verzehrt, und das übrige, womit der Bär nichts anzu=
fangen wußte, ist kurz und klein geschlagen und der Rest weit fort=
geschleppt. Besonders gefährlich kann es werden, wenn ein Bär
über die für Forschungsreisende angelegten Depots gerät, von
denen deren Lebensmittelversorgung abhängt. Er macht dann
meistens ziemlich reinen Tisch, streut alles weit und breit umher,
frißt alles Genießbare auf und schlägt die Konservenbüchsen und
Blechdosen flach.

Diese Depots so tief zu vergraben, daß ein Bär nicht zu ihnen
gelangen könnte, ist nicht leicht. Es hilft wenig, die größten Steine
darüberzuwälzen, der Bär schleudert sie weg, als seien es Kiesel.
Ebensowenig bietet es eine genügende Sicherheit, die Vorräte in
schwere Holzkisten zu verpacken und diese zu vernageln, da er auch
diese zertrümmern kann. Das beste dürfte meiner Meinung nach
sein, alles miteinander dicht mit Stacheldraht zu umwickeln. Den
hat der Bär nicht gern, denn er zerreißt ihm die Tatzen und da
nimmt er sich sofort in acht.

In jenen Gegenden, wo häufig Menschen hinkommen und
wo der Eisbär viel gejagt wird, beginnt er jetzt ziemlich selten zu
werden, so z. B. auf der Westküste von Spitzbergen, auf der
Westküste von Grönland und in den Gegenden, wo die Estimos

hausen, die den Bären bei jeder sich bietenden Gelegenheit jagen.

Wie rasch ihre Anzahl durch die Jagd verringert werden kann, mag man an dem Beispiel der englischen Expedition auf Franz-Joseph-Land 1894—1897 ersehen. Dr. Koettlitz macht darauf aufmerksam, daß im ersten Jahr ihres Aufenthalts 60 Bären geschossen, einige verwundet wurden und andere ganz heil davonkamen, während schon im zweiten Jahr nur noch 20 Tiere erlegt wurden; ein oder zwei entkamen schwerverwundet und noch mehrere wurden gesehen. Im dritten und letzten Jahr aber wurden nur zehn Bären geschossen und zehn oder fünfzehn andere gesehen. Dies mag wohl zum Teil dem zuzuschreiben sein, daß die Bären durch die Verfolgung scheuer geworden und aus diesem Teil des Landes ausgewandert waren. Aber hauptsächlich ist es wohl darauf zurückzuführen, daß die Zahl der Bären in jenen Gegenden wirklich so stark durch Abschuß vermindert wurde.

Am sichersten jagt man Eisbären mit guten Hunden. Wenn diese auf den Bären losgelassen werden, wird er sich zurückziehen; sind die Hunde jedoch hitzig und draufgängerisch, so werden sie den Bären leicht zwingen können, sich zu stellen und sich zur Wehr zu setzen. Am besten ist es, wenn sie ihn von hinten angehen und ihn in die Hinterbeine beißen. Er dreht sich dann herum, um nach ihnen zu schlagen. Dann setzen die anderen Hunde ihm von einer andern Seite zu — er muß sich wieder zu diesen herumdrehen —; auf diese Weise ist es möglich, den Bären so lange aufzuhalten, bis der Jäger herangekommen ist und schießen kann.

Wenn ein Bär von Hunden verfolgt wird, kann man oft sehen, daß er auf hohe Eishügel hinaufgeht, um sich von dort aus zu verteidigen, oder daß er sich mit dem Rücken gegen eine Eiswand setzt, um die Hunde von sich abzuhalten.

Die Hunde wittern den Bären schon auf große Entfernung, und hat man eine gute Meute, so ist der Bär, dessen Spur man entdeckt hat, in der Regel verloren.

Auf diese Weise jagen die Eskimos die Bären; da sie jedoch — wie es früher der Fall war — keine Schußwaffen besaßen, mußten sie ihn mit dem Speer erstechen oder die Lanze nach ihm schleudern, während er mit den Hunden kämpfte. Eine solche Jagd mit einer Meute guter Eskimohunde, die auf

einen großen Bären losgelassen ist, ist ein spannendes Erlebnis.

Wenn jedoch die Hunde nicht los sind, scheint der Bär im
übrigen nichts Besonderes gegen sie zu haben. Auf Johansens und
meiner Schlittenfahrt geschah es einmal, daß ein Bär dicht an
einen Hund herankam, der vor dem Zelt angebunden war. Der
Hund bellte, doch der Bär schnupperte ihn nur an und machte
keine Anstalten zum Angriff; so fand ich die beiden, als ich
herauskam und dem Bären eine Kugel gab.

Auf der englischen Expedition nach Franz-Joseph-Land kam
einmal ein Bär bis dicht an das Lager heran. Er untersuchte die
dort stehenden Pferde und die schlafenden (?) Hunde, entfernte sich
jedoch wieder, ohne etwas anzustellen. Ein anderes Mal erschlug
er einen schlafenden Hund, verließ ihn jedoch, ohne ihn zu fressen.

An Bord der „Fram" machten wir eine andere Erfahrung.
In einer Winternacht kam ein Bär an Deck der „Fram" ge-
klettert, wo ungefähr 30 Hunde angebunden waren. Er nahm
zuerst einen Hund, zerriß die Koppel, zog ihn über das Eis und
fraß ihn auf. Dann kam er noch einmal an Bord und nahm noch
einen Hund auf die gleiche Art. Als er ihn zur Hälfte verzehrt
hatte, fanden wir ihn auf dem Eis. Es war ein junger Bär, der
offenbar keine besondere Angst vor den Hunden hatte. Übrigens
war es der gleiche Bär, der später auf Peder Hendriksen losging
und ihn in die Hüfte biß.

Es ist wohl eine allgemeine Erfahrung, daß mehr Bären als
Bärinnen geschossen werden. Der Grund hierfür ist offenbar
der, daß die Weibchen scheuer sind und sich mehr abseits halten,
während die Männchen häufiger den Jäger annehmen.

Im Sommer verliert der Bär das Haar, und sein Pelz ist
daher dann nicht so schön wie im Winter. Die Haare haben
ihren Glanz verloren und an vielen Stellen — wie z. B. unten
am Bauch — stehen sie oft sehr dünn. Das Fell hat um diese
Zeit eine mehr gelblich weiße Farbe, die mit der Farbe des
Eises im Sommer gut zusammenfällt, da die Schollen an der Oberfläche schmelzen und leicht etwas schmutzig und bräunlich werden,
wie im nächsten Kapitel geschildert wird. Das Winterfell ist
meistens leuchtend weiß und besteht aus dichtem, feinem Haar,
das oft einen seidenartigen Glanz hat; das Tier ist dann sehr
schwer vom Schnee zu unterscheiden.

Wenn ein Eisbär auch ſehr viel Schlauheit entwickeln kann, z. B., wenn er ſich an ſeine Beute anſchleicht, ſo kann man ihn trotzdem kein intelligentes Tier nennen. Er hat auch ein ver= hältnismäßig kleines Gehirn. Er läßt ſich nicht ebenſo zähmen wie unſer brauner Bär und iſt für Dreſſur wenig empfänglich. Selbſt wenn man ganz kleine Junge aufzieht, werden ſie dennoch niemals zahm, wie es die Jungen des Landbären ſo leicht werden; ſie ſind meiſtens wild und unzugänglich und ſtets bereit, zu beißen und zu kratzen.

„Wir warteten mit dem Schießen gern solange wie möglich."

Vierzehntes Kapitel.

Im Eise fest. Bärenjagden.

Dienstag, 27. Juni (2°, nordöstlicher Wind), lichtete sich der Nebel; es war jedoch nach keiner Seite hin offenes Wasser zu entdecken. Das waren schlechte Aussichten — wir lagen ganz fest. Wir mußten nicht sicher, wo wir uns befanden, da wir seit vielen Tagen keine Observation hatten machen können; nach den Ortsbestimmungen jedoch, die wir später bekamen, mögen wir uns wohl auf ungefähr 66° nördl. Br. und 29° 40′ östl. L. befunden haben.

Unterdessen betrieben wir weiterhin den Fang von Eishaïen; es gab ihrer genug in der kleinen offenen Wake neben dem Schiff. Ich nahm einige Leute, und wir fingen ungefähr zweihundert Fische.

Dann machte ich eine große Dummheit. Um uns die Mühe zu sparen, alle diese schweren Fische aufs Eis heraufzuziehen, ordnete ich an, daß ein Mann die Robbenhacke in den Kopf eines Eishais schlagen und das Tier so festhalten solle, während ein anderer den Bauch aufschnitt und die Leber herausnahm. Das geht sehr leicht, denn die Leber schwimmt sofort an die Oberfläche herauf, sobald der Bauch geöffnet wird. Die Kadaver ließen wir wieder ins Wasser sinken; dies hätten wir jedoch nicht tun sollen, denn von diesem Tag an verschwanden die Eishaie vollständig;

sie folgten wahrscheinlich den Kadavern in die Tiefe hinunter, um
sie zu verzehren.

Das war jammerschade, denn es waren ihrer wirklich viele
gewesen. Ich hatte von der Tonne aus manchmal bis zu fünfzehn auf einmal zählen können, allein rings um das Schiff herum.

Mehrere Male war es vorgekommen, daß sie von der Schraube
quer durchgeschnitten wurden und die Leber emporschwamm und
an Bord genommen wurde, eine leichte Art zu fischen.

Am Abend kam der Kapitän und erzählte, von der Tonne
sei ein Bär gesehen worden, ungefähr eine Seemeile entfernt. Mein
Blut kam sofort wieder in Wallung, und ich rüstete mich zur Jagd;
unterdessen fiel jedoch der Nebel ein, und ich durfte nicht fortgehen.
Zum viertenmal wurde ich genarrt; es schien offenbar Bestimmung zu sein, daß ich keinen Bären erlegen sollte.

Es nützte wenig, daß der Kapitän mich damit zu trösten versuchte, der Bär sei in Lee von uns und werde wahrscheinlich gegen
den Wind herankommen. Ich glaubte das nicht recht und kroch ver-
stimmt ins Bett.

Am nächsten Morgen (28. Juni, 2 bis 3°, windstill), während ich dalag und von Bären träumte, die ich niemals bekam,
wurde ich durch ein Flüstern an meinem Ohr geweckt:

„Jetzt müßt Ihr heraus, denn jetzt haben wir einen Bären
draußen an der Schiffsseite."

Ich fuhr auf und starrte in das sanfte Gesicht Orans, des
zweiten Steuermanns. Flüsternd, als sei der Bär dicht vor der
Kajütentür, fuhr er fort:

„Aber Ihr müßt Euch sputen."

Und ob ich mich „sputete"! Ich fuhr in die Kleider und stürzte
an Deck hinauf, mit Gewehr und Patronen. Da trottete der Bär
wahrhaftig in Schußnähe ruhig und bedächtig auf dem Eis
hin und her, dann und wann blieb er stehen, windete und betrachtete das Schiff. Ich hatte genügend Zeit, ihn anzusehen, während ich auf den Kapitän wartete, der auch geweckt worden war.
Ein märchenhaft schöner Anblick war es, dieses große weiße Tier
auf dem weißen Eis.

Endlich erschien der Kapitän in der Tür unter dem Halbdeck.
In demselben Augenblick jedoch, in dem ich mich umwandte, krachte
ein Schuß. Wie von einer Schlange gebissen, fuhr ich herum, um
dem Tier einen Schuß nachsenden zu können, ehe es verschwand.

Aber noch immer ging es ruhig seinen Weg; es ließ sich von solchen Kleinigkeiten nicht stören, obwohl die Kugel dicht neben ihm in den Schnee geschlagen hatte. Der Schuß war von einem der Schützen, Hans Halvorsen, gekommen, der sich nicht länger hatte bezähmen können.

Unterdessen hatte der Bär sich ein wenig verzogen und war außer Schußweite gekommen. Wir brieten Speck an Deck, um ihn mit dem köstlichen Geruch zurückzulocken. Ganz richtig, er blieb stehen, um zu winden, und ich sprang so hurtig als möglich aufs Eis.

Ich schlich vorwärts und war bald wieder in Schußnähe. Der Bär hatte mich jetzt entdeckt und stieg auf einen Eishügel, um besser zu sehen. Das war ein gutes Ziel. Ich hielt dicht hinter den Bug und drückte ab. Aber — klick — und noch schlimmer: die Patrone saß in der Kammer fest. Ich brach mir die Nägel ab, um sie herauszubekommen. Endlich kam sie heraus, und ich schob eine neue Patrone ein.

Glücklicherweise flüchtete der Bär unterdessen nicht, son= dern kam näher heran und zeigte mir gerade seine breite Brust. — Ich zielte mitten in den Haarwinkel, und dieses Mal krachte es.

Das Tier brüllte, biß nach der Wunde in der Brust und taumelte zurück, sprang jedoch wieder auf und floh. Eine neue Patrone eingeschoben, und ich gab ihm die Kugel in das Hinter= teil, das einzige, was mir jetzt erreichbar war. Ein neues Ge= brüll, und noch schnellere Flucht — ich nach, von Scholle zu Scholle.

Dann aber war die Entfernung zur nächsten Scholle dem Bären für einen Sprung zu groß, er mußte ins Wasser — ich holte ihn ein, und als er auf der andern Seite der Wake aufs Eis kroch, gab ich ihm die Kugel zwischen die Schulterblätter. Er fiel ins Wasser zurück, — die kleinen schwarzen Augen funkelten mich an. Eine Kugel in den Nacken machte seinen Leiden ein Ende.

Jetzt war der Nebel so dicht geworden, daß ich das Schiff nicht mehr sehen konnte. Aber an Bord hatte man die Schüsse gehört, bald kamen Leute herbei, und das Tier wurde zum Schiff gezogen.

Das war mein erster Eisbär. Sehr zufrieden nahm ich die Glückwünsche des Kapitäns und der anderen entgegen.

„— als er auf der andern Seite der Wake aufs Eis kroch — —"

Seltsam war es, daß das erste Geschoß dem Tier kein Ende gemacht hatte. Es war eine hohle Expreßkugel gewesen, Kaliber 450 mit Kupferrohr. Ich stellte fest, daß sie zwar richtig getroffen hatte, jedoch im Speck zersprungen war, so daß nur das hinterste massive Stück in die Brust hatte eindringen können. Genau so verhielt es sich mit den beiden anderen Geschossen; sie hatten äußerlich große Wunden aufgerissen, waren jedoch nicht tief eingedrungen. Ich nahm mir vor, beim nächsten Bären massive Kugeln zu verwenden.

Während wir am Abend, Freitag, 30. Juni (4°, südöstlicher Wind), zu Mittag aßen und gerade bei der Gerstengrützsuppe waren, kam der Schütze Hans Halvorsen in die Kajüte herein und erzählte, ganz in der Nähe sei ein Bär. Der Kapitän und ich griffen nach den Gewehren und zogen in der angegebenen Richtung los; wir beeilten uns aber nicht übermäßig, denn man hatte uns gesagt, der Bär sei mit einigen Robbenkadavern von unserm letzten Fang beschäftigt.

Bald bekamen wir ihn zu sehen und pirschten uns an. Das Eis war uneben, und wir konnten nur mit Mühe vorwärtskommen, da wir langsam gehen und viele Umwege machen mußten. Endlich kamen wir auf einen hohen Hügel, und der Bär erblickte uns.

Wir duckten uns nieder, schoben jedoch von Zeit zu Zeit den
Kopf über den Eisrand hinaus, um ihn aufzureizen. Sofort kam
er herbei, bald war er von Eisblöcken verborgen, bald ging's über
flache Schollen; mit langen Schritten kam er auf uns zu. Er war
ein gut gewachsener Bursche und er kam rasch vom Fleck, obwohl
er die Sache ganz ruhig zu nehmen schien.

Wir warten mit dem Schießen gern solange wie möglich, um
ihn richtig sehen zu können. Jetzt ist er bereits hinter dem einen
Haufen, etwa 20 Meter vor uns. Da kommt der Kopf vorsichtig
über die Kante herauf. Ein mächtiger Kopf ist es, wie ein mittel=
großer Koffer. Aber es eilt nicht mit dem Schießen, denn jetzt
kann er uns nicht mehr entkommen.

Er wiegt den Kopf hin und her, dann verschwindet er wieder
unter der Kante. Wir halten die Gewehre bereit, denn man kann
nicht wissen, wann er sich wieder zeigen wird. Ja, da kommt die
ganze Gestalt seitlich vom Haufen zum Vorschein, mit der breiten
Brust auf uns zu. Beide Schüsse krachen zu gleicher Zeit. Ein
Brüllen — der Bär sinkt auf das Hinterteil zurück, beißt nach den
Wunden, taumelt einige Schritte zurück und fällt.

Wie schön ist so ein Tier, wenn es groß und stark mit
seinem gelblich weißen Pelz auf dem weißen Schnee liegt, während
das rote Blut aus der Brust sickert. Herrgott, wie gemein, daß
ein Stückchen Blei diesem freien Leben in den endlosen Eisweiten
so plötzlich ein Ende machen kann!

Unsere Leute kamen herbei, das Tier wurde zum Schiff ge=
schleift und das Fell abgezogen. Es war ein großes Männchen,
2,32 Meter von der Schnauze bis zur Schwanzspitze und ganz un=
glaublich fett, innen und außen. Die Speckschicht unter dem Fell
war über dem Hinterteil und den Schinken wohl ungefähr sieben
bis zehn Zentimeter dick. Diesen Speck legt sich der Bär im
Sommer zu, wo es reichlich Nahrung gibt; davon lebt er in der
Zeit der Not, namentlich im Winter, wenn es wenig Robben gibt.

Wir hatten dieses Mal massive Kugeln verwendet, und sie
hatten mitten in die Brust getroffen, einen halben Zoll weit von=
einander entfernt; sie waren durch das Tier hindurchgegangen bis
ins Hinterteil.

Am Sonnabend, 1. Juli (3°, schwacher Wind aus Nordnordost),
regnet es, was hier oben ziemlich selten ist. Das Eis war immer
noch gleich dicht, und unsere Laune dementsprechend schlecht. Es

war nicht angenehm, untätig hierzuliegen, während die anderen
Schiffe ficherlich im Fangfeld waren und viele Robben erbeuteten.

Gegen Abend hellte es fich auf, und die Sonne kam hervor.
Von der Tonne aus wurde über dem Horizont im Weften Land
gefichtet. Es war Grönland! Spitze Berge auf dem noch un=
bekannten Teil der Oftküfte. Ein neues großes Erlebnis für ein
junges Gemüt.

Am nächften Tag (Sonntag, 2. Juli, 2 bis 6°, fchwacher Wind
aus Nordnordoft) herrfchte fchöner Sonnenfchein, und ich mußte
fofort in die Tonne hinauf, um diefes merkwürdige Land zu fehen.
Wir waren ihm feit dem Abend etwas näher gekommen. Mit
einer Reihe von Berggipfeln erftreckte es fich von Südweften bis
ganz hinauf nach Norden.

Das Land war zum größten Teil mit Schnee bedeckt; offenbar
gab es dort viele Gletfcher und Firne, doch fah man auch ver=
fchiedene fchneefreie Stellen und dunkle Berggipfel. Das Inland=
eis felbft, das das ganze Innere Grönlands bedeckt, war nicht
zu fehen; es mußte wohl hinter diefem gebirgigen Küftenland
liegen.

In der gleichen Richtung waren auch einige große Eisberge
im Treibeis. Sie fahen aus wie fchneebedeckte Infeln und waren
von den Berggipfeln auf dem Land nicht leicht zu unterfcheiden.

Diefer Teil der Oftküfte Grönlands, von 66° nördl. Br. und
nordöftlich bis 69° nördl. Br., war damals ganz unbekannt. Es
waren viele Verfuche gemacht worden, dorthin vorzudringen; doch
war es niemand geglückt. Das Land fchien ficher verfchanzt hinter
feinem breiten Gürtel von Treibeis zu liegen, der hier in der Däne=
markftraße ftets fo dicht ift, daß er den Zugang von der See her
hindert.

Viele Gedanken gingen mir durch den Kopf, während ich
oben in der Tonne faß und mit dem Fernglas die Berglinien von
Gipfel zu Gipfel verfolgte. Wer doch da drinnen wäre und durch
diefe Täler, über diefe Berge und Gletfcher wandern könnte, die
noch kein Europäer je betreten hatte! Gab es denn keine Möglich=
keit, dorthin zu gelangen?

Der Kapitän konnte an diefem Tag Längen= und Breitenobfer=
vationen machen, und es ftellte fich heraus, daß wir uns auf 66°
48' nördl. Br. und 30° 35' weftl. L. befanden. Es ift doch merk=
würdig, in welche nördliche Breite wir gelangt find; follten wir in

nordwestlicher Richtung abgetrieben sein? Aber die Strömung hier
in der Dänemarkstraße sollte doch nach Südwesten ziehen. Das
ist sonderbar.

In der Tonne wurde ständig Ausguck nach Bären gehalten.
Das war ja der einzige Fang, dem wir jetzt obliegen konnten, so=
lange wir in diesem dichten Eis festlagen.

Als ich am Abend des nächsten Tags (3. Juli, 3°, schwacher
Wind aus Nordnordost) im Begriff war, Wasserproben aus ver=
schiedenen Meerestiefen zu nehmen, wurde von der Tonne oben
gemeldet, in Lee sei ein Bär in Sicht. Ich ließ den Wasser=
schöpfer liegen, denn jetzt konnte ich auch von Deck aus den Bären
sehen.

Aber während der Kapitän und ich uns zur Jagd rüsteten,
hatte sich der Bär hinter einen Eishaufen gelegt. Wir nahmen
seine Richtung und zogen dann los.

Bald bekamen wir ihn oben auf dem Eishaufen zu sehen. Das
Vorwärtskommen war nicht leicht; wir mußten viele Umwege
machen und über die einzelnen Wasserrinnen springen; aber es hatte
ja keine Eile — es galt nur, sich gut in Luv vom Bären zu halten,
damit er Witterung von uns bekam. Dies hielten wir für das
sicherste, denn dann pflegte er nicht lange auf sich warten zu
lassen.

Endlich war es nur noch ein Sprung, und wir standen auf
derselben Scholle wie der Bär. Doch als ich absprang, zerbrach
das Eis unter meinen Füßen — glücklicherweise bekam ich ge=
rade noch den Rand der andern Scholle mit den Armen, dem
Gewehr und dem Oberkörper zu fassen, so daß ich dieses Mal nur
mit den Beinen und dem Unterleib ins Wasser geriet.

Der Kapitän kam nach mir herüber, und wir gingen zu dem
Haufen, wo wir den Bären noch liegen zu sehen hofften.

Doch alles ist still, und wir fürchten schon, er könnte seines
Weges gezogen sein, da taucht plötzlich sein Kopf über dem
Rand auf.

Im selben Augenblick liegen wir beide flach auf dem Eis. Auf
diese Weise wird er vielleicht neugieriger und erschrickt weniger vor
unserer Größe und unseren dunklen Gestalten.

Doch er bleibt ruhig liegen und sieht uns mit seiner ge=
wohnten Geduld lange und aufmerksam an.

Er bewegt den Kopf langsam hin und her, dann ver=

schwindet er wieder. Bald taucht er wieder auf, ebenso ruhig wie zuvor.

Die Sache zieht sich allmählich hinaus. Wir hatten uns auch nicht gerade die beste Stelle zum Liegen ausgesucht, mitten in einer Wasserpfütze! Aber wir möchten doch gern etwas mehr von dem Tier sehen, ehe wir schießen. Nach und nach verschwindet der Kopf wieder langsam unter dem Rand.

Jetzt kommt die ganze Gestalt Schritt für Schritt um den Haufen herum. Das Tier wittert und schnaubt; anscheinend liebt es den Geruch von warmem Fleisch. Schritt für Schritt schlendert der Bär auf uns zu. Es hat fast den Anschein, als beachte er uns nicht und als habe er durchaus nichts Ungewöhnliches entdeckt. Nur dann und wann hebt er den Kopf, um zu winden; im übrigen blickt er nicht in der Richtung, in der wir liegen.

Jetzt aber beginnt er die Richtung zu ändern, als wollte er auf den nächsten Eishaufen steigen. Da krachte es aus der Büchse des Kapitäns. Das Tier erhebt sich auf die Hinterbeine und fällt nach hinten. Da kommt mein Geschoß. Der Bär klagt eine Weile wie ein Mensch, dann ist es zu Ende.

Bald ist die Mannschaft zur Stelle, denn alle Leute hatten die ganze Begebenheit von der Tafelung aus beobachtet. Der Bär wird an Bord gezogen. Es ist ein junges männliches Tier. Bald ist er abgehäutet und zerteilt, und die Stücke werden wie gewöhnlich in den Davits aufgehängt, zur Freude derjenigen unter der Mannschaft, die nicht das alte Vorurteil von der Giftigkeit des Bärenfleisches teilen. Das Fleisch von jungen Bären findet besonders reißenden Absatz. Zunge und Herz sind Delikatessen, die den Jägern zufallen. Auch der Kapitän hat jetzt entdeckt, daß Bärenherz etwas Gutes ist; er lachte nur, als ich es das erstemal essen wollte. „Den harten, zähen Muskel!" sagte er.

Es wurde spät, als wir zu Bett kamen. Ich wollte meine Wasserproben beenden und mußte zuerst auf hundert Faden Tiefe hinunter. Der Kapitän brummte ein wenig über meine Saumseligkeit, denn der eine von uns konnte nicht vor dem andern schlafen gehen. Endlich wurde es denn auch für diese Nacht morgens um 4 Uhr still.

Wir durften nicht lange schlafen, denn wir wurden (am 4. Juli, 4°, schwacher Wind aus Norden) mit der Nachricht geweckt, ein neuer Bär sei im Fahrwasser. Dieses Mal nahm ich das Expreß-

gewehr, das ich bei dem ersten Bären verwendet hatte. Ich
mußte es ganz sicher wissen, ob eine massive Kugel wirklich einer
Expansivkugel vorzuziehen sei.

Wir nahmen Kristian Ballong mit und zogen los. Es war
weiter als gewöhnlich.

Endlich erblickten wir den Bären in ungefähr 1500 Meter
Abstand. Er hatte uns bereits entdeckt, denn er erhob sich auf die
Hinterbeine und streckte den Hals, um besser zu sehen. Dann
ging er auf einen hohen Block und setzte sich auf sein Hinterteil;
es war ihm deutlich anzusehen, daß er sich seinen „Operations=
plan" zurechtlegte.

Wir benutzten die Zwischenzeit, um in Deckung einige schwierige
Stellen zu passieren. Ich war über ein paar kleinere Schollen
weiter vorwärts gekommen und stieg auf einen Eishaufen, von wo
ich den Bären beobachtete, während ich auf den Kapitän wartete.
Dann aber bückte ich mich, um dem Kapitän, als er zu mir
heraufkletterte, das Gewehr abzunehmen. Unterdessen war der
Bär verschwunden. Wir gingen zu einem größern Eishaufen, den
wir für einen geeigneten Warteplatz hielten. Als wir uns dem
Kamm näherten, hielten wir die Gewehre für alle Fälle schuß=
bereit. Oben angelangt, schauten und schauten wir — nirgends
ein Bär zu sehen, obwohl das Eis ziemlich eben war. Er mußte
ganz in der Nähe sein, entweder im Wasser oder hinter irgend=
einem Haufen, um an uns heranzuschleichen; wir legten uns also
hin und warteten. Der Sicherheit halber ließen wir die Hähne an
den Gewehren gespannt; er konnte uns ja überraschen, ehe wir
dessen gewahr wurden. Da sahen wir, wie das Wasser in einer
Wake, kaum fünfzig Meter von uns entfernt, sich leicht kräuselte,
dann kam ein dunkler Fleck zum Vorschein, der sich langsam auf
uns zu bewegte. Das mußte die Bärenschnauze sein.

Wir blieben ganz ruhig liegen; der Vorgang war zu spannend,
als daß wir ihn unterbrechen wollten, ehe es unbedingt not=
wendig wurde.

Die Schnauze bewegte sich in wechselnder Richtung langsam
auf uns zu. Dann und wann kamen die Augen aus dem Wasser
heraus. Der Bär suchte eine Stelle, wo er vor unseren Blicken ver=
borgen aufs Eis gelangen konnte. Nur ein paarmal hob er sich
ein wenig höher aus dem Wasser, um das Eis zu überblicken; er
suchte offenbar nach dem besten Weg, um zu uns zu gelangen.

„— — ſetzte ſich auf ſein Hinterteil; es war ihm deutlich anzuſehen, daß er ſich
ſeinen ‚Operationsplan‘ zurechtlegte — —.‟

Endlich verſchwand er unter dem Rand der Eisſcholle, die
uns am nächſten lag. Eine Weile ſpäter tauchte die Stirn,
nur bis zu den Augen, vorſichtig über dem Rand auf. Er wollte
wohl ſehen, wie er weiterkommen konnte.

So verhielt er ſich einige Zeit unbeweglich; ich konnte beob=
achten, wie die kleinen ſchwarzen Augen nach allen Seiten aus=
ſpähten und hin und wieder lüſterne Blicke nach uns warfen.

Doch der Eindruck, den er bekam, war ſicher nicht günſtig;
langſam verſchwand die Stirn wieder unter dem Eis, und von
neuem ſah man die Schnauze durch das Waſſer ſchwimmen. Hier
bewegte ſie ſich langſam eine Weile hin und her, während die Augen
wie vorher von Zeit zu Zeit an die Waſſeroberfläche heraufkamen.

Endlich verſchwand das Tier hinter einem Eishaufen und blieb
längere Zeit fort. Wir begannen uns umzuſehen: er konnte ja
untergebracht ſein. Da aber erſchienen Stirn und Augen ge=
mächlich über dem Rande des Haufens. Der Bär war offenbar
dahinter auf das Eis gekrochen.

Nachdem er uns, die wir flach auf unſerm Eishaufen lagen, einige Zeit genau betrachtet hatte, verſchwand die Stirn wieder unter dem Eisrand.

Dies wiederholte ſich mehrere Male in langen Zwiſchen= räumen. Er bedachte ſich ſehr genau. Aber wir hatten ebenſoviel Zeit, und die Vorſtellung war unterhaltend. Wir hatten be= ſchloſſen, ſolange wie nur möglich zu warten, obwohl der Kapitän ſich heftig über die kalten Eisumſchläge unter ſeinem Bauch be= klagte, und auch Ballong jammerte, weil er keinen Tabak mehr bei ſich hatte.

Der Bär wußte wahrſcheinlich nicht, wie er ſich am beſten an uns heranſchleichen ſollte; denn es gab keine Eisſtücke, hinter denen er hätte Deckung nehmen können. Endlich hatte er einen Ent= ſchluß gefaßt. Nachdem der Kopf lange Zeit verſchwunden geweſen war, kam das Tier in ſeiner vollen Geſtalt zum Vorſchein. Dabei öffnete es mit fürchterlichem Gähnen den Rachen und warf die Zunge faſt bis an die Augen hinauf.

„Ah, guten Morgen, guten Morgen, Alter!" kam es ganz laut von Ballong.

Wir konnten nicht anders, wir mußten lachen, baten ihn jedoch ſtill zu ſein. Hin und her kreuzend ſchlenderte der Bär jetzt lang= ſam auf uns zu, offenſichtlich vollkommen gleichgültig; er ſah auch nicht zu uns hin. So oft er einen Schlag machte, blieb er ſtehen, gähnte, warf einen Blick in unſere Richtung und ſchlenderte weiter von Scholle zu Scholle, prüfte jedoch die Eiskante vorſichtig mit der Tatze, ehe er hinüberging. Ab und zu windete er ein wenig zu uns herüber; dann aber tat er ebenſo gleichgültig wie zuvor und ſchien ſich nur mit dem Eis zu beſchäftigen, über das er dahin= ſchritt.

Er nahm die Sache mit vollkommener Ruhe. Sank eine Eis= ſcholle unter ihm weg, machte er nur einen Schritt auf die nächſte Scholle hinüber, immer im gleichen faulen Tempo.

Beim letzten Schlag, ehe er uns erreichte, lag am Rande einer Scholle ein großer Eisbrocken im Weg. Der Klumpen war ſo ſchwer, daß ein Mann ihn kaum hätte wegwälzen können, und außerdem war genügend Platz, außen herumzugehen. Der Bär jedoch verſetzte ihm nur einen Stoß mit der Oberſeite ſeiner einen Vordertatze und rollte ihn ins Waſſer, während er ruhig zur nächſten Scholle hinüberſtieg. Es war keine Spur von

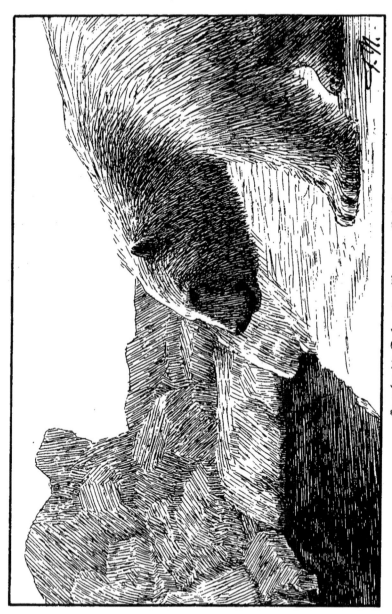

„Er nahm die Sache mit vollkommener Ruhe."

Anstrengung zu sehen; dies ließ eine unheimliche Kraft ahnen. Ballong konnte nicht an sich halten:

„Nein, nein, schau einer diesen Gauner an!" klang es ganz laut.

Jetzt aber hält er direkt auf uns zu und ist nicht weiter als zehn Schritt entfernt. Ich soll den ersten Schuß haben. Während das Tier sich auf die Hinterbeine duckt, um zum Sprung anzusetzen, ziele ich mitten auf seine Brust und drücke ab.

Er brüllt, beißt wie gewöhnlich nach der Wunde, taumelt zurück, springt jedoch wieder auf und läuft davon.

Der Kapitän schickt ihm eine Kugel ins Hinterteil nach, um ihn zum Stehen zu bringen.

Wiederum steckt meine Patrone im Lauf fest, und erst mit ziemlicher Mühe kann ich sie herausbringen und eine neue einschieben. Wir sind beide schußbereit; doch der Bär ist jetzt im Wasser. Während er an der nächsten Scholle aus dem Wasser geht, wendet er uns den Rücken zu. Beide Schüsse krachen, die Kugeln fahren zwischen den Schulterblättern hinein, und das Tier fällt ins Wasser zurück, arbeitet sich jedoch wieder auf die Scholle hinauf. Eine Kugel des Kapitäns bringt ihn zum Halten, er fällt noch einmal zurück. Nach einigen Zuckungen ist es vorüber.

Es war ein ungewöhnlich großer und schöner Bär. Obwohl wir drei recht kräftige Männer waren und die Kante der Scholle niedrig war und in gleichmäßiger Schräge ins Wasser abfiel, hatten wir Mühe, ihn heraufzubekommen. Wir legten ihm Ballongs Zugstert in einer Schlinge um den Hals, er zeigte jedoch eine merkwürdige Neigung abzugleiten. Ein paar Schlingen rund um die Schnauze machten dem ein Ende, und endlich wurde das Tier heraufgezogen.

Das Geschoß des Expreßgewehrs hatte eine große Wunde in die Brust gerissen, jedoch das Brustbein nicht zerschmettert. Außerlich hatte es solche Löcher gemacht, daß ich die Hand nach drei verschiedenen Richtungen hineinstecken konnte, doch war nur ein Stück des Geschosses in die Lunge gedrungen. Die hauptsächlichsten Wunden waren mehr äußerlich, im Speck und im Fleisch. Nach dieser Beobachtung war ich entschlossen, Bären nicht mehr mit Expansionsgeschossen zu schießen, sondern nur noch massive Geschosse zu verwenden.

Der Kapitän nahm an diesem Tag einige Mittagshöhen und stellte fest, daß wir uns auf 66° 50′ nördlich und 31° westlich be-

Kapitän Krefting (rechts) und der Verfasser bei dem erlegten Bären.
Photographie vom Juli 1882.

fanden. Also zwei Minuten nördlicher als vor zwei Tagen und
zehn Seemeilen westlicher. Das bedeutet eine Abdrift von fünf
Seemeilen im Tag nach ungefähr Westnordwest, gerade aufs
Land zu.

Dies erscheint wirklich merkwürdig, wenn man bedenkt, wie
heftig die Strömung außerhalb des Eises in westsüdwestlicher
Richtung gehen kann; dort ist sie ja so stark, daß ein Schiff bei
nordöstlichem Wind kaum gegen den Strom zu kreuzen vermag,
ohne an Breite zu verlieren.

Kann die Erklärung darin liegen, daß wir uns hier über der
Bank bei Grönland befinden, wo es weniger tief und deshalb
geringere Strömung im Wasser ist? Die Hauptströmung folgt
wahrscheinlich dem Rande der Bank längs der tiefsten Rinne durch
die Straße. Auffallend ist jedoch, wie wenig Bewegung am Eis zu
merken ist; dieses ist immer gleich dicht, schraubt sich nicht zusammen
und zeigt keine Öffnungen.

Mittwoch, 5. Juli (3°, schwacher Wind aus Norden), sahen
wir merkwürdigerweise keine Bären. Das Eis ist immer noch
dicht und ohne merkliche Veränderung, aber wir sind jetzt dem Land
viel näher gekommen.

20*

Es war schwierig, die Mannschaft zu beschäftigen, solange wir
hier im Eis festlagen und weitertrieben, ohne einen Fang zu
machen. Die Leute wurden daher zu allerlei Schiffsarbeit ange=
stellt. Das Schiff wurde geputzt und hergerichtet, Rost wurde
von allen Eisenteilen innen und außen abgeklopft; es lärmte
und donnerte um uns wie in einer mechanischen Werkstatt. Der
Malerpinsel war ständig in Bewegung, und es war zu bewundern,
wie schön alles wurde, die eisernen Roste, die Speigatts, Wasser=
gänge, der Schornstein und alle Eisenbeschläge; zuerst wurden sie
mit Mennig gestrichen, dann mit schwarzer Farbe; es war wie
ein Sonntag daheim mit Kirchenstaat und glänzenden Zylindern.
Masten und Rahen wurden abgeschabt und geölt und der Rumpf
schwarz gestrichen; das Eis hatte schon seit langer Zeit fast den
ganzen Anstrich abgescheuert. Die äußeren Wände des Achterdecks
wurden weiß gestrichen.

Um wenn möglich einen kleinen Einblick zu gewinnen, was für
Arten von Tierleben hier unter dem treibenden Eis im Wasser
existierten, versuchte ich meine kleinen feinen Netze in verschie=
dene Tiefen zu versenken; ich ließ sie dort einige Zeit hängen und
holte sie dann wieder herauf. Auf diese Weise wurde eine Reihe
kleiner Tiere, hauptsächlich Krustentiere, gefangen.

Dann aber machte ich den Versuch, ob ich nicht vielleicht mehr
Tiere fangen könnte, wenn ich Köder in die Netze legte. Ich hing
also in die Öffnung meines größten Netzes, das ungefähr ein
halbes Meter Durchmesser hatte, einige Fleisch= und Speckbroken,
versenkte das Netz bis in eine Tiefe von etwa 90—110 Meter und
ließ es dort einige Stunden hängen.

Dann zogen wir plötzlich einige Male heftig an, damit die
Tiere, die sich um den Köder versammelt hatten, in dem Netz ge=
fangen würden, und holten es so schnell wie möglich herauf.

Die Freude war groß, als ich in dem Netz einige große
Garnelen (Pandalus) fand, größer als ich sie früher je gesehen
hatte[1]. Wir fanden sie fast kleinen Hummern ähnlich, der Körper
mochte 12—14 Zentimeter lang sein.

---

[1] Es war die gleiche Art, von der bei den Untersuchungen Professor J. Hjorts,
16 Jahre später, große Mengen auf dem Grunde mehrerer norwegischer Fjorde
gefunden wurden und die seit dieser Zeit in Norwegen mit großem Eifer gefischt
wird. Zu jener Zeit war diese Art wenig bekannt; nur im Drammensfjord wurde
sie gefangen; man nannte sie meistens Drammener Garnelen.

Dafür hatte der Kapitän Interesse; das war ja ein leckeres Essen, und es wurde nun ein Mann angestellt, der diesen Fang vom Eis aus betreiben sollte. Es glückte bald, so viele zu fangen, daß wir genug zum Frühstück hatten. Sie schmeckten unglaublich gut und schmeckten vor allem nach mehr. Der Fang wurde weiterbetrieben, und wir bekamen mehrere solcher Frühstücke mit Garnelen.

Auch sonst stellte ich verschiedene Untersuchungen und Studien an, je nachdem sich die Gelegenheit dazu bot. Das Eis und seine verschiedenen Formen z. B. gaben ja Material genug zu „Grübeleien".

Als besonders merkwürdig fiel mir auf, daß die Oberfläche der großen Schollen dieses dicken Eises nicht ganz rein und weiß war, sondern meistens eine schmutzig graue oder sogar bläuliche Farbe hatte.

Wie war das zu erklären? War es Staub? Aber die wenigsten dieser Schollen konnten so nahe an schneefreien Küsten gewesen sein, daß der Wind von dort Staub zu ihnen getragen haben könnte.

War vielleicht der Grund darin zu suchen, daß überall, selbst über dem Eismeer, Staub in der Luft ist, und daß dieser sich bei jedem Schneefall auf das Eis legt? Wenn dann der Schnee im Sommer schmilzt, kann der Staub sich zu einer dünnen Schicht auf der Oberfläche des Eises ansammeln.

Diese Erklärung schien mir die wahrscheinlichste. Aber an einigen Stellen hatte der Staub sich mit Schlamm zu kleinen Klumpen verbunden, die durch die Sonnenwärme, die sie mittels ihrer dunklen Farbe aufsaugten, sich in Vertiefungen, oft in runde Löcher ins Eis hineingefressen hatten. Wenn ich diesen Schlamm in der Hand sammelte, schien es mir, als habe er einen Geruch nach organischen Bestandteilen; ich dachte mir deshalb, daß er zu einem großen Teil auch aus kleinen Pflanzen bestehen könnte, die vielleicht auf dem Eis wüchsen; möglicherweise Algen, ähnlich denen, wie ich sie an der Unterseite des Eises gefunden hatte[1].

Erst etliche Jahre später (1888) konnte ich an einigen Proben, die ich damals nahm, eine sachkundige mikroskopische Untersuchung durch Prof. A. E. Törnebohm in Stockholm vornehmen

---

[1] Siehe F. Nansen, Om drivisen, dens dannelse og grustransport. „Naturen" 1887 (Bergen).

lassen[1]. Es stellte sich heraus, daß die schmutzige Farbe der Eisoberfläche wirklich zum großen Teil einem Staub aus äußerst
kleinen feinen mineralischen Körnern verschiedener Art zuzuschreiben
ist, die wohl mit dem fallenden Schnee aus der Luft kommen
müssen und höchstwahrscheinlich aus den Ländern rings um das
Polarmeer stammen, vielleicht zum großen Teil aus Sibirien. Die
Proben enthielten auch kleine organische Teilchen, meist feine Pflan-
zenteile von Moosen, die aus einem humusreichen Erdboden
stammten und infolgedessen auch vom Land gekommen sein mußten.

Außerdem fand Törnebohm in den Proben viele Schalen von
kleinen mikroskopischen Kieselalgen (Diatomeen). Sie wurden von
Professor P. T. Cleve in Uppsala untersucht und stellten sich als
besonders interessant heraus; denn sie gehörten 16 Arten an, von
denen 12 im übrigen nur aus dem Meer nördlich von Ostsibirien
bekannt waren, wo sie auf der Vegafahrt im Jahre 1879 auf
einer Eisscholle vor Kap Wankarema in der Nähe der Beringstraße gefunden worden waren.

Dies schien darauf zu deuten, daß es eine Verbindung
zwischen dem Meer in der Nähe der Beringstraße und dem
Meer hier vor der Ostküste von Grönland gab, und bildete für
mich einen der Beweise, auf die ich meine Theorie aufbaute, daß
dieses Eis beständig vom Meer nördlich von Sibirien quer über
das Nordpolarmeer treibe.

Diese Kieselalgen können wohl zum Teil dadurch auf die
Oberfläche des Eises geraten sein, daß sie an der Oberfläche des
Wassers gelebt hatten und ins Eis eingeschlossen wurden, als
dieses gefror. Beim Schmelzen der obersten Eisschichten im
Sommer haben sie sich dann hier an der Oberfläche angesammelt.

Aber auf der Framfahrt im Sommer 1894 fand ich, daß ein
Teil dieser Kieselalgen auch wirklich in den Wasserpfützen und in
den erwähnten kleinen Schmelzlöchern auf dem Treibeis lebt.
Außerdem fand ich eine ganze Reihe mikroskopischer Tiere,
Protozoen (Infusorien, Flagellaten u. a.), die zusammen mit
ihnen leben, so daß es sich um eine ganze kleine Gemeinschaft von
Wesen handelt, die auf diesem Eis dahintreibt und jeden Sommer,

---

[1] Siehe H. Mohn und F. Nansen, Wissenschaftliche Ergebnisse von Dr. F. Nansens
Durchquerung von Grönland 1888. „Petermanns Mitteilungen“, Ergänzungsheft Nr. 105, 1892, S. 101 ff. und 104 ff.

wenn das Eis von der Sonnenwärme an der Oberseite schmilzt, wieder auflebt[1].

Nach alledem ist es verständlich, daß die alten Eisschollen in diesem Polarstrom an der Oberfläche eine schmutzige Farbe bekommen, da ihre oberste Schicht Sommer für Sommer weggeschmolzen wird. Außer dem Staub, der mit dem Schnee aus der Luft herabfällt, werden ja auch kleine Tiere und andere Partikel, die an der Wasseroberfläche schwammen und bei der Eisbildung mit eingeschlossen wurden, nach und nach auf der Eisoberfläche angesammelt, im selben Maß wie die Schicht schmilzt. Dazu kommen noch die Organismen, die an der Oberfläche der Schollen leben.

Für die Leute an Bord war und blieb ich wohl eine recht rätselhafte Person; sie machten sich viele Gedanken darüber, was ich alles trieb — ich wühlte in den Eingeweiden der Robben, Bären und Vögel, maß die Wassertemperaturen, entnahm Wasserproben und unternahm viele ähnliche unnütze Dinge.

Eines Tags fragte der Zimmermann den Kapitän:

„Was will denn dieser Nansen eigentlich einmal werden?"

Der Kapitän wußte nicht recht, was er darauf antworten sollte; er meinte, ich wollte wohl Naturforscher werden.

Der Zimmermann begriff nicht, daß es sich lohnen könnte, „Naturpfuscher" zu werden.

„Nein, ich will Euch ganz genau sagen, was er werden sollte," sagte er, „er sollte Tierarzt werden."

„Warum denn das?" fragte der Kapitän.

„Ja, ich habe gesehen, daß er wirklich Geschick hat, an den Tieren herumzuschneiden."

Ich hatte sicher allen Grund, mich durch dieses Vertrauensvotum geschmeichelt zu fühlen.

Ein Teil der Mannschaft vertrieb sich die vielen Freistunden mit dem Schnitzen von Schiffsmodellen. Die Leute waren sehr geschickt, und Takelwerk und Segel wurden bis ins kleinste nachgeahmt. Dann wurde alles mit leuchtenden Farben angestrichen; das Meer dunkelblau, der Himmel hellblau mit weißen Wattewolken, die Segel weiß, der Rumpf schwarz, Flagge und Wimpel rot.

---

[1] Siehe The Norwegian North Polar Expedition 1893—96. Scientific Results, Bd. 4, Nr. 11, H. H. Gran, Diatomaceae from the Ice-floes and Plankton of the Arctic Ocean (Christiania 1904); und Bd. 5, Nr. 16, F. Nansen, Protozoa on the Ice-floes of the North Polar Sea (Christiania 1906).

Der Bootsmann, der sich nicht wenig auf seine Würde ein=
bildete, hatte einen strahlend schönen Dreimaster geschnitzt, den er
mit Stolz herzeigte. Wir fragten ihn, was für einen Namen er auf
den langen Wimpel schreiben wolle. Ja, darüber sei er ja gerade
im Zweifel, aber etwas Großes müsse es sein.

Der Spaßvogel Hans Schreiner, der neben ihm auf der Bank
saß, meinte, er könne ja „Bootsmann" darauf schreiben, „denn das
ist ein großer Name", sagte er und sah den Bootsmann von unten
her an. Dieser fand ihn jedoch nicht passend, er hatte an „Königin
der Wogen" gedacht, aber da mußte er so viele Buchstaben malen.

Einige Zeit später saß Hans Schreiner auf der Bank beim
Aufgang vom Mannschaftsraum und blies auf einer Blechpfeife.
Da kam Ballong vorbei.

„Komm her, Ballong," sagte Hans, „dann blase ich, daß es
dich hebt."

Einen gesegneten Humor hatte dieser Bursche stets.

Wenn es für uns nichts anderes zu tun gab, vertrieben der
Kapitän und ich uns die Zeit mit Lesen. Ich hatte genügend
Bücher mit, sowohl wissenschaftliche Literatur als auch Reise=
beschreibungen und Romane. Die größte Freude bereitete uns
Fritz Reuters „Ut mine Stromtid". Es war solch ein wohltuender
Gegensatz gegen dieses einsame, eingesperrte Leben hier im trei=
benden Eis, diese frischen Schilderungen von Frühling und Sommer
und gepflügten Feldern zu lesen, von keimender Saat und von
Geruch nach Erde und Dünger, von Onkel Braesig und dem ganzen
Leben in dem behaglichen friedlichen Pfarrhof und auf Pümpel=
hagen. Herrgott, wie verlockend schien dieses Leben, und wie sehnte
man sich nach einem grünen Grashalm! Man versteht nur zu gut
die Sehnsucht des Seemanns nach Landbesitz und versteht, daß
der Traum eines alten Schiffers ein Hof ist oder ein wohlgepflegtes
kleines Anwesen mit einem Pferd und einigen Kühen, in einer
grünen Wiese weit drinnen im Land.

Als der Kapitän und ich bei Tisch saßen, gegen 9 Uhr abends
am 6. Juli, meinte er, es sei nun an der Zeit, daß wir wieder
einen Bären bekämen; wir hätten nun schon seit ganzen zwei Tagen
keinen mehr gesehen.

Ja, erwiderte ich, jetzt müssen wir sie aber mit Zins und
Zinseszins bekommen. Ich hatte ein Gefühl, als würde bald etwas
daraus werden.

Die Mannschaft des „Viking", Kapitän Krefting im Vordergrund.
Photographie vom Juli 1882.

Als wir gegessen hatten, erhielten wir wie gewöhnlich einen
Fingerhut voll Sherry für jeden von uns und einen von den
„Kuchen" des Stewards. Wir waren keine Säufer; das höchste,
wozu wir es brachten, war dieses kleine Glas nach dem Mittagessen.

Dann kamen die Pfeifen hervor, und es begann unsere fried=
liche Stunde, in der jeder in seiner Sofaecke saß, die Beine auf dem
Tisch. Der Kapitän erzählte von seinen vielen Abenteuern.

Dann kamen einige Verszeilen von Braun:

> Niemals ruf ich die Sorgen herbei,
> die kommen wohl ungebeten.
> Lachen und Scherzen fliehen uns leicht,
> wie der Klang von munteren Reden.
>
> — — — — — — — —
>
> Oh, es gibt viel, das Freuden uns schenkt,
> und alles hat freundliche Seiten.

Sonderbar ist es, wie das Leben sich gestalten kann. Hier
saßen wir beide wie alte Freunde beieinander, in dem treibenden
Eis.

Noch vor nur acht, neun Monaten war das Ganze eine fremde
Welt für mich gewesen. Wenn ich in jenen Tagen wie gewöhnlich
gegen Mittag von der Universität heimkam, begegnete ich häufig

auf dem Schloßberg einem schönen Mann mit einem dichten
schwarzen Schnurrbart und blitzenden schwarzen Augen unter dicken
schwarzen Augenbrauen.

Ich fragte mich, wer dies sein könne; er sah so überaus frisch
und unternehmend aus. Als ich jedoch hörte, daß er als Kapitän
auf dem Eismeer fuhr, begann meine Phantasie zu arbeiten. Was
hatte er wohl alles gesehen und erlebt, welche Abenteuer und Gefahren hatte er wohl durchgemacht? Ja, gerade so furchtlos und
draufgängerisch mußte natürlich ein Eismeerfahrer aussehen. Aber
damals war dies noch etwas wie aus einem unbekannten, fernen
Leben.

Und jetzt befand ich mich mitten in diesem Eismeerleben, mit
diesem selben Mann zusammen, und es war wie ein selbstverständ-
licher Teil meiner selbst geworden.

Dann gingen wir nach vorn zu unseren Leuten. Viele von
ihnen waren mißmutig, nicht so sehr deswegen vielleicht, weil wir
durch dieses Festliegen hier keinen Fang machten, sondern weil so
geringe Aussicht bestand, wieder frei zu kommen; wir trieben ja
immer näher und näher ans Land heran.

Es läßt sich nicht leugnen, daß in diesem Treibeis schon viele
Unglücksfälle vorgekommen sind; wenn es sich zusammenschraubt,
kennt es keine Gnade. Aber das Eis rings um uns war ja so
ruhig, allzu ruhig; es machte nicht den Eindruck, als wollte es
aufgehen.

Schon viele Eismeerfahrer sind in früherer Zeit mit diesem
Eis getrieben, und viele haben hier ihr Leben eingebüßt. Das
größte Unglück geschah wohl im Juni 1777, als ungefähr 28 Wal-
fangschiffe weiter im Norden vor der Ostküste im Eis eingeschlossen
wurden. Ein Teil von ihnen kam im Lauf der folgenden Monate
wieder frei, aber zwölf blieben stecken und trieben längs der Küste
nach Süden.

Am 19. und 20. August wurden sechs dieser Schiffe vom Eis
zerdrückt und sanken gerade hier in der Dänemarkstraße zwischen
68° und 67½° nördl. Br. Die anderen trieben weiter nach Südwesten, wurden jedoch alle nacheinander zerdrückt.

Die Mannschaft flüchtete auf das Eis; die meisten kamen um,
verhungerten, erfroren, ertranken. Ungefähr 155 Mann retteten
sich in ihren Booten an die Westküste von Grönland, jedoch mehr
als 320 Mann hatten den Tod gefunden.

„— — fie hatten uns bereits wahrgenommen — —."

Im Jahre 1869 wurde das Schiff „Hanfa" von der Zweiten
Deutfchen Nordpolarfahrt im Eis eingefchloffen, es wurde nörd=
lich der Dänemarkftraße eingedrückt, und die Leute trieben den gan=
zen Winter auf einer Eisfcholle nach Südweften längs der Küfte
von Grönland, bis fie im Frühjahr nach Kap Farvell gelangten
und in ihren Booten die Kolonien auf der Südweftküfte von Grön=
land erreichten.

Aber wir erzählten den Leuten natürlich nichts von allen diefen
Unglücksfällen und Leiden. Wir fcherzten nur mit ihnen. Sollte es
wirklich fchief gehen, fo könnten wir fie wohl mit Bärenfleifch am
Leben erhalten. Und wenn das Schiff durch das Eis eingedrückt
werden follte, könnten wir ja an Land wandern und hier an diefer
Küfte eine Kolonie gründen; es wäre leicht, fich hier mit Nahrung zu
verforgen, es gäbe Eisbären und Robben und Renntiere, vielleicht
auch Mofchusochfen und Renntiermoofe und andere gute Dinge.

Wir trieben diefen Spaß fo lange, daß ich mich ganz in die
Situation hineinlebte und nur noch wünfchte, es möchte fo kommen.

Ja, das wäre ein Leben gewesen. Und weiter südlich an der Küste lebten ja auch Eskimos, wie gemütlich wir es da haben konnten!

Ich glaube nicht, daß die Leute diese Aussichten ebenso verlockend fanden wie ich.

Einige von ihnen waren übrigens mit materielleren Fragen beschäftigt. Sie rechneten und rechneten, um herauszubringen, welchen Wert „ein Sechzehntel“ haben konnte bei dem Fang, den wir bisher gemacht hatten.

Dann wurde von der Tonne gemeldet, drei Bären seien in Lee. Nun wurde es lebendig — im gleichen Augenblick waren alle Sorgen vergessen, und wir befanden uns bald mit unseren Gewehren auf dem Eis. Ballong durfte wieder mitkommen, und so machten wir uns auf den Weg. Es sei eine Bärin mit zwei Jungen, war gemeldet worden.

Nach einiger Zeit erblickten wir sie, aber in so großer Entfernung, daß wir sie nur noch gerade vom Eis unterscheiden konnten. Ihre Sinne waren wohl mindestens so gut wie die unseren, denn sie hatten uns bereits wahrgenommen, entweder mit dem Gesicht oder mit dem Geruch. Der Wind war gut, er trug unsere Witterung gerade zu ihnen hin. Sie bedachten sich nicht lange, sondern kamen in gestrecktem Galopp direkt auf uns zu. Wir nahmen unsere gewöhnliche Stellung ein, alle drei nebeneinander auf einem Eishaufen auf dem Bauche liegend, und sahen dem Wettlauf zu, bei dem wir selbst der Preis sein sollten.

Bald liefen sie getrennt, bald wieder beisammen, wie es das Eis zuließ, bald war das eine voran, bald das andere, bald waren sie, wenn die Waken zu breit waren, um darüberzuspringen, im Wasser, bald wieder auf dem Eis; aber sie kamen rasch vorwärts, und sie hatten auch einen leichten Weg über große, flache Schollen.

Jetzt bekam das eine Junge nach und nach einen entschiedenen Vorsprung vor den anderen und war fast schon in Schußnähe, während die Mutter und das andere Junge noch 300 Meter zurück waren.

Wir wußten ihm wenig Dank dafür, denn wir fürchteten dazu gezwungen zu werden, es zu schießen, noch ehe die anderen nahe genug waren; doch wir wollten damit solange wie möglich warten.

Die Sorge für das Junge wurde mir überlassen, während der Kapitän die Mutter übernahm.

Das Junge war bereits auf der Scholle vor uns, und noch

„Da blieb es stehen ... duckte sich wie eine Katze zusammen und kam auf uns zugeschlichen."

immer hielt es das gleiche Tempo, bis es auf fünfzehn Schritt nahegekommen war. Da blieb es stehen und sah uns genau an, duckte sich wie eine Katze zusammen und kam auf uns zugeschlichen. Es näherte sich auf zwölf, auf zehn, auf acht Schritt.

Das Gewehr lag an der Wange, der Finger am Abzug. Ich folgte jeder Bewegung und schielte von Zeit zu Zeit zur Mutter hin, um zu sehen, wie weit sie gekommen war. Jetzt ist das Junge genau vor der Büchsenmündung des Kapitäns, doch er verfolgt aufmerksam die Mutter. Das Junge bleibt stehen, die Muskeln ziehen sich zum Sprung zusammen — es kracht — die Kugel fährt in die Brust, und das Tier rollt zu Tode getroffen den Eishaufen hinunter. Die Mutter, die das Junge fallen sieht, eilt noch ungestümer herbei, wird aber im gleichen Augenblick durch die Kugel des Kapitäns der Länge nach niedergestreckt.

Das erste Junge war wieder schwankend auf die Beine gekommen, eine Kugel durch den Rücken ins Herz hinein machte ihm ein Ende.

Unterdessen hatte der Kapitän aus großer Entfernung dem dritten Tier eine Kugel gesandt, die es zu Boden streckte.

Die Bärin ist jetzt auf die Beine gekommen und flüchtet; da erhält sie von jedem von uns eine Kugel. Sie fällt, um sich nicht wieder zu erheben.

Auch das dritte Tier ist wieder auf die Beine gekommen und macht sich davon; es erhält eine Kugel von mir, stürzt brüllend zusammen, flüchtet jedoch wieder, erhält noch ein paar Fehlschüsse nachgesandt und entkommt, da die Entfernung zu groß geworden ist. Bald holte ich es in einer Wake wieder ein und erlegte es. Es wurde herausgezogen und zu seinen Kameraden zurückgebracht. Da lagen sie, Seite an Seite, alle drei.

Die Bärin war nicht groß, zwei Meter lang von der Schnauze bis zur Schwanzspitze. Aber die Jungen waren ziemlich groß, das eine 1,61 Meter und das andere 1,60 Meter. Sie waren etwa eineinhalb Jahre alt.

Doch jetzt war der Nebel eingefallen, so daß wir das Schiff nicht sehen konnten. Ballong mußte die Leute holen, die auch bald kamen und die Bären zum Schiff brachten.

Auf dem Heimweg fand ich in einer Wake zwischen den Schollen eine schwimmende, lange, schleimartige, grünbraune Masse, die den grünen Pflanzen in einem Gänseteich daheim ähnelte. Es war eine

Alge (Melosira), wie ich sie auch schon früher in kleineren Mengen im Wasser hier oben im Eis gesehen hatte. Im Magen einer der von uns geschossenen Bären fand ich eine große Menge solchen Algenschleims, den die Bären offenbar als Pflanzennahrung fressen.

Jetzt hatten wir Jungbärenbraten für lange Zeit und leckere Bärenzungen. Wir fanden das Fleisch sehr gut, namentlich das der jungen Bären. Aber es war seltsam, viele von den Leuten wollten es nicht versuchen. „Krallentiere" sind keine Menschennahrung, meinten sie wohl, und außerdem herrscht ja der alte Aberglaube, daß dieses Fleisch giftig sei.

Es ist merkwürdig, was die Einbildung ausmacht. Diese Erfahrung hatte auch der Kapitän mit dem Steuermann gemacht, den er auf der „Magdalena" gehabt hatte.

Sie hatten einen Bären erlegt, doch der Steuermann konnte kein Bärenfleisch essen. Als sie beim Frühstück saßen, sagte der Kapitän zum Steward, er solle zum Mittagessen einige ordentliche Karbonaden aus Bärenfleisch machen, damit der Steuermann einmal kosten könne, wie gut sie seien. Heimlich aber sagte er später zum Steward, zum Mittagessen solle er Karbonaden aus dem frischen Rindfleisch bereiten, das im Takelwerk hing, und dann zum Abendessen die Bärenkarbonaden machen; dem Steuermann dürfe er aber kein Wort davon verlauten lassen.

Das Mittagessen kam und mit ihm die Karbonaden, herrlich und fett, aus Rindfleisch und Speck bereitet, und der Kapitän aß kräftig. Der Steuermann jedoch rührte sie nicht an; mit saurem Gesicht saß er da, aß Kartoffeln und Schiffsbrot und konnte kaum den Geruch dieser Karbonaden ertragen. Der Kapitän blinzelte dem Steward zu und sagte, es sei doch ein Jammer mit dem Steuermann, daß er nicht mitessen könne; aber nun solle er dafür zum Abendessen einige Karbonaden aus Rindfleisch bekommen, damit er nicht verhungerte.

Zum Abendessen kamen die Karbonaden, auf die gleiche Weise aus Bärenfleisch und Speck zubereitet. Und nun holte der Steuermann das Versäumte ein. Eine Portion nach der andern lud er auf und vertilgte ungeheure Mengen. Das sei doch wenigstens ein appetitliches Essen, sagte er, und etwas anderes als diese schauderhaften Bärenkarbonaden, die man schon von weitem am Geruch erkenne. Der Kapitän freute sich mächtig.

Endlich hatte denn auch der Steuermann seine Mahlzeit

beendet, lehnte sich, satt und befriedigt, im Stuhl zurück und lobte die Karbonaden des Stewards.

Da sagte der Kapitän: „Sind Sie nun so ganz sicher, Steuermann, daß Sie auch wirklich Rindfleisch gegessen haben?"

Der Steuermann meinte, das sei er doch wahrhaftig, das erkenne man sofort am Geschmack; da aber fiel sein Blick auf den grinsenden Steward in der Tür.

Kapitän und Steward lachten laut, doch der Steuermann verschwand durch die Tür über die Kajütentreppe hinauf und opferte das ganze Abendessen dem Meere.

Die durch Luftspiegelung erhöhte Bergkette auf der Ostküste von Grönland.

Fünfzehntes Kapitel

Immer noch im Eise fest. Noch mehr Bären.

Freitag, 7. Juli (3°, Brise aus Westnordwest), werden einige Sonnenhöhen genommen; wir befinden uns auf 66° 50′ nördl. Br. und 32° westl. L. und treiben also in genau westlicher Richtung auf Land zu und mit größerer Geschwindigkeit als vorher, ungefähr 24 Seemeilen seit dem 4. Juli, vorausgesetzt, daß die Länge stimmt. Das macht 8 Seemeilen im Tag, und wir sind dem Land viel näher gekommen.

Wir machten nun mit dem alten Bärenfleisch auf dem Eis ein großes Feuer, das reichlich mit Speck genährt und mehrere Tage in Brand gehalten wurde, um die Bären durch den Geruch anzulocken. Sie wittern diese Delikatessen oft in einer Entfernung von mehreren Meilen, wenn der Wind ihnen den Geruch zuträgt.

Es zeigte sich denn auch bald, daß dies ein gutes Mittel war; denn in den folgenden Tagen wurden von der Tonne aus alles in allem ungefähr 20 Bären gesichtet. Viele von ihnen waren ziemlich weit entfernt; ob es sich um 20 verschiedene Bären handelte, ließ sich nicht bestimmt sagen und ist wohl auch kaum wahrscheinlich, aber man erhielt doch einen Begriff davon, wie viele Bären in dieser Gegend lebten.

Am Abend des 7. Juli sah der Kapitän mit dem Fernglas von der Tonne aus einen Bären in einer Entfernung von ein paar Seemeilen. Doch es war nicht daran zu denken, so weit fortzugehen. Es blieb nichts übrig, als ihn im Auge zu behalten, soweit dies eben möglich war.

Am nächsten Morgen (8. Juli, 3°, schwacher Wind aus Nord= west) wurden wir mit der Meldung geweckt, ein Bär sei zu sehen. Wir zogen los, aber diesmal bekamen wir ihn nicht zu fassen, was uns noch nie widerfahren war. Er ergriff die Flucht, und wir vermochten nicht, ihm zu folgen. Wahrscheinlich war er von all dem Rostklopfen und Schaben an Bord verscheucht worden. Diese Arbeit wurde jetzt mit einem solchen Eifer betrieben, daß die ganze Gegend im weiten Umkreis mit einem ohrenbetäubenden Lärm erfüllt war.

Schlecht gelaunt kehrten wir zurück und wurden erst wieder durch die Lektüre von „Ut mine Stromtid" getröstet. Namentlich die Schilderung des kläglichen Pomuchelskopp belustigte den Kapitän so sehr, daß er nach dem Pech mit dem letzten Bären dem ganzen Eisbärengeschlecht diesen Namen verlieh.

Bald wurden wir unterbrochen durch die Meldung von einem neuen Bären in Luv. Dieser war aber noch weit entfernt und zog gegen den Wind, so daß es keinen Sinn hatte, ihm nachzugehen.

Nicht lange dauerte es, so erblickte Oran, der zweite Steuermann, eine Bärin mit zwei kleinen Jungen, auch dieses Mal in Luv. Wir machten uns auf den Weg; aber es hatte fast den Anschein, als habe uns das Glück ernstlich den Rücken zugewendet. Sie waren zu weit entfernt und zogen so rasch gegen den Wind, daß der Versuch, sie einzuholen, hoffnungslos war und wir mit leeren Händen zurückkehren mußten.

Merkwürdig war es, die Fürsorge der Bärin für ihre Jungen zu sehen, wie ängstlich sie war, sie rasch genug vom Fleck zu bringen. Sie half ihnen von Scholle zu Scholle, war bald voraus, um sie zu sich zu locken, bald hinter ihnen, um sie vorwärts zu treiben oder mit dem Kopf am Hinterteil weiterzuschieben.

Wir waren noch nicht lange an Bord zurück, und ich war gerade im Begriff, mein Expreßgewehr mit einigen neuen Geschossen auszuprobieren, bei denen ich das Kupferrohr herausgenommen und statt dessen einen soliden, die ganze Höhlung ausfüllenden Eisenpflock eingetrieben hatte, als von der Tonne ein Bär in Lee ge=

meldet wurde. Das war aussichtsreicher; hatten wir ihn erst in Lee, so gehörte er wahrscheinlich uns.

Wie gewöhnlich, kam er gegen den Wind herauf; der Kapitän und ich zogen an diesem Tag zum drittenmal aus. Wir hielten uns gut in Luv zum Tier. Es war leicht über das Eis vorwärtszukommen, und wir hatten den Bären bald erreicht.

Der Bär war bei einem Robbenkadaver stehengeblieben, einem Überrest von unserm frühern Fang, und war so damit beschäftigt, daß wir ziemlich nahe an ihn herankamen, ehe er uns bemerkte; da aber bedachte er sich nicht mehr lange, sondern ging auf uns los.

Wir werfen uns flach aufs Eis. Der Bär geht weiter, bis er auf ungefähr 50 Meter herangekommen ist. Da bleibt er stehen — lauert ein wenig — und wirft sich hinter einen Eisblock; er schleicht wieder wie eine Katze heran und setzt dann plötzlich zum Sprung an, um sich auf uns zu werfen.

Der Kapitän ist an der Reihe zum ersten Schuß. Es kracht, das Tier fällt ohne eine Bewegung zusammen. Es war auch nicht zu früh, nur noch zehn Meter fehlten.

Der Bär lebte gleich wieder auf, vermochte aber die vorderen Gliedmaßen nicht zu bewegen. Die Kugel hatte nur die Hirnschale gestreift und war an den Halswirbeln entlang ins Rückgrat gedrungen. Ich gab ihm einige von meinen Kugeln, er war jedoch mehr als zäh und wollte nicht sterben, bis ich ihm schließlich, mangels einer andern Waffe, mein Taschenmesser ins Herz stieß.

Meine Kugeln waren quer durch die Brust gegangen, sie waren nicht zu früh zersprungen und schienen eine gute Wirkung gehabt zu haben; aber massive Kugeln sind, glaube ich, doch vorzuziehen.

Auf dem Weg zum Schiff sprachen wir wie gewöhnlich darüber, wieweit es ratsam sei, so lange mit dem Schießen zu warten. Es könne doch vorkommen, daß die Patrone versagte und dann — — Ja, wir waren uns darüber einig, daß es nicht so ganz ratsam sei, und wir versprachen einander, wie gewöhnlich, das nächste Mal vorsichtiger zu sein. Aber Versprechen ist ehrlich und Halten beschwerlich. Das nächste Mal, als wir einen Bären vor uns hatten, war es wieder zu spannend zu sehen, was er unternehmen würde.

Es war gegen Morgen, am Sonntag, 9. Juli. Wir waren nicht lange an Bord gewesen, als gemeldet wurde, in Luv sei ein Bär zu sehen, aber in so großer Entfernung, daß man ihn nicht jagen könne. Das war der siebente innerhalb der letzten 24 Stunden. Nachdem wir noch das Bärenfeuer reichlich mit Brenn= stoff versehen hatten, krochen wir ins Bett.

Auf der Morgenwache, gegen 4 oder 5 Uhr, hatte Hans Halvorsen zwei Bären in Luv gesehen, die jedoch auch zu weit entfernt gewesen waren.

Später, als der Kapitän und ich gerade aufgestanden waren, wurde wiederum ein Bär gemeldet; dieses Mal war er immerhin so nahe, daß wir ihn mit bloßem Auge sehen konnten.

Wir machten uns auf den Weg. Aber der Bär zog rasch gegen den Wind, und der Kapitän meinte: „Der Kerl segelt gut am Wind, er liegt nicht weiter als einen Strich vom Wind, und wenn's drauf ankommt, nimmt er auch den noch mit." Da aber blieb der Bär bei einem Robbenkadaver stehen und beschäftigte sich damit so lange, daß wir in Luv von ihm kommen konnten und mit dem Wind auf ihn lossteuerten.

Alle diese alten Robbenkadaver, die seit unserm letzten Fang auf dem Eis verstreut lagen, waren uns eine große Hilfe. Wahr= scheinlich wurden die Bären zum großen Teil durch sie in diese Gegend gelockt, und auf jeden Fall dienten diese Kadaver dazu, die Tiere aufzuhalten, so daß sie nicht so schnell weiterzogen.

Unser Bär war eifrig beschäftigt, und wir kamen ihm ziemlich nahe, ohne daß er uns bemerkte. Wir wollten ihn aber nicht gern schießen, ehe er uns gesehen hatte.

Jetzt aber hob er den Kopf, erblickte uns und schlenderte auf uns zu. Wir warfen uns aufs Eis nieder. Das Tier ver= schwand hinter einem Eishaufen vor uns und war eine Zeitlang nicht zu sehen. Nun hieß es die Augen überall haben, denn wenn der Bär jetzt auf dem Haufen auftauchte, konnte er über uns sein, ehe wir's uns versahen.

Ja, ganz richtig, da kam ein Stückchen der Schnauze zwischen zwei Eisbrocken zum Vorschein, dann ein wenig mehr und dann die Brust.

Da krachten beide Schüsse. Der Kapitän zielte mitten auf die Brust, ich der Abwechslung halber auf den Kopf — die Kugel ging durch den Rachen hindurch und beim Nacken hinaus. Der Bär taumelt zurück, rafft sich jedoch auf und flüchtet, den Kopf zu uns zurückgewandt; das Blut rinnt ihm aus dem Maul, und die Augen sprühen Funken.

Kapitän Krefting und der Verfasser bei einem großen Bären.
Photographie, Juli 1882.

Wieder krachen zwei Schüsse. Die Kugeln treffen ihn von der
Seite, er fällt, kann sich jedoch noch immer bewegen. Eine weitere
Kugel vom Kapitän macht ihm endlich den Garaus. Wir sparen
nicht an Kugeln, solange noch Leben in dem Tier ist. Man muß
doch wenigstens die Qual so kurz wie möglich machen, und ein
zählebiges Tier ist der Bär ja. Es war wieder ein ganz großer
männlicher Bär.

Als wir an Bord kamen, erfuhren wir, daß von der Tonne
aus in ungefähr drei Seemeilen Entfernung ein Bär gesichtet
worden war, der jedoch nach Norden und gegen den Wind sich
entfernt hatte. Da die Mannschaft brennende Lust darauf hatte,
durften der Zimmermann und einige andere ihm nachstellen, um ihr
Glück zu versuchen.

*   *

*

Zeiten und Auffassungen wechseln. Die Leute auf den Eis=
meerschiffen der alten Zeiten standen dem Eisbären anders gegen=
über als die Mannschaften heutzutage. In der Beschreibung der
holländischen Expedition in das Karische Meer unter Nay und

Linschoten im Jahre 1595 lesen wir, daß ein Teil der Mannschaft
am 6. September in der Nähe der Jugorstraße an Land war und
dort von einem Bären überfallen wurde, der zwei Mann tötete.
Dreißig Mann, mit Büchsen, Hacken und Hellebarden bewaffnet,
wurden ausgesandt; sie lieferten eine Schlacht, die nach einiger Zeit
damit endete, daß der Bär „ins Gras beißen" mußte. Man
zog ihm das Fell ab und brachte dieses nach Amsterdam.

Als die Holländer unter Rijp und Barents im Jahre 1596
die Bäreninsel entdeckten, stießen sie dort auf einen großen Bären,
der ins Wasser ging. Sie ruderten ihm nach, wagten jedoch nicht
mit ihm anzubinden, ehe sie Verstärkung erhalten hatten. Mit
zwei Booten und einer mit Gewehren, „Hargubuschen", Helle=
barden und Äxten bewaffneten Mannschaft lieferten sie dem Tier
eine Seeschlacht; nach zweistündigem Kampf machte ein Axthieb
in den Kopf seinem Leben ein Ende. Er wurde abgehäutet; das
Fell war zwölf Fuß lang.

Es scheint, als sei der Bär damals gefährlicher gewesen, ebenso
wie auch sein Fell größer war.

Nach diesem Bären wurde die Insel dann Beeren Eylandt
genannt.

∗   ∗

∗

Es wurden jetzt einige Sonnenhöhen genommen, denen zufolge
wir uns auf 66° 51 nördl. Br. und 32° 18′ westl. L. befanden.
Wir sind also an den letzten zwei Tagen, seit unseren letzten Obser=
vationen vom 7. Juli, noch immer nach Westen getrieben und
außerdem um eine Minute weiter nördlich gekommen, trotzdem die
ganze Zeit nordwestlicher und nördlicher Wind, wenn auch ganz
schwach, geherrscht hatte. Aber die Drift ist wieder sehr viel lang=
samer geworden, nur sieben Seemeilen in den zwei Tagen.

Der Abstand vom Land kann jetzt nur noch halb so groß sein
wie damals, als wir es zum erstenmal sahen; wir können jetzt die
Berge und die Täler drinnen, auch von Deck aus, ganz deutlich
erkennen. Es werden jetzt nicht viel mehr als etwa sechs bis sieben
Seemeilen bis zum Land sein, und man müßte einen Spaziergang
dorthin machen können, wenn es nur anginge, sich so weit vom
Schiff zu entfernen.

Nach einigen Stunden kamen der Zimmermann und die anderen
Leute zurück. Den Bären hatten sie nicht gesehen, aber eine

Luftspiegelung.

merkwürdige Entdeckung hatten sie gemacht: sie hatten offenes
Wasser gesehen, in der Nähe des Landes. Der Zimmermann
war seiner Sache so sicher, daß er alles mögliche darauf gewettet
hätte, denn er hatte doch deutlich beobachtet, wie die Berge sich im
Wasser spiegelten.

Der Kapitän versuchte ihnen begreiflich zu machen, daß es eine
Luftspiegelung gewesen sein müßte, ein hier ja nicht ungewöhnliches
Naturschauspiel. Es sei doch klar, daß offenes Wasser, das sie von
den Eishügeln aus sehen konnten, von der Tonne hier an Bord
aus noch viel besser zu sehen sein müsse.

Aber es half wenig. Sie waren ihrer Sache ganz sicher: sie
hatten offenes Wasser gesehen, und die Berge hatten sich darin
gespiegelt.

*   *

*

Es ist recht sonderbar zu denken, daß es sich um genau den
gleichen Irrtum handelt, der so oft die Reisenden in der Wüste
täuscht, um die „Fata Morgana“, bei der man hohe Gegenstände
in weiter Entfernung in Wasser sich spiegeln sieht, während der
durstige Wüstenwanderer sich schon bei dem Gedanken, trinken zu
dürfen, freut.

Beides sind Luftspiegelungen: dort über dem erhitzten dürren
Sand, hier über den Eisschollen. Durch die Sonnenstrahlung wird
dicht über den Eisschollen eine wärmere Luftschicht erzeugt. Die
Luftspiegelung entsteht durch eine Totalreflexion der Lichtstrahlen
bei dem Übergang aus der kältern, dichtern Luftschicht in die

darunterliegende Schicht von wärmerer und dünnerer Luft, wie ich
bereits einmal erklärt habe.

Aber es gibt hier auch eine Art umgekehrter Luftspiegelung,
wenn man nämlich die Eishügel und Schiffe in der Luft auf dem
Kopf stehen sieht. Am Abend und in der Nacht, wenn die Sonne
tief steht, wird die Oberfläche des Eises durch Ausstrahlung ab=
gekühlt, und es entsteht eine kalte Luftschicht darüber. Lichtstrahlen
von Gegenständen, die tiefer sind als diese Schicht, werden an der
Grenze zwischen dieser und der darüber befindlichen wärmern
Luftschicht total reflektiert. Die „Decke" dieser kalten Luftschicht
wirkt wie ein Spiegel; befindet man sich unter ihr, so wird man
oben in der Luft ein Spiegelbild von Gegenständen sehen, die weit
entfernt sind. Ist die Luftschicht so hoch, daß sie über das Schiffs=
takelwerk hinausragt, so wird man aus der Entfernung ein auf
dem Kopf stehendes Spiegelbild des Schiffes sehen. Auch die Eis=
hügel haben, aus großer Ferne gesehen, oft umgekehrte Spiegel=
bilder über sich. Herrscht Bewegung in der Luft, so wogen diese
Bilder hin und her und wechseln beständig die Form, so daß das
Ganze wie eine hochgehende See wirken oder den Eindruck er=
wecken kann, als steige dort vom Eis Rauch auf.

Über der Bergkette tief drinnen in Grönland konnte diese Luft=
spiegelung manchmal merkwürdige Wirkungen haben; die Berg=
gipfel hatten oft nach unten gewendete Berggipfel über sich, die
hin und her wogten, dies erweckte den Eindruck rauchender Vul=
kane. Oder die Berggipfel wurden bis zur horizontalen Grenze
der Luftschicht gehoben, und die Bergkette sah dann aus wie der
Mauerkranz einer Burg mit viereckigen Schießscharten (s. Bild
S. 321).

                    •   •

                         •

Der Zimmermann und seine Leute waren noch nicht lange
wieder zurück an Bord, als gerade von der Seite, von der sie
heimgekehrt waren, ein Bär herangeschlendert kam.

Die anderen machten sich natürlich mächtig lustig über sie, und
namentlich an einem von ihnen ließen sie ihren ganzen Spott aus,
an einem Schützen, der als letzter heimgekommen war und der
gern als ein besonderer Held gelten wollte.

„Mit dir ist es umgekehrt wie mit dem Kapitän und mit

Nansen, denn statt daß du dem Bären nachgehst, geht der Bär
dir nach. Warum hast du ihn denn nicht geschossen?"

Er war gelb vor Ärger, wußte aber nicht viel darauf zu ant=
worten. Wir zogen los; einige Leute durften mit uns kommen.
Unterwegs stieg ich auf einen hohen Eishaufen, um den Weg
über das Eis auszukundschaften. Da fiel mein Blick auf den Bären=
kopf, der in ziemlicher Entfernung über eine Eiskante heraufragte
und wieder verschwand, woraus ich auf die Lage des Bären schloß.
Wir zogen in dieser Richtung los und ließen bald die Leute zurück,
um uns dem Bären nicht in allzu großer Anzahl zu nähern.

Wir gingen weiter, und gerade als wir auf eine große Scholle
kamen und uns darüber unterhielten, hinter welchem Stapel er
wohl liegen könnte, tauchte der Kopf keine dreißig Schritt vor uns
über einem Eiskamm auf. Wir lagen sofort wie hingeweht auf
dem Eis, doch der Bär war ebenso rasch und kam mit gefletschten
Zähnen auf uns zu. Er hatte einen gierigen, katzenartigen Gang,
fast wie ein Tiger. Es gab keinen Zweifel darüber, was der
Bursche wollte, und wir hatten nicht viele Sekunden zu verlieren.
Er machte eine kleine Drehung, so daß er uns die Seite zeigte;
beide Schüsse krachten; die Kugel des Kapitäns traf in die Brust,
meine in den Nackenwirbel hinter dem Ohr. Es war, als würde
ihm das Lebenslicht mitten im Dahinschreiten ausgeblasen; ohne
eine Bewegung brach er zusammen.

Ein solcher Schuß in den Halswirbel hat ja bei allen Tieren
die schnellste lähmende Wirkung auf das Nervensystem. Diesmal
war keine Zeit zu verlieren gewesen, denn ich kann mich nicht er=
innern, je einen Bären gesehen zu haben, der so entschieden an=
griffsbereit gewesen wäre.

Wieder war es ein großer männlicher Bär. Dieser hier war
ein so schwerer Bursche, daß es uns kaum gelang, ihn herum=
zuwälzen, um die Schußwunde anzusehen, obwohl wir doch zwei
recht handfeste Männer waren. Wie er so ausgestreckt auf dem
Eis lag, maß er drei Meter von der Schnauze bis zu den Enden der
Hinterbeine. Ich stellte eine Bluttemperatur von 38,5° fest, also
eine bedeutend höhere Temperatur als die normale des Menschen
und auch eine höhere als die der Robben, die ich früher gemessen
hatte.

Bald kamen die Leute herbei, um den Bären an Bord zu
ziehen, und der Kapitän und ich spazierten heimwärts.

Die Nacht war schön. Über dem Eisrand im Norden glühte die
Sonne, der Nordhimmel war eine einzige Orgie in Gold und
Purpurglut. Das ganze Himmelsgewölbe war nichts als Farben,
bis zum feinsten Lila im Osten und im Süden. Das Eis dehnte
seine endlose Fläche bis hinüber nach Grönland im Westen, mit
Eishaufen und Blöden und mit glänzenden Wasserteichen und
Waken dazwischen.

Während ich rittlings auf einem Eisblock saß, ganz hin-
gegeben an diese Farbenpracht, und den Blick über die Gebirgs-
linien auf Grönland schweifen ließ, wurde ich durch den Kapitän
aus meinen Träumereien gerissen. Er erinnerte mich ziemlich trocken
daran, daß meine photographischen Platten an Bord auf mich
warteten, da sie weder etwas Trockenes noch etwas Nasses bekommen hätten. Wir wanderten weiter zum Schiff zurück, aber meine
Platten mußten trotzdem noch eine Weile dürsten, denn als wir
etwas näher gekommen waren, wurden von der Tonne Zeichen
gegeben, und wir hatten es auf einmal eilig, an Bord zu kommen.
Gleich in Lee von uns waren drei Bären. Wir zogen wieder los
und erblickten sie von einem Eishaufen aus. Es war eine Bärin
mit zwei kleinen Jungen, vielleicht dieselbe, die wir am Sonntag
gesehen hatten.

Wir gingen auf sie zu, aber sie erblickten uns. Wir warfen
uns nieder. Nachdem sie uns eine Weile betrachtet hatten, entfernte
sich die Bärin langsam, und die Jungen folgten ihr. Wir liefen
zum nächsten hohen Eishaufen in der Hoffnung, sie von dort mit
einem Schuß erreichen zu können. Aber sie waren schon weit
weg und rissen aus, so schnell sie konnten. Sie waren zu leicht-
füßig, diese Burschen, als daß wir sie hätten einholen können.
Wenn die Bärin kleine Junge hat, ist sie in der Regel vorsichtiger
und greift nur ungern an; beim Anblick von Menschen flüchtet sie
am liebsten. Es blieb uns nichts anderes übrig, als an Bord
zurückzukehren und schlafen zu gehen.

Am nächsten Tag, Montag, 10. Juli, machte ich einen langen
Ausflug über das Eis zu einem Eisberg, der in unserer Nähe war.
Nach unserer Berechnung waren wir auf 66° 50′ nördl. Br. und
32° 20′ westl. L. (4°, Wind aus Nordnordost).

Als wir Anfang Juli die Ostküste von Grönland erblickten,
sahen wir auch, wie schon erwähnt, mehrere große Eisberge, die
in dem Treibeis näher am Lande lagen.

Der am 10. Juli 1882 befuchte Eisberg.

Mit jedem Tag kamen wir diesen Eisbergen näher. Es war offenbar, daß sie sich nicht mit dem Treibeis zusammen bewegten. Sie lagen entweder auf Grund, und das Eis trieb an ihnen vorbei, oder sie hatten eine ganz andere Drift.

Auf mehreren dieser Eisberge konnte ich mit dem Fernrohr dunkle Flecke unterscheiden, die ich für vom Land her mitgeführte Steine hielt. Namentlich einer dieser Eisberge war so dunkel, daß ich ihn, als ich ihn eines Morgens erblickte, für eine Insel hielt. Er ragte wie ein dunkler Berg empor.

Mit jedem Tag kamen wir näher an diesen Berg heran, und ich konnte im Fernglas bald große und kleine Steine und eine Schotterschicht unterscheiden.

Es erfaßte mich die Lust, diesen Berg zu besuchen; wir waren jedoch noch zu weit davon. Der Kapitän hielt es für nicht ratsam, sich so weit vom Schiff zu entfernen, selbst wenn man über das Eis gut vorwärtskommen konnte, denn man ist niemals vor Nebel sicher.

Aber immer näher und näher kamen wir an den Eisberg heran, und am 10. Juli war er kaum mehr als eine Meile (7 Kilometer) entfernt. Da fand ich, daß ich mich auf den Weg machen müsse, um ihn mir anzusehen. Es war schönes Wetter (4°), etwas Wind aus Nordnordost und ziemlich klar.

Ich nahm einige Leute mit, und wir zogen los. Fast überall kamen wir leicht vorwärts, und wo die Waken zwischen den Schollen zu breit waren, um darüberzuspringen, zogen wir mit den Robbenhaken einige kleine Schollen herbei, um mit ihrer Hilfe hinüberzugelangen. Ohne Abenteuer erreichten wir unser Ziel.

Die Ostküste von Grönland, in der Nähe der Schreckensbucht, südlich von 67°
nördlicher Breite.
Skizze, 11.—12. Juli 1882.

Der Eisberg hatte einen ziemlichen Umfang und einen Gipfel
von etwa 30 bis 40 Meter Höhe. Auf der einen Seite fiel der
Gipfel jäh ab zu einer tieferliegenden Eisfläche, auf der andern
Seite hatte er eine größere Fläche, auf der ziemlich viel Steine lagen,
große und kleine; sie lief gleichmäßig schräg bis an den Rand des
Berges hinaus. Auf der dritten Seite war ein großes flaches Stück,
das uneben und mit großen Eishaufen und Zacken bedeckt war.

Da und dort in den Vertiefungen auf den niederen Teilen des
Berges lagen ziemlich viel Steine und Schotter.

Am Fuße der steilabfallenden Bergseite befand sich eine größere
Fläche, die so mit Steinen und Schotter übersät war, daß sie fast
wie ein Schuttfeld aussah. Auch in der Eiswand steckten große und
kleine Steine. — Es machte den Eindruck, als sei die Schutthalde
unterhalb dieser Wand dadurch entstanden, daß die Steine und
der Schotter, die in die Eiswand eingebettet waren, nach und nach
durch das Abschmelzen des Eises in der Sonne heruntergefallen
waren.

Einige der Steine auf diesem Eisberg waren so groß, daß
ein Mann sie kaum zu heben vermochte.

Es waren nicht geringe Mengen von Stein und Schotter, die
hier über das Meer fortgeführt wurden. Was wir an jenem Tag
sahen, machte sicher mehrere Pferdefuhren aus, und ein Teil
war gewiß noch im Eis eingeschlossen.

Die Ersteigung des Gipfels war nicht ganz leicht; die Hänge
waren an den meisten Stellen steil und das Eis ziemlich hart und
glatt. Wir klammerten uns mit Händen und Füßen fest, kamen
schließlich auch hinauf und wollten nun über die Eisfelder Ausschau
halten — — Doch da wälzte sich der Nebel von Nordosten herein.
Wir hatten eine Meile zum Schiff zurückzulegen, und es war kein
Kinderspiel, im Nebel auf solchem Eis zu gehen; wir mußten daher
so rasch wie möglich heimkehren.

Unten angelangt, hob ich ein paar Steine auf, um sie mit=

Die Ostküste von Grönland, in der Nähe der Schreckensbucht, südlich von 67°
nördlicher Breite.
Skizze, 11.–12. Juli 1882.

zunehmen, und machte in aller Eile eine Skizze von dem Berg;
aber noch ehe ich sie beendet hatte, war der Nebel mit Schneetreiben
bereits über uns.

So schnell es ging, wanderten wir heimwärts. Glücklicherweise
war der Nebel nicht von langer Dauer, und wir erreichten das
Schiff ohne Unfall; aber der Kapitän war froh, uns heil zurück=
kommen zu sehen.

Die mitgenommenen Steine waren deswegen von Interesse,
weil man bis zu jener Zeit noch sehr wenig Steine auf treibenden
Eisbergen gefunden hatte.

Ich gab sie später Prof. Th. Kjerulf, und einige von ihnen
wurden von seinem Schüler M. Otto Hermann[1] mikroskopisch
untersucht.

Die Steine waren zum größten Teil vulkanischen Ursprungs;
es waren zwei Arten von feinkörnigem Grünstein (Diorit), einige
Stücke Mandelsteine und ein Epidot, außerdem jedoch noch ein
stark ziegelroter Sandstein.

Die Steine stammen offenbar von der Ostküste Grönlands
weiter im Norden, wo dieser Eisberg gekalbt worden war. Wahr=
scheinlich waren sie in den tieferen Schichten des Gletschereises ein=
gelagert und waren von der gleitenden Eismasse von der Unter=
lage des Gletschers oder dem danebenliegenden Gestein losgebrochen
worden, möglicherweise stammten sie aus dem unbekannten Innern
des Landes.

Es hat unter den Geologen schon viel Meinungsverschieden=
heiten darüber gegeben, ob die im Meer treibenden Eisberge wirk=
lich so beträchtliche Massen von Steinen und Schutt zu transpor=
tieren vermögen, daß sie im Laufe der Zeiten bei der Bildung von
Ablagerungen und Bänken von großer Bedeutung gewesen sein
können.

---

[1] Siehe Otto M. Hermann, Beschreibung von grönländischen Gesteinen, Nyt
Magazin for Naturvidenskaberne, Bd. 28, Kristiania 1884.

Was wir hier sahen, zeigt auf jeden Fall, daß ein Eisberg sehr viel Steinmaterial mit sich führen kann. Und wenn die Berge schmelzen oder kentern, versinken Steine und Schutt und bleiben auf dem Meeresgrund liegen. Werden jährlich viele solche Berge mit Steinlasten auf diese Weise transportiert, so können im Laufe der Zeiten wohl ganz beträchtliche Verfrachtungen stattgefunden haben, und in jenen Gegenden, wo die Eisberge vorbeitreiben, kann eine Menge Steine auf den Grund des Atlantischen Ozeans versenkt worden sein. In Meeresablagerungen aus früheren Zeiten finden wir ebenfalls manchmal große Steine, die wohl sicher mit solchen Eisbergen in jenes Meer getragen wurden, in dem diese Ablagerungen entstanden sind.

Am Vormittag des 11. Juli war das schönste Wetter mit richtiger Sonnenhitze. Es waren 6° Wärme im Schatten, und kaum ein Lufthauch war zu spüren. Ich ging gerade in Hausschuhen und Hemdärmeln an Deck auf und ab, sonnte mich und dachte an die Sommerhitze daheim in Norwegen, als ich plötzlich nicht weit draußen einen Bären erblickte. Sofort ging ich zum Kapitän hinunter, und wir machten uns auf den Weg, wie wir gingen und standen.

Der Bär war eifrig mit einigen alten Robbenkadavern beschäftigt, die er mit Zähnen und Krallen bearbeitete. Wir konnten über große, flache Schollen gerade auf ihn zuhalten, ohne daß er uns bemerkte.

Bald waren wir in Schußnähe, warteten jedoch darauf, daß er sich umblicken sollte. Da wandte er uns das Hinterteil zu und schlenderte weiter.

Wir eilten ihm nach und kamen in bessere Schußnähe, aber er wandte uns ständig das Hinterteil zu und hatte uns immer noch nicht bemerkt.

Wir pfiffen; jetzt sah er sich um und kehrte uns die Breitseite zu. Das Gewehr des Kapitäns knallte, doch von meinem Gewehr hörte man zuerst nur einen Zündungsknall, dann ein Sausen und den Schuß, die Kugel machte nur ein Loch in die Luft. Die Patrone war naß geworden; ich hatte sie wohl einmal in der Tasche gehabt, als ich gerade ins Wasser fiel.

Aber die Kugel des Kapitäns — welchen Weg hatte sie genommen? Der Bär warf sich herum und lief ungefähr vierzig Schritt weit auf uns zu, dann blieb er stehen. Ich hatte soeben eine

neue Patrone eingelegt und drückte ab; wieder nur der Zündungs=
knall, das Sausen und dann der Schuß. Aber trotzdem — der Bär
fiel mausetot um.

Es stellte sich heraus, daß die Kugel des Kapitäns durch beide
Lungen und durch das Herz gegangen war, — und der bloße
Knall meines Gewehrs schien ihm den Garaus gemacht zu haben,
denn am ganzen Fell war keine andere Einschußstelle zu finden.
Es zeugt doch von ungeheurer Zählebigkeit, daß er noch vierzig
Schritt weiterlief, nachdem ihm eine Kugel mitten durchs Herz
gegangen war.

Das war um die Mittagszeit; aber dieser Bär sollte der einzige
bleiben, den wir mitten am Tag schossen, sonst pflegten sie meistens
am Abend oder gegen Morgen oder in der Nacht zu kommen.

Durch einige gute Sonnenhöhen bestimmten wir an diesem
Tag unsere Lage auf 66° 38′ nördlich und 32° 32′ westlich. Die Drift
hatte die Richtung geändert. Es geht jetzt am Land entlang nach
Südwesten, und seit vorgestern sind wir ungefähr 14 Seemeilen in
dieser Richtung getrieben, ganze sieben Seemeilen im Tag. Soll
das eine baldige Veränderung in den Eisverhältnissen bedeuten?
Es ist nicht anzunehmen, daß diese Veränderung in der Drift einer
Veränderung des Windes zuzuschreiben ist. Allerdings hatten wir
bisher eine schwache Brise von Norden und Nordnordosten gehabt;
aber diese hatten wir ja den ganzen Monat hindurch, und an diesem
Tag war es fast windstill geworden.

Wir sind immer noch in gleicher Entfernung vom Land, und
es mögen, wie gesagt, fünfundzwanzig bis dreißig Seemeilen bis zur
Küste sein.

Am Abend, bei Sonnenuntergang, können wir besonders deut=
lich alle Einzelheiten des Landes im Innern sehen, wenn nicht
eine Luftspiegelung das Land in allen möglichen seltsamen Formen
vor uns aufbaut.

Es war ein schöner, klarer Abend; ich stieg in die Tonne hinauf,
um von der unbekannten Küste eine Skizze zu machen.

Zuerst untersuchte ich mit dem Fernglas sorgfältig das ganze
Eis ringsumher, ob nirgends ein Bär zu sehen sei. Dann machte
ich mich ans Zeichnen.

Unten auf Deck war es still; die Leute waren längst schlafen
gegangen, nur Ballong, der die Wache hatte, ging auf und ab.

Lange war ich in meine Arbeit vertieft, ich verfolgte die

Bergformen und die Täler da drinnen mit dem Fernglas, zeich=
nete und hatte ganz vergessen, wo ich mich befand — — da hörte
ich plötzlich Ballong rufen:

„Nein, schau doch einer den Bären an!“

Ich fuhr auf, sah über den Tonnenrand hinab: Ballong stand
auf der Back und deutete hinunter und — wahrhaftig — unter
dem Bug des Schiffes stand ein Bär. Bleistift und Skizzenbuch
wurden weggeworfen, heraus aus der Tonne, in die Pardune,
hinunter auf Deck ging's, daß die Hände brannten, und hinein,
um Gewehr und Patronen zu holen.

In der Kajütentür begegnete ich dem Kapitän, der ebenfalls
Ballongs Ausruf gehört hatte. Wir ergriffen die Gewehre und
zogen los.

Der Bär, durch Ballongs Ruf erschreckt, hatte die Flucht
ergriffen. Als er ein Stück weit gekommen war, stellte es sich
heraus, daß es sich um zwei Bären handelte; der zweite war
irgendwo in der Nähe gewesen, und beide zottelten nun ihres
Wegs.

Die Entfernung war zu groß; aber es blieb nichts anderes
übrig, als es trotzdem zu versuchen, denn es bestand wenig Aus=
sicht, sie einzuholen. Doch die Schüsse ließen sie nur noch schneller
laufen, und wir setzten ihnen aus Leibeskräften nach.

Der Kapitän gab es bald auf, er war zu schwer angezogen.
Ich aber war leicht bekleidet, in Turnschuhen und Wollschlüpfer,
und glaubte, noch eine Weile durchhalten zu können.

So ging es weiter — über die eine große, flache Scholle nach
der andern. Die Bären entfernten sich immer mehr von mir, und
da auf dem Schiff mehrere Male die Flagge gehißt wurde zum
Zeichen, daß ich heimkehren solle, mußte ich die Verfolgung auf=
geben.

Jetzt hatte der Kapitän lange Zeit etwas, womit er mich
necken konnte:

„Na, so einen Jungen auf Ausguck in der Tonne lob ich mir,
der die Bären nicht einmal sieht, wenn sie vor dem Bug sitzen.“

Am 12. Juli war es wärmer, als wir es je hier oben erlebt
hatten, 8° mittags, nicht eine Wolke am Himmel und nicht ein
Windhauch; es war wirklich Sommer.

Jetzt aber geht es südwärts; die heutigen Observationen er=
geben 66° 28′ nördlich und 32° 35′ westlich. Das sind ungefähr

zehn Seemeilen direkt nach Süden in einem Tag. Dies ist doch
eine ausgesprochene Veränderung in der Drift; eine Windströmung
kann nicht die Ursache sein, denn die Luft ist still, und das Baro=
meter hält sich gleichmäßig hoch.

Donnerstag, 13. Juli, das gleiche schöne Wetter, noch wärmer,
10° gegen Mittag. Eine Sonnenhöhe ergab 66° 20' nördlich, und
die Länge wurde mit ungefähr 32° 40' westlich angenommen. Wir
sind acht Seemeilen südlicher als gestern. Das muß eine Änderung
mit sich bringen.

Am Tag darauf (14. Juli) war es ungefähr ebenso warm,
aber das Wetter schien sich zu ändern. Aus Südosten und Südsüd=
osten kam ein Windzug, und die Luft wurde bewölkt und unsichtig.

Ich maß die Wassertemperatur in verschiedenen Tiefen und
stellte fest:

an der Oberfläche 1,3°,
bei 10 Faden (19 Meter) —1,4°,
bei 20 Faden (38 Meter) —1,5°.

Dies gibt uns einen Einblick in die Art, wie das Eis schmilzt.
Das tiefere, kalte Wasser ist offenbar Polarwasser, das mit dem
Eis und dem Strom aus Norden kommt; in diesem kann das Eis
nicht nennenswert schmelzen, da die Temperatur nur wenige Zehn=
tel Grad über dem Gefrierpunkt beträgt. Aber ganz oben ist eine
dünne, vielleicht ein bis zwei Meter starke Schicht, die jetzt im
Sommer durch die Sonnenstrahlung bis 1° oder an der Ober=
fläche sogar bis 2° erwärmt ist; diese Schicht ist zum Teil aus
Schmelzwasser von Eis gebildet.

Dieses warme Wasser der Oberfläche, das von der Sonne
ständig weiter erwärmt wird, zehrt stark an den Kanten der
Schollen an der Wasserfläche und ein kleines Stück darunter und
nagt sich tief ins Eis ein. Auf diese Weise strecken die Schollen
breite „Füße" unter der wärmsten, obersten Wasserschicht aus, und
jener Teil der Eiskante, der über dem Wasser liegt, ragt ein Stück
darüber hinaus.

Gleichzeitig zehrt die Sonnenstrahlung stark an der Oberfläche
der Schollen wie auch an den Anhäufungen und Eisblöcken, die
auf ihnen emporragen; infolgedessen fließt viel Wasser von den
Schollen ins Meer. Dadurch werden die Schollen leichter, und da
sie an der Unterseite wenig oder fast gar nicht abschmelzen, steigen
sie naturgemäß im Wasser höher, und die überragenden Kanten

Überragende Kanten an den Schollen, durch das erwärmte Oberflächenwasser
unterhöhlt.

heben sich, je mehr die Schollen durch das Schmelzen an der Ober=
fläche entlastet werden, immer höher und höher über die Wasser=
fläche empor. Aber bei diesem Schmelzen werden die überragenden
Kanten stets dünner, und sie können recht heimtückisch sein, wenn
man beim Überschreiten der Schollen auf sie tritt, ohne zu ahnen,
wie unterhöhlt sie sind.

Schließlich verschwinden diese überragenden Ränder vielleicht
ganz, während das warme Wasser an der Oberfläche sich immer
tiefer in die Schollen hineingefressen hat, die dann mit ihren
„Füßen" oft weit ins Wasser hinausragen.

Über solches Eis zu wandern, ist manchmal recht beschwerlich,
denn die Ränder der Schollen über dem Wasser sind oft weit
voneinander entfernt, weil die „Füße" unter Wasser zusammen=
stoßen. Man kann unter Umständen gezwungen sein, auf diesen
hinauszuwaten, um von einer Scholle zur andern zu gelangen,
wenn man nicht ein dazwischen schwimmendes Eisstück findet, auf
das man hinüberspringen kann.

„— — schwamm zu einer niedrigern Stelle, wo ich hinaufgelangen konnte.“

Die Bären schienen jetzt selten zu werden; wir hatten keine mehr gesehen, seitdem ich am 11. Juli abends in der Tonne gesessen hatte. Endlich jedoch, gegen Abend, wurde aus der Tonne gemeldet, in ziemlicher Nähe sei ein großer Kerl. Wir stiegen in die Wanten, um das Eis zu überblicken und genaue Peilung zu nehmen, dann zogen wir los. Paul, einer der Matrosen, durfte mit.

Wir gingen, wie uns schien, recht lange Zeit, ohne etwas von einem Bären zu sehen. Das war doch merkwürdig; wir hätten längst an der Stelle sein müssen, an der wir ihn vom Schiff aus gesehen hatten. Durch die Signale von der Tonne wurde uns die Richtung gewiesen, in der wir gehen sollten, und endlich bekamen wir das Tier zu sehen.

Später erfuhren wir vom Steuermann, der in der Tonne gesessen hatte, daß der Bär uns seit langem gesehen und sich ständig zurückgezogen hatte. Da wir dies nicht wußten, stiegen wir auf einen Eishaufen, wie wir immer zu tun pflegten, um den Burschen ein wenig zu betrachten. Wir konnten wohl schießen, warteten jedoch, bis er, wie gewöhnlich, näher kommen würde.

Er schlenderte auf und ab und sah uns von verschiedenen Seiten an, offenbar mißtrauischer als die früheren, die uns für einen guten Bissen gehalten hatten. Aber ein riesiger Bursche war es.

22*

Dann verschwand er hinter einem Eishaufen und kam endlich wieder zum Vorschein, aber ganz außer Schußweite; er entfernte sich rasch in gerader Richtung von uns.

Jetzt galt es ihm nachzukommen. Wir begannen zu laufen und suchten soviel wie möglich Deckung hinter den Eisblöcken.

In der Eile vergaß ich die heimtückischen, dünnen, abgeschmolzenen Ränder der Schollen, die weit über das Wasser hinausragen und von oben her ganz solide aussehen.

Vor mir hatte ich eine breite Wake, über die man zur Not hinüberspringen konnte. Ich sprang mit aller Gewalt, da verschwand jedoch der ganze Schollenrand unter dem Fuß, und — platsch — lag ich mitten im Wasser.

Ich warf das Gewehr aufs Eis hinauf, aber die Kante war hoch, und die Waffe glitt wieder herunter. Ich konnte sie noch im Sinken erfassen, warf sie jetzt weit auf die Scholle hinein und schwamm zu einer niedrigern Stelle, wo ich hinaufgelangen konnte.

Rasch den Lauf und das Schloß nachgesehen, dann wieder weiter! Die Patronen in der Tasche waren wohl in Ordnung, sie hatten ganze Kupferhülsen, gefalzten Rand und waren gut mit Talg eingeschmiert.

Der Kapitän hatte unterdessen einigen Vorsprung gewonnen. Als er sah, daß ich im Wasser allein zurechtkam, hatte er an einer bequemern Stelle die Wake überquert und war weitergelaufen. Glücklicherweise war ich auch an diesem Tag leicht gekleidet, nur mit Turnschuhen und im Wollschlüpfer ohne Jacke, so daß das Wasser ziemlich schnell von mir ablief. Ich brauchte nicht lange, um das Versäumte einzuholen, und als der Bär einen Umweg um einen Eishaufen machte, wählte ich die Sehne des Bogens.

Als ich den Kopf über den Kamm steckte, standen wir uns gerade gegenüber. Das Gewehr flog an die Wange, aber der Bär war flinker und warf sich herum und ins Wasser. Die Kugel traf nur das Hinterteil, gerade als es verschwand.

Ich kletterte über den Kamm und lief an den Rand, um den Bären im Wasser zu schießen. Kein Bär! — — aber dort weit unten in der blauen Tiefe rührte sich etwas Weißes. Die Wake war lang, und man konnte nicht wissen, wo das Tier wieder auftauchen würde; ich mußte versuchen, auf die große Scholle jenseits

„— — ich stand da und schwankte, um das Gleichgewicht zu halten . . . da tauchte das mächtige Bärenhaupt auf."

zu gelangen. Mitten in der Wake schwammen gerade zwei Eisstücke, auf die ich wohl springen konnte.

Mit einem langen Satz landete ich auf dem ersten Stück; es trug mich gerade noch, ich stand da und schwankte, um das Gleich= gewicht zu halten und zum nächsten Sprung anzusetzen, da tauchte das mächtige Bärenhaupt neben dem andern kleinen Eisstück vor mir auf. Das Tier warf sich halb darauf, und im nächsten Augen= blick galt es mir. Es gelang mir gerade, mich so weit im Gleichgewicht zu halten, daß ich das Gewehr an die Wange legen konnte, und ich gab ihm die Kugel mitten in die Brust, so daß die Haare vom Pulverrauch schwarz wurden. Der Bär glitt vom Eis wieder ab, war jedoch nicht ganz tot und schien sinken zu wollen. Ich nahm ihn bei dem einen Ohr und hielt ihn fest; bald war es mit ihm vorbei. Das war übrigens das erstemal, daß ich einen Bären im Wasser versinken sah; um diese Zeit sind sie meistens so fett, daß sie von selbst schwimmen.

Die beiden anderen kamen mir bald zu Hilfe. Der Kapitän sagte, er sei sehr erschrocken, als er den Bären zu meinen Füßen auftauchen sah und ich nicht sicher genug stand, um zu schießen; er hatte erwartet, uns beide im nächsten Augenblick im Wasser zu sehen; aber schießen hatte er nicht können, denn meine Beine waren im Weg gewesen und hatten den Kopf des Bären verdeckt.

Wir hatten nichts anderes, um das Tier heraufzuziehen, als meinen Ledergürtel; das war wenig genug. Aber ich schlang den Riemen um den Hals des Bären, und so zogen wir das Tier durch das Wasser bis zu einer Bucht in der Scholle. Jetzt konnte es nicht mehr sinken, da es auf dem Fuß der Scholle lag, der ins Wasser hinausragte. Wir konnten uns nun Zeit lassen und es nach und nach heraufziehen. Es war einer der größten Bären, die wir erlegt hatten, und sein Körper wies viele alte, große Narben von früheren Tatzenhieben auf, die er sich wohl im Kampf mit anderen Bären zugezogen hatte.

Bis zum Schiff war es noch weit, und lange dauerte es, bis sie uns von dort zu Hilfe kamen. Unterdessen machten wir uns ans Ausweiden. Ich jedoch durfte nicht helfen. Der Kapitän sagte, ich sei naß und solle schleunigst an Bord gehen und mich umziehen.

So ungern ich dies tat, fügte ich mich doch; ich überließ ihm

mein Messer zu der Arbeit und wanderte gehorsamst zum Schiff
zurück.

Tugend wird belohnt, heißt es. Als ich in die Nähe des
Schiffes kam, wurde ich weiter drinnen auf dem Eis drei Männer
gewahr; zwei von ihnen trugen, soweit ich erkennen konnte, Ge=
wehre. Ich wunderte mich, wo sie wohl hinwollten; als ich an
Bord kam, erhielt ich von der Tonne den Bescheid, sie stellten
einem Bären nach; ich sollte mir jedoch keine Hoffnung machen, sie
rechtzeitig einzuholen, sie seien bereits in Schußnähe. Na, schön,
dachte ich, ich kann ja für heute zufrieden sein und ihnen den dort
vergönnen.

Dann aber hieß es, es seien drei Bären. Dies war zuviel.
Einen hätte ich ihnen überlassen können, aber bei dreien war ver=
nünftigerweise zu erwarten, daß auch auf mich einer fiel, und so
zog ich denn wieder los.

Ich war schon naß und brauchte keine großen Umwege um die
Waken zu machen. Waren sie zu breit für einen Sprung, und stießen
die Schollen mit ihren Eisfüßen unter Wasser aneinander, so
watete ich hinüber; war dies nicht möglich, so schwamm ich; auf
diese Weise wurde der Weg nicht lang.

Bald hatte ich die Leute eingeholt. Sie lagen da und warteten
auf einen Bären, der gerade auf sie zukam. Ich setzte mich ein
Stück weiter hinter ihnen auf einen Eisblock, um sie nicht zu stören.
Aber ich sah, wie der eine der Schützen den Kopf zu mir zurück=
wandte und dann mit den Kameraden flüsterte. Sie hatten wohl
Angst, ich könnte ihnen zuvorkommen, und so schossen sie zu früh
und verwundeten das Tier nur, worauf es die Flucht ergriff.

Ich sandte ihm eine Kugel in die Brust, so daß es zusammen=
brach, aber es richtete sich wieder auf und floh. Ich setzte ihm nach,
da wandte es sich plötzlich um und kam auf mich zu. Eine Kugel
durch den Kopf machte ihm ein Ende.

Nun galt es dem nächsten Tier. Von Bord wurden Zeichen
gegeben. Wir gingen in der angewiesenen Richtung und erblickten
bald den Bären, der an einem Robbenkadaver fraß und damit so
beschäftigt war, daß wir uns gut auf Schußweite an ihn heran=
pirschen konnten, ohne von ihm gesehen zu werden. Da ich der
Leute nicht so sicher war, wollte ich nicht näher an ihn heran,
sondern meinte, wir sollten von hier aus schießen.

Ich pfiff, um ihn zum Aufblicken zu veranlassen, aber er

„Ich ließ ihn ruhig zu dem jenseitigen Rand hinüberschwimmen..."

wollte nicht. Noch einmal, wieder nicht. Dann mit aller Kraft.
Jetzt hob er den Kopf. Ich zielte hinter den Bug und brannte ab,
gleichzeitig schossen die beiden anderen. Der Bär brüllte und
taumelte rücklings ins Wasser. Ich sprang an den Rand der
Scholle vor, und da ich glaubte, er habe genug abbekommen, ließ
ich ihn ruhig zu dem jenseitigen Rand hinüberschwimmen, mit dem
Vorsatz, ihm dort, wenn er aufs Eis hinaufgelangt war, den Garaus zu machen und uns auf diese Weise die Mühe des Heraus-
ziehens zu sparen.

Dieses Mal jedoch verrechnete ich mich schwer. Der Bär war
schlau und ging hinter einen Eishaufen; leicht wie eine Katze
kletterte er im Schutze einer Erhöhung aufs Eis hinauf und lief
davon. Da stand ich mit langer Nase und konnte ihm nur noch
eine wirkungslose Kugel in den Achterspiegel nachsenden.

Ich lief ihm nach. Oluf Holmestranding, der kein Gewehr
besaß, sondern nur Robbenhade und Zugstert mit hatte, folgte
ein Stück mit; aber bei der ersten Wake, die für einen Sprung zu
breit war, blieb er zurück. Ich ging ins Wasser und schwamm
hinüber.

Oluf lachte; das hatte er noch nie gesehen. Dann wollte er

„Seemeile um Seemeile legten wir zurück …"

es besser machen, schob sich mit der Hacke eine kleine Scholle in die
Wake und sprang darauf. Jetzt war die Reihe zu lachen an mir; er
erreichte den Rand mit den Armen und mit der Brust und sank bis
zum Bauch ins Wasser; die hohen Wasserstiefel liefen voll, und
er mußte sie ausleeren, was ich natürlich nicht abwarten konnte.
Oluf brüllte mir nach, ich solle ihn doch nicht verlassen; er habe
kein Gewehr und wage nicht, allein mit allen diesen Bären auf dem
Eis zu bleiben. Ich lachte ihn aus und lief weiter.

Es ging weiter übers Eis; bald näherte ich mich dem Bären,
bald war er mir wieder weit voraus. Ich fand später, daß die
Kugel ganz richtig hinter den Bug getroffen hatte, durch einen
Irrtum jedoch hatte ich eine Patrone mit Hohlgeschoß genommen,
wie ich sie für die Robben zu verwenden pflegte, und diese hatte
nur eine große äußerliche Wunde verursacht, die das Tier nicht sehr
zu hindern schien. Aber die Wunde blutete, und es war nicht schwer,
dem Bären zu folgen, selbst wenn er zwischen den Eishaufen verschwand.

So ging es über eine Scholle nach der andern. Wenn die
Waken dazwischen zum Darüberhinwegsetzen zu breit waren, mußte
der Bär sie durchschwimmen, dabei kam ich ihm meistens ein gutes

Stück näher. Dann aber stand wieder ich an der Wake und mußte ins Wasser, und da kam er mir wieder aus.

Ich besaß jetzt nur noch zwei Patronen, und es galt einen sichern Schuß zu tun. Nun bekommt man aber nicht gerade eine sehr ruhige Hand zum Schießen, wenn man so laufen muß.

Seemeile um Seemeile legten wir zurück, und das Tier verlangsamte sein Tempo nicht. Als wir aber fast vier Seemeilen hinter uns hatten, machte der Bär verschiedene Umwege, und ich konnte ihn durch Abkürzer einholen; das half.

Er wurde jetzt wohl müde, und ich nahm die Sache mit etwas mehr Ruhe. Dann verschwand er hinter einem Haufen; durch diesen gedeckt, lief ich wieder in vollem Tempo weiter. Aber nein, er hatte den Streich bemerkt und beschleunigte ebenfalls seinen Lauf.

Wieder ging es ein Stück weiter, dann lief er abermals langsamer.

Endlich kam ich in Schußnähe und sandte ihm eine Kugel in die Brust. Er machte ein paar Sätze und fiel. Eine Kugel hinter das Ohr beendete seine Leiden; es war meine letzte Patrone.

Da stand ich allein mit einem toten Bären. Ein Taschenmesser war die einzige Waffe, die ich besaß; ich hatte ja mein feststehendes Messer dem Kapitän überlassen.

Zunächst galt es dem Schiff Zeichen zu geben, damit es Hilfe sandte, ich konnte jedoch nur seine Masten über dem Eis erblicken. Ich stieg auf den höchsten Eishaufen, den ich fand, und winkte mit der Mütze, die ich auf den Büchsenlauf gesteckt hatte.

Dann begann ich den Bären mit Hilfe des Taschenmessers abzuhäuten. Es war eine mühselige Arbeit, denn der Kopf und die Tatzen mußten abgeschnitten werden, damit sie wie gewöhnlich im Fell blieben.

Aber mit Sorgfalt und Geduld brachte ich es zuwege; ich war gerade fertig geworden, als ich in weiter Ferne Rufe hörte. Ich stieg auf einen Block, um mich umzusehen. Richtig, es war Oluf, der jetzt nachgekommen war. Er war aus Leibeskräften gelaufen, vor lauter Angst, dem Bären zu begegnen, und er strahlte vor Glück, wieder bei mir zu sein. Seine Waffen bestanden in einer Robbenhacke, einem Flensmesser und mehreren Patronen.

Wir spannten uns mit Olufs Zugstert vor das Fell und zogen heimwärts. Aber so ein Fell mit der ganzen Speckschicht ist durch-

aus nicht leicht, und es ist ganz unglaublich, wie schwer es sich übers
Eis ziehen läßt.

Noch waren wir nicht weit gekommen, als wir den Leuten
begegneten, die zur Hilfe herbeieilten. Mit Freuden überließen
wir ihnen das Fell, das Gewehr und Olufs Patronen, damit sie
etwas zur Verteidigung hätten, wenn ein neuer Bär kommen sollte.

Oluf und ich fanden, wir hätten genug geleistet, und gingen
voraus zum Schiff. Unterwegs hielt sich Oluf noch immer über
meine Art und Weise auf, mit der ich über die Waken gelangte;
der Augenblick, als er mit seinen Wasserstiefeln allein zurückblieb,
hatte offenbar einen tiefen Eindruck auf ihn gemacht.

Bald begegneten wir einem Abgesandten des Kapitäns mit
Bier und Lebensmitteln. Eine wahrhaft rührende Fürsorge! Oluf
und ich ließen es uns nach diesem Dauerlauf ausgezeichnet
schmecken, vor allem das Bier.

Von der Tonne aus hatten die Leute mit dem Fernglas den
ganzen Wettlauf mit dem Bären beobachtet und hatten gesehen,
wie ich durch die Waken geschwommen war; ich bekam noch viel
darüber zu hören.

An Bord erzählten sie, der dritte Bär sei auch ganz in der
Nähe jener Stelle gewesen, wo wir auf den zuletzt geschossenen
gestoßen waren; jetzt aber war er weitergezogen, und es hatte
keinen Sinn mehr, ihm nachzuspüren.

Wir hätten ihn auch noch bekommen sollen, dann hätten wir
20 Stück gehabt; jetzt hatten wir alles in allem 19 Bären.

Es war unsere letzte Bärenjagd. Am Tag darauf, Sonnabend, 15. Juli, war ungefähr das gleiche Wetter, aber der Wind
kam aus Westen; es war bewölkt und zum Teil neblig, so daß wir
wenig sehen konnten.

Wir waren sicher wieder ein gutes Stück nach Süden getrieben.
Jetzt schien die Drift schwach zu sein, aber das Eis zeigte Neigung,
sich zu lockern; rings um uns entstanden mehrere offene Stellen.

Sonntag, 16. Juli, immer noch wenig Drift, wie es scheint;
nach dem zuletzt genommenen Besteck sollten wir auf ungefähr
66° nördlich und 33° 5′ westlich sein. Das gleiche unsichtige Nebelwetter; jedoch der Wind hat sich nach Nordosten und Norden
gedreht. Das Eis lockert sich immer mehr; aber in der Richtung
vor uns ist noch kein offenes Wasser zu sehen.

Am Rande des Treibeises in der Dänemarkstraße.

Sechzehntes Kapitel.

Die Eisdrift und die Strömungen in der Dänemarkstraße.

Eine merkwürdige Drift ist dies gewesen: die ersten vierzehn Tage, in denen wir festlagen, vom 25. Juni bis 9. Juli, trieben wir ungefähr in westnordwestlicher und westlicher Richtung auf Land zu. Dann änderte die Drift plötzlich — ohne erkennbare äußere Ursache — ihre Richtung, und es ging beschleunigt nach Südsüdwesten und Süden. Der schwache Wind, den wir in dieser Zeit dort drinnen im Eis gehabt haben, kann nicht die Ursache für die Drift gewesen sein und noch weniger für die plötzliche Richtungsänderung ungefähr am 10. Juli.

Während der zwölf Tage westlicher Drift, vom 27. Juni bis 9. Juli, hatten wir ganz schwachen Wind, meistens aus rechtweisend Nordosten und Norden. Wenn man zur Bezeichnung der Windstärke Ziffern gebraucht, und zwar 1 für schwache Brise bis 6 für Orkan, so betrug die Stärke meistens 1.

Die durchschnittliche Windrichtung in diesen zwölf Tagen war Norden 9° Ost, die durchschnittliche Stärke des Windes war 1,2.

Auf der Karte S. 227 ist die Richtung und die Stärke dieser Windresultanten mit einem Pfeil angegeben. Daraus ist zu ersehen, daß der Wind ungefähr quer zu unserer Drift stand.

In den sieben Tagen vom 10. bis 16. Juli, in denen die Drift nach Süden ging, und zwar mit größerer Fahrt als früher

348

nach Westen, war der Wind noch schwächer als zuvor, und mehrere Tage war es überhaupt fast windstill. Die Richtung des Windes in dieser Zeit war durchschnittlich Norden 20° Ost, die Stärke 0,4. Sie ist auf der Karte mit einem kurzen Pfeil angedeutet. Dieser Wind kann unmöglich die Ursache für die Änderung der Drift= richtung gewesen sein.

Daß der Wind weiter draußen im Eis, näher der offenen See, eine wesentlich andere Richtung und Stärke gehabt haben sollte, ist nicht wahrscheinlich und geht auch nicht aus dem mir zur Einsicht überlassenen Journal des Schiffes „Morgenen" hervor. Dieses Schiff hielt sich nämlich zur gleichen Zeit in der Nähe des Eisrands auf. Auch dort haben keine plötzlichen Veränderungen in den Windverhältnissen stattgefunden, die die Änderung der Driftrichtung erklären könnten. Dies müßte ja auch den Wind bei uns beein= flußt haben, und das Barometer hielt sich um jene Zeit bemerkens= wert ruhig und gleichmäßig hoch. Draußen am Rand des Eises herrschte z. B. am 12. und 13. Juli, zur gleichen Zeit wie bei uns, Windstille.

Wir müssen deshalb annehmen, daß unsere Drift mit dem Eis und ihre Richtungsänderungen nicht direkt auf den Wind zurück= zuführen waren, sondern auf die Strömung im Wasser, die etwas südlich von 67° nördl. Br. das Eis zuerst langsam nach Westnord= westen und Westen auf Land zu trieb und dann, in dessen Nähe, nach Süden abschwenkte.

Es ist auffallend, daß wir genau auf die gleiche Stelle der Ostküste Grönlands zutrieben, bei der auch die „Hansa"=Leute nach Neujahr 1870 auf ihrer Scholle fast an Land trieben und die sie wegen der dort durchgemachten Schrecken die „Schreckensbucht" nannten.

Es kann wohl nicht nur ein Zufall sein, daß die „Hansa"=Leute ebenso wie auch wir gerade in dieser Gegend aufs Land zu ge= trieben wurden und daß zugleich die Drift sich merklich ver= langsamte.

Auf den Karten S. 227 und 352 ist die Drift der „Hansa"= Leute eingezeichnet[1]. Die durchschnittliche Geschwindigkeit dieser

---

[1] Die Ortsbestimmungen, die während der Drift gemacht wurden, stimmen nicht mit Amdrups Karte der Ostküste Grönlands von 1898 bis 1900 überein, da sie bei der Schreckensbucht und weiter südlich bei der Leiv-Insel tief ins Land hineinführen. Das Chronometer der „Hansa"=Leute zeigte wahrscheinlich während

Drift betrug zwischen den Tagen, an denen astronomische Orts=
bestimmungen gemacht wurden:

vom 5. bis 13. November   8,0 Seemeilen im Tag nach S 30° W
 „ 13. „ 19.   „   15,8   „   „   „   „   S 38° W
 „ 19. „ 21.   „   11,0   „   „   „   „   S 4° O
 „ 21. „ 27.   „   8,6   „   „   „   „   S 49° W
 „ 27. „   5. Dezember   4,4   „   „   „   „   N 56° W
 „   5. „ 13.   „   4,0   „   „   „   „   N 65° W
 „ 13. „ 20.   „   3,5   „   „   „   „   S 75° W
 „ 20. „ 27.   „   5,0   „   „   „   „   S 69° W
 „ 27. „   8. Januar   4,1   „   „   „   „   S 63° W
 „   8. „ 12.   „   19,0   „   „   „   „   S 43° W
 „ 12. „ 18.   „   3,0   „   „   „   „   S 18° O
 „ 18. „   6. Februar   1,9   „   „   „   „   S 63° W
 „   6. „ 16.   „   8,0   „   „   „   „   S 58° W

Für den 18. Januar und 16. Februar sind nur astronomische
Breitenobservationen gemacht worden (65° 35′ nördl. und 64° 34′
nördl.), außerdem jedoch ist der Abstand von Land auf ungefähr
18 Seemeilen für den 18. Januar und 10 Seemeilen für den 16.
Februar geschätzt.

Die Drift des „Viking“ war durchschnittlich:

vom 2. bis 9. Juli   5,9 Seemeilen im Tag nach N 86° W
 „ 9. „ 11.   „   4,7   „   „   „   „   S 24° W
 „ 11. „ 12.   „   10,0   „   „   „   „   S 6° W
 „ 12. „ 13.   „   8,2   „   „   „   „   S 14° W

Zwischen diesen beiden Driften herrscht eine bemerkenswerte
Übereinstimmung; beide bewegen sich verhältnismäßig langsam,
wenn es in westlicher Richtung auf Land zugeht — der „Viking“
etwas rascher (5,9 Seemeilen im Tag) als die „Hansa“=Leute
(durchschnittlich 4,1 Seemeilen im Tag) — und dann mit bedeutend
größerer Geschwindigkeit, wenn es in der Nähe des Landes nach
Südwesten oder Südsüdwesten geht. Hier trieben die „Hansa“=
Leute sogar ganze 19 Seemeilen im Tag, während die Drift des
„Viking“ am Wendepunkt um den 10. Juli herum gehemmt ge=
wesen zu sein scheint, bevor das Eis mit voller Fahrt nach Süd=

dieser Drift auf der Eisscholle die Zeit nicht mehr so genau an, so daß es an
Neujahr 1870 vielleicht um anderthalb Minuten vorging und die Länge um un=
gefähr 25 Minuten zu weit westlich angab. Ich habe auf den Karten S. 227
und 352 die Ortsbestimmungen während dieser Drift entsprechend berichtigt.

südwesten trieb und die Geschwindigkeit 10 und 8,2 Seemeilen im Tag ausmachte.

Diese Übereinstimmung ist um so merkwürdiger, als die „Hansa“-Leute mitten im Winter trieben und sehr viel Wind und Sturm hatten, während wir mitten im Sommer und mit nur sehr wenig Wind mit etwas größerer Geschwindigkeit nach Westen trieben. Dies läßt darauf schließen, daß die Stromverhältnisse in diesem Gebiet ungefähr das ganze Jahr hindurch die gleichen und nicht wesentlich direkt vom Wind abhängig sind.

Vergleichen wir die Drift der „Hansa“-Leute und den Wechsel in der Geschwindigkeit und in der Richtung mit ihren Aufzeichnungen über die Windverhältnisse, so werden wir finden, daß diese zwar einen gewissen direkten Einfluß auf den Wechsel der Drift haben konnten, jedoch im großen ganzen sicher nicht von entscheidender Bedeutung gewesen sind.

Wahrscheinlich sind die Strömungen mit ihren komplizierten Wirbeln die hauptsächliche Ursache dieser Drift des Eises mit dem häufigen offensichtlich launischen Wechsel in diesen Gebieten. Es ist anzunehmen, daß die Richtungen und Änderungen der Strömung in hohem Maße von der Bodengestaltung des Meeresgrunds und den Tiefenverhältnissen abhängen.

Mit Hilfe der Lotungen, die aus dieser Gegend bekannt sind, habe ich versucht, eine Karte zu zeichnen, die das Relief des Meeresbodens in der Dänemarkstraße darstellt. Leider sind die Lotungen verhältnismäßig nicht sehr zahlreich und auf der grönländischen Seite nur vereinzelt, so daß die Tiefenkurven dort nicht mit der gewünschten Genauigkeit gezogen und sehr häufig nur schätzungsweise eingezeichnet werden konnten. Trotzdem geben sie vielleicht eine ungefähre Vorstellung von der Ausdehnung der Bänke und davon, wo der Grund steil in große Tiefen abfällt.

Auf dieser Karte habe ich auch die Eisdrift der „Hansa“-Leute und des „Viking“ eingezeichnet.

Wir sehen, daß vom 13. bis 19. November die südwestliche Drift der „Hansa“-Leute ungefähr dem Rande der 1500 Meter tiefen Rinne gefolgt ist, die im nordöstlichen Teil der Dänemarkstraße von Nordosten her zwischen Island und Grönland einmündet. Die Drift hatte hier eine große Geschwindigkeit, 15,8 Seemeilen in 24 Stunden.

Dann nähert sie sich dem Ende der tiefen Rinne, die

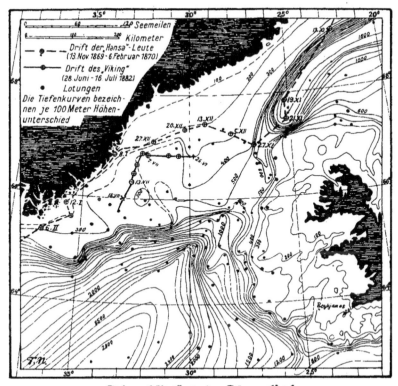

Tiefenverhältnisse in der Dänemarkstraße.

Geschwindigkeit nimmt vom 19. bis 21. November bis auf 11 See=
meilen im Tag ab, und die Richtung biegt nach Süden um, wahr=
scheinlich immer noch dem Rande der Rinne entlang. Dieser Wechsel
der Geschwindigkeit und Richtung kann darauf zurückzuführen sein,
daß in diesen beiden Tagen frischer südwestlicher Wind herrschte,
also Gegenwind.

Dann aber steigt der Meeresboden nach Süden zu plötzlich,
die Geschwindigkeit der Drift geht in den Tagen vom 21. bis 27.
November auf 8,6 Seemeilen zurück, und die Richtung biegt nach
Westen ab, so daß sie in diesen sechs Tagen durchschnittlich südwest=
lich ist. Diese geringere Geschwindigkeit der Drift kann nicht dem Wind
zugeschrieben werden, da dieser ungefähr gleich stark nordöstlich war,
wie in den sechs Tagen zwischen 13. und 19. November. Nach den
Berechnungen von Prof. V. Walfrid Ekman sollen die Meeresströ=

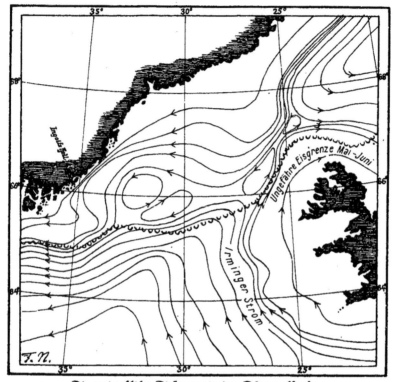

Die mutmaßliche Strömung in der Dänemarkstraße.

mungen auf der nördlichen Halbkugel, dort, wo sie sich in Gegen=
den mit abnehmender Meerestiefe bewegen, nach rechts abbiegen,
während sie bei zunehmender Tiefe nach links abbiegen. Dies soll
auch dann der Fall sein, wenn das Meer tief ist. Voraussetzung ist
selbstverständlich, daß genügend Platz da ist, so daß die Strö=
mungen abbiegen können. Demnach muß also in diesem Fall, wo
das Meer in der Stromrichtung weniger tief wird, der Strom
die Neigung haben, nach rechts abzubiegen.

Nach dem 27. November schwenkt die Drift noch mehr nach
rechts ab und bewegt sich in westnordwestlicher Richtung. Das
Meer wird hier in der Stromrichtung beständig weniger tief, außer=
dem kann diese westliche Drift noch dadurch begünstigt worden sein,
daß in den vier Tagen vom 29. November bis 2. Dezember ein
frischer, östlicher Wind herrschte. Aber für die weitere Drift in

westnordwestlicher und westlicher Richtung nach dem 2. Dezember
bietet der Wind keine Erklärung.

Wahrscheinlich kommt in dieser Gegend auch noch ein anderer
wichtiger Faktor hinzu: der Eisstrom begegnet dem warmen Irmingerstrom, der entlang dem Steilhang der breiten Bänke westlich vor Island nach Norden geht. Da der Meeresboden hier
unter diesem nördlich gehenden Strom ansteigt, müßte der Strom
eigentlich nach rechts ausbiegen wollen; es ist jedoch wenig Platz
dazu vorhanden, und so geht nur ein kleiner Arm nach Nordosten
und Osten nördlich um Island herum. Ein großer Teil der Wassermassen des Stroms wird auf der Südseite des höchsten Rückens in
der Straße, mit einer Satteltiefe von 500 bis 600 Meter, gezwungen, nach Westen abzubiegen und in südwestlicher Richtung
längs der Bänke vor Grönland zu gehen. Hierdurch werden auch
die Wassermassen des Polarstroms nördlich davon gezwungen, in
der Nähe dieses gleichen Rückens nach Westen umzubiegen, und es
entsteht in dieser Gegend eine große Wirbelbewegung. Auf ihrer
Nordseite werden die Eismassen nach Westen über die Bänke hinweg zur Küste von Grönland geführt. Hier kann die Geschwindigkeit
nur verhältnismäßig gering sein, da die Wassermassen des kalten
Stroms an den Hängen der Bänke sich stauen und sich über ein
großes Gebiet ausbreiten müssen. Aber unter der Küste wird der
Strom wieder zusammengedrängt, und die Geschwindigkeit der
Drift längs der Küste nach Südwesten und Südsüdwesten nimmt
bedeutend zu.

Leider besitzen wir sehr wenig Lotungen aus dem Meer über
diesen Bänken. Wahrscheinlich ist der Meeresgrund hier sehr uneben und von vielen Tälern und Fjorden gefurcht, ähnlich wie das
Land an der Küste. Ich möchte annehmen, daß die Tiefenkurven
für 200 und 300 Meter und möglicherweise auch die für 400 Meter
hier im großen ganzen nach Westen gegen Land zu abbiegen, um
dann in dessen Nähe wieder nach Südwesten und Süden abzu-
schwenken und noch weiter südlich wieder ins Meer hinauszuführen.

Die Drift der „Hansa"-Leute und unsere Drift ist in diesem
Fall der Hauptrichtung des Randes der Bänke gefolgt, die diese
Tiefenkurven begrenzen.

Nachdem die „Hansa"-Leute mit großer Geschwindigkeit (19
Seemeilen im Tag) an der Küste entlang nach Südwesten getrieben
und am 12. Januar 1870 südlich von 66° nördl. Br. angelangt

waren, trat plötzlich in der Drift ein merkwürdiger Stillstand ein. Die Scholle scheint langsam in südöstlicher Richtung ins Meer hinausgetrieben zu sein, bis zum 18. Januar, mit nur drei Seemeilen im Tag, obwohl in diesen sechs Tagen ein ständiger Wind und Sturm aus Nordosten herrschte, mindestens ebenso stark, wie er in den vorhergehenden Tagen gewesen war. In der folgenden Zeit, bis 6. Februar, herrschte an den meisten Tagen ebenfalls starker Wind aus Nordosten, der in neun Tagen sich zum Sturm steigerte und eine Nacht lang orkanartig war. Nichtsdestoweniger war die Drift in westsüdwestlicher Richtung nur sehr langsam mit durchschnittlich 1,9 Seemeilen im Tag.

Es ist offensichtlich, daß der Wind hier wenig Einfluß auf die Drift gehabt hat. Dies mag um so merkwürdiger erscheinen, als während eines Sturms am 11. Januar starke Dünungen im Eis waren, was darauf schließen läßt, daß sich die „Hansa“-Leute in der Nähe von offenem Wasser befanden.

Nach der Meeresgrundkarte hat es den Anschein, als erstrecke sich gerade südlich von 66° nördl. Br. eine Bank mit verschiedenen Tiefen, geringer als 300 Meter, nach Südosten. In diesem Fall scheint es natürlich, daß diese den Strom hemmt. Während er in der gleichen Richtung weitertreibt, ist die Drift über diese Bank hinweg nach Süden und Südwesten sehr langsam, mit vielen lokalen Wirbeln, wozu auch die starken Strömungen der Gezeiten beitragen. Es lagen viele, vermutlich hier gestrandete Eisberge auf dieser Bank, die ebenfalls die Drift des Eises gehemmt haben können.

Es ist also wahrscheinlich, daß der Strom das Eis nach Südosten über diese Bank treibt und daß nördlich davon meistens eine tiefe Bucht im Eis ist. Dies kann damit übereinstimmen, daß die „Hansa“-Leute am 11. Januar eine schwere Dünung im Eis hatten, also in der Nähe von offenem Wasser waren.

Es stimmt auch damit überein, daß ich auf der Fahrt mit dem „Jason“ 1888 genau in der gleichen Gegend, in der Richtung zum Ingolfsberg, eine tiefe Bucht im Eis fand.

Während der Drift nach Süden längs der Ostküste von Grönland stellten die „Hansa“-Leute mehrere solcher Wechsel fest, die nicht durch den Wind erklärt werden können, sondern wohl ebenfalls der Gestalt des Meeresbodens zugeschrieben werden müssen.

Auf Grund unserer Kenntnisse über die Verhältnisse in

23*

der Dänemarkstraße habe ich versucht, eine Stromkarte zu zeich=
nen, auf der die Stromlinien die Richtung des Stromes und seine
verhältnismäßige Stärke in den oberen Wasserschichten angeben
sollen (s. S. 353). Dort, wo die Stromlinien dicht zusammenkom=
men, sind die Strömungen verhältnismäßig stark, während sie
schwächer sind, je mehr die Linien sich voneinander entfernen.

Es ist selbstverständlich, daß diese Karte bei den noch mangel=
haften Kenntnissen, die wir über die Ausdehnung der verschiedenen
Wassermassen in dieser Gegend besitzen, nur als ein unvollkommener
Versuch einer Darstellung der dortigen Stromverhältnisse be=
trachtet werden kann.

Der „Viking" am Außenrand des Treibeises.

Siebzehntes Kapitel

Heimwärts.

Als das Eis am 16. Juli (2 bis 7°, schwacher Wind aus Nordosten und Norden) so weit sich lockerte, daß Aussicht bestand, das Schiff flott zu bekommen, wurde Dampf aufgemacht und gegen Ende des Tages die Schraube in Bewegung gesetzt. Wir arbeiteten uns nach und nach in den Waken vorwärts. Anfangs ging es nicht rasch. Allmählich aber wurden die offenen Stellen breiter, und wir glitten oft eine lange Strecke weit mühelos hindurch. Offenes Wasser war aber noch nach keiner Richtung hin zu sehen.

Wir fuhren den Abend und die Nacht hindurch weiter, benützten jede Gelegenheit, nach Südosten zu gelangen, und konnten bisweilen einigen größeren Waken und freien Stellen folgen.

Am Montag, 17. Juli (0 bis 7°, schwacher Wind aus Norden), wurde das Eis noch offener, und wir kamen recht gut vom Fleck. Jetzt klarte es auch auf, und wir konnten von der Tonne aus im Südosten offenes Wasser erkennen. Endlich gegen Mittag glitten wir an den letzten Schollen vorüber.

Es war ein merkwürdig befreiendes Gefühl, wieder in offener See zu sein und überall hinfahren zu können, wohin man wollte.

Allen Leuten fiel eine schwere Last vom Herzen; denn im Eis fest=
stecken ist nun einmal das, was der Eismeerfahrer am wenigsten
liebt, und nicht ohne Grund.

Aber wozu sollten wir die Freiheit benutzen? Jetzt war es
wohl zu spät, wieder mit dem Klappmützenfang anzufangen. Wir
hielten am nächsten Tag (18. Juli) in östlicher Richtung am Rande
des Eises entlang, es waren jedoch keine Klappmützen zu sehen und
auch keine Schiffe. Der größte Teil der Robben war jetzt seiner
Wege gezogen, und außerdem waren die Tiere so mager geworden,
daß es sich nicht mehr sehr lohnte, sie zu erlegen.

Nun war guter Wind aus Nordnordost aufgekommen, und
das beste, was man tun konnte, war, den Kurs heimwärts zu
richten. An Bord gab es große Freude, als dieser Entschluß ge=
faßt wurde. Jetzt wurde an nichts mehr gespart, weder an Segel
noch an Kohlen. Jedes Stückchen Tuch wurde gesetzt, in der
Maschine stieg der Dampf auf Hochdruck, und der „Viking"
schäumte durch die blaue See nach Südosten, südlich von
Island.

Die Stimmung an Bord war sehr gut, sowohl darüber, daß
man aus dem Eis heraus gekommen war als auch über die Aus=
sicht, bald wieder in Norwegen zu sein. Dieser Umschwung war so
jäh und unerwartet gekommen. Noch vor zwei Tagen hatten wir
da drinnen festgelegen und nicht gewußt für wie lange, und jetzt
ging es mit allen Segeln über das freie Meer heimwärts. Aber so
ist eben dieses Leben auf dem Eismeer, voller Wechsel, bald zum
Schlimmen, aber bald auch zum Bessern.

Wiederum Meer, blaues Meer, nach allen Seiten. Sonnenerfüllte
Luft — leichte weiße Wolken segelten hoch am blauen Himmel
dahin. Frische, blaue See hinter uns auf Backbord mit weißen
Schaumköpfen. Die Segel vom Wind gebläht und achtern die
gleichmäßige, taktfeste Umdrehung der Schraube. Es ging nach
Südosten mit einer Geschwindigkeit von neun bis zehn Seemeilen
in der Stunde. Jetzt hatten wir noch 1000 Seemeilen blaues Meer
zwischen uns und Norwegen.

Wohl war der Himmel noch blaß weißlich über dem Meeres=
rand hinter uns im Nordwesten; es war der Eishimmel. Aber
das Leben im Eis, die Jagd, die Spannung, die Mühsal, das
Wagespiel, das alles lag viel weiter dahinter. Bald sank auch
diese Fahrt in die Vergangenheit, und in kurzer Zeit galt es wohl,

sich wieder zu einer neuen Fahrt zu verheuern — jedenfalls dann, wenn das Geld verjubelt war.

Bis tief in den Abend hinein saßen wir vorn auf der Back, schauten über das Meer hin und sprachen von allem, was auf dem Eismeer vorkommen kann, wenn das Unglück es will. Wie glühendes Kupfer sank die Sonne durch eine Wolkenbank in das Meer — darüber schwammen einige zerrissene goldgeränderte Wolkenstreifen in der rotgoldenen Luft.

Tiefer tauchte die Sonne unter das Meer, rot glühte es über der Wolkenbank im Norden auf. Es war fast, als sei die Nacht hier weiter im Süden schon dunkler geworden. Wir hatten eine steife Brise, die weiter auffrischte; es konnte bis zum Morgen noch tüchtig blasen; doch wir ließen die Segel stehen.

Ein Glas für jeden Mann — das war ein Jubel! — und dann ein Hoch auf das Seemannsleben auf der See und im Eis! Und der Kapitän sang:

> Bald trennt mich vom Leben der dunkle Styx,
> Nicht weiß ich, was meiner dort wartet.
> Dies eine doch weiß ich und bin dankbar dafür:
> Gesang und die Liebe erwarten mich hier.

Es wurde spät, bis wir ins Bett kamen. Sanft wiegte mich das Wasser in den Schlaf, das außen an der Schiffswand gluckste und rieselte und rauschte.

Dienstag, 25. Juli, passierten wir Fair Isle, die zwischen den Shetland- und Orkney-Inseln liegt. Es war das erste Land, das wir sahen. Am nächsten Abend tauchten Bergspitzen im Osten über dem Meer auf. Das war Norwegen! Wie jubelte es in uns — bald würden wir wieder dort sein! Die norwegischen Berge, besonders wenn sie so aus dem Meere aufsteigen, sind wohl schöner als alle anderen.

Und dann näherten wir uns der Südküste. Die Holme und Schären und die Hütten und Häuser unter dem üppigen Laub! Friedlich stieg der Rauch zum Himmel auf, — und dann grüne Ackerfelder und braungescheckte Kühe, und weiter drinnen die waldigen Hügel, Rücken hinter Rücken. Ja, ist es nicht ein herrliches Land?

Dann ging es wieder vorbei an Torungene. Landhäuser in üppigen Gärten mit Badehütten und Landungsstegen lächelten uns entgegen, Sommerfrischler, Frauen in hellen Kleidern und

ein sonnenheller Sommermorgen. — Und dann sank der Anker
nach der ersten Eismeerfahrt des „Viking" im Hafen von Arendal
rasselnd auf den Grund.

Aber Arendal wußte noch nicht, was es bedeutete, Eismeer=
gäste von langer Fahrt heimkehren zu sehen. Die 60 Mann, die
so lange im Eis gewesen waren, stellten an diesem Abend, als sie an
Land kamen und alles Versäumte einholen wollten, die ganze
Stadt auf den Kopf.

Als der Polizeimeister, Krefting und ich spät am Abend aus
dem Klub kamen, hörten wir unten bei den Ladespeichern einen
großen Tumult und fürchterliches Geschrei. Voll schlimmer Ahnun=
gen setzten wir uns in Trab. Unterwegs begegneten wir einem
Schutzmann, der die Straße herauflief, so schnell er nur konnte.
Als wir zum Hafen hinunterkamen, sahen wir unsere Leute
im Kampf mit der Polizei; sie hatten gerade einen der Schutz=
männer zwischen sich und wollten ihn ins Meer werfen. Der
Kapitän und ich sprangen hinzu; sobald sie uns sahen, wurden sie
ruhig.

Man muß bedenken, daß in Tönsberg und Sandefjord diese
Leute aus dem Eismeer gewohnt sind, etwas freien Spielraum zu
haben, wenn sie nach der Heimkehr von der Eismeerfahrt an Land
kommen. Die Polizei geht ihnen aus dem Weg und gestattet ihnen
bis zu einem gewissen Grad über die Schnur zu hauen, wenn sie es
nicht zu toll treiben.

Das war die Polizei von Arendal nicht gewohnt. Sie bestand
auf Ordnung und hatte sofort eingegriffen, sobald etwas Ord=
nungswidriges vorgekommen war. Die Leute wurden wütend
und vergriffen sich an der Polizei. Der Polizeimeister verstand,
daß er mit seinen wenigen Leuten nicht viel ausrichten konnte
gegen diesen ganzen Haufen, dessen Unbändigkeit sich austoben
mußte.

Es wurde hin und her verhandelt, und Krefting machte seinen
Leuten klar, sie sollten jetzt ruhig an Bord gehen; sie fügten sich
auch nach und nach ziemlich gutwillig. Während wir dort stan=
den und „akkedierten", sagte Peter Holmestranding zum Polizei=
meister:

„Du, Polizeimeister, ich will dir was sagen. Ich habe gesehen,
wie der Nansen hinter einem Eisbären da droben im Eismeer her=
gelaufen ist. Der ist rasch gelaufen, aber so schnell wie deine

Schutzleute ist er nicht gelaufen. Wir haben nur noch das Achter=
ende und die Schwanzflossen von ihnen gesehen, als sie durch die
Straße verschwanden."

So gutmütig und freundlich sind diese norwegischen Seeleute
vom rechten Schlag bis ins Innerste hinein. Wenn einer Sturm
und Mühsale und Unwetter mit ihnen durchgemacht hat, dann
weiß er, daß sie ein warmes Herz haben und daß man keine zu=
verlässigeren und opferwilligeren Kameraden finden kann. Sie
schenken dir, wenn du es brauchst, das Hemd, das sie auf dem
Leib haben, und wagen ihr Leben mit Freuden für dich, wenn du
in Not bist. Aber geraten sie in Gesellschaft in Streit, so kann
die Wildheit oft überhandnehmen, und dann wissen sie nicht
mehr, was sie tun. Aber der Humor ist trotz alledem immer
da; stets ist er bereit, wie ein Lichtstrahl durch die Sturmwolken
durchzubrechen.

Wir hatten in diesen Monaten auf dem Eismeer allerhand
durchgemacht. Nun trennten wir uns und wurden wieder über das
wechselvolle Meer des Lebens verstreut, wo es auf und nieder geht.
Das nächste Frühjahr würde wohl die meisten von ihnen wieder
auf dem Eismeer sehen. Aber wir haben uns nie wieder getroffen,
und ich weiß nur wenig davon, wie es ihnen ergangen ist. Von
Ola Mågerud hörte ich, er habe größeres Wild zur Jagd gefunden
und sei ein besonders tüchtiger Harpunier im Walfang geworden.
Er war kurze Zeit beim alten Castberg, der Leiter einer Wal=
fanggesellschaft bei Vardö war, und Mågerud arbeitete sich zu
einem wohlhabenden Mann hinauf. Wie es meinem Freund
Ballong ergangen ist, habe ich niemals erfahren.

Die Trennung von Krefting war schwer. Ich erhielt im Herbst
einen Brief von ihm, als er mit dem „Viking" in Hamburg lag,
um den Tran zu löschen. Er fand, es sei leer und einsam an Bord
geworden, und er wollte mich „hinauf nach Grönland, wieder zu
unseren Freunden, den ‚Pomuchelsköppen' mitnehmen"; es ist wahr,
was er schreibt: „es war herrlich dort oben; wir hatten es so recht
gemütlich nach unserm Sinn".

Er gründete eine Aktiengesellschaft und baute ein neues, noch
größeres und kräftigeres Schiff, den „Sterkodder". Mit diesem
machte er im Jahre 1884 eine Fahrt ins Eismeer. Er kam in jenem
Jahr noch näher an die Küste von Grönland heran und erbeutete
eine große Anzahl Klappmützen.

Unterdessen hatte er geheiratet und besaß einen prächtigen
Hof auf dem Land, ähnlich dem, von dem wir oben im Eis im
Norden geschwärmt hatten, mit Landwirtschaft und Wald und
Jagd. Nun gab er das Eismeerleben auf und ließ sich auf dem
Hof nieder; aber er sollte sein neues Glück nicht lange genießen
dürfen. Eine heimtückische, schleichende Krankheit befiel ihn, und er
starb im September 1886, — der prächtige, kühne Mann, ein
tüchtiger, unerschrockener norwegischer Seemann und Eismeerfahrer
und ein guter Freund.

Register.

Abfleischen 167.

Abhäuten 116.

Abkommen, internationales, beim Robbenfang 65.

Abspecken 116. 167.

Alaska 25. 26.

Albatros 13.

„Albert“ 92. 139.

Algen 68. 69. 188. 245. 276. 309. 319.

Alke 8. 12. 21. 164. 194. 195.

Alt-Robben 121.

Amerika, Ostküste 44.

Anarnak (Entenwal) 184.

Angmagsalik 61. 217.

Anticosti 57.

Arendal 1. 2. 5. 360.

Atlantischer Ozean 31. 42. 69. 70; warmer Strom 36. 184.

Baffinbai 56. 67. 85. 170. 172. 275.

Baffinland 56. 275.

Balaena mysticetus 168.

Ballong, Kristian 159. 192. 236. 252. 255. 256. 264. 282. 302. 304. 306. 312. 318. 335. 336. 361.

Bank vor Grönland 219. 220. 307. 354.

Bäreninsel 21. 36. 64. 66. 216. 326.

Barents 326.

Barents-Expedition 289.

Barentssee 42. 44. 56. 61. 62. 63. 64. 66. 67. 152. 249. 274.

Barten 86. 169. 170. 181.

Beerenberg 215.

Beeren Eylandt 326.

„Belgica“ 210.

Belle-Isle-Straße 57.

Bergilte 49. 131. 206.

Bergsauerampfer 276.

Beringmeer 42. 274.

Beringstraße 25. 26. 274. 310.

Bessels 44.

Bimsstein 196.

Blaurobbe, s. bärtiger Seehund.

Blauwal 169. 191.

„Bootbauer“ 251.

Boote zum Fang 132 ff.

Börgen, Professor 281. 282.

Bottle-nose, s. Entenwal.

Bruce, William 44.

Bruun, Carsten 151.

Bryde, Kapitän 186.

Buchteis 34. 35. 36. 64. 78. 89. 90. 98. 100. 102. 121. 159. 161. 167. 247.

Buchteisbucht 36. 127. 146. 157.

Bürgermeistermöwe 20. 21. 124. 136. 194. 195. 241.

Canis lagopus 196.

„Capella“ 83. 119. 120. 139. 186. 188. 242. 247.

Carroll 40. 43. 52. 54.

Castberg, Kapitän 92. 93. 94. 95. 98. 127. 132. 214. 361.

Cleve, Professor 310.

Clione borealis 49. 170.

Collett, Robert 50. 249.

Conchoderma auritum 181.

Cystophora cristata, s. Klappmützen.

Dampfschiff, aus Eisen 253.

Dänemarkstraße 26. 33. 66. 76. 99. 108. 118. 199. 206. 210. 211. 212. 214. 216. 217. 218. 219. 220. 241. 249. 267. 299. 300. 315. 351.

Davisstraße 42. 56. 59. 60. 95. 170. 173. 212. 217.

Delphine 8.

Depots, Sicherung vor Eisbären 290.

Deuchars, Kapitän 119. 128. 130.

Diatomeen 69. 166. 310.

Dickson-Insel 276.

Diorit 333.

Diskobucht 60.

Disko-Insel 204.

Dorsch, siehe Polardorsch.

Drammener Garnelen 308.

Drammensfjord 308.

Drift des Treibeises 25. 58. 122. 307. 321. 326. 335. 337. 347. 348. 349. 350. 351. 352. 353. 354. 355; über den Nordpol 310.

Eblund, Professor 35. 88. 89. 90. 138.

Eis, Farbe 309. 311; junges 23; rotes 165; ungebrochenes 33.

Eisbären 53. 68. 82. 220. 248. 274 ff.; Abnahme 290. 291; Äußeres 275; Bluttemperatur 329; Fell 292; Fleisch 301. 319. 320, giftig? 289; Gefährlichkeit 288 ff. 325 ff.; Geruchsinn 276; Haarwechsel 292; Jagd 248. 282 ff. 295 ff. 300 ff. 316 ff. 322 ff. 328 ff. 334 ff. 339 ff.; Intelligenz 293; Junge 283. 284. 285. 322; Kämpfe 286; Leben 289. 290; Männchen 275. 283; Nahrung 276. 280. 319; Neugierde 290; Nieren 290; Pelz 298; beim Robbenfang 85. 277 ff.; Schwimmer 288; Speck 298; Verbreitung 274. 275; Wanderungen 275; Weibchen 275. 283. 284; Winterlager 284.

Eisberge 26. 299. 330 ff.; Transport von Gestein 333 ff.

Eisfelder 34; Luft darüber 105.

Eisfuß 31. 337. 338.

Eisgasch 210.

Eishai 54. 56. 218. 238. 260. 294. 295; Fleisch 241; Leber 238. 294; Nahrung 238. 289. 240; Zählebigkeit 240. 241.

Eishaut 6.

Eishimmel 18. 358.

Eismeer-Eiterungen 259 ff.

Eismöwe (deutsche) 20; (norw.) 20.

Eissturmvogel 9. 12. 13. 14. 21. 136. 165. 167. 176. 192.

Eissulze (Eisgasch) 33. 34. 210.

Eiszunge, s. Zunge.

Ekman, Professor 352.

Elfenbeinmöwe 19. 20. 21. 122. 124. 136. 267. 290.

Empetrum 276.

Engländer, als Schützen 245.

Entenmuscheln 181.

Entenwal 173. 175 ff. 178. 188. 189. 190. 191; Herden 182; Jagd 182; Keimling 180; Nahrung 181. 182; Tran 180; Wanderungen 182; Zähne 180. 181.

— des Königsspiegels 184.

Epidot 333.

Erdumdrehung, Wirkung 32.

Erignathus barbatus 44.

Eskimos 49. 54. 56. 59. 60. 61. 67. 85. 184. 208. 209. 212. 217. 283. 290. 291. 316; Kajakjäger 212; Kinder 40.

Eyjafjalla-Jökull 193.

Fair Isle 359.

Fairweather, Kapitän 234. 267. 268. 269.

Falco aesalon 174.

Falco gyrfalco 103.

„Fall“ 124. 158. 229 ff.

Farben am Himmel 122. 330.

Färöer 182. 184.

Fata Morgana 327.

Fingerhaken 189. 190.

Finmark 274.

Finnwale 168.

Fischbänke 57. 62. 68. 94. 218.

Fischerhalbinsel 62. 63.

Fischwanderungen 63.

Flensmesser 76. 145.

floe-rat 85.

floe-seal 85.

Flossenfüßer 49. 170.

Flußeis 27.

Foyn, Svend 75. 113. 146. 148. 222.

Fragilaria oceanica 166.
Framfahrt 20. 25. 275. 281. 285. 292. 310.
Franz-Joseph-Land 21. 25. 26. 44. 63. 118. 249. 274. 279. 281. 285. 286. 289. 291. 292.
Fuchs, f. Polarfuchs.
Fulmarus glacialis 13.

Gadus saida 42.
Gael-Hamkes-Bucht 171.
Garnelen 308. 309.
Geierfalke 103. 161.
Gesteine, auf Eisbergen 333.
Geysir 92. 126. 127. 140. 247.
Glattsteiß 169.
„Grauhündinnen" 66.
Gletscher 26.
Gletschereis 118.
Godthåb 212.
Goldregenpfeifer 195.
„Golfstrom" 35. 110. 122. 127; Wasser 138.
Gran, Professor 166.
Gray, David, Kapitän 172. 178. 189.
Greely 44.
— -Expedition 234.
Grinnelland 21.
Grönland 26. 32. 36. 53. 56. 119. 122. 128. 219. 249. 274. 275. 290. 351; Inlandeis 299; Ostküste 21. 22. 25. 26. 30. 33. 61. 64. 66. 171. 172. 217. 220. 281. 299. 333. 349; Gletscher 333; Südküste 217; Westküste 45. 59. 60. 67. 170. 241. 315, f. a. Nordgrönland; Südgrönland.
Grönländische Robbe, f. Sattelrobbe.
Grönlandmöwen 241.
Grönlandwal 85. 86. 128. 129. 168. 171. 173; Kopf 170; Nahrung 170; Speck 169.
Grönvold, Kapitän 112.
ground seal 85.
Grundeis 35. 89.
Grünstein 333.
Guy, Kapitän 84. 85. 86. 93. 188.

Haie 54, f. a. Eishai.
Handschlagen 104.
„Hansa" 314. 315.
— -Leute 349. 350. 351; Drift 315. 354. 355.
Hansen, Kapitän 92. 93.
„Harald Hårfager" 112. 119. 151. 242.
„Hårbråde" 92. 98. 100. 119. 127. 132. 247.
Haubenkerl 208. 220. 233. 236. 248.
Haubenrobbe 200.
Heilbutt 49. 194. 198. 206. 218.
„Hekla" 92. 100. 139. 151. 152. 210. 214. 215. 216.
—, Vulkan 193.
Hendriksen, Peter 281. 292.
Hering 49. 189.
Heringswal 169.
Hermansen, Kapitän 148.
Hjort, Professor 131. 308.
Hoel, A., Dozent 148.
Holstenborg 170. 212.
Hudsonbai 42. 56. 59.
Hudsonstraße 59.
Hunde zur Eisbärenjagd 291. 292.
Hyperoodon rostratus 178.

Jacobsen, Maurits 73. 112. 113.
Jakobsleiter 23.
Janfangent, f. Tölpel.
Jan Mayen 4. 21. 25. 30. 33. 35. 36. 37. 43. 56. 64. 65. 70. 73. 76. 131. 149. 150. 151. 153. 170. 215. 219. 274.
—, deutsches Schiff 119. 128. 132. 244; englisches Schiff 119.
Jan-Mayen-Meer 40. 52. 61. 64. 65. 66. 67. 68. 69. 108. 142. 146. 148. 151. 155. 209. 210. 215. 222. 226. 249. 280.
Japan 274.
„Jason" 73. 77. 112. 113. 114. 120. 223. 355.
Jensen, Gullik, Kapitän 92. 139. 252.
Inlandeis 26.
Johannessen, Edvard 220.
Irmingerstrom 220. 354.

„Isbjörn" 77. 112.
Island 14. 26. 32. 33. 35. 53. 56. 64.
    65. 66. 68. 94. 151. 152. 171. 182.
    184. 191. 193. 198. 218. 274. 351.
    354; Frauenkopfschmuck 198; nicht
    norwegisch 198.
Isländer 46.
Islandkrähe 194.
Jugorstraße 326.
Jungenfang 4. 24. 32. 41. 58. 59. 65.
    68. 70. 71. 72 ff. 77. 80. 97. 98. 99.
    102. 113. 141. 142. 186. 209. 210.
    280; Bedeutung 99; Lage 146 ff. 149.
Iversen, Ole, Kapitän 92. 126. 127.
Ivory gull 20.

Kajak 208.
Kalbeis 118.
Kanada 42. 68. 275.
Kanadische Arktische Inseln 42.
Kanal 44.
Kanin, Halbinsel 62.
Kapelan 42. 49. 57. 59. 60. 63.
Kap Farvell 26. 217. 274. 315.
— Flora 285.
— Wankarema 310.
„Kap Nord" 92. 139. 252. 254. 260.
Karisches Meer 42. 56. 61. 63.
Kennedykanal 44.
Kieselalgen 310.
Klappmützen 33. 65. 67. 80. 86. 99.
    103. 108. 115. 116. 117. 199. 200.
    260. 267. 270. 279. 358; Aufenthalt
    208; Fang 175. 220. 222. 223. 224;
    Fangfelder 210. 211. 212. 214. 225 ff.;
    Feinde 220; Fell 56; Haarwechsel 212.
    214. 216. 218. 219; Haube 206. 207.
    208; Jagd 231 ff. 254 ff.; Junge 202.
    204. 222; Körperbau 200; Männchen
    200. 202; Nahrung 204. 206. 218;
    Paarung 211; Speck 216. 217; Wan-
    derungen 209. 217; Weibchen 202;
    Wurfzeit 209. 211.
Klappmützenferkel 111. 115. 202.
Klappmützen-Männchen 117. 131.
Köhler 194. 198.
Kolthoff 276.

König-Karl-Land 21. 276.
Königsspiegel 184.
Koettlitz, Dr. 44. 276. 285. 286. 289.
    290. 291.
Krabbentaucher 8. 21. 22. 160.
Kresting, Axel, Kapitän 2. 3. 8. 92. 94.
    95. 97. 106. 107. 108. 109. 128. 140.
    159. 166. 199. 225. 260. 268. 314.
    360. 361. 362.
Krustentiere 21. 22. 42. 46. 49. 65. 68.
    69. 166. 170. 188. 204. 240. 245. 308.

Labrador 56. 67. 204. 210. 275.
„Labrador" 83.
Labradorstrom 58. 59. 69.
Lachsforelle 276.
Lagenorhynchus acutus 8.
Laminaria 276.
Lancasterfund 85. 172.
Landeria glacialis 166.
„Landkönige" 276.
Larus glaucus 20. 241.
— leucopterus 241.
— tridactylus 19.
Lava 196.
Lemming 276.
Limacina 170.
Lohnsystem 99. 100.
Lotungen 351. 354.
Lube 198. 206.
Luftspiegelung 114. 115. 327. 328.

„Magdalena" 107. 108. 109. 112. 118.
    247. 271. 319.
Magdalena-Inseln 57.
Mägerud, Ola, Schütze 132. 134. 135.
    157. 158. 161. 168. 233. 242. 262. 361.
Mallotus villosus 42.
Mandelstein 333.
Markussen, Kapitän 83. 84. 86. 92.
    93. 143. 151. 152. 176 ff. 210.
Meeresboden 351. 352. 353. 354. 355.
Meer-Robbe 46.
Meerwasser, braunes 245; Eisbildung
    88 ff.; Farbe 188; Proben 300; Salz-
    gehalt 138; Temperatur, s. b.
Melosira 276. 319.

Mesengolf 61.
„Michael Sars" 131.
„Mjölner" 128.
Mißweisung des Kompasses 76.
Moose 310.
Murmanküste 62. 63. 154.
Mützenrobbe 200.

Narwal 86. 181; Spieß 181.
Nathorst 276.
Navicula directa 166.
Nebel 103.
Neufundland 40. 42. 43. 52. 56. 57.
   58. 60. 61. 62. 64. 65. 67. 69. 153.
   204. 210. 268. 275.
Neufundland-Bank 58. 70; Fischreichtum
   70.
Neusibirische Inseln 274. 281.
New Jersey 44.
Nordbucht 36. 70. 78. 84. 127. 146.
   157. 161.
Nordenskiölb 83. 276.
Nordgrönland 21. 204.
Nordkaper 169.
Nordpol 25.
Nordpolarfahrt, Zweite Deutsche 281.
   315, s. a. Hansa-Leute.
Nordpolarmeer 25. 26. 27. 30. 31. 33.
   68. 69. 122. 249. 275. 281.
Nordsee 44.
Nordwal 169.
Norwegen 131. 204. 359; Nordküste 44.
Norwegisches Meer 35. 42.
„Nova Zembla" 84. 98. 100. 119. 139. 188.
Nowaja Semlja 26. 61. 63. 204.

Orca gladiator 53.
Ortsbestimmungen 14. 17. 19. 73. 74.
   75. 77. 82. 83. 92. 93. 102. 109. 110.
   112. 117. 118. 119. 122. 124. 127.
   131. 132. 137. 140. 141. 156. 157.
   160. 161. 165. 167. 168. 174. 175.
   185. 186. 189. 190. 191. 192. 198.
   234. 236. 239. 242. 245. 246. 250.
   252. 294. 299. 306. 321. 326. 330.
   335. 336. 337. 347.
Ostfinmark 63.

Ostrobben 146.
Oxyria 276.

Packeis 111.
Pagophila eburnea 19.
Pandalus 308.
Parry-Inseln 21.
Pfannkucheneis, s. Tellereis.
Pflanzenleben 69.
Phoca barbata 267.
— groenlandica 38.
— hispida 44. 85. 249.
Plankton 69. 70.
Polardorsch 42. 49. 60. 62. 68. 70. 194.
   198. 206. 218.
Polareis 33. 35. 44.
Polarfuchs 21. 196. 280.
Polarnacht 28.
Polarstrom 25. 26. 33. 36. 37. 68. 70.
   184. 220; ostgrönländischer 25. 27. 122;
   ostisländischer Polarstrom 191.
„Polynia" 113. 119.
Porsangerfjord 249.
Pottwal 180.
Pressungen 28. 33.
Procellariidae 13.
Protozoen 310.

Quellen, warme, auf Island 195. 196.
Quennerstedt, Aug. 35. 239.

Rabe 196.
Rauschbeeren 276.
Reuter, Fritz 312. 322.
Reykjanes 194. 195. 198.
Reykjavik 273.
Ringelrobbe 43. 44. 85. 249. 279; Fell 56.
Rink, Dr. 60.
Robbe, grönländische, s. Sattelrobbe.
Robbeneis 165.
Robbenfang 58. 59; Ertrag 58. 60. 61.
Robbenfänger, Ausrüstung 76. 145; Eng-
   länder 268; Norweger 267. 268.
Robbenfangschiffe, Bau 5. 6; Bug 6; Leben
   an Bord 161. 162; Mannschaft 14.
   15; Tonne 22. 23; Versicherung 199;
   Wohnräume 15.

Robbenhacke 76. 145.

Robbenkönig 48.

Robbenmännchen 46. 48. 66. 121. 124.

Robbenschläger 145 ff.; von Neufunbland 268 ff.

Russenrobbe 44. 63. 154.

St.-Lorenz-Busen 42. 56. 57. 60. 153.

Sattelrobbe 4. 32. 37. 38. 78. 86. 121. 133 ff. 202. 204. 208. 209. 210. 222. 231. 233. 239. 267. 280; Abnahme 53; Anzahl 95; Fangertrag 139. 140. 146. 155. 198; Feinde 53. 54; Fell 41. 56. 136; Fortpflanzung 42. 45. 46. 59. 62; Haarwechsel 41. 43. 48. 49. 59. 62. 66; Herden 124; Jagd 48. 126. 127. 134 ff. 157. 158. 185 ff.; Junge 39. 40. 41. 43. 45. 46. 59. 62. 63. 65. 95. 130; Keimlinge 45. 46; Luftlöcher 43; Männchen 38. 39. 45. 46. 49; Nahrung 42. 49. 68; Pelz 42; Schlaf 52; Schwimmer 49. 50. 52; Speck 40. 41. 48. 49. 53. 56; Stämme 56 ff.; östlicher Stamm 61 ff.; westlicher Stamm 56 ff.; Tran 49; Verbreitung 42. 43; Wachttiere 134; Wanderungen 44. 45. 52. 56. 57 ff. 60. 65. 66. 67. 68. 70. 94, s. a. Jungenfang; Weibchen 38. 39. 40. 45. 46. 49. 60. 64; Winterloch 44; Wurfplatz 37. 40. 43. 45. 56. 58.

Schafe auf Island 196.

Scharben 195.

Schiff, „seekrankes" 199; „Springen" des 97. 98.

Schizopoden 42.

Schlamm auf Polareis 309. 310.

Schmelzen des Eises 30. 31. 35. 36. 337 ff.

Schnabelwal 173. 184.

Schnee 28.

Schneeblindheit 266.

Schneeschuhe 198.

Schneesperling 22. 160. 165.

Schneestürme 28.

Schneeverwehung 92. 94. 95.

Schreckensbucht 349.

Schreiner, Hans 164. 270. 312.

Schutt auf Eisbergen 331 ff.

Schwefel 196.

Schweinewal, des Königsspiegels 184.

Schwertwal 53. 54. 67. 220.

Scoresby 89. 283.

— -Sund 172.

Sebastes norwegicus 49. 206.

„Sechzehntel" 99. 100.

See-Elefant 200. 211.

Seegang 33. 35. 74.

Seehund, bärtiger 43. 44. 85. 208. 267. 279.

Seeleute, norwegische 361.

Seepferd, s. Eissturmvogel.

Sibirien 25. 42. 68. 122. 274. 310; Flüsse 27.

Sibirisches Meer 26.

Smithsund 44. 56. 275.

Smith & Thommesen, Reederei 3. 5.

Snäfells-Jökull 194. 198. 199. 272.

Snadd, s. Ringelrobbe.

Somniosus microcephalus 238.

Sonnenflecken 150.

Sonnenlicht, Wirkungen 68. 69. 70.

Sonnenstrahlung 30. 31. 36. 337.

Speckhauer, s. Schwertwal.

Spermacet 180.

Spitzbergen 21. 25. 26. 32. 33. 35. 36. 53. 56. 63. 64. 118. 128. 152. 161. 169. 170. 171. 172. 204. 216. 219. 249. 274. 290; Ansicht des Landes 160; Hafenrecht 170.

Staub 309. 310. 311.

Stiller Ozean 200.

Stölken, Kapitän 112. 113. 118.

Storkobbe 267.

„Streifen" im Eis 34. 46. 69.

Streifen-Junge 65. 69. 138. 139. 152. 167.

Stromkarte 356.

Strömungen 353. 354; Einfluß auf Drift 351.

Stromwirbel 36. 37. 69.

Stummelmöwe 8. 12. 19. 21. 194.

Sturm 73.

Südgrönland 26. 211; Westküste 44. 212.

Südliches Eismeer 200.

Südrobben 153.

Sula bassana 8.
Süßwasser 34.
Süßwassersee 31. 242.
Sverdrup, Otto 148.

Tang 276.
Tauchermöwe 20. 241.
Teist 164. 195.
Telessaj 249.
Tellereis 34. 35. 88. 89. 90. 102. 127.
Temperaturen 12. 14. 17. 19. 34. 73. 74. 75. 77. 82. 83. 84. 86. 91. 92. 93. 95. 97. 100. 102. 103. 104. 105. 109. 112. 114. 118. 119. 121. 122. 124. 127. 132. 138. 156. 157. 160. 161. 165. 167. 174. 175. 185. 186. 189. 190. 191. 192. 198. 230. 234. 236. 242. 245. 246. 250. 252. 294. 295. 297. 298. 299. 321. 330. 334. 336. 337. 357.
— des Meerwassers 34. 87. 88. 90. 110. 112. 113. 137. 138. 337.
Thalassiosira gravida 166.
„Thetis" 234. 236. 242. 244. 267.
Tiefseethermometer 113. 187.
Tindfjalla-Jökull 193.
Tintenfisch 49. 181. 188. 206; Wanderungen 182.
Tölpel 8. 194.
Tonne 22. 72. 226. 228. 229. 246.
Törnebohm 309. 310.
Toroß 33. 111. 114. 118.
Tran, Rückgang des Preises 155.
Treibeis 5. 25 ff. 66. 70. 73. 74. 171. 204. 209. 212. 214. 217. 219. 220. 274. 281. 299. 314; das erste 17. 18. 19; Alter der Schollen 31.
Treibholz 122.
Trinitybai 57.
Trinkwasser 241. 242.
Trollrobbe 165. 249.

Tscheljuskin-Halbinsel 42.
Tscheschskaja-Bucht 62.

Umkehrthermometer 137.

Wade-Sel 46.
Varangerfjord 63. 154. 249.
„Vega" 82. 83. 96. 100. 139. 140. 143. 144. 154. 176. 215.
Vegafahrt 310.
Vestmanna-Inseln 193.
„Viking" 1. 2. 3. 4. 5. 6. 7. 16. 32. 94. 97. 98. 99. 102. 114. 130. 133. 234. 238. 267. 289. 350. 358. 360; Arbeiten an Bord 308. 311. 312; Bau 5 ff.; Bug 6. 249; Leben an Bord 104. 106. 313; Mannschaft 7. 9. 16. 17. 189; im Treibeis 250 ff.
Vogelberge 21. 22. 160. 194. 195.
Vogelflug 13. 14.

Wal, Barten 86. 169. 170. 181; Speck 86. 184; Wanderungen 171. 172.
Walfang 85. 86. 128 ff. 169; Ertrag 178; Gebiet 170.
Walfischaas 49. 170.
Walrat 180.
Walrosse 85. 279. 280. 281.
Wasser der Ströme 68. 70.
Weißes Meer 43. 56. 61. 62. 63. 64. 65. 67. 68. 70. 204.
Weißwal 276.
Westeis 172.
Westrobben 146. 153.
Weyprecht 210.
white-fish 57.
Winde 348. 349. 351.
Wintereis 30. 32. 219. 226.
Wurmkrebse 240.

Zahnwal 180.
„Zunge" 36. 37. 64. 70. 94. 146. 153. 166.
Zwergfalke 174.

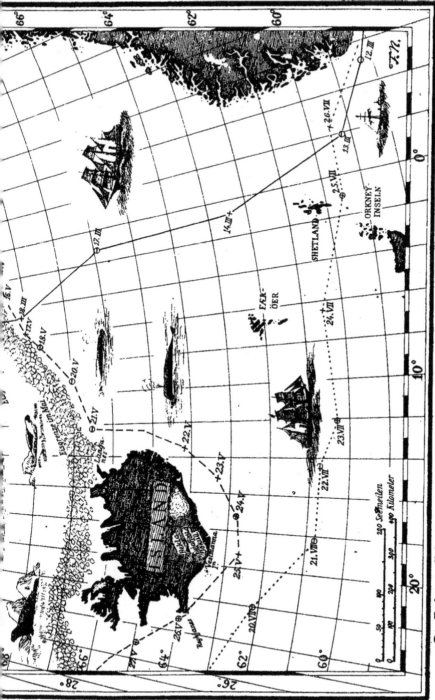

Die Reife des „Difting" im Norwegifchen Meer und im Nördlichen Atlantifchen Ozean vom 12. März bis 26. Juli 1882.